国家自然科学基金资助项目（编号51678241）及亚热带建筑科学国家重点实验室自主创新项目（编号2017KB08）共同资助

城市形态研究丛书

田银生　主编

中原地区传统村落空间形态研究

The Research of Traditional Villages' Spatial Form in the Central Plains

张东　著

中国建筑工业出版社

图书在版编目（CIP）数据

中原地区传统村落空间形态研究 / 张东著 . —北京：
中国建筑工业出版社，2017.10
（城市形态研究丛书 / 田银生主编）
ISBN 978-7-112-20990-3

Ⅰ.①中… Ⅱ.①张… Ⅲ.①村落—空间结构—研
究—河南 Ⅳ.①K926.15

中国版本图书馆CIP数据核字（2017）第184681号

全书共分三大部分。第一部分是概念和理论框架。第二部分为中原地区传统村落地域
分区格局研究以及各个地域分区中传统村落空间形态的地域性表现。第三部分为中原地区
传统村落的地域差异性。

本书可供广大建筑师、规划师、风景园林师、村镇建设管理者以及高等院校建筑学、
城乡规划学、风景园林学师生学习参考。

责任编辑：吴宇江　孙书妍
版式设计：京点制版
责任校对：王宇枢　张　颖

城市形态研究丛书
田银生　主编
中原地区传统村落空间形态研究
张　东　著
*
中国建筑工业出版社出版、发行（北京海淀三里河路9号）
各地新华书店、建筑书店经销
北京京点图文设计有限公司制版
北京富生印刷厂印刷
*
开本：787×1092毫米　1/16　印张：19½　字数：414千字
2017年9月第一版　2017年9月第一次印刷
定价：**60.00**元
ISBN 978-7-112-20990-3
　　（30203）

"城市形态研究丛书"总序

本丛书所进行的城市形态研究，主要是以康泽恩学派（Conzenian school）为视角，或者是运用了在该学派的启发之下而衍生的理念与方法。因此，可以看作是对该学派的学习和思考的结果。

自从 2005 年接触康泽恩城市形态研究学派以来，至今已有 10 多个年头了。这个学派对城市形态的研究虽然有宏观层面的，重点关注的是"城市边缘带"（fringe belt），但微观层面的研究是该学派更重要的特征，主要立足于"形态区域"（morphological region）的识别和划分。这是该学派很值得注意的一点，具有特殊的价值。

康泽恩学派的建立虽然主要是在英国完成的，但其创立者康泽恩（M.R.G. Conzen）是德国人，具有德国人特有的理性和严谨，所以，康泽恩学派以概念清晰、推理严密、精确细致为风格，从一个特定的角度把城市形态做了深入的解析。并且，把时间因素考虑进来，注重历时性地分析考察城市形态的发展演变过程。从而回答了城市形态"是什么"、"为什么"和"演进变化"的问题。

在学习的过程中，我深刻地领会到，任何一个学术流派，必定有其扎根的土壤，换一个地方，学术的传统以及相应的基础条件发生变化，便不一定适用，至少是不完全适用。康泽恩学派对于中国就是这样。比如，该学派最重要的研究方法是对城市各个时期的详细地图的分析，这在西方没有问题，因为它们的历史地图齐全详尽。但到了中国，情况就完全不一样了，因为中国古代从来就缺乏精确测绘的地图，这种状况一直持续到近现代。即使到了现当代，由于种种原因，地图的完整性以及取得的可能性仍然是很大的问题。

因此，这样一个学派可以应用到中国来吗？事实上，康泽恩学派当代的代表性人物、英国伯明翰大学的怀特汉德（J. W. R. Whitehand）和新西兰奥克兰大学的谷凯（Gu Kai）到中国来开展研究时，从一开始就感受到了地图资料的问题。

尽管如此，我们认为，这个学派仍然有引介到国内来的必要性和可行性。就必要性而言，这样一种对城市形态的认知，能很好地服务于城市历史文化的保护与更新等许多方面的工作。就可行性而言，很重要的一点是，我们要改变观念，不企求原封不动的照抄照搬，而是吸取其思想和方法的精髓，加以本土化应用，甚至要结合中国的条件创新性地发展变化，创造出一个分支或曰一种变例。这样的改造性应用或许更有意义。所以，对康泽恩学派，我们的态度从一开始就是学习、创新，而非食洋不化。

本着这样的认识，我们展开了系统性的研究工作，主要包括以下三点：1. 康泽恩学派的学习和本土化创新；2. 康泽恩学派启发下的研究拓展；3. 康泽恩学派在实践中的应用。

1. 康泽恩学派的学习和本土化创新

重点围绕着广州以及其他一些城市进行案例性的城市形态解读，同时探寻着康泽恩方法的适应性变化。比如，我们提出了"一张图上读历史"，就是针对历史地图缺失的情况，如何只凭着一张现状图分析城市形态的变化情况，从而厘清历史文脉。再比如，针对现代城市和康泽恩学派创立时的城市形态的重大不同，把建筑高度新列为区划城市形态的又一基本因素。再比如，地理信息系统、大数据等先进的技术手段的运用等等。

2. 康泽恩学派启发下的研究拓展

我们的研究一方面紧紧围绕或依托着康泽恩理论而开展，同时也在此基础上更进一步，注重在康泽恩理论的启发下拓展研究的领域，包括研究的对象、内容、目的、方法等，不受拘泥，大胆突破。比如我们注意到，在城市形态的形成过程中，总有一些特殊的功能要素起到核心性的组织带动作用，而考察这些功能载体在城市中的生长和分布情况，就可以从根本上解释城市形态的结构特征和演变情况。再比如我们的目光也投向了乡村，实际上中国乡村的尺度特别适合康泽恩学派的应用，而康泽恩学派的应用则可以前所未有地解读出中国乡村形态的某些形式意义，挖掘出许多曾经被忽视了的重要信息。

3. 康泽恩学派在实践中的应用

除了理论的学习和创新外，如何在实践中应用始终也是我们不倦追求的。由于种种原因，康泽恩学派在西方的实践应用机会并不很多。但在当下的中国，城市建设空前活跃，无一不涉及形态问题，城市形态的理论研究服务于城市建设的实践活动，既有机会也有意义。反过来说，如果在中国的城市建设实践中有很好的应用，也是对康泽恩学派最好的发扬光大。令人欣慰的是，我们在这方面也初有收获。比如，在广州的从化区温泉镇和越秀区的状元坊街区的保护更新规划中，我们把康泽恩方法下的形态分区和房屋产权的区划结合起来，创新性地提出了历史城镇或地区的"管理单元"，为复杂情况下的城镇有机更新提供了一条可以借鉴的路径。

到目前为止，我们以康泽恩学派为基础的城市形态研究，申请到了多项科研基金，发表了一批成果，除了期刊和会议论文外，还包括近二十篇博士论文和三十余篇硕士论文。这套丛书以部分博士论文为主，也将有部分专著收入，大体能够反映上述工作的情况。

　　学习、创新，始终是我们的理念，虽然为此做了一些粗浅的尝试，但仍显得十分的不足，期待大家的批评，以利我们改进，做出更多更好的成果。

田银生

2017 年 6 月 12 日

目　录

第6章 豫北河内文化区 ································· 167

01 第1章 绪 论

1.1 研究背景及意义

1.1.1 缘起：传统村落的消亡与转型

"城市的胚胎构造已经存在于村庄之中了，房舍、圣祠、公共道路、集会广场，最初形成于村庄环境中，随后各种发明和有机分化都从这里开始，村庄的物质结构和组织结构同城市一样都是建立在同样的基础之上的"。❶

乡村与城市都是人类生产生活形式的体现，两者有着同构的关系，"中国传统城市在政治上统治农村，在经济上则依赖农村，以广大的农村为生存基础，离开农村的支撑，城市一天也不可能存活下去"。❷ 同时，乡村的数量远远大于城市，在我国辽阔的土地上，星罗棋布地散落着不计其数的村落，数亿百姓生活在以土地为根基的村落中，诞生了举世闻名的农业文明。然而，从 2000 年到 2010 年，中国乡村的数量由 363 万骤减到 271 万，平均每天消失近 100 个 ❸，乡村的地位岌岌可危。

对于生活在乡村的百姓来说，他们不断地被"边缘化"，他们赖以生存的人居环境正面临着前所未有的挑战，环境的恶化、产业的变迁、人口的迁移，以传统农业为根基的经济结构面临崩溃的边缘，农民无法依靠土地的收入来维持家庭的正常运行 ❹，农民对土地的依赖变弱，乡村单一的农业耕作方式向多元化转变。农业、农村、农民始终是国家经济发展、社会安定和国家自强的一个根本基础，乡村问题始终是我们无法回避的焦点。

传统村落是乡村的一种类型，与一般的乡村相比，传统村落承载着更多的乡愁和

---

❶ （美）刘易斯·芒福德. 城市发展史——起源、演变和前景 [M]. 宋俊岭，倪文彦译. 北京：中国建筑工业出版社，2005：19.

❷ 田银生，吴晨. 中国传统城市的"人居环境"思想与建设实践 [J]. 城市规划，2002（07）：21.

❸ 在 2013 年 6 月 4 日，中国传统村落保护与发展研究中心揭牌仪式中，冯骥才指出"自 2000 年至 2010 年，我国自然村落由 363 万个锐减到 271 万个，十年减少了 90 万个，其中不乏历史创造、文化景观、农耕时代见证的乡土建筑，传统村落是物质文化与非物质文化遗产的综合，是活生生的地域文化。传统村落的瓦解，需要我们施以援手"。

❹ 据笔者 2012 年对豫西南、豫东乡村调研表明，农民耕种成本高，包括耕地相对充裕的平原地区，一年收支基本持平，农业收入难以维系正常开支（婚、丧、嫁、娶、教育等），以南阳邓州为例，村中 80% 以上的青壮劳动力常年在沿海地区打工。

历史信息，其生存环境更加不容乐观。首先，以封建制度和农耕文明为根基的传统村落已经丧失了其存在的基础和环境，传统村落的文化根基正在不断的消失，随着城市的日益发展壮大，大量的乡村人口涌入城市，享受城市带来的现代文明。其次，传统村落面临着经济方式的转型和文化传承方式的转型，城市的发展模式、工业技术、生活方式被照搬到传统乡村中，严重冲击着村落的文化。

费孝通这样诠释乡村文化："文化是物质设备和各种知识的综合体，为了一定的目的人要改变文化。一个人如果扔掉某一件工具，又去获取新的，是因为他相信新的工具对他更加适用"。❶ 走进传统村落，我们看到到处是"新的工具"，现代材料、现代文明充斥着传统乡村，摒弃了我们近千年来的文化传承。这些看起来很美的传统村落，却在不断的空心化，传统格局以及历史建筑遭到破坏，传统生活方式和传统文化方式也逐渐褪色。今天，我们需要把目光投向这些岌岌可危的传统村落。

1.1.2 河南发展：一部乡村破坏史

梁漱溟认为"中国近百年史是一部乡村破坏史，帝国主义的侵略，直接或间接都在破坏乡村，然而中国人的所作所为，一切维新革命自救，也无非是破坏乡村"。❷ 梁漱溟把对乡村的破坏分为了"政治属性的破坏力，如兵患匪乱、苛捐杂税；经济属性的破坏力，如外来经济侵略；文化属性的破坏力，如制度、思想的改变而带来的种种破坏。三者相互连环的辗转，加剧了乡村破坏"。❸ 时至今日，发展对乡村的破坏是一个不变的趋势。

用"一部乡村破坏史"来形容河南城镇化进程一点不为过。近些年来，新型城镇化建设等对河南农村的社会结构和文化根基的破坏是颠覆性的，百姓纷纷逃离乡村，涌入城市。未来对农村的破坏还将继续，河南省"十二五"规划纲要指出："河南城镇化率预计达到39.4%，比'十一五'末提高9个百分点，推进统筹城乡，把新型乡村社区建设作为统筹城乡发展的结合点，推进城乡一体化的切入点"。❹ 在"新农村建设"、"迁村并城"、"大社区"的土地开发浪潮下 ❺，大量的农民离开乡村走进了城市，失去了他们赖以生存的土地，从2012年河南农村社区的开展过程中我们不难看出 ❻，村庄

❶ 费孝通.江村经济[M].上海：上海世纪出版集团，2007：14.
❷ 梁漱溟.乡村建设理论[M].上海：上海世纪出版集团，2011：11.
❸ 梁漱溟.乡村建设理论[M].上海：上海世纪出版集团，2011：10.
❹ 2012年河南省政府工作报告.http：//www.henan.gov.cn/.
❺ 根据笔者对新型社区建设调查表明，2012年，河南全省范围内开展新型乡村社区的建设，以县为单位成立新型乡村社区建设办公室。到年底，每个乡镇必须完成至少200套新型乡村住宅，大型乡镇提供500亩的用地指标，小型乡镇提供300亩的用地指标用于新社区的建设，目的是让百姓退田还村，实际造成的结果是既占了耕地，又无法让老百姓的村庄复耕，此政策2014年中被叫停。
❻ 河南开发新型乡村社区的模式有两种，一是以乡镇与开发商联合开发，以低廉的价格出让给开发商乡村建设用地（一亩3万～5万元），开发商建设，出售给周边农民，有完全的产权；第二种，开发商、政府和农民三方同时参与，政府划定地块并且提供相关的图纸，农民自行按图施工，多为二、三层的联排或独栋小住宅，开发商负责基础设施的建设，开发商开发部分土地，开发商和农民获得的土地是免费的。政府会限制老的村庄不能再建设，并对农民老的宅基地进行收购。

面对激变显得无所适从,百姓的生活方式、村落经济结构、文化根基等都明显滞后,如郑州周边的一些村落,百姓失去了土地又失去了家园,只能寄宿于城市的边缘,形成了我们无法忽视的社会问题(图 1-1)。

图 1-1 郑东新区朱庄村的大拆迁造成了百姓无家可居的局面

资料来源:笔者自摄

1.1.3 传统村落:人地关系的重要载体

传统村落是乡村大家庭的一员,它传承了丰富的历史文化信息,是人地关系的重要载体。村落作为人地之间的桥梁和载体,以物质形态和百姓生活等方式展示出来,传统村落作为人居环境中最弱小的单元,在生长发展过程中显现出了灵活性与多变性,总能与周边的地域环境和文化圈层产生良性互动,从自身反映出地域与文化的印迹。传统村落向我们传达着丰富的自然、历史、社会、政治、文化、伦理、经济乃至技术等诸多信息。

人、村、地三者之间存在着关联性和制约性。人、地因素的改变会影响到村落本身的变化,反过来,村落也会塑造人,也会融入环境。传统村落保持着相对系统的文化体系、原生态的生存环境和稳定的社会结构,人、村、地三者的关系通过村落的空间形态得以系统地展现出来。

1.1.4 研究的意义

课题的选择与研究,缘于笔者长期不断地对传统村落和传统民居的调查和研究,在目睹现代文明轻易地蚕食传统文明仅存的硕果,扼腕痛惜的同时,我们需要认真地反思问题到底出在了哪里?传统村落中优秀的价值如何去认知?传统村落物质载体与地域环境、文化脉络如何关联等?这些疑问正是笔者写作本书的初衷。

近些年来,探寻本土地域文化受到了广泛的关注,传统村落是最典型的人居社会单元,文化传承、社会意义远大于民居。在河南,对传统村落研究有着良好范本,不少村落还保持着几百年前的状态,村落的构成要素、周边的地域环境、营建技艺等都没有改变，自给自足的经济模式、百姓的生活风俗也没有改变。

目前，对传统村落相关研究大多停留在民居延伸这个层面上。学者张玉坤在二十年前（1996 年）就有这样的表述："从单体（建筑）到总体（城市）诸多层次中，相关村镇聚落是一个巨大的缺环"❶，时至今日，与村落相关的著作依旧不多，几乎还没有关于河南传统村落的系统性著述。文化传承也是文章的关注点，文化传承是传统村落中因袭传统的精髓，它像一把牢不可破的枷锁，深入到了村落的细枝末节，如家族的管理、风土环境、生活意象和房屋营建等，最终形成一个被集体认可的制度和由此而来的聚落模式。目前，传统文化对村落的约束力却越来越弱，美国学者阿摩斯·拉普卜特总结了传统文化不断削弱的原因："第一，缺乏共有的价值体系和世界观；第二，大量新建筑出现，传统的手法不再适用；第三，文化崇尚创新，常常是为新而新"。❷目前，毫无文化根基的现代材料和建筑在不断地挤压着传统村落的物质空间，传统的营建技艺、风俗观念、村中礼仪等都没有了容身之地。

1.2 概念界定

1.2.1 传统村落

这里面包含着三层含义，一是"传统"，指具有一定历史上传承下来的物质形态和非物质形态；其次是"村"，这里是指乡村或者农村，靠天和地来吃饭，以农耕文明为主题的乡村社会；最后是"落"，这里是指聚落，人类为了某种目的而聚集在一起，有着共同的价值观念而共同生活在一起的人们。

1. 传统

"传统指历史沿传下来的思想、文化、道德、风俗、艺术、制度以及行为方式，对人们的社会行为有无形的影响和控制力"。❸传统的第一个特征是传承，在特定的历史时期继承前人文明成果，并且不断地进行沉淀优化，向后人延续的一个过程。"传统是社会所积累的经验"❹，村落百姓相互合作，采取有效技术向环境获取资源，而这种技术是根据上一代所检验出来有效的结果，并不断地修正以适应新的环境变化。"乡土社会是安土重迁的，生于斯、长于斯、死于斯的社会"❺，人口很少流动，一旦选址确定，世世代代生活在这里，根据上辈的经验和自己的经验来解决生活中所面临的问题。

传统的第二个特征是约束力，能够传承下来的传统，对村落百姓来说意味着优良的经验，经过世世代代不断检验出来的真理，百姓会无形中遵循着这些传统，会给百姓的

---

❶ 张玉坤.聚落·住宅——居住空间论 [D].天津大学博士论文：7.

❷ （美）阿摩斯·拉普卜特.宅形与文化 [M].常青译.北京：中国建筑工业出版社，2007：6.

❸ 夏征农，陈至立主编.《辞海》（第六版）典藏本 [Z].上海：上海辞书出版社，2011：355.

❹ 费孝通.乡土中国 [M].上海：上海世纪出版集团，2005：16.

❺ 费孝通.乡土中国 [M].上海：上海世纪出版集团，2005：9.

生活以指引，告诉百姓什么能做什么不能做。传统对百姓的行为就是一种约束，给百姓划定了条条框框，有些时候，百姓自己也很难讲清楚为什么这样，因为这是世世代代传承下来的，如在村落选址、宅院营建、生活方式等方面都会看到这种约束的存在。

2. 村落

村落也就是我们常指的"乡村"、"农村"，"可以指位于乡下的聚落，也可以指非城市的广大区域"。❶《中国大百科全书》中这样定义乡村："居民以农业为经济活动基本内容的一类聚落的总称"。❷ "乡村其实是传统中国最低的国家行政单位的地缘组织"❸，秦代有里、聚和落的乡村组织，如《论衡·虚书篇》："天下郡国且百余，县邑出万，乡亭聚里，皆有号名"，《汉书·平帝记》："聚，邑落名也"，这里的"聚"指的是"乡以下的农村人口的自然聚集地"❹，"落"是"乡村组织的细胞——家户"。❺ R·J·约翰斯顿在《人文地理学词典》中这样定义乡村："乡村是指具有大面积的农业或林业土地利用；其建筑物与周围的广阔的景观有强烈的依存关系，乡村也被认为产生了一种基于对环境的尊敬和作为广阔景观的一部分为特征的生活方式"。❻ 台湾学者郭肇立认为村落是一个个的"共同体"，具备以下特征："这群人建立的活动交往关系；此生活的共同体所具备的实质空间；实质空间与生态的环境平衡；整体价值观和文化上的意义"。❼

概括起来村落具备以下的特征：

（1）从结构来看，村落与城市有一定的同构性。"村落与城市一样都是人们生产、生活、休息和进行政治、文化活动的场所"❽，村落中也分布着手工业作坊，商品买卖的商店和集市，村落百姓也在从事农业、手工业等，只是村落的规模比城市要小得多。

（2）从职业的角度来说，生活在某个地域范围内的人们拥有土地并直接取资于土地，从事农业生产的，以农业生产为主体的场所就可以称之为村落。"乡下人离不了泥土，因为在乡下住，种地是最普通的谋生手段，土是他们的命根"❾，村落和土地产生密不可分的关系，其中有着农民赖以生存的土地，靠种地谋生。

（3）从乡村社会的本质属性来看，村落就是以乡土文化为特征的地域聚落实体。从三五户到几千户的大村落，无论村落大小，都会有一种内在的文化在维系着乡村的良性运行和发展，是一个熟悉的社会，没有陌生人的社会，成为一个"生于斯、死于斯的社会"。❿

❶ 金其铭. 农村聚落地理学 [M]. 北京：科学技术出版社，1988：1.
❷ 中国大百科全书编辑委员会. 中国大百科全书第十八卷 [Z]. 北京：中国大百科全书出版社，2008：755.
❸ 岳庆平. 家国结构与中国人 [M]. 香港：中华书局，1989：49.
❹ 郭谦. 湘赣民系民居建筑与文化研究 [M]. 北京：中国建筑工业出版社，2005：79.
❺ 田昌五. 论十六国时代坞堡壁垒组织的构成 [J]. 中国史研究，1992：36.
❻ （英）R.J. 约翰斯顿. 人文地理学词典 [Z]. 柴彦威译. 北京：商务印书馆，2004：622.
❼ 郭肇立. 传统聚落空间研究方法 [A]. 郭肇立. 聚落与社会 [C]. 田园城市文化事业有限公司，1998：8.
❽ 金其铭. 农村聚落地理学 [M]. 北京：科学技术出版社，1988：2.
❾ 费孝通. 乡土中国 [M]. 上海：上海世纪出版集团，2005：6-7.
❿ 费孝通. 乡土中国 [M]. 上海：上海世纪出版集团，2005：9.

1.2.2 地域分区

地域分区指的是以传统村落为研究对象，根据地域特征、文化圈层等影响村落空间形态特征的要素将河南分成若干区域。河南传统村落地域分区是客观存在的，村落受到地域环境、文化、历史等因素影响显著，会在一定区域范围内呈现出相似的特征，如村落形态、选址、村落空间结构、营建方式等。

学者田银生指出人居环境研究的首要内容就是大地域分区，"自然因素和人文因素敏感而集中地反映在作为'人居环境'的单元中，使之呈现出鲜明的地方特色。可以分级别地划分出不同的区域，在区下面又分若干亚区、副区等，进行归类，在空间上做出类型划分，分别加以研究"。[1] 传统村落的地域分区有两方面的表现：其一，区域可能是一个相对完整的文化圈层，其二，区域有着类似地形地貌的地理单元，通过分地域研究村落空间形态的来龙去脉，更易揭示形态背后的成因以及空间的运行机制。

1.2.3 空间形态

空间指的是在村落中"空"的区域，如街巷、宅院和村中广场等百姓活动能够触及的场所，"形态"一词在《辞海》中这样阐述："形状和态度，事物的外在表现形式，'形'指形象，是空间尺度概念；'态'指发生着什么"。[2] 日本学者原广司认为村落空间形态具备了生动的生活体验，让人能够领悟到空间形成的原因，"人类存在方式本身就具有空间性，表示特定场所就成了谈及一个空间的思路"。[3] 戈登·魏利认为村落空间形态的形成在于村落百姓与地域环境互动的结果，村落成为了人地关系良性互动的载体，并做出了如下定义："人类将自己所居住的地面上处理起来的方式，它包括房屋的安排方式，其他与生活有关建筑物的性质与处理方式。这些聚落要反映自然环境，建造者所适用的技术水平以及文化所保持的各种社会交接与控制的制度"。[4]

综上所述，村落空间形态指的是在一定时期内村落生长发展的过程中所呈现出来的整体性的表现形式，是指一个村落的全面实体组成、实体环境以及各类活动的空间载体。分为有形和无形两部分，有形部分主要指反映村落的物质形态，包括村落的选址格局、街巷空间、院落空间等；无形指村落的社会、文化等各要素的空间分布形式，事实上传统村落有形的物质空间是无形形态的外在表象形式。由此可见，村落的空间形态是具有物质性和精神性的双重属性，一方面村落的空间是切切实实存在的，宅院、街巷、村落的公共活动广场等，他们都有着围合界面、空间尺度等；另一方面这些空间又需要人去感知，不同的村落空间形态会因人而异产生不同的精神感受，空间的

❶ 田银生，吴晨. 中国传统城市的"人居环境"思想与建设实践 [J]. 城市规划，2002（07）：20.

❷ 夏征农，陈至立主编.《辞海》（第六版）典藏本 [Z]. 上海：上海辞书出版社，2011：355.

❸ （日）原广司. 世界聚落的教示 100[M]. 于天玮等译. 北京：中国建筑工业出版社，2003：210.

❹ 张光直. 考古学专题六讲 [M]. 北京：文物出版社，1986：74-93.

尺度、材料和界面的不同也会带来心理上的差异。

1.2.4 中原地区

由于地理、历史和文化等原因，河南的传统文化是中原地域文化的主体。河南古为"豫州"，简称"豫"，因其大部位于黄河以南而得名，《周礼·职方》及《尔雅·释地》曰："河南曰豫州"。《吕氏春秋》有记载：河汉之间为豫州，泛指黄河以南、汉水以北地区，基本上和今天黄河以南的所辖区域吻合，《读史方舆纪要》曰："河南闑域中夏，道里辐辏"，因古时豫州位于九州中心，因此又有"中州"、"中原"之称。到六朝时期，"中原"已成为一个专用的地理名词❶，学者任崇岳在其著作《中原地区历史上的民族融合》中指出狭义的中原就是指今日的河南❷，学者郑东军也认为狭义上的"中原"又称中州，指的就是今天的河南省❸，王会昌指出"中原文化区主要依托今天的河南省，中原文化区是整个中国文明区的缩影"。❹

本书中所指的中原地区包含着两层的含义，第一，从地域范围来看，中原地区指的就是今天河南省行政区划的范围；第二，从文化圈层的影响来看，中原又是一个大的文化体系，具有很强的包容性，是多种文化交织的发生地。也有学者认为河洛文化就是中原文化的泛称❺，可以肯定的是河南尤其是豫中地区乃是中原地域文化的重要承载之地。❻顾祖禹所著的《读史方舆纪要》中有这样记载："河南，古所称四战之地也。当取天下之日，河南有所必争。及天下既定，而守在河南，则岌岌焉有必亡之势矣。周之东也，以河南而衰，汉之东也，以河南而弱，拓跋魏之南也，以河南而丧乱。"《周礼·职方》又有记载："河南曰豫州，豫州在九州之中，言常安逸。又云：禀中和之气，性理安舒，故云豫也。"中原文化辐射范围内包括黄河流域乃至中国的北方，也可以理解为儒家文化传播范畴内的传统文化总体，也是河南传统地域文化的主要脉络。

1.3 研究范围和研究对象

1.3.1 地域范围的界定

本书中中原地区限定在河南省行政区划范围内，之所以选择河南，因为河南地处中国的中部，文化厚重，从夏商到元明清的各个发展时期都可以在河南找到实物例证。

---

❶ 薛瑞泽. 中原地区概念的形成 [J]. 寻根，2005（5）：10-12.

❷ 任崇岳. 中原地区历史上的民族融合 [M]. 呼和浩特：内蒙古人民出版社，2004.

❸ 郑东军. 中原文化与河南地域建筑研究 [D]. 天津大学博士论文，2008：18.

❹ 王会昌. 中国文化地理 [M]. 武汉：华中师范大学出版社，1992：247.

❺ 张新斌. 河洛文化若干问题的讨论与思考 [J]. 中州学刊. 2004（05）：147.

❻ 刘莉在《中国新石器时代——通向早期的国家之路》中论述，豫中地区是政体之间的竞争远远高于其他地区，豫中就是中原地域的核心代表。

同时也承载着中原厚重的文化，《筹豫近言》中这样描述："河南古为禹贡，豫州之域，西南阻荆山，北距大河，平原广衍，沃野千里，绮绣交错，属地大物博，在夏后之世已足衣，被天下自时厥后，殷人五迁，逐河流而处，周人东宅洛邑，以物产丰饶，风雨和会，常为天下重，然天下有事则驰中原，又为四战，必争之地"。❶ 河南的地域文化是其他地区无法比拟的，以中原文化为主体，河洛文化、河内文化、黄淮文化、楚文化等多种文化流派都曾经在这里扎根。

河南地形地貌特征也非常明显，处于我国第二阶梯与第三阶梯过渡地带，有山地、丘陵、平原、盆地等多种类型的地理特征。其次河南气候过渡性明显，地区差异性大，不同的地域特征必然孕育出丰富多彩的村落文化和村落形态。河南是农业大省，相当多的农村还处于相对单一的农耕时代，以农业为基础的传统村落有很好的生存土壤，河南为传统村落研究提供了一个很好的实验场地。

1.3.2 研究对象的界定

本书以河南入选国家级传统村落名录的 99 个村落为基础展开调查，同时扩大到具有以下三种特征之一的村落。

1. 选取村落的类型

笔者选取的调查对象主要有以下三种类型（表 1-1）。

村落类型   表 1-1

类型一	村落特征表现	类型二	村落特征表现	类型三	村落特征表现
历史传承类村落	传统建筑丰富 村落格局完整 历史要素丰富	乡土类村落	地域特色丰富 村落融于环境 地域材料营建	以血缘为 主导村落	宗族谱系清晰 村落姓氏单一 重视家族宅院

资料来源：笔者整理

（1）类型一：有历史传承的村落

村落中有历史上传承下来的物质形态和非物质的文化遗产。在调查过程中，参照《传统村落评价认定指标体系（试行）》标准中的"久远度"，以 1980 年以前这段时期传统村落中建造的建筑单体和群体，都列为了传统的范畴之内。❷

（2）类型二：以乡土为核心的村落

这种村落往往与地域结合紧密，以土地为生长根基的，在选址、营建材料、村落格局上会有很强的地缘特色。

---

❶ （民国）陈扬撰：民国《筹豫近言》第一章《论豫省有可富之基》，民国三年（1914 年）石印本.
❷ http://www.mohurd.gov.cn/zcfg/jsbwj_0/jsbwjczghyjs/201208/t20120831_211267.html.

（3）类型三：以血缘为中心的村落

以血缘为纽带的村落往往会有良好的社会结构。血缘形成了村落百姓以宗族——家庭为主的社会纽带，以血缘为基础衍生出来的宗族观念和邻里关系与普通的村落有所不同，祭祀、族规、村训、行规等都是以血缘为纽带村落的外在表现。

2. 笔者的调查

从 2006 年笔者进入高校任教就开始带领学生对河南乡村进行考察测绘，至今已经有将近十个年头，足迹几乎遍布河南的各个县市，前后共详细调查近 200 个村落（图1-2）。近几年来，笔者又加大力度对村落的专题专项调查，住房和城乡建设部等三部委进行了国家级的传统村落的评选工作给村落调查带了巨大的契机，笔者也有幸全程参与了第一、二、三批河南省省级传统村落的评选推荐工作。通过对《全国传统村落管理信息系统》中河南近八百个村落资料的梳理，有效地指导了笔者实地调查测绘的准确性，有的放矢。

3. 中国传统村落的评选

从 2012 年开始，国家三部委联合开展"中国传统村落"评选与资助活动。截至 2015 年，全国范围有 2555 个村落入选中国传统村落名录，河南有 99 个村落入选其中（表1-2）。

河南省入选国家级传统村落名录的数量　　　　　　　　　　表 1-2

	全国（个）	河南省（个）	河南省所占比例（%）	公布时间
第一批	646	16	2.5%	2012.12
第二批	915	46	5.0%	2013.08
第三批	994	37	3.7%	2014.11
合计	2555	99	3.9%	

资料来源：笔者根据住房和城乡建设部公布的数据整理总结

2012 年 8 月，住房和城乡建设部等三部委联合印发了《传统村落评价认定指标体系（试行）》，传统村落的评定主要从"聚落、建筑和非遗这三个因素来考量；聚落指村落选址、布局，建筑指现存传统建筑，包括历史较长的或以传统技术建造的"。❶ 传统村落的评价体系中以久远度、稀缺度、传统建筑占地规模、传统建筑用地比例、建筑功能的丰富度、完整性、工艺美学价值、传统营造技艺传承等方面来全面考量传统村落的评定。❷

❶ 罗德胤 . 中国传统村落谱系建立刍议 [J]. 世界建筑，2014（06）：103.
❷ http://www.mohurd.gov.cn/zcfg/jsbwj_0/jsbwjczghyjs/201208/t20120831_211267.html.

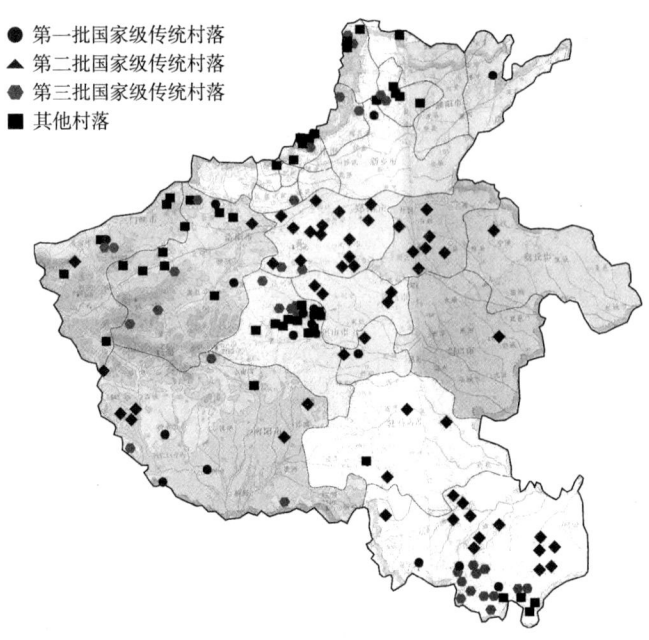

● 第一批国家级传统村落
▲ 第二批国家级传统村落
⬢ 第三批国家级传统村落
■ 其他村落

图 1-2　笔者调查的村落

资料来源：笔者整理

1.3.3　河南传统村落分布与生存现状

1. 国家层面传统村落的分布规律

有学者通过分析全国范围内的国家级传统村落，通过地理环境、城镇化发展、社会文化因素等三方面因素进行叠加分析，总结传统村落分布规律（表 1-3）。同时指出"快速城镇化发展是导致传统村落消亡的主导因素。现代生产和生活模式的蔓延以及相应的快速建设活动促使其迅速消亡"。❶

中国传统村落分布规律　　　　　　　　　　　　　　　　　　　　表 1-3

影响因素	村落的主要分布区域
地理因素	主要分布在第二阶梯及第三阶梯的山脉和丘陵过渡地带 山区半腹地向平原过渡的较高地带 林区和草地的边缘
城镇化因素	远离快速城镇化的区域 位于 GDP 中等及偏下水平的区域 中等人口密度区域 远离重要的交通线
社会文化因素	少数民族地区 地方语系区域 线性文化遗产区域如茶马官道、客家迁徙线路等

资料来源：曹迎春，张玉坤．"中国传统村落"评选及分布探析 [J]．建筑学报，2013（12）：44-49

---

❶　曹迎春，张玉坤．"中国传统村落"评选及分布探析 [J]．建筑学报，2013（12）：44-49.

2. 河南传统村落分布

通过综合比较河南的传统村落，其地域分布规律同样受到了地理、文化、社会等因素的影响（表1-4）。

（1）城镇化的逆向影响，城镇化发展水平高，传统村落就少。

（2）传统村落生存的地理环境特征明显，主要分布在山区、浅山区和平原的过渡地带，区域普遍存在着地形地貌多变、环境层次丰富、适宜各种农业类型发展。

（3）水患灾害在河南影响至深，河南东南部的黄泛区，驻马店板桥水库周边等洪灾泛滥区域，往往是传统村落的空白区。

河南传统村落分布规律 表 1-4

影响因素	主要分布区域
地理因素	●主要是山区，如秦岭余脉的外方山、熊耳山、崤山、伏牛山、豫北的太行山、豫南的大别山中多有分布 ●第二、第三阶梯的过渡地带，山区与平原过渡地带的浅山区多有分布 ●山前平原、环嵩山带多有分布 ●河流沿线如伊洛河、黄河沿线多有分布
经济因素	●远离快速城镇化发展的区域 ●现代经济相对落后、偏远的地区 ●远离现代交通的线路 ●历史上经济繁荣的区域、主城池周边
社会因素	●古商道、古官道、古河道等线性要素沿线多有分布 ●重要文化圈层影响区域，如豫西南的楚文化圈等 ●典型的非物质文化影响区域
其他因素	●自然灾害影响较少的区域，如豫东南黄泛区就没有传统村落的分布

资料来源：笔者整理

3. 河南传统村落的生存现状

通过对河南传统村落的调查走访发现，大部分的传统村落已经没有了昔日的辉煌，村落自身失去了造血功能，面临着人口骤减、老龄化严重、房屋坍塌、空间形态遭到破坏等尴尬境地。百姓设法离开落后的村落是不争的事实，年轻人纷纷远走他乡打工、经商，彻底地离开乡村，留守的多为老人和儿童。造成这种"逃离"的原因最主要有以下三点：第一，务农的土地收益难以维系正常的家庭支出；第二，子女教育的问题无法正常保证；第三，贫穷落后使得村中的年轻人难以娶到媳妇。这三点是造成传统村落空虚、人口稀少的主要原因。

文化信仰或者文化遵从的改变，也很容易对村落系统造成破坏甚至摧毁。村落在长期发展中，语言、宗族关系、改造自然形成的世界观等文化因素维持着传统村落的社会系统和与文化生态系统的平衡。文化信仰的改变就可能改变村落的社会结构和自然生态结构，如宗族观念的消失就会导致以血缘为纽带的村落消亡，宗祠、家庙建筑的破败等。

1.4 相关文献综述

1.4.1 关于研究对象的综述

笔者之所以将研究内容确定为中原地区传统村落，其中重要的原因之一是目前关于中原地区传统村落研究成果的匮乏以及缺少系统性。现有的研究成果，多数是把传统民居作为研究的重点，村落仅仅是作为民居建筑的延展和铺垫，偶有针对村落的论述，也多集中于少数几个。

1. 分区域

左满常、白宪臣所著的《河南民居》（2007 年）是河南民居集大成的一本著作，文中对豫东、豫西、豫南、豫北等四个片区中典型民居的类型结构、布局、装饰等做了详细的总结和概括，但村落只是作为民居生存环境的背景介绍，只针对个别较为著名的村落如临沣寨、寨卜昌等，从村落选址、村落整体格局做出了简要介绍。郑东军的《中原文化与河南地域建筑》（2006 年），以河南地域建筑与中原文化为出发点，探求河南地域建筑的生成、机制等，对寨堡村落的形成原因和建筑类型做出了总结。郭瑞民的《豫南民居》（2011 年）以河南信阳的民居研究为主，在第二章聚落空间形态中对豫南少量的村落选址、格局有简要论述。李春青所著的《郑洛地区新石器时代聚落的演变》（2001 年）以时间为脉络，详细地论述了郑洛地区史前聚落形态演变以及聚落形态发生、发展和演变的内在规律。❶ 尹亮的硕士论文《河南乡土建筑类型及区划研究》（2011 年）以乡土建筑为研究对象对河南进行了地域的划分。杨鸿勋《仰韶文化居住建筑发展问题的探讨》（1987 年）对郑州的大河村、偃师汤泉沟和洛阳孙旗屯所发掘的仰韶房屋进行了复原和比较性的研究（表 1-5）。❷

部分代表人物及研究对象 表 1-5

序号	人物	研究对象	针对区域
1	左满常、白宪臣	河南民居的类型及特征	河南
2	郑东军	中原地域建筑、地域文化、寨堡类型村落	河南
3	郭瑞民	豫南民居，豫南聚落的选址及空间结构	豫南的信阳
4	李春青	史前聚落的类型、发展演变	郑洛地区
5	杨鸿勋	仰韶文化时期民居类型	沿黄河、两河流域

资料来源：笔者根据相关资料整理

---

❶ 李春青 . 郑洛地区新石器时代聚落的演变 [M]. 北京：北京大学出版社，2001.
❷ 杨鸿勋 . 建筑考古学论文集 [C]. 北京：文物出版社，1987.

2. 分类型

分类型的研究主要为寨堡式村落和窑洞村落的研究，主要有顾建娣的《咸同年间河南的圩寨》（2004 年），郑东军的《河南地区传统聚落与堡寨建筑》（2005 年），李炎的《河南传统堡寨式聚落初探》（2005 年）中对河南寨堡式村落的含义、分类及其形成与演变等方面做出了分析。刘静的硕士论文《豫西窑洞民居研究》（2008 年）、张继珍的硕士论文《类型学在豫西乡村聚落更新与发展中的应用研究》（2010 年）、赵恩彪的硕士论文《原生态视野下的豫西窑洞传统民居研究》（2010 年）等对豫西地坑院构成、形态与村落之间的关系有所描述。

3. 个体对象

针对村落的个案研究主要集中于临沣寨、寨卜昌、方顶村等几个较为知名的村落，多集中于历史价值的客观描述。关于临沣寨的有郑东军的《中原第一红石古寨——临沣寨探微》（2006 年）、刘书芳的《中国历史文化名村——临沣寨》（2008 年）、范晓琳的《古村落保护与发展对策研究——以河南郏县临沣寨为例》（2011 年）、郭汝的《河南省郏县临沣寨乡土建筑保护研究》（2010 年）等。关于方顶村的有李晓丹的《方顶村乡土建筑保护管理探析》（2013 年）。吕红医的博士论文《中国村落形态的可持续性模式及实验性规划研究》（2005 年）是以河南省下伏头村为例，剖析中国古代村落在规划选址、营造技术等方面蕴含着可持续发展的生态观。左满常的《古韵流香的古村落寨卜昌》（2004 年），李权威的《博爱县寨卜昌古村落人居环境建设传承与发展途径研究》（2014 年）、刘晓峰的《寨卜昌古村落建筑装饰的考察》（2011 年）等都是关于寨卜昌村村落民居、村落整体形态、村落的文化内涵等方面。

河南关于传统村落的保护和更新的实践工作主要集中在豫南地区，比较典型的有清华大学罗德胤等在新县西河村的更新实践工作以及中国乡建院孙君等在郝堂村的更新实践等。更新保护的角度都是基于村落优质的山水资源和人文资源，保护传统物质和非物质形态，百姓参与营建以及后续的经营，重塑乡村的活力。

1.4.2　关于研究方法的综述

关于传统村落的研究方法，主要集中在地理学领域、社会学领域以及建筑学领域等。

1. 地理学领域

19 世纪 20 年代初，从区域角度对村落开始研究的有法国地理学家维达尔·白兰士、阿尔贝·德芒戎、白吕纳等，研究的方法侧重于以研究村落的形成、形态、分布与地理环境之间的关系作为研究的切入点。德芒戎（Albert Demangeon）的《法国的乡村住宅》（1920 年）对法国乡村的居住形式与农业职能的关系进行了探讨，他认为："确定和划分乡村住宅类型，要根据它们的内部布局，人和物之间建立的关系，也就是根据它们的农业职能"。❶ 白吕纳的《人地学原理》同样强调了村落是"人类活动与自然地理之间的关系"❷，白吕纳在《乡村居住形式地理》一文中，对村落集中或分散的村落形态做出了分析，强调了农业制度、农业经济对乡村居住形式的影响。侯仁之的《历史地理学理论与实践》（1979 年）一书探讨了北京城早期聚落的形成及其与环境之间的关系。尹钧科的著作《北京郊区村落发展史》（1993 年）采用了人文地理学的研究方法探讨了从先秦到当代北京郊区村落发展的状况。

农村聚落地理学是地理学的一个分支，是研究农村聚落的形成、发展及其与环境的关系，研究农村聚落分布规律和特点的一门学科，关注点在于聚落与地域环境的关系、聚落本身的结构特征、民居院落地域性的差异以及聚落日常生活与聚落的空间关系等。金其铭的《农村聚落地理》（1988 年）中，研究了农村聚落的类型、分布和演变以及村落体系的建立、聚落的分类方法等。日本学者福田芳郎《台湾聚落的研究》（1936 年）主要诠释了中国台湾南北由于地域差异而造成的传统村落形态的差异。台湾学者胡振洲所著的《聚落地理学》（1994 年）中关注聚落的分类，将台湾聚落划分为农业、矿业、工业、宗教、牧业、文化、行政、军事等十一种类型，并提出了 6W 的研讨聚落的分析方法，对构成聚落的重要元素如建筑、街巷等与聚落形态的关系进行了深入的剖析。❸

2. 社会学领域

从社会学角度将村落视作复杂的系统，解读村落中的种种社会现象，通过研究乡村社会结构、社会问题、社会组织之间的关系，剖析村落社会的发展规律。费孝通的《江村经济》（1986 年）、《乡土中国》（1985 年）的研究通过实地考察揭示经济体与地理环境、社会结构之间的关系。杨懋春的《一个中国村庄：山东台头》（2001 年）的研究则更加重视村落内部的结构、组织、村庄的领导以及村际间的关系。台湾学者郭肇立的《传统聚落空间研究方法》（1998 年）提出了对传统聚落空间为对象的实质空间分析系统和分析模型。美国学者摩尔根（Lewis Henry Morgan）的著作《印第安人的房屋建筑与家室生活》（1992 年）中阐述了聚落和住宅所表达的空间与社会结构、生活习俗之间如何关联，将印第安人的社会序列归纳为："氏族——胞族——部落——部落联盟"的组织层次体系，以及生活中的共产制、土地耕作、饮食习惯与印第安宅屋建筑之间的关系。❹ 丛翰香的《近代冀鲁豫乡村》（1995 年）对明清的基层组织与村落之间的关系、村落的起源、规模与外观的研究都具有开拓的意义。张玉坤为代表的天津大学系列硕博论文采用社会学的方法对传统聚落等做出了系统性的研究，包括了聚

---

❶ 《地理学年鉴》，XXIX，1920：352 ~ 375。该文和《乡村居住形式地理》、《法国乡村聚落的类型》皆收录在《人文地理学问题》一书中，商务印书馆，1999.

❷ （法）J. 白吕纳 . 人地学原理 [M]. 任美锷，李旭旦译 . 南京：钟山书局，1935.

❸ 胡振洲 . 聚落地理学 [M]. 台北：三民书局，1975.

❹ （美）路易斯 · H · 摩尔根 . 印第安人的房屋建筑与家室生活 [M]. 秦学圣等译 . 北京：文物出版社，1992.

落与居住空间关系、聚落的地域分布规律、形态研究、空间层次和结构研究等，成果有《聚落·住宅——居住空间论》（张玉坤，1996 年）、《中国古代农村聚落区域分布与形态变迁规律性研究》（李贺楠，2006 年）、《基于社区结构的传统聚落形态研究》（林志森，2009 年）、《中国传统聚落空间层次结构解析》（王竑，2011 年）等。美国学者黄宗智《华北的小农经济与社会变迁》（2000 年）一书中，认为华北的小农家庭常以"极低边际报酬的情况下工作以满足家庭的需要"。❶ 日本学者旗田魏，通过对华北村落内部组织的研究，认为"华北村落是具有高度集体认同感的内聚团体，是一个村落共同体"。❷

3. 建筑规划学科领域

建筑学领域主要通过感知、客观描述等手段总结人类的建筑活动经验，研究内容主要包括建筑本体和营建技艺，进而对村落的人居环境进行研究。如日本学者藤井明的《聚落探访》（2003 年），通过探访世界各地典型性的聚落，凝练传统聚落空间的秩序，以及"通过空间秩序所表达出来的制度、信仰、宇宙观等本质的东西"。❸ 原广司所著的《世界聚落的教示 100》（2003 年）是建筑学科对聚落空间认知的代表性作品，通过空间感知，亲身体验并讲述了世界范围内典型聚落的形态、空间、场所、内外在秩序等。❹ 建筑学科着重研究了聚落的形态、内部布局、民居建筑等方面的内容。

国内对村落的研究起步较晚，早期研究的方法主要是通过现场的调研和测绘，总结描述村落客观存在的物质形态。国内传统村落研究的前期也是围绕村落中最基本的单元——传统民居展开，研究民居是一个"求同找异"的过程，早期以概括出区域的典型模式为主，如北京的四合院、河南地坑院等；发展到后期，研究的重点在民居建筑的差异以及与地域环境、风俗习惯等变化上。刘敦桢的《中国住宅概说》（1956 年）被誉为中国民居的开山之作，勾勒出了中国民居的类型和研究骨架。❺20 世纪 70 年代末，出版了许多民居专著，如《浙江民居》（1984 年），展现出了江浙一带传统村落民居建筑丰富多彩的面貌；陆元鼎、魏彦钧所著的《广东民居》（1990 年），重点关注岭南民居，对民居建筑形式和细节特征做了详尽的描述。❻ 彭一刚的著作《传统村镇聚落景观分析》（1992 年）详细地剖析村镇聚落的构成要素及形成原因。东南大学的《徽州古建筑》系列丛书以实地测绘为基础，对徽州传统民居的地域环境、人文历史、风俗礼仪等方面有详细调查。清华大学的陈

---

❶ （美）黄宗智. 长江三角洲小农家庭与乡村发展 [M]. 北京：中华书局，2000：11.

❷ （日）旗田魏. 中国村落与共同体理论 [M]. 日本：岩波书店，1973.

❸ （日）藤井明. 聚落探访 [M]. 宁晶译. 北京：中国建筑工业出版社，2003：7.

❹ （日）原广司. 世界聚落的教示 100[M]. 于天玮等译. 北京：中国建筑工业出版社，2003：26.

❺ 刘敦桢. 中国住宅概说 [M]. 北京：中国建筑工业出版社，1956.

❻ 陆元鼎，魏彦钧. 广东民居 [M]. 北京：中国建筑工业出版社，1990.

志华对村落的调查系列也是重要成果，包括《楠溪江中游古村落》、《丁村》、《梅县三村》、《郭洞村》等，主要针对乡土建筑及其延伸的调查。齐康的《江南水乡：乡镇规划的理论与实践》（1990 年）对乡镇聚落的理论和实践做出探索。陈秉钊的《江南村镇的体系结构、布局形态及发展模式》（1997 年）针对乡镇群体进行了梳理、分层、归类研究。田银生的《早期人居环境的选择与处理》（1999 年）、《"家世界"构成中的庭园价值——中国传统居家环境结构的"二元对立统一律"分析》（2001 年）、《原始聚落与初始城市——结构、形态及其内制因素》（2001 年）、《中国传统城市的"人居环境"思想与建设实践》（2002 年）从构建人居环境的角度出发，系统地阐述了宅院、乡村、城市等各种层次人居环境单元形成机制及演变规律。

4. 生态学科领域

生态学中人与环境的关系是其重要的研究内容。对于人类聚居同环境之间的关系，德国学者恩斯特·海克尔在《有机体普遍形态学》一书中认为生态学是人、动物对于其外围环境相互适应的状态。乡村生态学角度包含村落生态环境的可持续发展、村落生态评价和生态区划等。如刘邵权的著作《农村聚落生态研究——理论与实践》（2006年），刘沛林的《中国传统聚落景观基因图谱的构建与应用研究》（2011 年），李芗的《中国东南传统聚落生态历史经验研究》（2004 年）等都是在借助生态学的方法对村落进行研究。

5. 跨学科、综合领域

近些年来，研究方法的广度和深度有了明显的拓展，借助于交叉学科、技术手段等对村落进行研究。如李立的《乡村聚落：形态、类型和演变》（2005 年）以时间为轴线，借助相关学科如经济学理论对江南地区的乡村聚落形态演变做出了全面的分析，雷振东的《整合与重构——关中乡村聚落转型研究》（2005 年）借用社会学、人居环境学等建立"聚落空废化"的概念，剖析关中乡村聚落转型中演进的动因和机制。王昀的《传统聚落结构中的空间概念》（1999 年）构建量化模型，从发现聚落的空间概念与进行定量分析论述，发现聚落的空间概念与进行定量分析的可能性，并对定量化的分析方法的开发过程进行详细说明。浦欣成的《传统乡村聚落二维平面整体形态的量化方法研究》（2012 年）借助生态学斑块水平指数、分形几何学、数理统计分析等方法，对传统村落的二维形态进行量化研究。陶金的《广东梅州传统民居文化地理研究》（2012年）利用地理学方法并结合 Arcgis 技术进行矢量化处理，整理出梅州传统民居文化因子的地域分区。

1.4.3 关于研究内容的综述

关于村落的研究内容，主要集中在村落形态分类、村落空间、分布特征、某种类型村落的内在发展机制等（表 1-6）。

部分学者关于村落形态的观点

表 1-6

代表人物	主要观点
（美）Gordon R. Willey	1. 人处理聚落所处环境的方式 2. 聚落的形态是聚落生活、房屋布局与自然环境之间的关系，是自然环境、百姓营建水准和社会文化干预的综合体现 ❶
（英）Emygs Jones	1. 聚落的选址，即房屋群体与其所处的周边自然环境之间的关系 2. 聚落的形态，即房屋与房屋之间的相互关系 3. 聚落的分布，聚落分布状况以及分布所受到的限制性条件 ❷
金其铭	研究村落形态在于找到村落间的差异，村落与所处环境的关系，剖析村落内部合理化的布局 ❸
张光直	1. 人类对其所居建筑物的处理方式，包括房屋、房屋的安排方式 2. 聚落形态反映自然环境、建造者所表现的技术水平，以及该文化所拥有的各种社会互动和社会控制的制度 ❹
李立	村落形态包括聚居生活方式、聚落空间特征和社会结构特征 ❺

资料来源：笔者根据相关资料整理

1. 村落形态

美国学者 Gordon R. Willey 在《秘鲁维鲁河谷史前聚落形态》、《维鲁河谷课题与聚落考古——回顾与当前的认识》中提出聚落形态（Settlement Pattern）包含人处理聚落所处环境的方式和聚落生活、房屋布局与自然环境之间的关系，聚落的形态是自然环境、百姓营建聚落的水准和社会文化干预的综合体现。英国地理学者 Emygs Jones 从三个方面进行了形态的研究，第一，聚落的选址，即房屋与房屋群体与周边自然环境之间的关系；第二，聚落的形态，即房屋与房屋之间的相互关系；第三，聚落的分布，聚落分布状况以及分布所受到的限制性条件等。

张光直在《考古学专题六讲》中的第五讲《谈聚落考古形态》（1986 年）中，系统地阐述了聚落形态包含着房屋形式，反映聚落形态与自然环境、社会环境之间的关系。金其铭的《中国乡村聚落地理学》（1989 年）、《农村聚落地理》（1998 年）中对村落形态研究的目的在于找到村落之间的差异，探寻村落与所处环境的关系以及剖析村落内部合理化的布局等，并根据平面形态将聚落形态分为了集聚型和散点型，集聚型又分团状、带状、环状。李立的著作《乡村聚落：形态、类型与演变——以江南地区为例》中界定村落形态包括的内容为聚居生活方式、聚落空间特征和社会结构特征。丁俊清在《浙江民居》中认为村落形态特征指的是"村落（房屋、道路、色彩、轮廓）的形象态势，它反映的不是物与物之间的关系，而是器物（村落、房屋等）的形象"。❻

❶ G. R. Willey. Prehistoric Settlement Patterns in the Viru Valley, Peru.Bulletin155, Bureau of American Ethnology, Smithsonian Institution, 1953：1.

❷ 张光直.考古学专题六讲 [M]. 北京：文物出版社，1986：74-93.

❸ 金其铭.农村聚落地理学 [M]. 北京：科学技术出版社，1988：89-95.

❹ 张光直，胡鸿保，周燕.考古学中的聚落形态 [J]. 华夏考古，2002（01）：61-84

❺ 李立.乡村聚落：形态、类型与演变——以江南地区为例 [M]. 南京：东南大学出版社，2007：42.

❻ 丁俊清，杨新平.浙江民居 [M]. 北京：中国建筑工业出版社，2009：75.

2. 村落形态分类

村落形态的研究成果和研究方法主要集中在地理学领域和考古学领域（表 1-7）。

部分学者对村落形态的研究　　　　　　　　　　表 1-7

人物	对象	分类角度	类型	细分类型、特征表现
朱保良	上海周边村落	村落的形态和位置	带型、行列式和田块状等	细分为面河一字型、夹河双面一字型等十三种类型❶
胡振洲	台湾村落	聚落形态	集居型和散居型	集居型规模大、团状，村间相距远，受地形、生产资料、交通影响；散居型受地形、气候、农业制度、交通的影响❷
司徒尚纪	广东农村	地理、历史、社会和风俗	组团状、长条状、阶梯状、丁字形、弧形、自由型	平原或山间盆地多组团状，山麓、谷底、河岸或公路两旁多长条状，沿河谷或山坡拾阶而建为阶梯状，河流、公路的交叉地带为丁字形，山脚、公路的转弯处为弧形、自由型❸
赵春青	郑洛地区史前聚落	聚落形态	分散状、聚集状、块状	裴李岗时期为散点状分布，仰韶前期为串珠状分布，仰韶后期和龙山时期为块状分布❹

资料来源：笔者根据相关资料整理

　　德芒戎发表了《法国乡村聚落的类型》（1939 年）一文，从形态的视角对村落的类型进行划分，将村落类型分为长型村庄、块型村庄、星型村庄、趋向分散阶段的村庄。学者朱保良对上海周边村落进行研究后分为了带型、行列式和田块状等三类以及面河一字型、夹河双面一字型等十三种型。❺P. Daniel 在《聚落地理学》著作中，从社会经济联系、土地所有制等社会学的角度把传统村落从形态上分为了开放的村庄和封闭的村庄两种形态类型。台湾学者胡振洲在其著作《聚落地理学》（1975 年）中，将聚落的形态分成了集居型和散居型，集居型一般指的是规模比较大，一般上百户或者几百户甚至上千户，呈团状形态，并指出造成集居型的条件：地形许可、生产资料充足可供较多人口、对外交通便利；而造成散居型村落的主要原因为自然地形、特殊类型气候、安全因素影响、农业制度、交通不便、社会习俗等方面的影响。学者司徒尚纪在《广东文化地理》（2001 年）中综合地理、历史、社会和风俗等因素，将广东的农业聚落分为了组团状、长条状、阶梯状、丁字形、弧形、自由型等。❻

　　3. 村落空间结构与空间层次

　　关于村落形态结构，不同的学者有着不同的认识（表 1-8）。学者张玉坤在《聚落·住宅——居住空间论》中认为结构是"人与环境要素的一对一的认知结构，各种要素罗织在一起形成较完整的整体印象"。❼学者何重义在《古村探源——中国聚落文化与环境艺

❶　金其铭. 农村聚落地理 [M]. 北京：科学出版社，1988：90.
❷　胡振洲. 聚落地理学 [M]. 台北：三民印书局，1975：78.
❸　司徒尚纪. 广东文化地理 [M]. 广州：广东人民出版社，2001：134-136.
❹　赵春青. 郑洛地区新石器时代聚落的演变 [M]. 北京：北京大学出版社，2001：35.
❺　金其铭. 农村聚落地理 [M]. 北京：科学出版社，1988：90.
❻　司徒尚纪. 广东文化地理 [M]. 广州：广东人民出版社，2001：134-136.
❼　张玉坤. 聚落·住宅——居住空间论 [D]. 天津大学博士学位论文，1996：27.

术》中认为"聚落的结构往往取决于民风、民俗"❶，村落内部的格局是围绕人的活动来展开，人的主要活动轨迹构成了村落的结构体系。学者王昀在其著作《传统聚落结构中的空间概念》中认为"聚落空间内部出现了中心和边缘上的这样空间上的质的差异，于是在空间内部便出现了中心和边缘这种非匀质性"❷。

部分学者对村落空间结构的研究　　　　　　　　　　表 1-8

代表人物	构成	表现形式
张玉坤	人与环境要素的一对一的认知结构，空间要素罗织在一起形成完整的整体印象	道路或者路线就是聚落的结构主线，道路和其他形式的交通是形成整体结构布局的设施
何重义	围绕人的活动来展开	聚落的结构往往取决于民风、民俗，人的主要活动轨迹构成了村落的结构体系
王昀	聚落空间内部中心和边缘上的非匀质性	人的向心性的原始力量而产生了从中心向边缘空间的流动
陈其澎	神圣中心和四方界域构成的防卫圈层，与五行、五方结合	联系中心和界域的纽带并结合防御体系呈现出来的路线，线路具有社会文化意义

资料来源：笔者根据相关资料整理

　　关于聚落的空间层次，主要有着以下的研究成果（表 1-9）。张玉坤在《聚落·住宅——居住空间论》中强调层次是指区域形态、聚落、住宅以及住宅组成部分。台湾学者郭肇立分析的角度从宏观的聚落或者城镇整体（settlement）、区域（locality）、社区或者邻里（community），直至居住单元（dwelling）；段进在《世界文化遗产宏村古村落空间解析》中是以基本原型—居住单元—组团邻里空间—村落内部空间—村落整体空间的层次递进和演变的。C.A.Doxiadis 在创建人类聚居学中以相互之间的沟通方式为标准将聚落分为了房间、住宅、住宅群、小邻里、邻里等 15 个层次，每一个层级的递进，都对应着空间尺度和用地规模的扩大。

部分学者对聚落层次的观点　　　　　　　　　　表 1-9

代表人物	研究角度	村落层次
张玉坤	边界、结点、中心、结构和要素限定	区域形态、聚落、住宅以及住宅组成部分❸
郭肇立	实质空间分析系统	聚落或者城镇整体、区域、社区或者邻里，直至居住单元❹
段进	村落空间是从下至上的组织过程	基本原型、居住单元、组团邻里空间、村落内部空间、村落整体空间❺

❶　何重义.古村探源——中国聚落文化与环境艺术 [M].北京：中国建筑工业出版社，2011：72.
❷　王昀.传统聚落结构中的空间概念 [M].北京：中国建筑工业出版社，2009：11.
❸　张玉坤.聚落·住宅——居住空间论 [D].天津大学博士学位论文，1996：34.
❹　郭肇立.传统聚落空间研究方法 [A].聚落与社会 [C].台湾：田园城市文化事业有限公司，1998：8.
❺　段进，揭明浩.世界文化遗产宏村古村落空间解析 [M].南京：东南大学出版社，2009：72-83.

续表

代表人物	研究角度	村落层次
朱炜	村落空间的构成可以通过层次	乡村居住空间、乡村村落空间、乡村布局空间❶
C.A.Doxiadis	人居环境构成要素	房间、住宅、住宅群、小邻里、邻里等15个层次❷
Robert Redfield	乡民社会的组织架构	大传统（精英文化）和小传统（乡民生活文化）❸
克里斯泰勒	中心地体系	市场村、镇中心、地方中心、地区城市、小邦首府、省府城市和区域首府
李贺楠	文化生态为基础	自然环境层次、社会经济环境层次和社会制度环境层次❹

资料来源：笔者根据相关资料整理

1.5 研究内容与方法

1.5.1 研究内容

传统村落的空间形态是本书研究的主要内容，这些物质形态是人地环境互动的载体，也是百姓邻里交往、日常生活的容器。本书紧紧围绕村落的传统性和地域性，即归纳出村落本身最突出、最显著的地域特征，紧紧围绕着村落"为什么在这里？""自己为什么是自己？"❺"村落如何运行？"等三个问题展开思考。传统村落相关文字史料非常少，偶见家谱、碑文、村志等，通过世代口口相传的逸闻趣事也难以考证真伪，"聚落的背后看不见的文化和社会结构，所有这些最终都会以某种形式依托在聚落中，被物象化，并明确地存在于聚落的空间组成中"。❻通过村落的空间形态，我们能够推断和研究村落的文化传承和地域特色。所以以传统村落中依然存在的物质形态为研究内容则是最容易的途径。全书从不同层面上对村落进行研究（表1-10）。

村落研究不同层面表达的内容　　　　　　　　　　　　　表 1-10

层面	层面表达内容	层面	层面表达内容	层面	层面表达内容
微观层面	●个体村落选址特征 ●个体村落形态类型 ●宅院类型总结 ●个体村落空间要素构成 ●个体村落空间结构特征	中观层面	●区域村落选址类型归纳 ●区域村落形态归纳 ●区域村落空间特征归纳	宏观层面	●区域之间相似类型的比较分析

资料来源：笔者整理

---

❶ 朱炜. 基于地理学视角的浙北乡村聚落空间研究 [D]. 浙江大学博士学位论文，2009：58.
❷ Constance A.Doxiadis.Ekitics，the science of human settlements.Science，v.170，no.3956，October 1970，393-404：21 fig.
❸ Vincenzo Petrullo Peasant Society and Culture：An Anthropological Approach to Civilization by Robert Redfield American Anthropologist，New Series，Vol. 59，No. 2（Apr.，1957），352-353.
❹ 李贺楠. 中国古代农村聚落区域分布与形态变迁规律性研究 [D]. 天津大学博士学位论文，1996：45.
❺ 罗德胤. 中国传统村落谱系建立刍议 [J]. 世界建筑，2014（06）：105-106.
❻ 王昀. 传统聚落结构中的空间概念 [M]. 北京：中国建筑工业出版社，2009：17.

微观层面上，总结河南各个地域分区中有代表性村落个体的形态和空间特征，进行类型分类整理。运用归纳的方法，以个体传统村落为对象总结分析出传统村落空间与形态特征的构成以及形成原因。中观层面上，总结地域范围内传统村落形态共性特征以及与地域之间的关系。宏观层面上，对各个地域分区中某些类似要素进行区域间的比较，旨在说明相似的构成要素的不同地域表现特征。

1.5.2　研究方法

由于研究对象的数量很多，分区域、分类型抓住村落的主要地域特征是研究的主要思路。从宏观上将河南分成若干的地域分区，选取典型的案例进行剖析，对传统村落空间形态特征进行总结归纳，深入剖析地域成因，并进行地域分区之间的横向比较，关注传统村落空间形态构成中丰富的人地关系以及传统村落空间使用的差异性。本书借助于国内外社会学、地理学关于村落空间形态理论以及研究的成果，在此基础上建立河南传统村落形态与空间的研究框架。

1.5.2.1　田野调查

田野调查是本书采用的研究方法之一，这也是传统村落自身特点所决定的。村落相关的文字资料非常少，偶见家谱、村志、碑文等。百姓口口相传、现存村落的物质形态、百姓的生活状况等是对传统村落进行推断、分析、演绎的重要依据（图 1-3）。

现场调查、座谈、测绘等是对传统村落研究的一个必要前提。河南的许多传统村落鲜为人知，用脚步来丈量村落中的土地，置身于村落广场、街巷、院落中，才能够感受到传统村落最真实的魅力。还需要在村落中进行短暂的居住，近距离的观察百姓的生活和村民对村落空间的使用状况，聆听村中老者讲述历史上的逸闻趣事，许多有意义的一手资料都是在田野调查的过程中获得的。结合田野调查，收获真实的村落信息，同时结合古代文献、考古发现、民俗资料等，从而使本书的相关论点更加具有说服力。

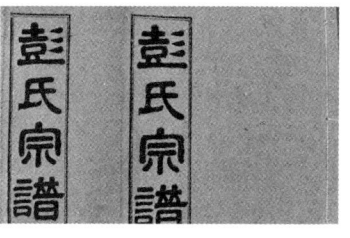

图 1-3　村落中的族谱

资料来源：笔者整理

1.5.2.2　地域分区

河南传统村落有着显著的地域差异性，不同的地域分区中有着各自的特征，村落形成地域特征原因主要受到地域因素、文化圈层以及经济等多重因素的影响。本书借助地理学中的研究方法对河南进行地域分区，选取区域中有代表性的传统村落进行剖析，分析村落形态和空间构成要素的变化以及成因，挖掘河南传统村落形成的内在机制。利用地域分区的研究方法重点关注两个方面的内容，一是重点关注区域内部村落与地域圈层的关联性；其次是重点关注不同地域传统村落的共性与个性。

1.5.2.3　以人—村落—地关系为核心的整体分析方法

人、村、地三者存在一种整体性的关系。村落是介于"人"和"地"两者之间的载体。"人"是指社会性的人，是指在一定生产方式下从事各种生产活动或社会活动的人，是指在一定村落地域空间活动的人；"地"是指与人类活动有密切关系的地理环境，尤其体现在有地域差异的地理环境，或者在人的作用下，已经改变的地理环境（图1-4）。

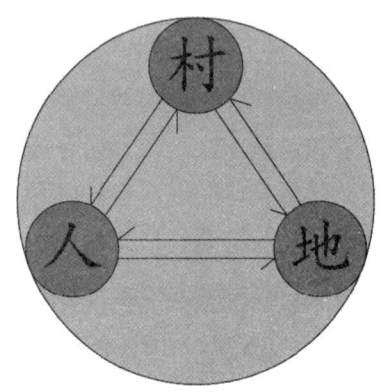

图1-4　村落中人地关系的系统性
资料来源：笔者整理

1. 方法原则

基于地理学和社会空间分析方法的基础之上，本书整合提出了针对河南传统村落分析方法。传统村落的核心是人地之间不断互动，以村落为载体展现出来，村落的研究是基于人、村、地三者和谐的基础之上，提出对人—村落—地为核心的整体分析方法的指导原则：

（1）整体性原则：应将人、地、村落三者视为一个完整的系统来考虑。

（2）层次性原则：村落的层次性是非常明显的，从宏观到微观的递进过程中，村落受到地域因素的影响在不断减弱，而受到社会因素的影响在不断加强。

（3）主导性原则：着重以影响村落主导性因素入手，来剖析村落在人地关系中所呈现出来的物质形态。

2. 以人地关系为核心的村落分析方法

借鉴农村聚落地理学对村落的规模、类型分类、地域区域等方面的研究成果进行拓展，以此为基础对河南的传统村落选址类型、空间结构、总体格局进行研究。主要体现在以下方面：

（1）村落与自然环境、社会环境的关系及相互影响；

（2）村落规模、职能分类、形态分类；

（3）村落内部的构成与村落社会属性的关系；

（4）定性为主，定量结合，在对形态和空间的描述过程中，增加量化的描述。

3. 社会—空间系统分析方法

村落的空间承载着百姓的生活，日常的活动如婚、丧、嫁、娶、邻里交往等都在村落空间中进行，村落空间的社会属性凸显出来。主要体现在以下方面：

（1）对传统村落的空间体系构成要素和形态特征的描述；

（2）对传统村落的空间层次的划分，把握空间层次转换规律和转换节点；

（3）对传统村落的空间体系中空间结构的划分；

（4）定性为主，与定量相结合，不但要对村落的空间构成要素、层次、结构等进行定性的描述，还要对村落空间的尺度、百姓对空间的使用等进行定量的比较分析。

1.6　中原地区传统村落研究的框架

在研究方法的指导下，本小节将建立中原地区传统村落的研究框架，将不同地域中的村落放置在共同的平台之上进行比较研究才有意义。研究框架分为三部分，第一部分，河南传统村落地域特色调查方法；第二部分，河南传统村落的形态分析，探讨村—地之间的关系；第三部分，河南传统村落空间分析方法，重点探讨人—村之间的关系。此小节中，笔者以建立研究方法为主导，不做实证性的分析，某些模型的建立与假设不免有主观色彩，这些假设在后文会以实证的方式进行论证。

1.6.1　传统村落特色及空间状况调查方法

实地调查是对传统村落研究的第一步。村落的影响多局限在一定的地域范围内，而且相关的文字记录资料极其稀少，村落中的故事都是口口相传，要想真正了解村落，必须深入到其中，亲身实地去感受村落。若想了解百姓，需零距离地接触他们，吃住于村落中，以旁观者的视角观察村落中的生活。通过了解百姓对村落使用的真实感受，才能发现村落的运行状况，因为他们是村落真正的主人。

1.6.1.1　调查目的

调查的目的主要有两方面，第一，以旁观者的视角对村落进行感知，客观记录村落的物质形态；第二，关注村落百姓的真实生活，对村落使用状况进行调查。调查的目的始终围绕着人、村、地三者的互动关系来展开，三者经过不断碰撞融合形成了互相依赖的整体关系。村落中最直接展现给我们的是客观存在的物质形态，如宅院、历史要素、街巷、广场等，无形的如百姓的生活方式和社会交往等。村落调查的对象涉及村落的选址、街巷空间、民俗民风、营造技艺、百姓的邻里交往空间、院落空间等。百姓对自己生活状态的评价是传统村落空间运行状况最强有力的体现（表 1-11）。

河南传统村落调研对象　　　　　　　　　　　　　　　　　　表 1-11

对象	内容	对象	内容	对象	内容
村落 百姓	●百姓基本状况 ●百姓日常生活类型 ●百姓邻里交往 ●百姓宗族状况 ●百姓空间需求和设施需求 ●百姓人居环境	村落	●村落边界类型 ●村落标志物 ●街巷空间使用状况 ●特色院落 ●村落公共建筑及附属空间	地域 环境	●村落选址 ●周边河流 ●村落的风水格局 ●村落形态

资料来源：笔者整理

1.6.1.2　调查方法

调查主要采用空间感知和访谈两种方法，空间感知是调查者用双眼去观察村落和用身体去感知村落。空间感知结合图纸的记录进行，如百姓活动轨迹、村落总平面、街巷和院落平面、典型街巷剖面图等二维空间的记录。

其次是通过以问卷调查为主导的访谈方式，了解百姓对村落的真实感受（图1-5）。百姓对村落是一种最原始的情感，喜怒哀乐都会直接表达出来，把握百姓对村落空间的使用状况是考察村落运行机制的一种途径。

图1-5　对百姓的访谈

资料来源：笔者自摄

1.6.1.3　调查内容

调查内容包括五个部分，即村落的基本调查、村落居住现状调查、村落特色调查、村落设施需求调查、特色居住类型调查。特色居住类型调查以河南各地域分区中最具地域特色的居住类型来展开。笔者采用抽样调查和专题调查两种方式，抽样调查关注普遍性，专题调查则更加深入和细致。抽样调查是针对某个地域，制定相同的问卷，较大范围地选取村落为调查对象。利用问卷对区域中村落的共性特征进行调查，如村落文化内涵、地域特征以及村落形态、街巷、宅院、百姓生活等。专题调查是针对村落个体的调查，围绕某些专题问题展开调查，如村落未来的发展、院落的专题调查、住屋的产权问题等，也会对村落的发展演变、内在结构联系进行调查（表1-12）。

问卷调查内容及目的　　　　　　　　　　　　　　　　　　表1-12

调查内容	调查重点	调查目的
村落的基本情况调查	真实客观的基本事实	村落、村落百姓等客观存在的基本状况
村落居住现状调查	百姓认知观和价值观	百姓对居住现状的客观认识和主观感受
村落特色调查	主观认识和评价	百姓对传统风貌的主观认识
村落设施需求调查	百姓的精神需求调查	百姓对文化及配套服务设施的使用和需求
村落周边环境调查	真实客观的基本事实	调查村落与周边环境的互动关系
特色居住类型调查	百姓对地域环境的评价	调查村落的地域特色状况

资料来源：笔者整理

1.6.2 传统村落的形态研究

本书村落形态指的是村落在人地关系互动的过程中所展现出来的物质形态，重点是指村落整体性物质实体的客观描述，主要涉及村落的选址、村落整体形态、村落内部房屋构成、房屋之间的关系等宏观、微观两层展开研究。

宏观层面指的是村落与周边广大的地理实体的空间关系，由村落建设用地、耕地、林木、河川、道路等要素共同组成的景观表现，本质是人、环境、村落三者互动的一种结果；微观层面则要深入到村落内部，宅院与宅院之间、单个房屋与群体之间的关系，这其中蕴含着丰富的社会关系，微观层面与承载百姓日常生活的村落空间息息相关。村落空间是村落形态的重要组成部分，两者是密不可分的，是整体与部分的关系。村落空间主要体现了村落内部配置要素之间的相互关系，村落空间承载着百姓日常的生活，也是村落使用主体邻里交往的重要发生地（表 1-13、图 1-6）。

河南传统村落形态研究对象 表 1-13

研究层面	层次关系	重点研究内容
宏观层面	村落与地域环境之间的关系	村落形态、选址、整体格局、结构、层次
微观层面	村落内部构成要素之间的关系	村落空间、宅院、街坊、地域性材料

资料来源：笔者整理

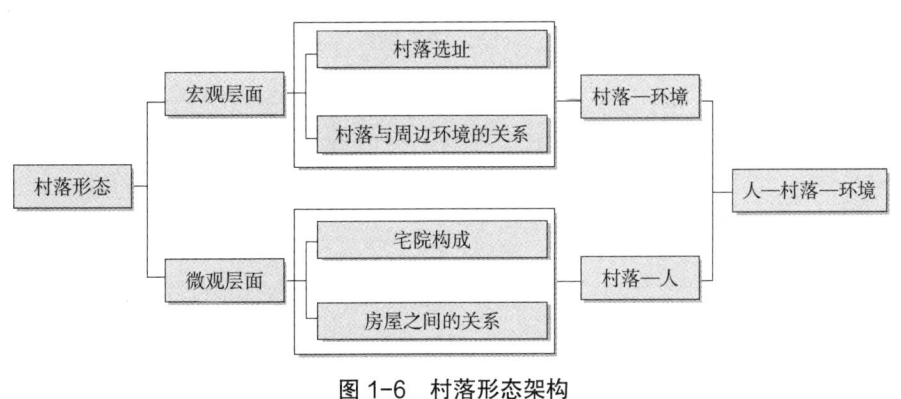

图 1-6 村落形态架构
资料来源：笔者整理

1.6.2.1 河南传统村落选址类型

村落选址是人地关系互动、百姓与自然环境对话的结果，是百姓寻求有利的自然环境资源作为庇护之所的第一步。不同的村落选址类型也决定了不同的村落空间形态。我们经常会感叹："村落就像从地里长出来的一样，就像有机斑块一样嵌入到环境中"。

村落营建之初，百姓便会结合生产、生活、繁衍后代等因素来综合考察环境要素，如山、水、耕地、周边植被、风向、村落建设用地是否充足等，请通晓风水之术的能人来相地，甄别寻找合适的村落栖息地。陈寅恪这样描述聚落的选址："凡聚众聚险者，及给养能自足之故，必择险阻又可耕种，及有水源之地，具备此二者之地，必为山顶平原之溪涧水源之地，此自然之理"。❶中原地区气候、地貌等地域环境特征沉淀在百姓的心中，形成一种十分稳固的、"潜移默化"的朴素观念。趋利避害是百姓在村落选址过程中秉承的一种思想，对天地有一种敬畏之心，不会凭外力去强势改变自然，哪怕是一些微小的自然变化，村落也多会顺势营造。

本书根据村落所处的地域环境以及位置将河南村落的选址分为了背山环水的浅山地带、沿河岸地带、山谷中的阶梯地带、黄土塬上阶梯台地、山口的冲积平原过渡地带、平原地带的高地、重要官道、驿道沿线等七种类型，后文将进行实证研究。

1.6.2.2 村落形态的控制要素

我们把边界、中心、结构作为描述村落形态的基本构成要素（表1-14）。本书借用地理学从平面形态的整体视角来研究村落的形态与周边环境的互动关系。

村落形态构成要素及特征　　　　　　　　　　　　　　表 1-14

序号	构成要素	典型特征	类型	物质表现形式
1	边界	围合形成认知领域，连续或者不连续，可识别性	显性边界	寨墙、河流、道路、田埂、山体
			隐性边界	
2	中心	具有强的吸引力和凝聚力，客观存在物质形态或者是村落空间	地理中心	重要的公共建筑如祠堂、庙宇等，空间广场、大户宅院、重要的构筑物周边、古树等
			心理中心	
3	结构	将村落各个要素之间组织起来的逻辑秩序	散点结构	与村落整体形态、轮廓相对应，由宅院等组合单元共同组成
			集中结构	
			线性结构	

资料来源：笔者整理

1. 形态控制要素一：边界

多数河南的传统村落都有着相对清晰的边界线，边界往往是指村落百姓的活动领域范围，包括寨墙、溪流、山体、宅院、农田等。村落与外界环境之间会形成清晰而有效的轮廓，勾勒出村落的整体形态，村落也就建立起了自己的领域，就是百姓常说的"到了自己家的地界儿了"，学者袁媛认为"村落边界在塑造村落形态上发挥着重要的作用，也是最易受到破坏的一个层面"。❷边界限定出了村落的领域，"边界是人工和自然界之间与生俱来的分界线"。❸边界也"常起到门槛的作用，人们设定边界要将自己的领地和周围的领地相区别"。❹

---

❶ 吴庆洲. 中国军事建筑艺术（下）[M]. 武汉：湖北教育出版社，2006：578.

❷ 袁媛，等. 传统村落边界空间保护初探 [J]. 南方建筑，2014（06）：48-51.

❸ 陈紫兰. 传统聚落形态研究 [J]. 规划师，1997（4）：52.

❹ （日）原广司. 世界聚落的教示100[M]. 于天玮等译. 北京：中国建筑工业出版社，2003：135.

从物质角度上来看，村落形态可以认为是村落边界围合起来的领域，领域内外往往是泾渭分明的，连续且封闭的边界限定之内的就是村落领域，这些人工区域与周边环境有着显著的差异性。"人们时常用完形心理学的连续性和闭合性来阐述边界，连续性和闭合性是边界的两个重要性质"。**❶** 从社会属性角度来说，村落的领域又是村落百姓对场所的认同感和识别性。"村落领域是村落建造者的空间概念在现实空间中投射的结果，村落空间本身只不过是这种空间概念物象化的产物"。**❷** 领域是体现聚落归属感和向心性的重要方面，一个长期生活在村落里的人，能轻易地判断村落范围在哪里，领域的存在还有一种潜在的支配概念在里面，百姓是能够支配和占据村落的领域的。

河南传统村落的边界存在着显性和隐性两种类型。显性的边界往往是封闭且类型多样的，只要把村落的边界清晰辨析出来，就很容易判断出村落边界的特征和性质，如寨墙环壕，作为边界有很强的连续性，内外隔离效果显著，界定出了村落的用地范围和百姓心理上的界限。河南传统村落中还有隐性的边界，村落散落在一定的区域中，与周边地理环境没有明显的边界，"村落的范围虽然没有明确的限制，但也有饱和的限度，一旦超过这个限度，就会招致种种不利"。**❸** 村落规模主要受到田地和村落建设用地承载力的制约，超出土地承载能力，则需要寻觅一块新的基址建设村落，即使有血缘关系的家族村落也必然面临着分村的局面。村落之外的田地、水域等，也是村落百姓日常耕作的区域，没有显著的边界特征，却也属于村落的领域范围（图 1-7、图 1-8）。

图 1-7 无明显边界的豫西地坑院村落
资料来源：Google earth 地图

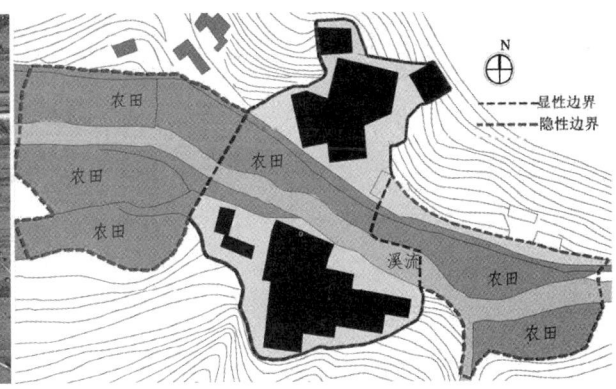

图 1-8 村落的显性边界和隐性边界
资料来源：笔者整理

2. 形态控制要素二：中心

村落形态中心往往是村落形态的凝聚点，中心一定程度上能够左右村落的形态，

❶ 张玉坤. 聚落·住宅——居住空间论 [D]. 天津大学博士学位论文，1996：25.
❷ 王昀. 传统聚落结构中的空间概念 [M]. 北京：中国建筑工业出版社，2009：29.
❸ 彭一刚. 传统村镇聚落景观分析 [M]. 北京：中国建筑工业出版社，1994：52.

引导着村落的秩序。村落中心的特征一般为凝聚力强，能够吸引百姓集中的地方或者是在百姓乐于靠近这里营建宅院，村落中心也往往会有限定性的要素。河南传统村落形态中心的类型往往是村民心中相对重要的地点、建筑、构筑物等。

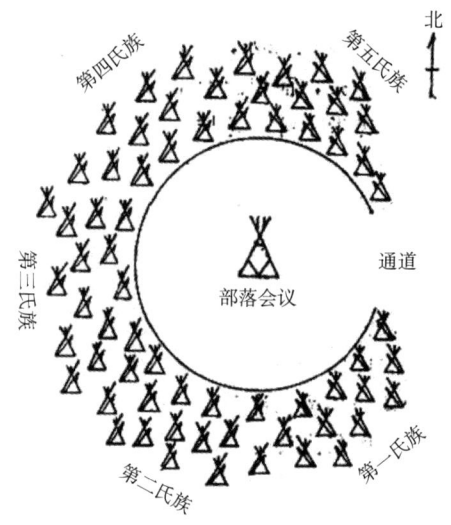

图 1-9　古代聚落的中心
资料来源：网络资源

在原始村落的雏形中，中心促成了村落的整体形态，体现出了一种内在的平等秩序和主从关系"秩序乃是出于人为，出于人的社会需求。中心性便是这些人为秩序中最为突出的一点"。❶ 如姜寨遗址折颜部落环状的村落形态中，五个相互平等且具有亲缘关系的氏族按照顺时针方向排成圆圈状，中心则是部落议事的大帐篷（图 1-9）。❷ 又如豫南以血缘为纽带的宗族村落中，宗祠是村中百姓心理的中心，"诚以祖宗发源之地，支派皆多源于此"❸，宗祠亦处在村落中关键的节点上，影响着村落的整体形态格局。

3. 形态控制要素三：形态结构

村落形态结构是通过村落领域内各要素组合的内在秩序表现出来的，形态结构将村落各个功能单元有机地串联起来，"在聚落中，共同的纽带是在'事物'的配置、排列、形态等方面表现出来"❹，形成了内在的、统一的秩序。形态结构通过边界、节点、中心的形态控制要素体现出来。形态和结构之间存在着一种映射的对应性关系❺，结构和形态之间存在着图形的同构现象。河南的传统村落的形态结构主要分为散点结构、集中结构和线性结构三种（表 1-15）。

河南传统村落的形态结构　　　　　　　　　　表 1-15

类型	中心	边界	特征描述
散点结构	无中心	无明显边界	整体布局松散，构成要素布局匀质，呈点状散落在地域中，与周边环境有机融合，少群体组合，无空间的限定
集中结构	强中心 多中心	边界清晰	构成要素之间紧凑布局，呈团状，联系紧密，主次中心递进关系。重要建筑或者开放空间构成村落中心
线性结构	单中心	边界清晰	村落沿着河流、官道等线性要素展开，形态呈现带状。线性要素会形成一条非常显著的联系纽带

资料来源：笔者整理

❶ 陈紫兰. 传统聚落形态研究 [J]. 规划师，1997（4）：53
❷ 巩启明，严文明. 从姜寨早期村落布局探讨其居民的社会组织结构 [J]. 考古与文物，1981（1）：63-72.
❸ （清）林牧：《阳宅会心集》卷上《宗祠说》，清嘉庆十六年（1811 年）刻本.
❹ （日）藤井明. 聚落探访 [M]. 宁晶译. 北京：中国建筑工业出版社，2003：17.
❺ 王昀. 传统聚落结构中的空间概念 [M]. 北京：中国建筑工业出版社，2009：14-15.

1.6.2.3 河南传统村落的形态分类

对村落进行形态的分类有助于探索各种不同类型的村落与周围环境之间的关系[1]，村落形态就是周围环境包围下的整体性的表象，是从宏观层面对村落的形态给予初步的定位，进行一个粗线条的归纳。分类应该根据主导村落形态的构成要素来判断，"村落的形态分类一般应从某种特征出发，选取其中一项或者几项的指标进行"。[2]

以主导功能以及百姓赖以生存的手段来看，河南的传统村落可分为农业村落、商业村落、军事防御村落、手工业村落等四种类型。同时，本书借鉴农村地理学上对村落的形态分类方法，以村落与周边的地域环境的互动关系、村落的功能、空间类型为基础，对村落进行整体形态上的分类。根据村落的边界、中心和结构等控制要素将村落的形态分为聚集型和分散型两大类型，聚集型又可细分为团状、带状、环状。

1.6.2.4 宅院尺度与类型

1. 宅院的属性：家与院

宅院包括实的房屋和虚的院落两部分。村落宅院是千百年来房屋营建传承下来的一个智慧空间，宅院被称作"特殊化的场所，是世界的起点也是世界的终点"[3]，"没有什么比乡村的建筑更加生动了，在建设中体现了永久性和个性，它是赋予生命的创造物"。[4]农村房屋是地理学研究的重要方面，"农村房屋是地理环境的表现，应当把这个环境理解为自然和人文影响的整体，它能决定农民采用什么样的房屋"。[5]宅院是家的载体和体现中国传统社会伦理的窗口，"中国的传统社会是一种伦理的社会、情谊的社会，乡村是人类的家"[6]，"家是中国乡土社会的基本社群；大家庭和小家庭的差别是在结构上；中国的家是一个事业组织，家的大小依着事业的大小而决定"。[7]

村落是充满温情的社会群体，是以家庭为单位的社会单元，宅院是家的空间载体，也是村落唯一的私密空间。宅院是村落中社会属性和地域特征激烈碰撞的一个综合体，百姓会结合气候、地形地貌、地域材料特征等方面去营建宅院，也会遵从社会风俗礼制等去约束宅院的建设。村落中其他的建筑类型，如礼制建筑、宗教建筑、商业建筑、文教建筑等，都是以宅院为基本原型演化而来的。宅院的方向性，往往决定宅院主人在村落中的地位。"宅院的方向性是民居在建造村落的空间概念的表现"。[8]主房朝向、宅院入口等都是百姓对地域环境的认识和其对神、人等神秘世界认知的状况所决定的，宅院的主朝向往往是根据其正房朝向所决定的。

[1] 金其铭. 乡村聚落地理 [M]. 北京：科学出版社，1988：89.
[2] 金其铭. 农村聚落地理 [M]. 北京：科学出版社，1988：91.
[3] （日）原广司. 世界聚落的教示 100[M]. 于天祎等译. 北京：中国建筑工业出版社，2003：204.
[4] （法）阿·德芒戎. 人文地理学问题 [M]. 葛以德译. 北京：商务印书馆，1999：249.
[5] （法）阿·德芒戎. 人文地理学问题 [M]. 葛以德译. 北京：商务印书馆，1999：251.
[6] 梁漱溟. 乡村建设理论 [M]. 上海：上海世纪出版集团，2011：168.
[7] 费孝通. 乡土中国 [M]. 上海：上海世纪出版集团，2005：36-40.
[8] 王昀. 传统聚落结构中的空间概念 [M]. 北京：中国建筑工业出版社，2009：19.

2. 宅院类型

本书中宅院的类型主要根据宅和院的组合方式以及院落的形式、位置等将宅院划分为四合院类型、内天井类型、独立式类型以及地坑院类型等四种（表 1-16）。

河南传统村落宅院类型　　　　　　　表 1-16

序号	宅院类型	空间特征	院和宅的关系	图示
1	独立式类型	开放、无院落空间独立的、单栋的房屋	●宅前一般有空地 ●宅面向道路或者河流开放	
2	四合院类型	四面围合 院落中轴对称	●中轴对称，院居于中心位置 ●宅为居住，院是生活空间和农产器械存放空间	
3	内天井类型	四面围合、尺度小、院落深，空间主要满足采光、通风、汇雨水需要	●宅布局紧凑，院插入式布局其中 ●院根据宅的需要调整空间尺度和形式	
4	地坑院类型	四面围合、在地表面以下	●院落方正，按照八卦方位选择主朝向 ●宅环绕院布局	

资料来源：笔者整理或自绘

3. 宅院类型划分方式

书中在研究宅院的空间关系时，采用方位角和院落的高宽比来考察院落在空间尺度上的变化，分析出宅院的布局规律。"即以房屋的平面图形为标准，以及寻求住房人这样布局的原因和想法"。[1]

第一，院落的方位角（图 1-10）。传统空间的长短边比例存在着一些明显的规律。根据人双眼观察视野范围，60°可以观察的较为清楚，30°则是最清楚的观察视野角度。"我们的祖先就在30°～60°方位角中，捕捉天地运行规律，发现它们的表达视角与人的视角心理相耦合，30°～60°方位角是从人的视觉心理归纳出的美学法宝"。[2] 院落的平面形态一般为长方形，对角线和短边、长边的夹角分别为60°、30°或者接近于这个角度则与人的视觉心理规律吻合。重礼制、重规矩的地区的院落平面尺度多接近于此种关系。

---

[1] （法）阿·德芒戎 . 人文地理学问题 [M]. 葛以德译 . 北京：商务印书馆，1993：237.
[2] 张杰 . 中国古代空间文化溯源 [M]. 北京：清华大学出版社，2012：57.

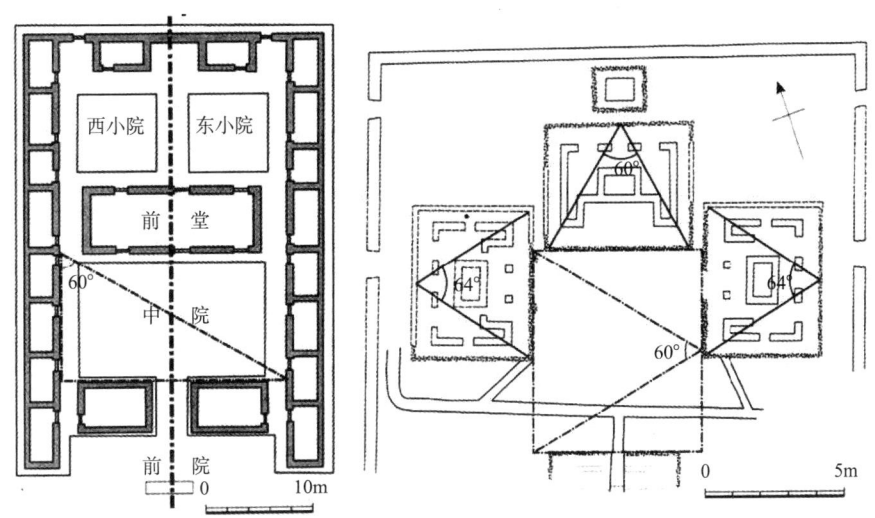

图 1-10　院落的方位角

资料来源：张杰 . 中国古代空间文化溯源 [M]. 北京：清华大学出版社，2012：57.

第二，院落的高宽比。学者左满常将河南的民居正房"露脸"的宽度作为衡量院落的空间大小尺度，分为窄院、宽院、超宽院三种 **❶**，进一步将河南的院落分为了四合院、三合院、窑房院和前排后院 **❷**，这其中也蕴含着空间的尺度问题。院落空间是围绕人的活动空间，对活动空间感受以建筑的高度 H 和水平间距 D 为衡量标准，"以 $D/H=1$ 为界线，它是空间感受的转折点"。**❸** 本书也以院落高宽比（D/H）来对院落进行三种类型尺度的划分，即 $D/H=1$ 中等尺度的院落、$D/H<1$ 小尺度的院落、$D/H>1$ 大尺度的院落。院落的高宽比也是决定院落形态的重要标准。

1.6.3　传统村落的空间分析

村落的空间，主要指的是宅院之外和村落的边界之内围合的"空"的区域，包括村落的街巷、村落广场、村口等广大的区域，村落的空间又是村落百姓活动的发生地，邻里交往的载体。村落空间具备物质和社会的双重属性，村落空间又串联着村落的各个实体功能单元，经过不断的、潜移默化式的塑造、再塑造，形成了一定的逻辑秩序。

村落空间具有复杂性，它的发生、发展都与诸多因素有关联，必须将村落空间纳入到一个系统中来看待分析。"对某一系统最简单的描述就是列出它的成分、它的环境以及这些成分构成某种整体的联结"。**❹** 构成要素、空间层次、空间结构是构成村落空间研究的主要内容，文章对村落空间的层次进行划分，对构成村落空间的要素和整体

❶ 张献梅，左满常 . 河南民居院落平面布局特征 [J]. 安徽农业科学，2008（35）：15474.
❷ 左满常 . 中原传统民居平面形态研究 [J]. 华中建筑，2009（07）：118.
❸ （日）芦原义信 . 外部空间设计 [M]. 尹培桐译 . 北京：中国建筑工业出版社，1985：19 .
❹ （加）马里奥 • 本格 . 科学的唯物主义 [M]. 张相轮译 . 上海：上海译文出版社，1989：111.

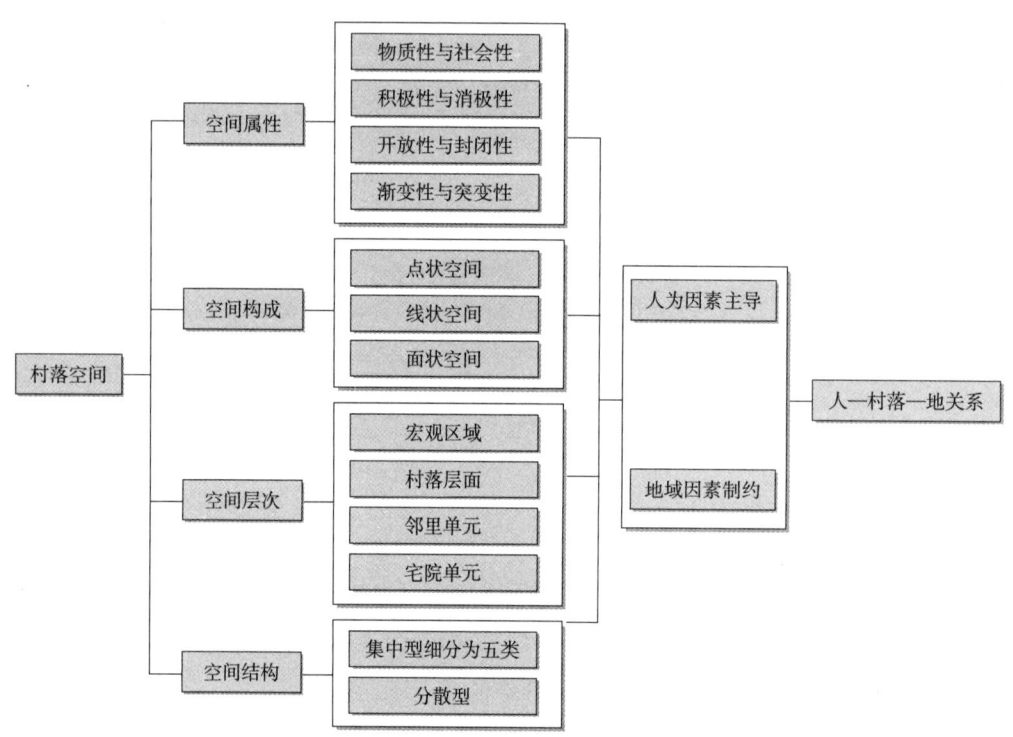

性的联系结构进行理论性的描述。村落的空间构成基础是村落社会性活动，反映着社会与空间的关联性。村落的空间形态形成是一个空间社会化的过程，村落中的交往空间有着其对应的形态，"聚落必然反映出人与人之间的交往"❶，"空间形成过程具有较强的连续性，而社会过程则有较强的变革性"❷，由于人是使用空间的主体，不可避免地要对空间的使用状况做出总结和判断，来衡量村落空间活力和传承性（图1-11）。

图 1-11　中原地区传统村落空间研究架构
资料来源：笔者整理

1.6.3.1　村落空间属性

传统村落空间具有很强的可识别性，是在百姓长久生活、潜移默化中形成的一种空间模式，不同的社会结构、生产方式对应不同空间类型。看似平常的村落空间，其走向、尺度、规模、形状都蕴含着丰富的集体智慧，是百姓的集体创作。村落空间具有物质性和社会性的双重属性。物质属性主要是指空间形态的尺度、形态、大小、围合界面等客观存在的物质形式，其空间构成意义和精神内涵属于社会性的延展。美国学者摩尔根就发现印第安人氏族社会的组织结构和行为准则与物质形态有高度的一致性❸，"乡村是具

---

❶　彭一刚．传统村镇聚落景观分析 [M]．北京：中国建筑工业出版社，1994：36．
❷　李立．乡村聚落：形态、类型与演变——以江南地区为例 [M]．南京：东南大学出版社，2007：15．
❸　（美）路易斯·H·摩尔根．印第安人的房屋建筑与家室生活 [M]．秦学圣等译．北京：文物出版社出版，1992：28．

有自我控制机能的封闭社区,传统礼俗足以处理人们在日常生活中发生的矛盾和冲突"。❶
社会属性内涵属于无形的力量,村落空间总有自我独特的表达方式,是百姓长期与周边
环境互动的结果,这里包含着百姓对自然、营建材料、社会礼俗等多方面的认知。"建
筑或聚落不过是作为空间的凝固,把某一个社会关系的一个片段固定下来了,传统的社
会关系就是柴米油盐的生活反映在物质形态中而实现了空间化"。❷ 社会属性会对村落的
空间形态产生一定修正作用,会增强其可识别性和类型特征。

　　1. 空间与实体

　　村落中的空间与实体是互为图底、互相依存的一种依赖关系。村落没有实体就无
所谓空间,没有空间也就不存在实体,"空间把各种实体分割开来,连续性的空间像流
体一样无孔不入地渗透到实体表面,使实体显现为有轮廓、具体形式而得以存在"。❸
实体指的是村落中有形的、客观存在的物质形态,如宅院、祠堂、家庙、凉亭、寨墙等,
这些都在承担着村落的主体使用功能,学者张玉坤认为"空间和实体的最大区别在于
物质的密度,物质实体都是在密度上高于其周围物的聚集"。❹ 从百姓使用的角度来说,
空间是百姓能够自由游走于其中的场所,凡是百姓能够到达的村中区域都可以作为空
间对象来考量,实体仅仅作为分割空间的界面。

　　2. 开放与封闭

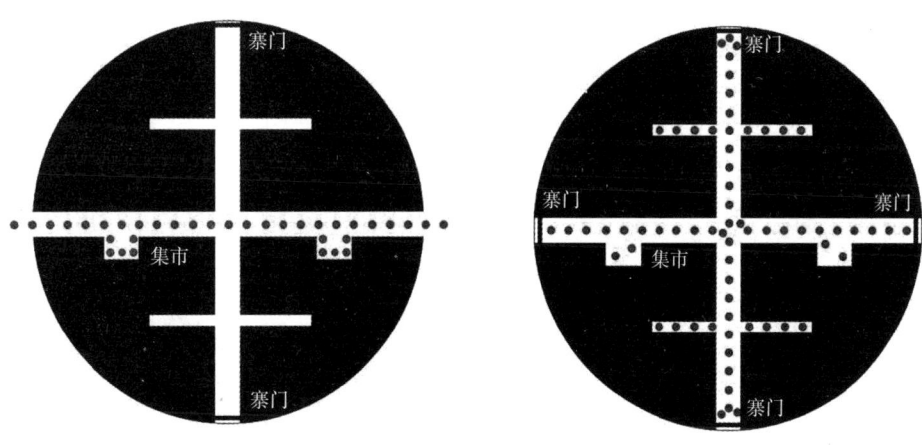

（a）外来者在村落中的活动轨迹　　　　　　　　　　（b）村落百姓的活动轨迹

图 1-12　村落空间的开放与封闭

资料来源: 笔者整理

　　开放和封闭是河南传统村落交往空间的固有属性。村落中的空间更多地表现为封闭,

❶　李立. 乡村聚落: 形态、类型与演变——以江南地区为例 [M]. 南京: 东南大学出版社, 2007: 38.
❷　张楠. 作为社会结构表征的中国传统聚落形态研究 [D]. 天津大学博士学位论文, 2010: 39.
❸　张玉坤. 聚落·住宅——居住空间论 [D]. 天津大学博士学位论文, 1996: 22.
❹　张玉坤. 聚落·住宅——居住空间论 [D]. 天津大学博士学位论文, 1996: 25.

如宅院空间，私密性很强，内外分界线非常明显，又如寨墙围合起来的村落就是一个封闭的整体，百姓对村落空间的方向、尺度等都非常熟知，可以自由无任何限制地穿梭于其中。对于外来者来说，村落又是封闭的，即使有大型的"集"，对外的活动领域也仅限于有集市主巷空间，对外来者来说，步入其他空间后就显得格格不入（图 1-12）"集"、"会"是村落百姓对外商品交易的重要空间，《易经·系辞下》："日中为市，致天下之民，聚天下之货，交易而退，各得其所。"时至今日，河南村落中"会"的发展依旧非常普遍和繁荣，每逢固定的日子，村落中便有"会"，方圆十里八村的人都会来赶集交易，水泄不通的主街道是集市活动的主要承载空间，百姓都乐此不疲，因为在这里可能会碰到任何人。村落空间的开放性和封闭性的特征是建立在村落清晰的层次性和空间的分布上，如对于村落百姓来说，可以分为："公共性空间—半公共半私密空间—私密空间"[1]，对于外来者来说，空间层次则只能是从开放空间—私密空间的直接过渡。

3. 消极空间与积极空间

根据使用者对空间的感受，将河南传统村落的空间分成积极空间和消极空间"空间的积极性指的是空间满足人的意图，即有计划性；空间的消极性，指的是空间是自然发生的，无计划性的"[2]，空间的积极与否受到空间的尺度、限定性要素、空间的使用情况等三个方面的影响（表 1-17、图 1-13）。

河南传统村落的积极空间特征　　　　　　　　　　　　　　　　表 1-17

序号	控制要素	特征描述
1	空间尺度	空间水平尺度和竖直尺度，符合人的心理尺度感受
2	空间的使用状况	百姓使用频率高，能够吸引人停留下来
3	限定性要素	空间中有古树、古井等明显的限定性要素

资料来源：笔者整理

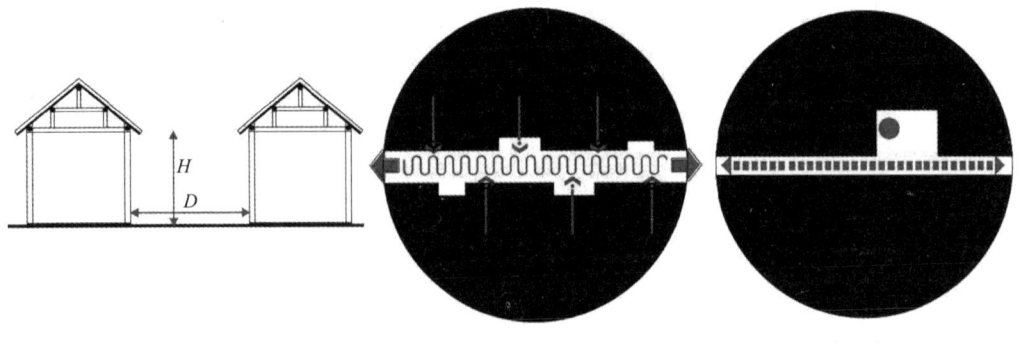

（a）D/H 比值在 1 与 2 之间　　　（b）吸附力强的空间　　　（c）有限定要素的空间

图 1-13　积极空间的特征

资料来源：笔者整理

---

❶　彭一刚.传统村镇聚落景观分析 [M].北京：中国建筑工业出版社，1994：35.
❷　（日）芦原义信.外部空间设计 [M].尹培桐译.北京：中国建筑工业出版社，1985：8.

第一，空间尺度，主要是空间水平和竖直尺度之间的关系，D/H 比值在 1 与 2 之间最符合人的心理尺度感受[1]，以"近人尺度视角"，在人的感受与街巷空间尺度之间找到结合点；[2] 第二，空间的使用状况，我们要根据空间的主导使用性质进行判断，消极空间如以过往交通为主的街道，人在其中，行色匆匆，以快速穿过为目的，反之，有些街巷空间的吸附力很强，百姓的房屋等都直接开向街巷，易吸引人停下来，这种空间为积极空间；第三，空间是否具有限定性要素，尤其是一些点状空间中，限定性的要素可将空间的领域、中心性限定出来，这些空间成为百姓喜闻乐道的场所，空间的积极性彰显无疑，如古井、古树、古桥等都是典型的空间限定性要素。

4. 空间的渐变与突变

河南村落的空间存在着渐变和突变的特征。学者吕红医认为渐变是村落空间上和时间上不间断的延续，村落处在一种平稳状态；突变是由于村落系统遭到破坏或者发生根本性的改变。[3] 村落中"不管是自然事实或者是人为事实都在永远的变动着"[4]，随着时间的变迁，村落空间会产生中心转移或者形态变化的状况。

借鉴考古学中的"共时单元"来说明村落空间渐变和突变这个问题就非常贴切，"在相当长时期内不发生变化、不打乱整个文化要素组合，它是一种定态，从其中的大部分或最重要的部分中归纳出来的行为和方式可以适用于其全体"。[5] 学者郭肇立也提出了传统聚落空间的实时性，要把传统村落的物质形态放在历史的长轴上来检验各个时期的物质形态与社会结构是否吻合。[6]

今天我们所看到的传统村落的物质形态，都是各个时期历史碎片叠加而成的，需要把这些碎片还原到历史的长轴中，才能审视各个时期聚落空间与社会性、公共性的契合程度，功能的变迁能揭示出空间形态的差异，也能映射出村落百姓生活的变迁。传统村落的空间是异常脆弱的、易发生变化的，遇到重大的事件或者其他的突变，村落的空间形态随之改变。虽然有关村落的记载少之又少，需要我们通过走访调查，查阅族谱、地方志等手段，还原历史，关注村落的实时性。

1.6.3.2 村落空间的构成要素

本书对村落空间构成要素的分类，主要基于村落的使用主体——村落百姓对村落空间的使用和认识，同时也基于村落空间本身所呈现的物质形态特征这两个方面，村落空间所呈现出来的几何特征可以轻易地判断出村落空间的使用情况和空间特征。本书以"点、线、面"等基本形态对河南各种类型村落的空间形态特征进行归纳（表 1-18）。

❶ （日）芦原义信. 外部空间设计 [M]. 尹培桐译. 北京：中国建筑工业出版社，1985：20.
❷ 方智果，等. 芦原义信街道宽高比理论之再思考——基于"近人尺度"视角的街道空间研究 [J]. 新建筑，2014（05）：136.
❸ 吕红医. 中国村落形态的可持续性模式及实验性规划研究 [D]. 西安建筑科技大学博士学位论文，2005：40.
❹ 胡振洲. 聚落地理学 [M]. 台北：三民书局，1977：11-12.
❺ 张光直. 考古学专题六讲 [M]. 北京：文物出版社，1986 年：70.
❻ 郭肇立. 传统聚落空间研究方法 [A]. 郭肇立. 聚落与社会 [C]. 田园城市文化事业有限公司：20.

中原地区传统村落空间类型 表 1-18

序号	空间类型	空间特征	表现形式	图示
1	点状空间	● 村中的中心点 ● 很强的汇聚力，领域感 ● 有限定性要素或者围合的界面	村中心广场、街巷拐点、村口空间等	
2	线状空间	● 有强的方向性 ● 空间承载交通交往 ● 界面整齐	街、巷、河道沿线、寨墙沿线等	
3	面状空间	● 开敞空间尺度大 ● 凝聚力弱 ● 担负着村落某种功能	大型的外部功能空间	

资料来源：笔者整理

1. 点状空间

点状空间指的是村落的中心点、临界点等所限定出来的空间区域。点状空间在村落空间形态构成中往往起着画龙点睛的作用。"点"一般指的是祠堂、中心广场、宅院、庙宇、古井、百年古树等，"点"具有凝聚性、吸附力，是百姓容易集中的地点，从地理位置和百姓心理地图中都非常凸显，是一种"集体无意识场所精神的体现"[1]，能够统领整个村落。学者王昀认为"在聚落中心一般都分布着具有公共意义的建筑物，如寺院、广场、村长的家、水井等"[2]，"空间的中心是从外部来体验的，通过对象的反射，人才有自我意识和知觉，这个对象也就是中心"[3]。如庙宇就是河南传统村落中一种典型的中心，其中供奉着有求必应的神灵，在庙宇里常常汇聚大量人流，《礼记·祭法》中这样记载："山林川谷丘陵，能出云，为风雨，见怪物，皆曰神，有天下者祭百神，以死勤事则祀之，以劳定国则祀之，能御大灾则祀之，能捍大旱则祀之"。学者陈志华也分析庙宇易形成点状空间的原因："一是庙宇香火旺，杂居一起易引起火灾；二是庙宇一般有戏台，人流大，会对周边村民产生影响；三是对风水有增补或者禳解"[4]。又如水井所形成的点状空间也很常见，"但凡聚落中心，都会是一村之井泉所在，井泉周围便是一个情报中心"[5]，这里能够轻易地汇聚起人流。

2. 线状空间

线状空间主要是指村落中街巷和其他线性空间如河流沿线、寨墙沿线等空间。线状的街巷空间主要担负着交通、联系、交往、商业、日常活动等的功能。街巷是组织村落活动、道路交通的重要载体，"聚落是人类在地表活动留下的首项痕迹，道路是第

[1] （挪威）诺伯格·舒尔兹.存在·空间·建筑 [M].尹培桐译.北京：中国建筑工业出版社，1990：37.
[2] 王昀.传统聚落结构中的空间概念 [M].北京：中国建筑工业出版社，2009：69.
[3] 张玉坤，聚落·住宅——居住空间论 [D].天津大学博士学位论文，1996：26.
[4] 陈志华撰文，李秋香主编.庙宇——乡土瑰宝系列 [M].北京：生活.读书.新知三联书店，2006：34.
[5] 胡振洲.聚落地理学 [M].台北：三民书局，1977：54.

二项痕迹"。❶ 本书对河南传统村落的线性空间主要借助芦原义信的外部空间理论，利用宽高比（D/H）来考量线状空间的尺度关系。

线状空间是百姓邻里交往的重要载体，一出家门就会进入街巷空间，线状空间是一种动态的交流空间，活动发生频率高但时间短暂，如秋收农忙季节，早上九点钟左右，百姓基本上都要走出家门下地干活，大家都会穿梭在街巷中，相互热情地打招呼，倘若此时没有见到谁，都会被大家议论一番。宅院入口、街巷拐点处是邻里活动的多发地。线状空间又是一道约束的红线，"道德观念是传统社会让人自觉遵守社会行为规范的信念，包括行为规范、行为者的信念和社会的制裁"❷，百姓建宅院都会根据街巷界面退让，遵循着约定俗成的规矩，谁也不会多侵占街巷空间。村落内部也会根据道路的宽窄分为街和巷，古人主要通过马车通行宽度作为依据来控制主巷，"九经九纬，经涂九轨"中的"轨"就是衡量道路宽度的指标。

3. 面状空间

面状空间主要有两种情况，第一，村落中集中的开敞空间的面积占到村落整个面积的一半以上且空间在历史上发挥着一定的作用，就形成了面状空间；第二，村落空间中没有点状空间的存在或者说空间无法形成强有力的汇聚中心都可以称为面状空间。河南村落中的面状空间主要有两种，类型一，由于历史上村落特殊功能的需要，村落外部空间占地与宅院占地平分秋色，形成了村落各半的局面，如孟津的石碑凹村；类型二，村落外部空间没有秩序性和方向性，如地坑院类型的村落，整个村落位于地平线以下，外部形成了一个偌大的平面空间，与传统意义上的街巷联系模式不同。

1.6.3.3　村落空间的层次

河南传统村落的空间结构存在着层次性和递进性，从宏观至微观一层层的将传统村落的元素剥离出来；同时村落各个层级的构成元素之间又存在着内在的构成逻辑，整个村落内部就是一个大的层次空间，百姓的日常就是不停的在村落空间层级上相互转换。

1. 层次属性

社会层级对村落空间层次影响显著，河南村落中普遍盛行大传统主导，小传统渗透的格局，宗族的力量也在强化着村落空间层次的社会属性，具体表现为乡绅大户等牢牢地掌控着村落的整体空间格局、防御体系等，普通百姓则在宅院中营造着自我小天地。

对于村落百姓来说，村落是一个开放的体系，是一个熟悉的小圈子，对于外来者说，寨墙之内又是一个难以窥视到的私密空间；从微观角度上来说，宅院形成的界面是开放与私密的分界线，宅院内部，是一个以家庭为内核的私密空间，宅院之外的街巷空间、公共空间又是百姓日常活动的空间。突破村落中的某些界面之后，空间的开放和私密程度就会发生质的变化，就会进入新的空间领域内。

---

❶ 胡振洲. 聚落地理学 [M]. 台北：三民书局，1977：171.
❷ 费孝通. 乡土中国 [M]. 上海：上海世纪出版集团，2005：30.

2.河南传统村落空间形态的层次划分

从宏观到微观的各个层面上，都能体现出村落的整体性，把构成村落空间形态的要素从宏观到微观进行层层分解，进而从整体和部分的多重视角来把握村落的空间层次。本书将河南传统村落空间分成宏观区域形态、村落空间层面形态、邻里单元、宅院单元等四个层次（表1-19）。

河南传统村落空间层次　　　　　　　　　　　　　　　表 1-19

序号	空间层次	特征
1	宏观区域层面	村落整体空间形态构成、组合关系及其与周边环境的关系
2	村落空间层面	村落内部各个功能单元之间的关联性
3	邻里单元	街和巷围合出来的组合单元内部的逻辑结构关系和秩序
4	宅院单元	由围合、半围合或者是开放的院落作为传统村落构成基本单元

资料来源：笔者整理

这四个层次存在着明显的从宏观到微观的层级关系，内部存在着一种形态上的逻辑结构，每个层次中存在着一种整体和部分的关系，每个层次作为一个整体，同时又是上个层次的组成部分。但从系统论的角度来说，整体大于部分之和，村落的整体功能不是各个组成功能简单的叠加，但是我们可以将构成村落形态特征分成若干层次来考察，单独考察每个层级在村落整体中所发挥的作用（图1-14）。

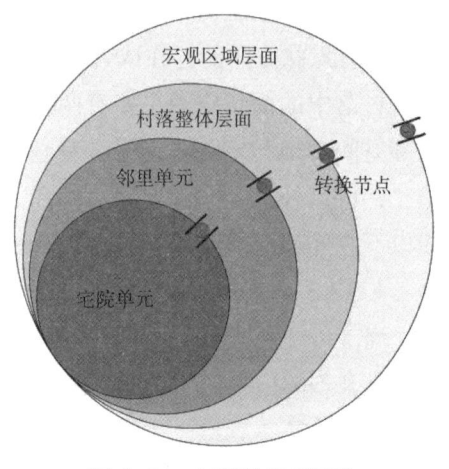

图 1-14　村落的空间层次
资料来源：笔者整理

3.村落的空间层次转换节点

转换节点是指两个空间层次交接的地方，"划分空间的内部和外部界面的是阀门"。❶ 一旦一个空间层次形成之后，一定会有"阀门"即空间转换节点出现，这些"阀门"有关和开的功能，村落主体也会根据不同情况来选择开启或者关闭阀门，进而调整各个层级开放程度或者封闭程度。转换的节点往往以物质形态切实存在，如院落空间与街巷空间之间的阀门即为宅院大门等，街巷空间与村落外部之间的阀门即为寨门、桥等物质形式。这些空间层次的转换节点遵循着以下的原则：第一，村落本身会根据外部的社会环境来调整空间的层次和层次转换节点；第二，村落层次越向村落内部转换节点的开放性越强。

1.6.3.4　传统村落空间结构类型

村落的空间结构包括两层含义，其一是住宅群乃至住宅体内的物质结构，其二是空

---

❶ （日）藤井明．聚落探访 [M]．宁晶译．北京：中国建筑工业出版社，2003：29.

间所映射的人与人构成的社会结构。村
落的空间结构是"种种转换规律组成的
体系，并且是可以形式化的，具有整体性、
转换性和自身调节性的特征"。❶村落中
的空间与实体相互组合呈现出来一种有
机秩序的形态，如点空间具有凝聚力、
向心性，线状空间具有延展力、引导性，
面状空间具有匀质性、场所感。空间结
构把这些点、线、面等空间要素联系在
一起形成整体性的秩序，空间结构将各
个层次的空间要素纳入到了整个系统之
中，能准确地定位它在这个层次中或者
承上启下的过程中发挥的作用（图1-15）。

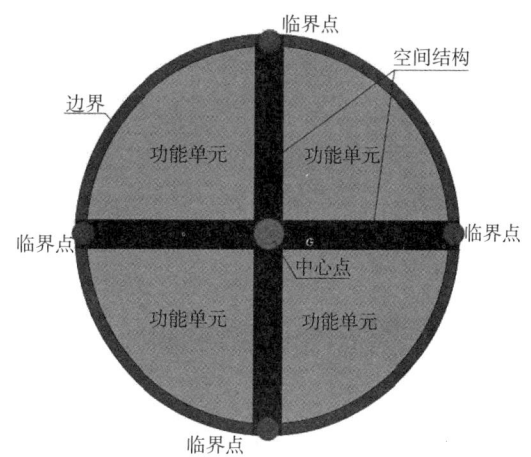

图 1-15　村落的空间结构
资料来源：笔者整理

　　通过前文诸多学者研究成果总结，村落的空间结构紧紧围绕着百姓的活动来展开，
活动空间有机联系着村落的诸多构成要素，以街巷为主导的线状空间主要承载着百姓
的日常活动、邻里交往等，也串联着宅院、广场等其他村落构成要素，因此街巷构成
了村落空间的主体架构，"街巷是村落空间形态的骨架和支撑"❷，"街巷空间集中体现
了聚落和住宅两个规模层次的相互关系"。❸村落的空间结构又是经济技术、社会以及
政治因素等不断交织、杂糅在一起的物化体现。传统村落的空间结构会根据其所处的
自然环境以及社会发展环境进行不断的修正和调整。在类似的地域范围内，百姓使用
相同的语言，从事类似的劳动，有着相近的信仰和价值观念，村落的空间结构都有着
很大的同构性。在对于外界环境因素的改变，空间结构会做出相应的调整，进行融汇、
包容的处理，若是无法抗拒这种变化，则会做出功能性调整或者革新性的变化，如咸
同年间河南村落为了应对动荡的社会环境而彻底改变村落空间结构的现象。❹

　　从某种程度上来看，以街巷脉络为主导的村落空间结构决定了村落的整体形态"道
路是聚落从整体到细枝末节的向导，道路的网络越是复杂，就越能引发聚落的无限变
化，人们只要看到它的道路形式就能理解这个聚落"。❺正是盘根错节般的村落空间结
构导致了宅院的多样性变化。本书根据村落中街巷等线状空间的走向以及结合村落的
整体形态，将村落的空间结构类型分为集中式和分散式，集中式又可以细分为一字带型、
一字鱼骨型、十字型、网状型、片状紧凑型等五种类型。

❶　邱仁宗 .20 世纪西方哲学名著导读 [M]. 长沙：湖南出版社，1991：862-867.

❷　郭谦 .湘赣民系民居建筑与文化研究 [M]. 北京：中国建筑工业出版社，2005：106.

❸　张玉坤 . 聚落·住宅——居住空间论 [D]. 天津大学博士学位论文，1996：30.

❹　顾建娣 .咸同年间河南的圩寨 [J]. 近代史研究，2004（01）：100-130.

❺　（日）原广司 . 世界聚落的教示 100[M]. 于天玮等译 . 北京：中国建筑工业出版社，2003：196.

1.7 本书框架

本书共分8章（图1-16）。

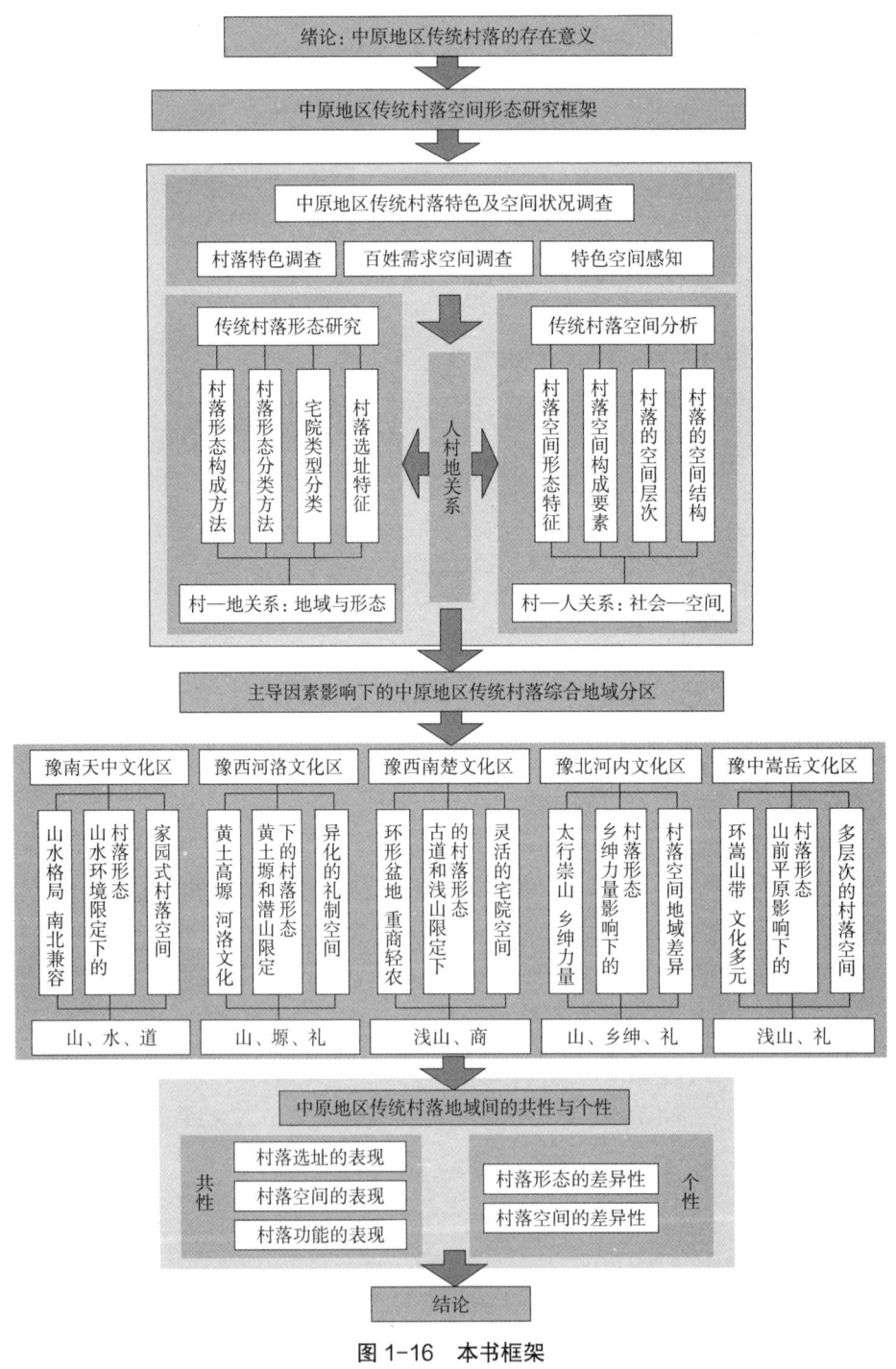

图1-16 本书框架
资料来源：笔者整理

　　第 1 章　绪论,主要是对研究河南传统村落的意义、选题背景、概念界定、研究方法、中原地区传统村落研究框架等进行论述。

　　第 2 章　中原地区传统村落的地域分区,是根据影响传统村落的自然要素、文化要素、经济要素等对河南的传统村落进行地域分区,形成了豫北、豫南、豫西、豫中、豫西南、豫东等片区。

　　第 3 ～ 7 章　各个地域分区中传统村落形态表现与空间特征,是对各个地域分区中传统村落的形态归纳和空间特征的总结,系统的表现各个地域分区中的人、地、村落三者之间的内在联系。

　　第 8 章　总结,选取河南各个地域分区中类似的空间、构成要素进行横向比较,分析其中地域和文化圈层的差异引起的差异性。

第2章 中原地区传统村落地域分区

对中原地区传统村落进行地域分区的实质其实是以村落为对象，根据影响村落空间形态的因素，归纳河南省传统村落在地理空间上的分布特征。村落的地域分区也体现了传统村落中人的活动与其所处的环境的关系，"村落的地域分异现象是一种客观存在，不同地区的乡村房屋结构形式、村落形态都有着明显的差别，各种不同聚落的用地也不同，他们在地理分布上，或有明显的分界线，或者逐渐过渡"❶，"处于相同自然条件下的民居及村落其形态便包含有许多共同的特征，而处于不同自然条件下的民居及村落其形态则各异"。❷

通过实地的调查走访和相关文献资料的总结，河南省传统村落的地域差异现象是客观存在的，传统村落分布在一定的地域空间单元，其发生、发展都是借助于一定的地域空间而产生的，其村落布局、村落的选址、结构形式、营造技艺等都会体现出很强烈的地域特征。河南的传统村落数量大，村落本身易受到自然、社会等诸多因素的影响，区域特征明显，分区域研究，同时将不同地域的村落纳入到整体的研究框架之中，总结各个地域特征，横向比较地域之间的差异，地域分区是行之有效的办法。

以传统村落为研究对象，归纳这些地域差异而造成的传统村落之间的差异。如村落形态、村落选址、空间结构等方面的差异，与百姓的生活方式、基本需求以及村落社会组织等方面进行关联耦合，就能改变传统上只是对河南民居本体物质形态单一性描述和总结。建立传统村落的地域分区，也跳出了以描述单个村落为对象的现状，更易从地域性和文化性去研究村落，符合村落作为聚落最小的一个社会单元的基本属性，合理的地域分区，通过区域内的纵向比较与区域间的横向比较，总结区域特征和区域间的差异，对研究中原地区的传统村落来说不失为一个良策。

---

❶ 金其铭. 农村聚落地理 [M]. 北京：科学出版社，1988：7.
❷ 彭一刚. 传统村镇聚落景观分析 [M]. 北京：中国建筑工业出版社，1994：6.

2.1　传统村落的地域分区方法

2.1.1　主导因素影响论

1. 地域分区方法

影响地域分区的原因有很多，得到学术界普遍认可的是基于地域决定论和文化决定论的基础上延伸出来的主导因素影响论，即认为村落的分布规律以及整体形态等是在某种主导因素影响下的综合因素而产生的结果，"应把影响聚落分异因素的类型图叠置在一起，用叠置法进行农村聚落类型地域的划分，同时应坚持主导因素为主的综合性原则"。❶河南的村落空间形态普遍存在受到某一种因素影响为主导，其他的各种影响因素交织在一起的现象。

在村落的形成过程中，必然是多重因素影响下构筑了人、村落和环境和谐的画面。单方面的"决定论"去认识村落，都不足以理解这个"五脏俱全"的小型社会。人类营造的活动不仅仅是在于控制物质环境，更重要的是实现内心社会和物质环境的和谐统一，形成一个文化意义上的理想家园，正如《尔雅·释地》中所云："地气使之然也"。归纳起来地理环境、以小农经济为基础的宗法社会、传统的伦理都是构筑传统村落环境的重要影响因素。❷人类借助了一切可能的工具，将这一理想化的模型变为现实，无论是诸如气候、材料、技术等限定，还是社会、经济等因素的修正，既定的目标和价值取向从根本上确立结果的形式，村落中的百姓会持续不断地朝着自己理想家园这一目标修正、完善。自然地理学家吴忠勇、葛全胜、王会昌、金其铭等对地域分区进行了大量的总结，成果丰硕（表 2-1）。

关于地域分区的理论及代表人物　　　　　　　　　　　　　　　　表 2-1

序号	人物		理论观点及主张
1	葛全胜		自然和人为主导因素，地域分区应同时反映自然现象和人类活动地域差异
2	黄秉维	自上而下	将整个对象分为若干部分，按照重要性来排列指标，使用一种特征区划，分区结果受到选取的指标及其顺序的影响
		自下而上	根据相似性指标，从最低级的单位开始，先把它们组合为若干类型，再按更高层次的相似性指标组合，组合是根据可观测的事实逐次归纳
3	吴忠勇	主导因素叠置法	选取影响地域分区的主导性因素产生的地域分区结果，进行叠加综合
4	朱光亚	自下而上	建筑文化圈的划分，以民居不同的结构体系为划分标准
5	王会昌	自上而下	两区三级区划：东部农业文化区和西部游牧文化区两大区，中国传统农业文化等 4 个亚区，中原文化副区等 15 个副区❸

❶ 刘邵权. 农村聚落生态研究——理论与实践 [M]. 北京：中国环境科学出版社，2006：169.

❷ 业祖润. 传统聚落环境空间结构探析 [J]. 建筑学报. 2001（12）：21-25.

❸ 王会昌. 中国文化地理 [M]. 武汉：华中师范大学出版社，1992：233.

序号	人物		理论观点及主张
6	金其铭	自上而下	三区两级区划:南方、北方、西部三区晋豫陕等 11 个亚区 ❶
7	陶金	自下而上	传统民居的构成要素类型归纳对广东梅州民居进行文化分区

资料来源:笔者根据相关资料整理

2. 主导因素叠置法

对河南传统村落进行地域上的区划,主要借鉴地理学上分区的概念和方法,拟采用"自上而下"的方法,提取的地理特征、文化圈层等要素分层叠加,据此来做出结论,并在区划中把"主要矛盾体现在地域分异的主导因素之上,作为区划的依据"。❷成果只需要用粗线条勾画出相似的区域和分异规律,相对客观的揭示出地域分区的规律。孤立的以某种单一的因素作为限定条件来划分传统村落的地域分区都可能是片面的。"人类广泛的活动会使自然界发生巨大的变化,人为变化对植被、水文、土壤、动物等影响都非常大,在若干地域会因为人类活动而产生比较显著的变化"。❸结合河南地域实际状况与传统村落生存现状提出了以下的分区指导原则:

（1）以河南传统村落为对象,地域分区要反映地域特征和人类活动的差异性;

（2）区划级别控制在区域和亚区两个层次;

（3）地域分区之间的边界可能存在多种类型,边界特征表现为地理特征的转折或者文化过渡融合地带。

2.1.2 地域分区边界

进行地域分区,必然牵涉到分界线的问题,"区域的边界有突变型和渐变型,突变型边界可以勾画出明确的边界线,如自然区中的海陆界线、社会经济区中的国家界线等;也有自然区和社会区没有泾渭分明的界线,在区与区之间有宽阔的连续过渡地带,这类边界是渐变型边界线"。❹对于边界的探讨,学术界多采用行政区划作为边界,如学者余英运用"历史民系地域综合研究法"结合历史行政区划,将中国东南部社会与建筑的区系分为了五大民系。宋海瑜认为"进行区划研究时,分区界线必须考虑到行政区的完整性,因为行政单元大部分都是历史上演变而来的,大多数区域界限都与行政区吻合,是综合地理区域划分中必须要考虑的因素"。❺

❶ 金其铭.中国文化地理概论 [M].西安:陕西人民教育出版社,1990:490.
❷ 任美锷,杨纫章.中国自然区划问题 [J].地理学报,第 27 卷,1961:66-73.
❸ 黄秉维.中国综合自然区划的初步草案 [J].地理学报,第 24 卷第 4 期,1958:349.
❹ 胡兆量,陈宗兴,张乐育.地理环境概述 [M].北京:科学出版社,1994:116-118.
❺ 宋海瑜.中国传统城市的时空分类——基于地域环境及其历史变迁对城市影响的研究 [D].华南理工大学硕士论文,2005:27.

以行政区划边界作为地域分区的边界由来已久。从唐代开始，就是以山川、河流作为行政边界，开启了"山川形便"之先河，"唐代道的设置分划原则是山川形便，即以自然的山脉、河流走向为分界依据。其二，道的命名，可以看出一种附于行政建置的南北观念"❶，"以山川作州界的基础存在，唐太宗在贞观元年将天下诸州以山川形便分为十道，严格以名川及关隘要塞作为界限"❷，从历史地图来剖析，在历史上河南的行政边界与自然山川、河流等多有吻合之处，以行政边界作为地域区划具有可行性（图 2-1）。

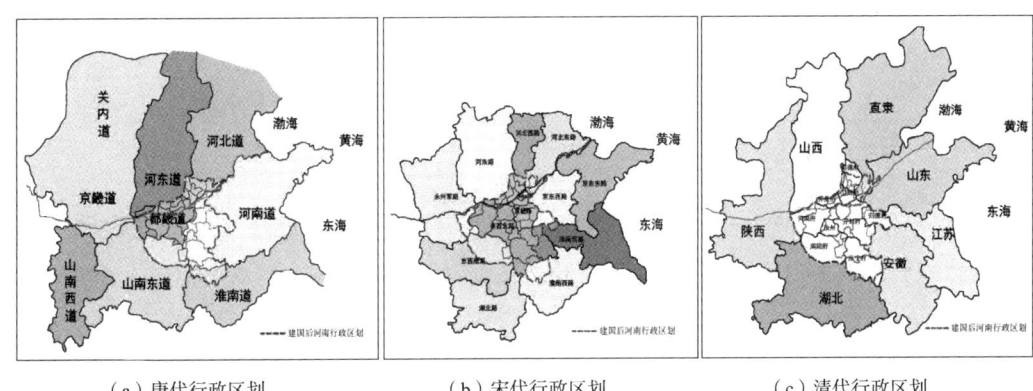

| （a）唐代行政区划 | （b）宋代行政区划 | （c）清代行政区划 |

图 2-1　新中国成立后河南行政区划与历史地图的叠合
资料来源：笔者整理，底图参考《中国历史地图集》

本书在进行地域分区时，以行政区划边界为重要的参考对象。河南现有的行政区划边界，与自然地形地貌特征存在着高度的吻合，有的行政单元如南阳，就是一个非常完整的村落地域分区。

2.1.3　河南已有的地域分区

1. 地域中心说

学者左满常以河南传统民居为研究对象，按照地理方位结合河南人的习惯来区划，以省会郑州为中心，将河南划分成了豫东、豫西、豫南、豫北。"豫东指郑州以东的开封、商丘和东部的周口地区等所辖区域；豫西指郑州以西的洛阳、三门峡所辖区域；豫南指郑州之南的许昌、漯河、驻马店、信阳和西南部的平顶山和南阳等所辖区域；黄河以北的新乡、安阳、焦作、鹤壁、濮阳等所辖区域为豫北地区"。❸

❶　张伟然，周鹏．唐代的南北地理分界线及相关问题 [J]．中国地理历史论丛，第 20 卷第 2 辑，2005（4）：6.

❷　周振鹤．中国历史政治地理十六讲 [M]．北京：中华书局，2013：85.

❸　左满常，白宪臣．河南民居 [M]．北京：中国建筑工业出版社，2007：30.

2. 河南综合自然区划（表2-2）

河南综合自然区划　　　　　　　　　　　　　　　表2-2

高等级划分		低等级划分		
			地区	州
Ⅰ	北亚热带落叶阔叶与常绿针阔叶混交林—黄棕壤与黄褐土地带	Ⅰ	桐柏山大别山丘陵地区	桐柏大别山地州和桐柏大别山北麓丘陵州
		Ⅱ	南襄盆地地区	
Ⅱ	暖温半干生落叶阔叶林—褐色土地带	Ⅲ	黄淮平原地区	淮河平原州和黄河平原州
		Ⅳ	秦岭东段山地丘陵地区	嵩山箕山低山丘陵州、伏牛山地州和豫西黄土丘陵山地州
		Ⅴ	山西高原地区	太行山东麓丘陵盆地州和太行山地州

资料来源：全石廦，李克煌．河南综合自然区划问题的探讨 [J]．开封师范学院学报，1964（01）：11.

河南大学的全石廦等综合了河南的地质构造、植被、土壤等，按照自然综合体的相似性和差异性进行自然区划形成了高低两个级别结果。❶

3. 河南农业经济分区（表2-3）

学者张教平等通过河南各区的资源条件和现状特点，在农村经济区划理论的基础上，制定了区划原则体系，将河南全省划为七个农村经济区域。以农村的经济为对象，划分出相似的农村经济分区，根据相似的地域特点、发展方向、产业结构和布局，寻找农村经济空间发展规律。❷

河南农业经济分区　　　　　　　　　　　　　　　表2-3

Ⅰ区	豫西北	郑州、洛阳、安阳、鹤壁、焦作、新乡等市所辖区域
Ⅱ区	豫中	平顶山、许昌、漯河所辖区域
Ⅲ区	豫东北	开封、濮阳、商丘以及新乡市的延津、长垣、封丘、原阳县，鹤壁市的浚县，安阳市的滑县、内黄等县
Ⅳ区	豫东南	除泌阳县外的周口、驻马店两地区
Ⅴ区	豫南	信阳地区
Ⅵ区	豫西南	南阳市所辖各县和驻马店地区的泌阳县
Ⅶ区	豫西	三门峡市和洛阳市的栾川、嵩县、汝阳、洛宁、宜阳、伊川等县

资料来源：张教平等．省级农村经济区划研究——以河南省为例 [J]．地域研究与开发，第18卷第4期，1999：46-49.

4. 中原文化圈区划

河南形成了以中原地域文化为脉络的文化体系，学者郑东军根据河南地理环境、

---

❶ 全石廦，李克煌．河南综合自然区划问题的探讨 [J]．开封师范学院学报，1964（01）：111.
❷ 张教平等．省级农村经济区划研究——以河南省为例 [J]．地域研究与开发，第18卷第4期，1999：46-49.

气候条件、人类活动等限定要素以及河南地区在历史上酋邦、方国、封国，加之族群的影响，将中原文化分为了河洛文化、天中文化、河内文化、黄淮文化和楚文化等五个子文化地区。❶ 学者赵天改从婚丧嫁娶习俗、方言分布、宗教信仰等地域文化的角度出发，将河南分为了陕州文化区、河北文化区、西府文化区、南阳文化区、豫东黄河文化区、豫南楚文化区等五个文化分区。❷

2.2　中原地区传统村落地域分区结果

无论什么类型的村落，都是"处于一定的地理环境中，都是一定社会生产力水平下，人类活动与特定地理环境结合的产物"。❸ 村落的形成都是在特定的自然环境下以及人文历史、经济发展的影响下逐步形成的，因此在地域分区过程中，自然因素、社会因素等是重点要研究的方面。

2.2.1　自然因素影响下的传统村落地域分区

河南村落绝大部分都是以农业为主导类型的村落，自然环境、地理条件等成为了这些村落地域分布首先要考虑的因素。自然环境设定了"村落营建的门槛，提供了可能性的范围"。❹ 自然环境、地理条件等对村落的分布已起到了重要的作用。老祖先最初营村建寨的一个主要目的是为了主要解决人与自然，繁衍与灭亡的矛盾。村落生长、发展必然受到自然地域条件的限制，"自然环境是决定聚落空间的必要要素，尤其是在自然条件恶劣的地域，适应自然极大的左右着聚落布局"❺，"村落的发展演化、形态、规模强烈的受到各自然要素的综合作用"；❻ 日本学者和辻哲郎认为"村落形态、居住形式的差异性主要是由风土的影响所致，而风土是指某一个地方气候、气象、地质、景观的总称"。❼ 德国学者拉采尔（Friedrich Ratzel）认为地理环境对人类居所起到了决定性的作用，地理条件决定着民族性与社会制度，制约着历史与文化发展的方向，如地理环境对人的生理、心理以及社会组织架构、人类迁徙及其最后分布都会产生影响。❽ 法国学者让·白吕纳也认为村落形式的本身就是一件地理事实❾，"处于相同自然条件下村落有着许多共同的特征，而处于不同自然条件下的民居及村落其形态各异"。❿

❶　郑东军. 中原文化与河南地域建筑研究 [D]. 天津大学博士学位论文，2008：18-19.
❷　赵天改. 明代以来河南历史文化地理研究（1368-1949）[D]. 复旦大学博士学位论文，2007：284.
❸　金其铭. 农村聚落地理 [M]. 北京：科学出版社，1988：27.
❹　蔡云龙，Bill Wyckoff. 地理学思想经典解读 [M]. 北京：商务印书馆，2011：65-66.
❺　（日）布野修司编. 世界住居 [M]. 胡慧琴译. 北京：中国建筑工业出版社，2011：175.
❻　金其铭. 农村聚落地理 [M]. 北京：科学出版社，1988：3.
❼　（日）和辻哲郎. 风土 [M]. 陈力卫译. 北京：商务印书馆，2006：1-5.
❽　曾昭璇，曾宪纬，谢港基. 人类地理学概论 [M]. 北京：科学出版社，1999：2.
❾　（法）J. 白吕纳. 人地学原理 [M]. 任美锷，李旭旦译. 南京：钟山书局，1935：17.
❿　彭一刚. 传统村镇聚落景观分析 [M]. 北京：中国建筑工业出版社，1994：6.

自然因素对村落的影响主要体现在以下的几个方面：第一，村落的形态和民居所采用的形式，受到这个地区降水、温度、日光、地形等因素的影响，形成了地域性的差别；第二，从河流、水源、地形等来剖析地域与村落形态之间的关系，"农村聚落的位置、规模、形态、分布，与地形、河流的关系最为密切"；❶第三，靠近地理中心的住居形式相对成熟，然后形式成熟度向地理的边缘递减。

1. 地形地貌对河南传统村落的影响

河南传统村落根据其所处的地域特征如平原、丘陵、高山或者沿河不同而形态各异，地域特征一定程度上决定了村落分布、形态和空间上的差异。河南处于我国第二阶梯向第三阶梯的过渡地带，地形地貌丰富，地势西高东低，北、西、南三面分别由太行山、伏牛山、桐柏山、大别山环绕，东部为广阔的平原，山地和丘陵占全省总面积接近一半（表2-4）。山区、平原、丘陵、黄土塬等地形地貌的差异会造成形态迥异的村落，尤其在村落的宅院营建、防御体系的组织、村落空间格局、百姓的风俗礼仪等方面都有本质上的差别。

河南主要的山体及其特征 表2-4

序号	名称	特征
1	豫北太行山	海拔1000~1500m的单面山地，靠近河南一侧山势挺拔，山前有丘陵，山间多小型盆地
2	豫西秦岭余脉	秦岭山脉向东延续的四支余脉，分别为崤山、熊耳山、伏牛山和外方山，构成广大的豫西山区，山地大部分海拔在1000~2000m，山脉向东逐渐降低、分散，形成低山丘陵
3	南阳盆地伏牛山	山地对南阳盆地呈环抱状，大部分海拔在1000~2000m，山前形成低山丘陵
4	豫南大别山	南部山地包括桐柏山、大别山脉，自西北向东南延伸，横陈于豫、鄂、皖边境，其东部的大别山以低山为主，海拔在1000m以下，山体破碎

资料来源：笔者整理

2. 气候

河南气候主要有以下特点：一是地区差异显著，区域间过渡性明显，我国温带与亚热带的地理分界线为秦岭、淮河一线，正好穿过河南境内的伏牛山脊和淮河干流，气候有明显的过渡性特征；二是河南气候温暖适宜，兼有南北两方气候特征，四季分明；三是季风性气候特征显著，风向随季节变化大，降水量分布差异也较大，豫南、豫东南年降水量明显高于豫西、伊河、洛河一带。气候在河南的传统村落中的影响也很明显，尤其是体现在宅院类型和营建上，院落的空间尺度南北差异大，营建材料上东西差异明显，与气候息息相关。

---

❶　金其铭. 农村聚落地理 [M]. 北京：科学出版社，1988：63.

3. 分区结果

本书在综合河南的地形地貌特征、气候以及河流等自然要素对河南进行区划，其中地形地貌特征主要根据河南山地、丘陵、平原相互之间的变化，气候主要根据河南南北、东西之间气候的差异，而河流作为一些重要的分界线考虑，将河南总共分为五个大区六个亚区（表 2-5、图 2-2）。

自然因素影响下的河南传统村落地域分区　　　　　　表 2-5

分区		所辖区域	亚区	特征描述
I 区	豫西	三门峡、洛阳	I —1 三门峡	位于河南西部秦岭余脉，形成了山体、黄土塬等地形，区域内伊洛二河交汇于黄河；气候干燥少雨
			I —2 洛阳	
II 区	豫南	南阳、驻马店、信阳	II —1 南阳	位于河南南部伏牛山—桐柏山带状沿线，形成了山区、浅山区、山前平原等地形；气候湿热多雨
			II —2 驻马店、信阳	
III 区	豫中	郑州、平顶山、许昌		位于河南中部，环嵩山带沿线，以浅山区、山前平原为主
IV 区	豫东北	漯河、周口、开封、商丘；濮阳、新乡、焦作部分	IV—1 黄河以北	广大平原地区，主要有黄河以南，黄河夺淮的泛滥形成了黄淮平原和黄河以北的豫北平原；气候四季分明
			IV—2 黄河以南	
V 区	豫北	济源、焦作的博爱、修武、辉县、林州		黄河以北的太行山沿线，山地与平原分界线清晰，山势险峻

资料来源：笔者整理

图 2-2　自然因素影响下的河南村落地域分区
资料来源：笔者整理

2.2.2 社会文化因素影响下的传统村落地域分区

文化决定论者强调人的因素,认为村落受到了的文化圈层的影响,"区域影响人,人影响区域"❶,把人所派生出来的社会因素也充分的考虑了进去。日本学者藤井明认为"风土绝不是决定性因素,只不过是作为一个已知的条件而已,各种宗教及宇宙观、空间观念、社会制度和家庭制度都会反映在传统的聚落和住居当中,其多样性是人家自己主张的体现,它完全凌驾于风土之上"。❷ 学者金其铭也认为,"随着时间的推移,文化现象要比自然地理现象具有更大的变动性,自然条件对聚落的影响虽然是经常性的,但是自然条件是被动的因素,经常主动影响聚落的是社会条件"。❸ 社会文化因素可以轻易的破坏掉延续了几百年原始状态的村落,如新材料、新的生产组织方式、外来文化的渗入,村落就能发生一些质的变化。刘易斯·芒福德认为在聚落的形成过程中文化符号早于物质形态,"早在人类制造工具之前就已经能够创造出符号,建造房屋是一种复杂的文化现象,其构成的形态和组织方式与其所处的社会环境有密切的关系"。❹《礼记·表记》:"殷人尊神,率民以事神,先鬼而后礼";《荀子·儒效篇》:"居楚而楚,居越而越,居夏而夏";《礼记·王制》:"广谷大川异制,民生其问者异俗"等这些古文献中的记载都表明:文化在生产力相对低下的村落中不断的渗透和影响,村落中的祭祀、占卜等文化现象一直延续至今。

学者罗德胤从民族谱系的角度出发将中国传统村落分为了四个分区(表2-6)。

中国传统村落谱系特征

表2-6

序号	片区名称	文化特征	气候地理特征	建筑特征
Ⅰ区	汉族片区	宗族文化、泛神崇拜、科举影响	丰富多样的农业景观,讲究风水	以合院为主,公共建筑常有宗祠、庙宇和文教建筑
Ⅱ区	民族片区	苗族人信奉巫术,牯藏节是苗族民间最大的祭祀活动	村落多在海拔较高的山区,狩猎是维持生存的必要手段	各个民族表现的不同,如苗族以吊脚楼、土坯房、石砌房等为主
Ⅲ区	民系片区	宗族对村落的主导作用极为明显,宗族对村落影响的时间节点因地域而有差异	沿海,与海外交流的过程,传统民居里,也有西方建筑元素的现象	住祠合一或住祠分离
Ⅳ区	混合片区	原住加外来人口的格局,文化会产生碰撞	主要沿用原来的文化风俗,文化融合困难	主要还是沿用原来的建筑形态

资料来源:罗德胤.中国传统村落谱系建立刍议[J].世界建筑.2014(06):105-106.

文化圈层与村落空间有着对应的关系。"从文化发生的角度看,任何一种文化都是

❶ (美)罗伯特·迪金森.近代地理学创建人[M].葛以德等译.北京:商务印书馆,2007:80.

❷ (日)藤井明.聚落探访[M].宁晶译.北京:中国建筑工业出版社,2003:65.

❸ 金其铭.农村聚落地理[M].北京:科学出版社,1988:23.

❹ 阿摩斯·拉普卜特.宅形与文化[M].常青等译.北京:中国建筑工业出版社,2007:41.

和一定的自然、社会环境相对应的"；❶司徒尚纪认为：文化区域是一种空间单位，是时间推移和空间扩张的统一体，并且遵循以下原则进行划分："（1）比较一致或相近的文化景观；（2）同等或相近的发展程度；（3）类似的区域文化发展程度；（4）文化地域分布基本相连成片；（5）有一个反应区域文化特征的文化中心"。❷

文化表象会投射到物质空间中，并以此为载体，从而影响到了整个的民居形态和聚落形态。村落中的百姓都有着相似的生活态度和生活方式，共同去应对外界物质环境的变化。由于不同的区域之间，社会、文化、经济等诸多因素的千差万别，应对方式也就跟地域形成了差异。社会文化因素对村落的影响主要有以下几个方面：

第一，文化制约，是指一个社会的观念、制度和习俗性活动对村落及民居形式有着至关重要的影响；

第二，风气制约，约定俗成的行事规范对村落及民居形态有着同样重要的影响力；

第三，世界观制约，村落百姓对外部世界独特的看法和认识对村落及民居形态有重要的影响力；

第四，民族性制约，一个族群常见的集体性会对村落及民居形态产生重要的影响。

在生产力相对低下的传统村落，个体的诉求往往显得微不足道，而是整个村落对理想环境的共同追求和目标，将文化上的理念和情感都付诸实物，整体性、系统性的村落具有很强的社会象征意义。

1. 以中原地域文化为主导的圈层

中原文化主要指以中原地域为依托，是在中原地区生活的人们与其生活所处的自然物质环境、社会精神环境等之间构建而成的复杂关系，在这种关系之下形成的制度、思想观念、生活方式、人文风俗的统称。从传统村落中我们可以清楚地观察到这个地域的文化脉络和发展轨迹，"没有任何一个民族，不可以从其聚落景观中寻找出其文化演进轨迹，更可以从聚落形式及屋宇结构看出一个民族的文化概况"。❸

中原地域文化有很强的渗透力和包容性，地域之间存在着相互渗透的迹象。辐射范围更广，穿透力也更强，如豫西地区明显受到晋陕文化圈层的影响，晋商经常往来于豫西地区，豫西村落中一些较大规模的宅院布局、装饰，都与晋东南一带非常相似，同时，在山西地域范围内，也会有河南地域文化的渗透，如"汾水中下游的晋南地区也有河南文化的因素"。❹

2. 分区结果

综合已有的研究成果，结合影响村落营造方式和空间形态的社会性因素，如历史上的文化圈层、方言民俗、宗教信仰等方面，将河南分成五个文化圈层（表2-7、图2-3）。

❶ 熊伟. 广西传统乡土建筑文化研究 [D]. 华南理工大学博士学位论文，2012：1.

❷ 司徒尚纪. 广东文化地理 [M]. 广州：广东人民出版社，2001：78.

❸ 胡振洲. 聚落地理学 [M]. 台北：三民书局，1977：16.

❹ 王金平，徐强，韩卫城. 山西民居 [M]. 北京：中国建筑工业出版社，2009：11.

图 2-3 社会因素影响下的河南村落地域分区
资料来源：笔者整理

社会因素影响下的传统村落地域分区　　　　　　　　　　　　表 2-7

	分区	所辖区域	亚区	特征描述
Ⅰ区	河洛文化区	三门峡、洛阳、平顶山、济源		文化正统，深受礼制等儒家文化的影响
Ⅱ区	楚文化区	南阳、信阳	Ⅱ—1 南阳	人文情怀浓厚，重山水，地域文化
			Ⅱ-2 信阳	影响深厚，重商轻农
Ⅲ区	河内文化区	焦作、新乡、鹤壁、安阳、濮阳	Ⅲ—1 豫北山区	乡绅文化影响深厚，重山水
			Ⅲ—2 豫北平原	
Ⅳ区	黄淮文化区	郑州、许昌、漯河、周口、开封、商丘	Ⅳ—1 豫中地区	中原文化的中心区域，历史上战乱不断，文化多元，文化融合，其中形成了环嵩山带的嵩岳文化圈
			Ⅳ—2 豫东地区	
Ⅴ区	天中文化区	驻马店		南北经济转移的过渡区，兼有楚、中原文化的特征

资料来源：笔者整理

（1）Ⅰ—河洛文化区："河洛文化影响范围非常大，是一统文化和国都文化，是中华文化的源头"。❶ 河洛文化的影响范围也有着明确的界定："黄河中下游，洛水流

---
❶ 张新斌. 河洛文化若干问题的讨论与思考 [J]. 中州学刊，2004（5）：146.

域"❶，"以洛阳为中心，西至潼关、华阴，东至荥阳、郑州，南至汝颍，北跨黄河而至晋南、济源一带"❷，中心地影响明显，向四周逐步减弱，主要影响力是在以洛阳为中心，伊洛两河沿线。以夏代至北宋时期最具有辐射力和影响力。由于地理、经济和政治等因素，河洛文化以正统性、传承性、融合性、原创性为特点。

（2）Ⅱ—楚文化区：楚文化主要是指先秦以来的楚地文化，影响范围"北接陈汝，襟带许洛，南连襄郢，肘腋安凤"❸，主要在与湖北接壤的信阳、南阳地区一带，有学者考证楚文化的发源地丹阳就在今天的南阳淅川境内❹，其文化具有楚文化传统。中原楚文化是楚人在中原一带文化创造的遗存，如现今方城等地保留的楚长城遗址。楚文化重山水，崇尚自然，与地域结合紧密。

（3）Ⅲ—河内文化区：以河南焦作地区为中心的黄河以北地区。历史上夏少康十八年，夏帝王还将国都迁于河内西部的原，河内便成了夏帝国的核心。商朝定都于殷，河内则属于京畿要地。《尚书·禹贡》有"覃怀底绩，至于衡漳"的记载，秦汉之后，覃怀河内一直是中国中原地区文化经济比较发达的河朔名邦。清咸同年间，该区域能率先大规模展开寨堡类村落的建设，一定程度上也得益于发达文化的传承。

（4）Ⅳ—黄淮文化区：这里是中原的核心地带，主要是指豫东、豫中地区黄河中下游及淮河上游地区，历史上这里是不断遭受兵燹之地，文化多元，这里以"水文化"、"商文化"、"汉文化"为代表。

（5）Ⅴ—天中文化区：主要指驻马店地区，也是中原文化的重要组成。据《禹贡》等史书记载，禹分九州时，豫州为九州之中，汝南又为豫州之中，故此地被称为"天中"。这里有"泌阳的盘古文化、汝南的梁祝文化、上蔡的重阳文化、西平的嫘祖文化、以南海寺、北泉寺为代表的宗教文化"；❺近代历史上，红色文化也非常盛行。同时，是南北文化经济相互转移、人口大迁移的过渡区，兼有南北文化的特征。

2.2.3　经济及其他因素对村落地域分区的影响

1. 商业活动对村落空间的影响

经济因素对传统村落影响并不像地理环境、文化圈层等那么强烈，普遍的观点认为会起到一定的影响作用，但非决定性的。"经济状况相似的群体可能有着不同的道德系统和世界观，宅屋是世界观的体现，因此经济生活对宅屋形式就没有决定性的影响了"❻，对大部分的农业为功能主导的村落来说，经济因素对村落空间形态起不到决定

❶ 戴逸. 关于河洛文化的四个问题 [J]. 寻根，1994：16.

❷ 朱绍侯. 河洛文化与河洛文化圈 [J]. 寻根，2004：22.

❸ （民国）方廷汉修，陈善同等纂：《重修信阳县志》卷六《舆地志》，民国二十五年（1936 年）排印本．

❹ 朱绍侯. 河洛文化与河洛文化圈 [J]. 寻根，2004：22.

❺ 刘清珍，刘铁丁. "天中"与"天中文化"初探 [J]. 天中学刊，2000：89-90.

❻ （美）阿摩斯·拉普卜特. 宅形与文化 [M]. 常青等译. 北京：中国建筑工业出版社，2007：33.

性的影响，分析原因如下：

第一，中原地区大多数村落是以自给自足的小农经济为主，村落百姓生活在封闭的经济圈内，低下的生产力把农民生活需求限制在极低的水平线上，经济交流相对较少。

第二，交通是一个限制的因素，传统的交通方式使老百姓的经济生活半径往往集中在一定的范围内，"村落的分布受到耕作距离的限制，多在 10 华里左右，即一个小时的步行尺度以内"[1]，勒·柯布西耶也认为村落处在一种完全原始、未开化的状况，"农民对宇宙的认识仅限于 15 公里为半径，30 公里往返距离的地域范围内，对其他地方的了解则来自于外出归来者的只言片语上"[2]。

但从另外一个角度来说，商业活动在促进村落活力方面起到不可忽视的作用，对村落空间会产生一定的影响。美国学者施坚雅认为中国乡村存在着稳定的经济空间结构，"农民的实际社会区域的边界是由它的基层市场所辐射的范围决定的"[3]，集市是农村社会交往的一个重要影响因素，不论村落大小，一年总会有几次规模不等的"集"或"会"，在集市上交换的物品是剩余下来的农产品、手工业品或者是牛羊等牲口等。市场被作为一个老百姓交往的空间，"中国人徒步走上三里或者八里甚至十来里去一个市场，是很不在乎的事情，因为市场不仅仅是一个市场，还是一种一般性的交流，大家知道，在这里可能会碰上任何一个其他的人"[4]。河南受到经济因素影响显著的村落归纳起来有沿河、沿官道、手工业类型等。商业活动也给这些村落空间尤其是空间的尺度、结构上带来了一些显著的变化（表 2-8）。

经济因素影响下的河南传统村落形态与空间　　　　　　　　　　　表 2-8

	类型	特征	村落布局影响	村落空间影响
1	沿河类型	沿河运、漕运的码头等形成	沿着河岸带状分布	沿河道发展，线状空间，界面整齐完整，公共建筑多
2	官道类型	官道沿线驿站发展形成，借助便利的交通存在	沿着官道带状分布	紧密结合地形布局，山区村落布局松散，空间多样化
3	手工业类型	村中以生产手工业制品为生，对土地的依赖较弱	一般团状分布，紧凑布局	村落中以窑、作坊等形成了手工业制作中心

资料来源：笔者整理

2. 水患对中原地区传统村落地域分区的影响

河南东南部的黄淮平原产生与"黄河夺淮"有着密切的关系，历史上黄河不断的

❶ 孙大章. 中国民居研究 [M]. 北京：中国建筑工业出版社，2004：471.

❷ （法）勒·柯布西耶. 人类三大聚居地规划 [M]. 刘佳燕译. 北京：中国建筑工业出版社，2009：60.

❸ 施坚雅. 中国农村的市场和社会结构 [M]. 史建云，徐秀丽译. 北京：中国社会科学出版社，1998：40.

❹ 明恩溥（Arthur H.Smith）. 中国乡村生活 [M]. 陈午晴，唐军译. 北京：中华书局，2006：113.

决口，奔向淮河，淤积形成了今天的黄淮平原。《金史·河渠志》中记载："南宋建炎二年（1128 年），杜充决开黄河，数十年间，迁徙无定，以东南入泗夺淮为常，成为黄河全面夺淮之先声"。黄河在淮北平原上肆虐泛滥，《元史·脱脱传》曰"方数千里，民被其害"，"黄河夺淮"一直延续到清咸丰五年。到了民国年间，悲剧再次上演，"仅仅 1901 年至 1948 年，就发生了 42 次'黄河夺淮'的水灾，1916 年、1921 年、1931 年和 1938 年四次最为严重，1931 年大水，灾民近 2000 万"。❶1938 年 6 月 9 日，郑州的花园口黄河决堤，黄河再次夺淮，泛滥 9 年之久。不断的水患灾害对村落的破坏首当其冲，黄淮平原已经难以寻觅到传统村落的实例，因此，这里也形成了传统村落的一个空白区。

2.2.4　地域综合分区

把自然、文化、经济等为主导因素对河南传统村落形成的区划结果叠加处理，采用影响优先的原则处理各种因素交叉影响区域（图 2-4）。以行政区划单元为边界，以传统村落为研究对象，以"地理方位 + 主导文化特征"的方式命名，将河南划分为豫西河洛文化区等六大区八个亚区（图 2-5、表 2-9）。

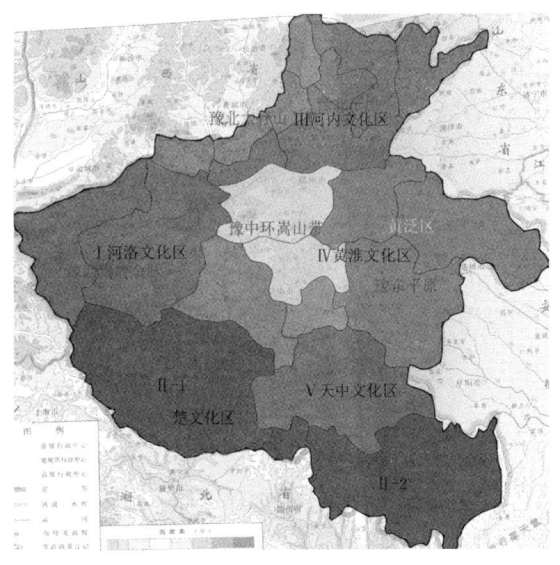

图 2-4　三种因素叠加过程
资料来源：笔者整理

（1）Ⅰ—豫西河洛文化区，包括河南西部三门峡、洛阳地区，地形地貌主要以秦岭余脉的山区和黄土塬为主，有黄河、伊河、洛河等河流，主要受到河洛文化的影响，与山西接壤受到晋文化的影响也非常明显。村落受到自然因素的影响非常显著。

（2）Ⅱ—豫南天中文化区，包括信阳、驻马店地区，历史上如元、明、清版图中，信阳大部和驻马店地区同属汝宁府管辖范畴。地貌以浅山区结合平原为主，山水情怀浓厚，桐柏山与大别山首尾相接的呈"S"形蜿蜒贯穿于这两个地区。区域受到天中文化为主，同时兼有楚文化的影响，这里是历史上三次南迁的一个过渡区域，"一个南北文化的过渡地带，是一处兼容南北文化的特色地带"。❷区域中的村落往往处在一些官道沿线或者隐匿于山林中，形成了独特的豫南风格特征。

❶ 张修桂. 中国历史地貌与古地图研究 [M]. 上海：社会科学文献出版社，2005：362-366.
❷ 郭瑞民主编. 豫南民居 [M]. 南京：东南大学出版社，2011：14.

图 2-5　河南传统村落综合地域分区

资料来源：笔者整理

（3）Ⅲ—豫西南楚文化区，主要是指独立的地理单元南阳盆地，三面环山，只有南向沿着唐白河向湖北方向开放，西北为秦岭余脉伏牛山与平顶山、洛阳隔开，东北方向跨过桐柏山脉联系驻马店、信阳，中间为盆地，是典型的"形胜之区、四塞之城"。❶区域主要受到楚文化的影响，主要体现在村落与自然地域条件结合紧密，商业类型的村落也非常有地域特点。

表 2-9

河南传统村落综合地域分区

分区	所辖区域	亚区	主导因素	村落特征描述
Ⅰ区	豫西河洛文化区	Ⅰ—1 三门峡	自然地形地貌等因素	地域因素影响明显
	三门峡、洛阳	Ⅰ—2 洛阳		
Ⅱ区	豫南天中文化区	Ⅱ—1 驻马店	南北文化的过渡地带	村落选址多在山林、官道沿线，重宗祠建设
	信阳、驻马店	Ⅱ—2 信阳		
Ⅲ区	豫西南楚文化区	南阳	楚文化的影响	村落与自然地域条件结合紧密，商业类型的村落有地域特点

❶　李炎．清南阳梅花城研究 [D]．华南理工大学博士学位论文，2005：31-33．

续表

分区	所辖区域	亚区	主导因素	村落特征描述
Ⅳ区	豫北河内文化区	济源、新乡、安阳、濮阳、鹤壁	Ⅳ—1 济源，焦作的博爱、泌阳、修武，新乡的辉县，安阳的林州	距离京畿较近，礼制文化影响大，乡绅起到了中流砥柱的作用	村落与地形地貌结合紧密，村落形态粗犷，地域材料使用丰富，大宅院多
			Ⅳ—2 焦作的武陟、孟州，新乡（除辉县），安阳（除林州），濮阳、鹤壁		
Ⅴ区	豫中嵩岳文化区	郑州、平顶山、许昌、漯河	Ⅴ—1 郑州、许昌、平顶山	中原地域文化的核心区域，文化大融合的区域，环嵩山地域带分布	村落类型丰富多样，重礼制，形式格局完整
			Ⅴ—2 漯河		
Ⅵ区	豫东南黄淮文化区	开封、商丘、周口		长期受到"黄河夺淮"影响，水灾害千年之久	区域没有留存形态完整的村落

资料来源：笔者整理

（4）Ⅳ—豫北河内文化区，指的是以黄河以北的广大区域，主要包括济源、新乡、安阳、濮阳、鹤壁等区域，黄河作为一个天然的屏障对地域进行分割。区域内又可以分为两个亚区，亚区一是沿着太行山脉蜿蜒北上山区，包括有济源、焦作、新乡的部分地区，安阳的林州地区、鹤壁的部分地区，村落形态与地形地貌结合紧密，村落形态粗犷，地域材料使用丰富，太行八陉中有三陉在这个区域中，山中官道沿线也有为数不少的村落；亚区二是广袤平原的地带，主要包括新乡部分地区、濮阳等，这个区域距离京畿较近，经过元、明、清的不断发展，开明乡绅在村落的建设中起到了中流砥柱的作用。

（5）Ⅴ—豫中嵩岳文化区，这里主要是指郑州、平顶山、许昌、漯河等地。"环嵩山地域带自古以来是村落的大量存在、生长、发展的区域"❶，是文化大融合的区域，也是中原地域文化的核心区域。地貌以平原、浅山为主。共分两个亚区，其一，环嵩山区域，这里主要包括郑州、许昌、汝州、平顶山；其二，平原地区，主要指的是漯河地区等。区域中村落类型丰富多样，重礼制，规模大，形式格局完整。

（6）Ⅵ—豫东南黄淮文化区，这里主要是指开封、商丘、周口等区域。历史上这个区域长期受到"黄河夺淮"影响，水害千年之久，造成了大量的淤泥堆积，对村落造成了严重的破坏。这个区域没有留存形态完整的传统村落。

2.3　地域分区特点

中原地区传统村落地域分区主要呈现以下特点：
第一，纵观河南，呈现出了从西部到东部文化影响从单一到多元的变化，自然因

---

❶ 赵春青.郑洛地区新石器时代聚落的演变 [M].北京：北京大学出版社，2001：35.

素的影响由强到弱的过渡。从豫西、豫西南、豫北山区来看，村落根植于地域之中，文化圈层的影响纯粹，而到豫中之后，更多体现的是文化多元的影响。

第二，多重边界重合。通过地域分区的结果我们可以看出，自然地域、文化圈层、行政区划等边界多有重合的状况，从唐延续下来的"山川形便"的特征在河南延续至今，以此为边界对传统村落进行地域划分具有可行性。

第三，主导因素影响。影响村落空间和形态的因素多种多样，但其中必然有一主导性的因素在控制着村落发展趋势。本章进行地域分区的目的，就是梳理这些影响村落的主导性因素，寻找地域环境和文化圈层影响下的村落发展的主导性因素。

第四，带状要素融合、分割作用。一些带状的线性要素如河流、官道等，既能对地域形成分割，又能够带来区域间的融合和相互影响。如黄河不但是河南南北地域的一个分界线，又形成了沿黄文化带，对豫西、豫中、豫东几个区域都形成了文化融合的现象，尤其是在地域分区的边界地带，村落有着很强的融合性。

2.4 本章小结

本章节主要以影响村落的地域因素和人文因素等为出发点结合经济以及其他影响因素，进行比较、综合、叠加，将河南的传统村落分成了豫南天中文化区、豫西南楚文化区、豫北河内文化区、豫中嵩岳文化区、豫东南黄淮文化区、豫西河洛文化区等6个大区，并进一步细化为8个亚区。

合理的地域分区能够把中原地区的传统村落纳入到区域的视角来分析，能够相对系统的将村落纳入到体系中进行比较剖析，易于总结出显著的地域特征，为下面的章节分区域的研究做出基础性的工作。

第3章 豫南天中文化区

3.1 豫南：山水格局，南北过渡

3.1.1 山水格局

这个区域主要包括信阳、驻马店地区，主要的特征可以以山、水二字概括，整体坐落于大别山和桐柏山两大山脉的北麓，整个山体脉络以"S"形蜿蜒穿过两个地区，地貌主要以山体为主，地势南高北低，整个区域以平原、浅山区、山区为主要地貌构成，而传统村落的分布在这个区域的浅山区和山区。豫南是典型的形胜之地，"环申皆山也，其南迤东迤西深入其阻，所称三关之险，亶其然乎，淮绕其北，浉绕其南，山势蜿蜒，与楚黄分界，斯亦庶乎，百二之胜哉"。❶豫南山中资源丰富，即使有些村落处在耕地并不充裕的山川之内，也能够轻易的生存下来，山中的茶叶、板栗、油茶等长势都非常好。

豫南水资源也非常丰富，水系是以淮河为网络展开，"河南诸水淮为大，亦最有益，其流域占河南中、东、南三部"，"竹排所通不能通舟，民船所集，又名乌龙集，上溯张庄集、楚子集，下达安徽正阳关通轮船，洪河口往流集，实扼淮水洪河之会，上达新蔡"。❷我们不难看出淮河在历史上就是一条重要水运渠道，区域内较大的支流如浉河、竹竿河、潢河、白露河、史灌河、洪汝河、沙颖河等水系皆起源于桐柏山、大别山主脊，汇流而下，丰富的水资源给人类的繁衍和栖息带来有利的契机，这些支流沿线分布着众多的村落。

同时，豫南处于南北的气候过渡带内，雨量充沛，光照充足，适合农耕文明发展，游走在乡村之中，满山的茶树（图3-1）。乡间百姓人手携带一个茶杯，一家一年消耗个十几斤的信阳毛尖丝毫不是问题，喝茶是豫南村落百姓饭后约定俗成的活动。

总之，豫南有着丰富的山水资源，山和水是传统营建布局、发展有利的前提条件。依山而建，选址在山中的块状台地，利用山体的有利地形地貌建立防御体系，也方便就地取材，利用山中石块等地域材料进行村落宅院等方面的建设；水也是构成村落环境的重要组成部分，村前的坑塘、河流不但是日常生活取水的重要渠道，村落也形成了网络化的排涝体系的终端。

---

❶ （清）张钺修，（清）万侯等纂：《重印信阳州志》卷一《兴地志》，民国十四年（1935年）排印本．
❷ （民国）徐世昌编纂：《大中华河南省地理志》．民国九年（1920年）铅印版：33.

图 3-1　豫南的茶山

资料来源：笔者自摄

3.1.2　南北过渡

豫南地区自古以来就是南北过渡地带，是一个南北交融地，形成了以天中文化为主导多方位、多层次的文化构成特征，其中包含有楚文化、吴文化、淮夷文化，还有红色文化等交织组成了豫南的豫风楚韵的文化基调。❶ 从交通上来看，豫南地区，位于河南的最南部，形成了承东启西、连接南北的三省通衢之地，许多官道从这里穿过，如潢川官道、商南官道等，尤其是在南北方向上都有大规模的官道存在。这里是"北上京城，南下鄂城（武汉）"交通要道上一个重要节点，古代官道为交通联络的同时，也促成了文化的繁荣与交流，在村落的营建方式和形态上都有着众多的体现。豫南区域又是古代经济重心从北到南转移的一个过渡地带，从东汉末年到两宋共有三次大规模的南迁，如"第一次大移民发生在西晋的永嘉丧乱之后，北方移民大都集中在淮水以南、太湖以北地区"❷，豫南地区山体层峦叠嶂，资源禀赋丰富，这里可以将自己隐匿于山林间，又距离家乡不远，豫南地区成为南迁的首要栖息地。

"整个豫南的历史就是一部轰轰烈烈的战争史"。❸ 商周之际，豫南地区就形成了申、息、弦等诸侯并起的局面，一直到春秋战国末，才被楚国统一，南北朝期间的战乱对淮河流域造成了严重的破坏，唐末一直到明清末，这里不断的农民起义，阶级斗争都空前激烈。到了近代，也是中原的重要战场之一，大别山区的优势条件和淮河流域的重要战略地位，决定了这个区域不能平静，"四战之区也，以形胜论险不亚于二崤三鹅，以省防论优势尤要于宛、宋、陕、邠，自周末以至今，凡国有大征伐，时局有大变迁，虔刘之惨，申人必先受之，非独治乱相循之，数抑其地域，历代民族之盛衰，所谓一邑之故可观天下之也"。❹ "幅员辽阔，与桐泌确正罗，暨湖北之孝感随接壤，山冈重叠伏莽，此拿彼窜不可究，诘出没往来，岁必数至甚或一个月数至，居民荡析流离，迄天宁日，各区集镇村落常为匪所陷没，无一完者"。❺ 豫南处在文化交融与动

---

❶ 郭瑞民，等．豫南民居 [M]．南京：东南大学出版社，2011：13．

❷ 周振鹤．中国历史政治地理十六讲 [M]．北京：中华书局，2013：189．

❸ 郭瑞民，等．豫南民居 [M]．南京：东南大学出版社，2011：23．

❹ （民国）方廷汉修，陈善同等纂：《重修信阳县志》卷十八《兵事志》，民国二十五年（1936年）排印本．

❺ （民国）方廷汉修，陈善同等纂：《重修信阳县志》卷六《建设志二区保乡村》，民国二十五年（1936年）排印本．

乱并存的大社会背景之下，对村落的空间形态有着显著的印证。主要表现在以下三个方面：其一，战乱瓦解了平原地区的村落，百姓纷纷南迁至山区，利用山区物产丰富，隐匿条件好的优势进行村落的选址和营建；其二，由于防御的需要，村落空间的内向性强，一个内部连廊就能将整个村落联系起来，院落与街巷之间相互杂糅在一起；其三，以血缘为纽带的村落占多数，迁徙多是以家族为单位，寻找合适的地点生存下来，宗族祠堂往往处在非常显著的位置和地位。院落空间的对称布局、多层次性，可以看出中国传统文化的约束力。与此同时，我们又能看到灵活的一面，如宗祠建筑，采用了近似江南的屋顶形式，甚至为了形式可以牺牲内部空间和结构，从一定程度上来说，也是文化交融的结果。

3.1.3　区域传统村落分布概况

1. 区域村落分布特征

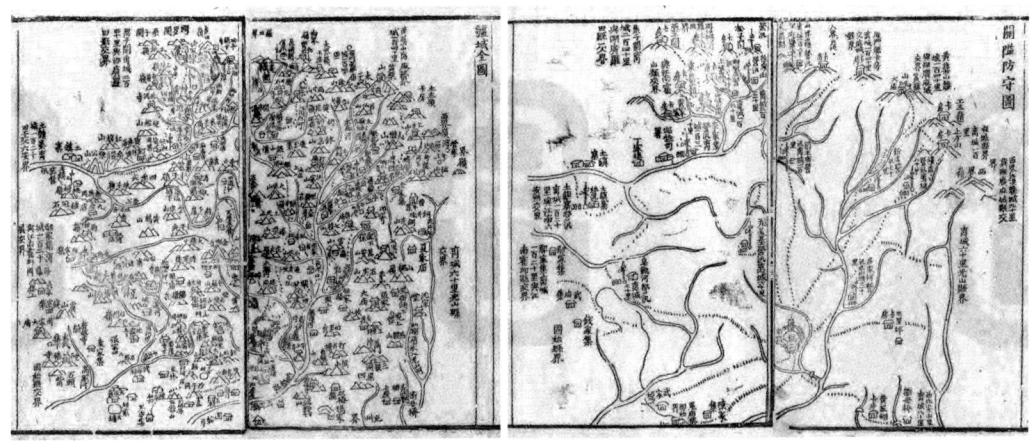

（a）清代商城县疆域图　　　　　　　（b）清代商城县关隘防守图

图 3-2　清代商城县村落分布

资料来源：清嘉庆《商城县志》卷一《地理志》

　　豫南传统村落基本上都分布在南部大别山区。区域战乱不断，同时山区自然资源和物产非常丰富，因此，一些富儒豪绅等纷纷带头迁往山区，普通的百姓也随之迁往。通过对现有的村落所处位置分析我们可以得出以下特征：一、传统村落选址一般都处于山区或者浅山区，利用山中小块地带进行建设；二、靠近水脉，许多村落的营建附近都会有水系，解决饮水是首要的问题；三、都与山有着紧密联系，许多村落都以地形地貌特征来命名村落，如"何家冲"、"四方洼"、"丁李湾"，"董老湾"、"董大畈"，这里的冲、洼、湾、畈都是当地对某种地形特征的概括；四、靠近官道，豫南区域有几条非常著名的官道进行南北的联系，许多村落都会靠近方便快捷的交通体系；以豫南信阳商城为例，通过古地图村落分布不难看出，村落在山中和官道沿线数量要明显高于平原地区，大多在官道沿线交通相对便利的地带进行村落建造，与武汉接壤的山中密布着关隘也给村落安全提供了一定的保障（图3-2）；五、村落的规模不大，由于地形地貌所限，村落人口都限制在很小的规模上，今天来看，村落人口规模依旧不大（表3-1）。

部分豫南村落分布概况 表3-1

序号	村落名称	人口（人）	选址位置	是否靠近河流	是否靠近官道
1	丁李湾	760	浅山	是	否
2	何家冲（罗山）	1219	浅山	是	是
3	东岳村	2700	浅山	是	是
4	毛铺村	1056	浅山	是	是
5	何家冲（商城）	1100	深山	是	否
6	四方洼	170	深山	否	否
7	四楼湾	1220	浅山	否	否
8	钱大湾	380	深山	是	否
9	竹沟村	2580	浅山	是	是
10	徐楼村	2632	浅山	是	否
11	龚冲村	290	浅山	是	否
12	向楼村	1700	浅山	是	否
13	西河村	658	浅山	是	否
14	白沙关村	1976	深山	否	是
15	刘咀村	111	深山	是	否
16	韩山村	180	浅山	否	否
17	大湾村	165	浅山	是	否
18	何老湾	135	浅山	否	否
19	余老湾	130	浅山	否	否
20	杨帆村	1700	浅山	是	否

资料来源：笔者整理，其中人口数据为2012年，数据来源全国传统村落信息管理系统

2. 村落调查概况

在豫南地域分区中，笔者重点调查了25个村落（图3-3、表3-2）。通过问卷调查得知，百姓对区域中地域特色的认识给我们提供了良好的启示，主要集中体现在以下几个方面：第一，村落选址方面的特色，30.3%的人认为村落的周边环境最具特色；第二，祭祖（45.7%）的活动非常重要，村落中宗祠（25.4%）的位置显著；第三，街巷（35.8%）、水塘边（20.6%）、村前广场（15.7%）是邻里交往的高发区，是村落百姓

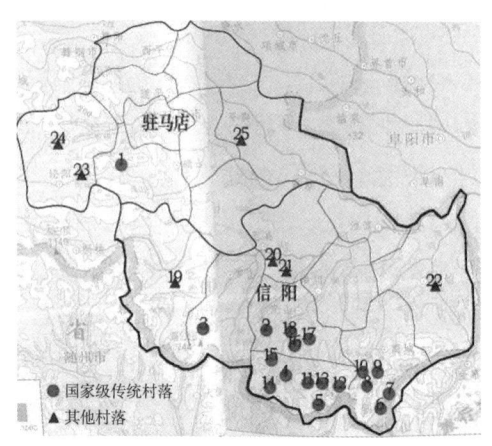

图3-3 笔者重点调查的豫南村落
资料来源：笔者整理

的重要活动区域；第四，院落空间位置灵活（15.6%），通风效果佳（40.3%）、横向联系（32.4%）为院落的主要特征。

豫南地区笔者重点调查的村落　　　　　　　　表 3-2

1	竹沟村	2	东岳村	3	何家冲（罗山）	4	丁李湾	5	毛铺村
6	何家冲（罗山）	7	四方洼	8	四楼湾	9	新店村	10	何老湾
11	西河村	12	白沙关	13	钱大湾	14	刘咀村	15	大湾村
16	徐楼村	17	向楼村	18	杨帆村	19	郝堂村	20	范楼村
21	孙铺村	22	锁口村	23	盆剑村	24	夏庄	25	马北村

资料来源：笔者整理

3.2 "边缘化"的豫南传统村落营建

结合前文对豫南天中文化区的地域条件和社会背景条件的分析，主要有山、水、官道等因素对村落的形态和空间产生较大的影响，这也是村落生存和发展的一条脉络，在下面对村落形态和空间进行剖析的过程中，将紧紧围绕这对豫南村落影响下的主导因素来展开。

村落的地位可以用"边缘化"来形容，村落营造缺少相对开阔的空间，也常常给山、水、道、田等地让位，平坦、肥沃的土地用来耕作，相对贫瘠、靠山的小块台地才会用来村落的建设，村落则被挤压在狭小的空间里，村落的形态也会顺应山势而为之，往往会形成带状、环状的村落形态。

3.2.1 依山亲水沿官道的村落选址原则

"高勿近阜而水用足，低勿近水而沟防省"、"建邦设都，皆凭险阻；山川者，天之险也；城池者，人之阻也；城池必以山川为固"，这两句话对久经战乱洗礼的豫南地区村落选址营建来说是最好的诠释，亲水和依山可以概括所有村落选址之前考虑的重要方面，村落的营建做到了依山傍水，顺应山势，利用山体作为屏障或能隐匿于其中，靠近河流，为生产生活提供水源保障，同时也能够快速的收集疏导雨水，避免产生水患内涝。

亲水，豫南很多村落都分布在网罗密布的水系之间，生产生活对水系的依赖特别强。一般都有自然的水体与村落紧密联系，流经村落，有的从村落内部穿过，村落跨河发展，有的则是从村落的一侧穿过，在河湾处的开阔地进行村落的建设。另外，村落百姓也会有意识的对水进行改造，让水在村落前停留下来，形成面积相对开阔的坑塘，坑塘作为风水的补基作用，如丁李湾、四楼湾等许多村前都形成了大面积的坑塘；同时，池塘也是村落日常生活运行的重要一部分，在短短的几十米池塘的岸线上，有秩序的形成了分区，上游是饮水、取水的区域，下游是洗衣、洗菜的区域，池塘与村落紧密相连，没有任何的防护隔离措施，也绝对不会有村民失足落水情况出现；池塘同时是村落雨水的收集器皿，豫南雨水充裕，村落内的雨水需要及时的疏解出去，否则就容易形成内涝，直接冲刷地面容易造成水土流失，所以村落多采用天井内院的形式进行收集，通过砌筑的明沟和暗渠将雨水汇集到村前的大池塘中（图3-4）。

图3-4　亲水的豫南村落
资料来源：笔者自摄

依山，村落依靠山的地形造势，形成风水上常见的"形胜"。在实际调查过程中，村落确实形成了背山靠水的格局，而且甚至会牺牲宅院的日照因素等来迎合村落的选址格局。当地对村落后面的靠山有几种称呼，一种是青龙伏卧，主要是指村落背后的山体的连绵延伸，起伏不大，没有一座独立的山格局；另外一种被当地称作幼虎探首，上下抱拳，这种是背后靠一座山，然后左右各有余脉延伸将村落三面包围，前面利用河流将村落合围，整体的包围起来，"趋吉避凶"的思想在豫南村落里根深蒂固，尤其忌讳村落面对山头（图3-5）。

（a）"幼虎探首"　　　　　　　　　　　　　　（b）"青龙伏卧"

图3-5　依山的豫南村落
资料来源：笔者自摄

以商城县长竹园乡的何家冲为例，"八山一水一分田，两河三岭四面坡"这是当地百姓对周边地形的描述，整个村落主体位于山的北侧，依山而建，村落紧贴着山，拾阶而上，在山体与村落之间人工种植了大片的竹林，增加了村落与山体之间的层次，保持水土防止流失，防止山上的滚石落下，才是这片竹林更重要的作用；同时在阳宅周围广种树木也是风水的考虑，达到养护生机，抵御山谷中的寒气的目的，当地流传着这样的俗话："树木弯弯，清闲享福；桃株向门，荫庇后昆；高树般齐，早步云梯；竹木回环，家足衣禄；门前有槐，荣贵丰财"。村落身隐山谷之中，周山环绕，清水潺潺，竹影婆娑，古树照影，百花旖旎之态，韵古香古色之气（图 3-6）。

（a）穿村溪流　　　　　（b）村前的耕田　　　　　（c）村后竹林

图 3-6　何家冲周边的环境

资料来源：笔者自摄

何氏家族为此地原居家族，该村落始建于明嘉靖初年，清光绪年间扩建部分并适作维修，民国时期、抗日和解放战争时期幸为未扰，至今仍保持着原有的空间形态和肌理，是一个很好的分析案例。

豫南有大量沿着山中官道而布局的村落，官道是便捷和安全的集中体现，沿着官道有官方设置的众多关隘以及两侧的山林为屏障。以商南官道为例，沿线就有为数不少的家族式村落整体迁徙于此，这种以血缘为纽带的村落中，祠堂往往位于整个村落中的显著位置（图 3-7）。

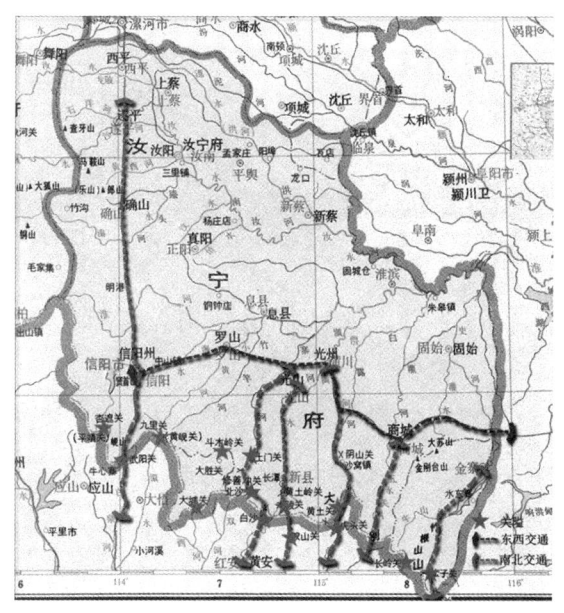

图 3-7　万历十年（1582 年）豫南主要交通与关隘

资料来源：笔者整理，底图参考《中国历史地图集》

3.2.2　豫南村落选址类型归纳

1. 保证耕地为前提的山谷中的平坦地带（图 3-8、图 3-9）

由于豫南地区的村落受大的地理环境条件所限制，前文也分析到了这里的人文背景和社会背景，村落纷纷迁往山谷中，山中的可耕用地非常紧张。一方面要延续农业生产的需要，虽然百姓会利用山体种植果树、茶树等经济作物，但是这些代替不了基本的农作物如水稻、小麦等，所以村落在选址的时候会首先保证农耕用地的需要，来

65

满足最基本的日常生活需求。会把大面积的、肥沃的土地让位于耕地，村落则会选址在土地贫瘠、地势相对平坦的区域来布局，同时也会依据村落未来人口增加的可能，考虑这块土地是否能够承载。

（a）何家冲整体风貌　　　　　　　　　　　　　（b）四方洼整体风貌

图 3-8　山中谷地村落整体风貌

资料来源：笔者自摄

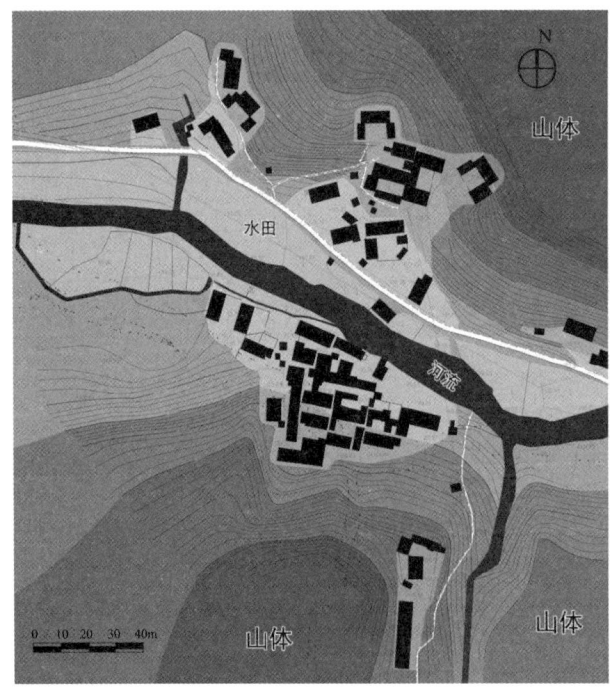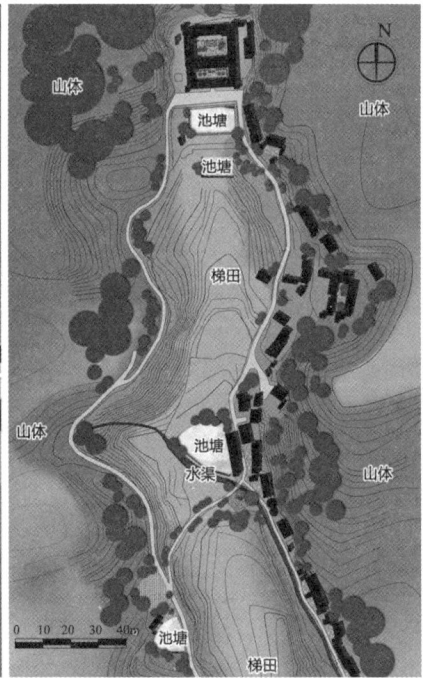

（a）何家冲村的选址　　　　　　　　　　　　　（b）四方洼的选址

图 3-9　山谷中平坦地带的村落

资料来源：笔者整理

何家冲、四方洼、董老湾等都属于这种选址类型的村落代表，当地村落名称中带有"冲"、"洼"和"湾"等都属于这种选址类型的村落。以何家冲为例,在山谷之中,沿着溪流两侧的台地上,散落着二百多户百姓,形成了非常独特的村落景观。耕地很少,仅有的耕地都相对集中的分布在村口处,主要种植需水量很大的水稻,利用季节性的溪流和山上流下来的泉水来灌溉。这种选址特征归纳起来有以下几个特点:第一,由于土地承载力的限制,村落的用地规模、人口规模都不大;第二,布局紧凑,这里的布局紧凑主要是指与地形地貌的紧密切合,尽可能地发挥每一寸可用土地的价值。四方洼村呈带状分布在沿着山谷的一侧,整个村落延绵五六百米,就是再利用相对平坦的狭长地带;第三,保证耕地为前提,我们明显可以感受到,这些村落的耕地面积要远远大于村落所占的面积,四方洼整个山谷相对平坦的区域都被开垦为耕地作为生活保障。第四,靠近河流,利用河流将村落环绕,这种类型的村落普遍都距离河流较近,但是由于地形落差较大,何家冲村落与河流的高差达 5m 以上,即将水留住的可能相对较小,四方洼村在顾荆乐堂前有小面积的坑塘,何家冲村则干脆直接在河流旁边进行洗菜、洗衣。"耕田和水是农村聚落存在和发展的根本性因素,它们的广狭丰歉决定着这一块地方对人口的承载"❶,一个村子,经过了几代人的聚集或者繁殖,人口量已经达到了这块地承载能力的边缘,便要有一些人迁出去另觅新址定居。

2. 背山环水的浅山地带(图 3-10、图 3-11)

这种类型的村落一般位于浅山区,山体不高,山前地形平坦,注重村落宏观格局,用地相对开阔,选择的余地大,所以一定会成为百姓心中的风水宝地。所谓的形胜之地,背山环水是最典型的一种选址方式,丁李湾、四楼湾等村落都属于这种类型,村落所处的区域整体比较平坦,耕地等都不缺乏。

(a)丁李湾整体风貌 　　　　　　　　(b)四楼湾整体风貌

图 3-10　背山环水村落整体风貌

资料来源:笔者自摄

这种选址特征的村落概括起来主要有以下的特点:第一,村落用地规模较大,布局紧凑,用地受到地形限制较少,整个村落往往形成团状的集中形态,丁李湾和四楼

---

❶ 陈志华撰文、李秋香主编.村落——乡土瑰宝系列 [M].北京:生活. 读书. 新知三联书店,2008:10.

湾等都是在山前的平坦地带营建村落；第二，利用山水进行布局，浅山区平坦的区域非常多，靠山是个非常关键的因素，山的海拔并不高，四楼湾除了北面靠山之外，山体一直起伏连绵向东，对村落形成了合围之势，而村落南部都会开挖池塘储水，能把水留下来，象征着财源不断，山和水将村落包围了起来，形成了风水宝地，前有水，寓意为丰，象征家丁兴旺，后有山，寓意为有靠背支持；第三，村落的边界非常清楚，浅山区天然屏障的防御已经没有办法和山谷中的村落比拟，所以，人为的村落边界非常清楚，清楚的划分开了村落与周围自然环境之间的关系，如丁李湾，在背靠的山体上，还砌筑了寨墙和寨门进行防御，边界特征表现的非常明显；第四，选址中特别注重防御，主要体现在两个方面，一是村落的选址一定会充分利用山势和水体进行作为基本的防御屏障，其次是辅助防御的寨堡的选址建设，为了加强村落的防御，村落选址的同时还会考虑临时防护的寨堡的位置，以备不时之需。如四楼湾附近的凤凰寨，占地约 300 余亩，四周寨墙高 2 ~ 3m，目前残留寨墙长约 2000m，均为干砌石垒筑，设有东西南北寨门，每隔 3m 设一瞭望孔，像这种功能的防御寨堡在附近区域还有不少，如石鼓寨、万人寨、同心寨等，看来这个区域普遍存在着防御的短板，以此来补充，加强防御力。

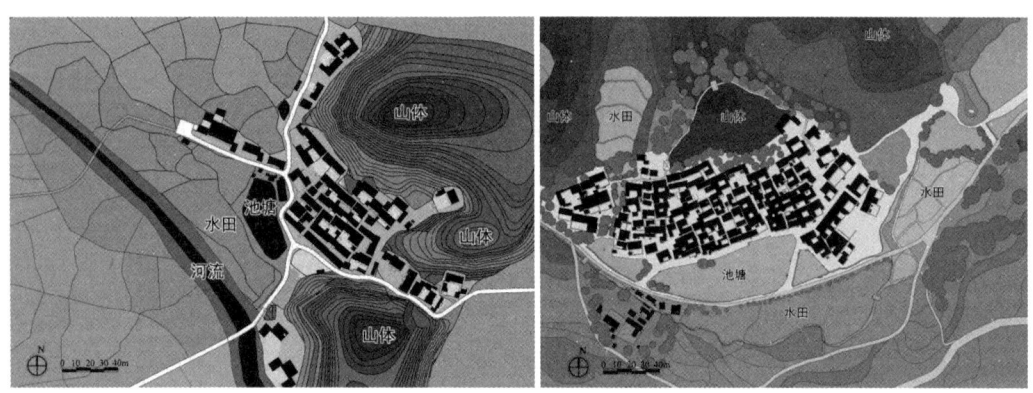

（a）四楼湾的选址　　　　　　　　　　（b）丁李湾的选址

图 3-11　背山环水的村落

资料来源：笔者整理，底图由辛明浩提供

3. 重要官道沿线（图 3-12 ～ 图 3-14）

豫南官道沿线有许多有地域特色的村落，如毛铺村、东岳村、新店村等，这都是古代官道沿线的村落，官道本身就是经过勘定选择山中有利的地形开辟，许多村落便借助官道的便利条件，在沿线选择有利的地形进行村落的建设。《彭氏族谱》中对毛铺村的选址图示和文字的描述："彭家十五世，淑祥、黄氏，徙居光山城南百廿里，五马里杜横保石门，彭家大弯垄，本宅右牛山首柘茨园祥公上首，地形文笔插天，酉卯向有碑"。

总结起来看，这种类型的村落主要存在着以下的特征：第一，村落平行于官道呈现线性或者团状布局，对村落而言，靠近交通要道就意味着出行便捷和潜在的商机，百姓都靠近官道布局形成了线性形态的村落，如果靠近官道的用地有一定的深度，村落也会随着人口的增加不断向纵深发展；如新店村，登高一望，主街平行于灌河河岸一字延展，至中部向两侧纵深发展，当地群众称之为"排心地"。

（a）郭店村主街　　　　　（b）郭店村整体风貌　　　　　（c）毛铺村主街

图 3-12　官道沿线村落

资料来源：笔者自摄

　　第二，靠山面路，一般来讲，浅山区与道路平行的一般都有河流水系的存在，仔细分析毛铺村的地形，我们不难看出，村落依旧会寻找山体作为依靠的对象，形成靠山，利用道路和与道路平行的河道形成对村落的环抱之势，形成风水宝地。

　　第三，重视阴宅的选址，与前面几种类型墓葬相对集中的状况相比，此类型对于阴宅的选址非常分散，分散选址阴宅并不多见，我们在毛铺村的彭家家谱中意外发现了大量对阴宅选址的描述和图示。

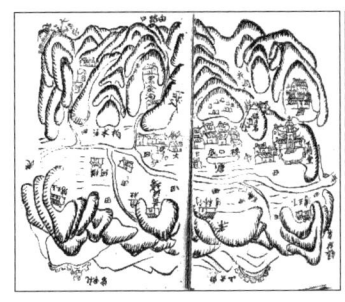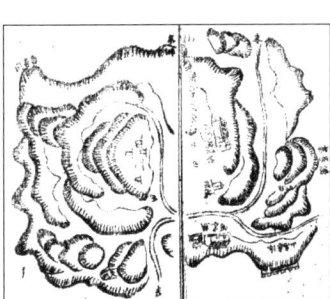

（a）毛铺村的选址　　　　　（b）阴宅选址一　　　　　（c）阴宅选址二

图 3-13　族谱中记录的村落选址

资料来源：毛铺村《彭氏族谱》

　　村子所靠的山体不大，却密密麻麻的分散着墓葬区，阴宅和阳宅一样受到百姓重视，由于山体朝向山坳，彭家家谱中这样记载村落的墓葬分布状况："上门后山自荫墩脱，卸下开数支，十九世祖太初公，卜葬于右支椰树坟园，其中三支福山、寿山、禄山，三公皆葬于斯，马花坟自马家岗出脉至彭家寨，右出一支至山，水吴作水口，左出一

支结花坟数处，各房卜葬甚多，各详所绘图内与世纪本命之下"。❶

　　第四，水在村落选址中的作用，这种类型的村落依然反映出了向水性，村落在选址的时候会靠近河流，也会局部开挖池塘进行储水，一方面是对风水格局的补充，也为村落提供生产生活用水。

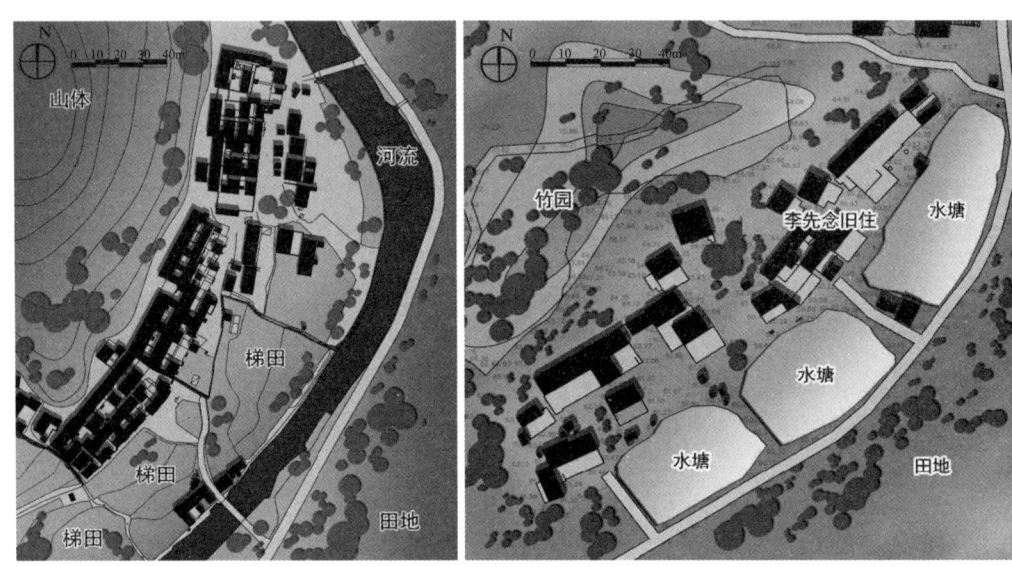

（a）毛铺村的选址　　　　　　　　　　　（b）东岳村的选址

图 3-14　官道沿线的村落

资料来源：笔者整理

　　4. 其他类型的村落

　　豫南区域还有几个国家级的传统村落，如驻马店确山县竹沟镇竹沟村、信阳市罗山县铁铺乡何家冲村，都是近代红色革命根据地，虽有少部分的传统建筑保存下来，但是整体上来看，村落的格局、选址特征都不明显，这里不再一一赘述。

3.2.3　村落中心与边界

　　1. 中心（表 3-3）

豫南村落中心类型　　　　　　　　　　　　　　　　　　　　表 3-3

序号	类型	特征
1	以建筑为中心	建筑多为祠堂和大户宅院，建筑本身形制较为特殊，体量较大，在百姓心中也有很高的地位
2	以空间为中心	一般处在村落入口、村中开阔的中心广场等，尺度适宜，有围合感
3	以坑塘为中心	村前的水塘功能多样化，坑塘岸线也是重要邻里交往的空间

资料来源：笔者整理

---

❶　新县周河乡毛铺村《彭氏族谱》不分卷，谱存于毛铺村彭道敏老人家。

　　豫南传统村落的中心非常明晰，村落形成明确中心的原因主要有两个：一个是以血缘为纽带构成的村落，一般迁徙至山区的都是以家族为单位，在一个区域扎根之后，就在此繁衍子孙，发展壮大，村落普遍都是以血缘为纽带联系而形成的家族式村落，共同建设村落，构筑防御，左邻右舍都是嫡亲关系；另一个是以某个大的家族为主导的村落，村落家族的力量足够强大，在其庇护下村落百姓能够安居乐业。为了抵抗外来势力，这些村落空前团结，村落凝聚力都很强，村落有一种内向性，向心性很强，自然能够形成很强的中心。村落的地理中心有的时候与村落的意义上的中心未必重合。

　　中心的类型和位置都有不同的体现，大致分类有以下三种类型。以建筑为村落的中心（图 3-15），这种类型非常多见，某栋建筑可能是整个村落灵魂和精神支撑。以四方洼村为例，村中最高处的顾荆乐堂就是村落的典型中心，这座如堡垒式的建筑非常坚固。顾荆乐堂是商城县最后一任国民党县长顾敬之的行宫，先后召集能工巧匠、征用民工16000 多人次，投入 136 万个工日，取石于观阵山，历时近 8 年，建成占地 3000 多平方米的宫殿式行宫，顾荆乐堂取名来源于晋朝田氏 "荆树开花兄弟乐，砚田无税子孙耕"。❶这座中西合璧、类似堡垒的宅院虽然耗费了大量的人力、物力，却能够镇守一方平安，百姓安居乐业，成为周围方圆十几里的中心。又如毛铺村，这个村其实是两个村民组，两者之间也仅仅是几步台阶的高差，彭氏祠堂就位于两个村民组之间的交接地带，位于楼上村的结尾处，是村落名副其实的地理中心，同时也是百姓心中的中心。祠堂在彭氏家族为主的毛铺村中发挥着重大的作用，家族的许多祭祖、重大事件的决策都在此产生。

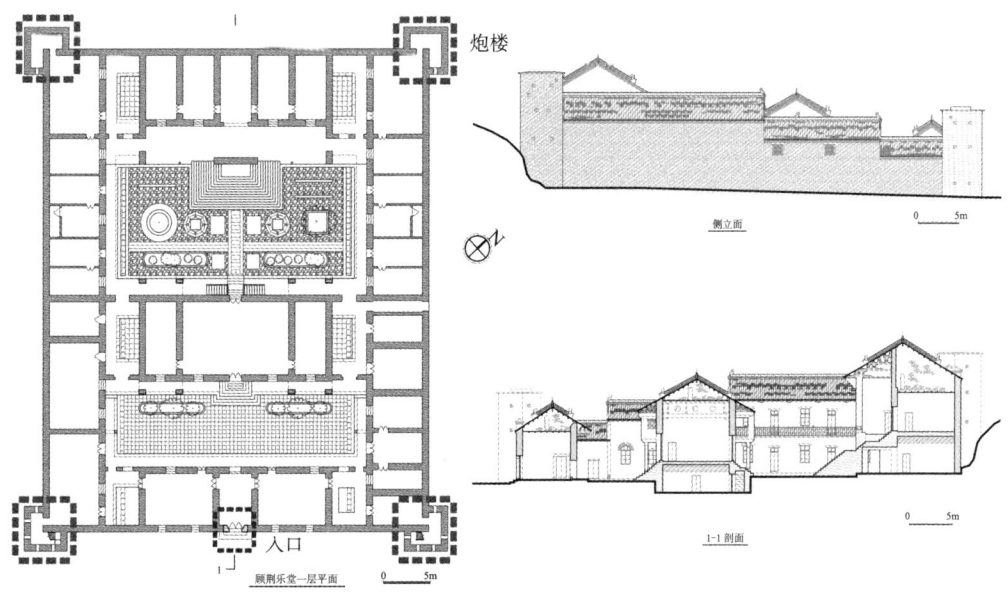

图 3-15　顾荆乐堂

资料来源：测绘图由郑东军提供

---

❶　资料来源于顾荆乐堂旅游指南，顾荆乐堂现功能为博物馆，内部主要展示顾敬之的生平和家族事迹。

以村中入口广场或者中心广场为中心。大多数的村落内部非常紧凑，宅院相互联系在了一起，内外界线非常清楚，整个村落都由一个共同的入口进入，村落内部明显局促了很多，院落相互串联在一起，院落除了担负街巷的交通作用之外，空间已经很局促了。入口前形成了一个面积较大的广场，视野开阔，通常是由民居两面、三面环绕，形成非常好的空间尺度。何家冲、董大畈等村落，村落宅院的入口空间前都有相对开阔的空地，农忙期间，这里是晾晒农作物的空间场所，村中若有大型的公共活动，如婚丧嫁娶等，都会在这里举行，这里几乎能够容纳全村的人在这里活动，平日百姓也会汇聚到这里休憩、聊天（图3-16）。

（a）董大畈村口广场　　　　　（b）何家冲村口广场　　　　　（c）河老湾村口广场

图3-16　以空间为中心的豫南村落

资料来源：笔者自摄

以池塘为中心，豫南百姓有一种亲水的情节，不少村落都会开挖池塘存水、疏水，池塘发挥的作用又不尽相同，有为数不少的村落在村落正前方形成一个大的池塘，作用不但是村落排水系统的终端，又是村落生产生活的重要水源，也是百姓心中的中心。村落中重要建筑的主入口都会朝向水面，对水面形成包围态势，池塘岸线错落有致，沿线也是百姓茶余饭后休闲的重要场所（图3-17）。

（a）田铺大湾村中池塘　　　　（b）丁李湾村前日月潭　　　　（c）余老湾村前池塘

图3-17　以池塘为中心的豫南村落

资料来源：笔者自摄

豫南有很多村落离不开水，以丁李湾为例，通过调查问卷和百姓访谈等，发现村前的日月潭是百姓心中名副其实的中心，通向村落的道路把池塘分为了一大片、两小片，池塘岸线与村落建筑呈现平行布局的状况，距离大概 3 ~ 4m 左右。上午早饭期间这里已经汇聚了不少百姓聊天交流，沿着池塘岸线一侧，有的蹲在门前吃饭，有的三三两两攀谈聊天，有的在晒太阳，沐浴清晨的阳光。在池塘的岸上专门设置空间，顺着台阶而下，可以近距离的接触到水面洗衣、洗菜。环绕着村落池塘，村落百姓一天的生活在这里可以全面反映出来，沿水的岸线空间形成了名副其实的村落开敞空间主体，虽然没有明确的划定界限,但是在百姓潜意识里,这里就是村落的权限范畴和势力范围。

2.边界

在豫南区域，村落边界的界限非常清晰，因为村落所生长的环境，大多为山区、河流等边界（图 3-18）。

（a）张湾村的村落边界　　　　　　　（b）何家冲的村落边界

图 3-18　豫南村落中的典型边界
资料来源：笔者自摄

在这种苛刻的环境下，村落发展到规模的极限之后，不像平原地带已经没有可以占据的建设地带，建设范围哪怕往外拓展一米都非常困难，所以村落的边界都可以清晰的界定出来，也不乏一些人工后来强化出来的边界。村落百姓会根据村落某些转折区域利用寨墙、池塘水系、道路等手段把村落的边界再次强化出来，就是为了形成清晰的内外界限，轻易地达到防御和震慑的效果。

豫南区域的村落边界主要有以下几种类型（表 3-4）。

豫南村落边界类型　　　　　　　　　　　　　　　　　　　　表 3-4

序号	类型	特征
1	以自然山体为边界	村落会沿着山体的走向、等高线进行建设，边界也呈现出有序的几何线性
2	以河流等水系为边界	以河岸的岸线为边界
3	以道路为边界	村落宅院靠近官道一侧或者两侧带状发展，宅院沿道路的边线整齐布局，形成了村落的显著边界

资料来源：笔者整理

第一，以自然山体为村落边界。这个区域的村落往往依山而建，自然而然山体就成了村落的一条显著的边界，这个边界会尽量的依靠地形的走向进行建设，边界也呈现出有序的几何线性。以丁李湾为例，村落的北侧有两条明确的边界，一条是由于村落依山而建，就在山体和村落的衔接地带形成了一条很清晰的可建设与非建设的边界，具有明显的可识别性；另外一条边界是再向北，顺着山的走势，修建了一条寨墙和寨门，由于山体不高，一方面可以将山体纳入到村落的活动范畴，另外一方面也防止外敌占据制高点，整个村落处于不利之地。四方洼村、何家冲村等村落的一侧边界都属于这种类型。第二，以河流等水系为边界。有些村落会借助河流来发展，河岸的岸线自然而然的形成了村落的界限和阻碍村落进一步扩张的瓶颈，以何家冲变迁为例，村落旁的一条细小的支流，汇入到了的灌河，正是这条细小的支流形成了村落一条严格的边界，村落与河流的五六米的高差，把村落局限在了河流以南、山体以北的一个局促的地带中，这里的院落布局最完整，格局最清晰。20世纪六七十年代，人口不断增长，同时河流的水量开始减少，于是有人突破河流的边界界限，跨河发展，凿山平地，寻找有限的土地资源。我们可以看出河流以北的村落宅院的形态相对杂乱，缺少统一的规划格局，而是村民自发的自建行为，这些貌似杂乱的宅院，也基本上都是沿着山体等高线在布局，还没有形成一定的规模，外部的街巷空间还没有形成。第三，以道路为边界。许多村落是依附于古代官道而生的村落，宅院为尽量的靠近官道一侧或者两侧来带状发展，村落一侧的边界往往就是与道路所围合出来形成的边界。以张湾村为例，村落整体位于夹在官道与河流之间的带型区域，村落的边界就清晰的显现出来了，村落与道路形成了非常严整的关系，村落平行于道路布局，村落主体朝向并非正南正北，而是偏东45°左右，在村落的中部和村前有两处与道路相衔接的外部广场。

3.2.4　村落整体形态分类

在与众不同的自然环境条件和社会环境影响下，豫南的村落整体形态中反映出了地域独特性。豫南百姓在崇尚自然的观念指引下，顺应地势，借助山水，来经营自己的村落和日常生活，与环境融合之后的村落形态显得非常的有机，整体感非常强。豫南村落的整体形态主要取决于其所处的地域环境，同时百姓对村落的空间使用也会起到一定的修正作用。一方面，百姓会根据方位选址，有限的地域环境进行村落的建设，在村落不断扩建中，不断地与环境进行磨合，形成了与环境咬合的很紧密的形态特征；另外一方面，各个村落的形态又会由于村落内部的空间不同产生一定的差异。

结合前文所述，豫南村落的整体形态特征主要有以下几种类型（表3-5）。

1. 带状。这种类型的传统村落在豫南地区分布的地域较广，村落形态特征也一目了然，形态上主要有以下特征：第一，村落的整体形态呈带状，村落沿着山中谷地一字型展开；第二，村落依附官道、河流而存在，有的时候村落内部的主街巷与官道合二为一，有的与官道平行布局，村落内部的宅院呈现出均好性，紧凑的布局在村落内部主要巷道的两侧，形成了有序的排列；第三，村落的中心从形态上来看并不明显，仅从形态上不能分辨村落的中心在哪里。毛铺村、新店村、东岳村都属于典型的带状形态村落类型，以东岳村为例，东岳村境内田林路网，错落有致。一条古商道酷似中轴线，纵贯村境南北，新中国成立后，以古官道为基础建为闸晏公路，其中的王湾、方店村民组宅院与古官道的相互关系非常清晰的呈现带状分布，两者之间有大面积的水塘相隔，水塘也呈带状分布，古官道、水塘、村落三条平行布局，呈现出了有序的带状。

豫南村落形态分类　　　　　　　　　　　表3-5

序号	类型	形态特征	形态中心	边界	与环境关系
1	带状类型		形态上无明显的中心	官道、河流等为边界	深受周边环境的影响，顺着山势和河流等环境要素的走势展开
2	环状类型		围绕山体展开，以山体为中心	山体、坑塘为道路围合成边界	一般位于浅山区，村落沿着山前开阔地带展开，同时会结合水系，形成背山靠水的格局
3	团状类型		祠堂、广场为中心	山体、道路	村落更多的是内向性，除了村落的边界等受到其他周边环境因素的影响不大

资料来源：笔者整理

2. 环状。村落会环绕着山体、水面等现状环境要素来布局，这种村落看似团状，但是与团状村落有着明显的差别，团状类型的村落往往有着明确的村落中心，而这种类型的村落却环绕着村落周边的环境并以此为中心。村落的形态有以下的特征：第一，村落会与山体、水塘等形成清晰的边界，村落主要的界面以此环绕来展开；第二，村落会根据山体的走向、地形地貌特征来布局村落，以四楼湾为例，村落的整体形态沿着河流与山丘之间的平缓地带延伸发展，村落被挤压在山体前的有限生存空间里，经过逐渐蔓延对山体形成半包围的态势；第三，村落的中心感并不明晰，往往是以山体为中心来布局，在这些村落走访中，百姓往往表达着村落选址的意图就是围绕着山体前的平坦区域来布局，或者依靠着村前的水塘来布局，虽然村落中也有祠堂之类的建筑，但是百姓的普遍反映是对环状村落形态以山体、水塘等自然要素为中心的一种肯定。

3. 团状。这种类型的村落从整体形态上来看是一个紧凑的整体，虽然与周边的环境充分的结合，但是村落的内向性非常强，村落内部的街巷等空间紧凑布局，层级清晰，村落公共广场、街巷、院落等组成的村落空间将村落的物质实体有效地串联了起来，形成了团状聚居的村落。总结起来，村落的形态有着以下的特征：第一，村落内向性布局，街巷院落化，形成了内部完整的空间体系，内部的空间层级划分非常清晰，这些空间联系着不同的村落物质实体如宅院、祠堂、庙宇等；第二、这种村落一般多以家族式为主，整个村落其实就是一座大的院落，以何家冲为例，就是何姓家族始建于明嘉靖初年，清光绪年间又有扩建，整个村落只有一个大门能够进入，进入村落内部虽然也是一户一院，但是每户院落之间没有完全的封闭，只是有着象征性的分割或者高差变化，院落相通但又不相互侵扰，首尾呼应，左右相连，这就形成了与其他地域分区中不同的村落形态类型。第三，由于与耕地的原因，村落整体非常紧凑，从整体上来看，村落与耕地之间有着很好的位置关系，耕地以水稻为主，无论山中的资源多么的丰富，都无法代替农作物的种植，将村落挤压在狭窄的区域中，让出了大面积的耕地进行耕作，村落的整体形态与山中平坦地块的形态相契合。

3.3　传统村落空间特征分析

3.3.1　豫南传统村落空间要素构成

根据其形状和特性，豫南村落外部空间可以分为点状、线状两种类型，这两种类型的空间在村落的日常公共活动中发挥着不同层次的作用，共同组成了村落的全部公共生活空间载体。

1. 点空间

点空间是村落中空间的点睛之笔。在百姓心中，点空间往往处于非常重要的地位，是一种"集体无意识"塑造的结果，能够轻易地形成人流的汇聚，具有重要的可识别性（图 3-19）。

图 3-19　郑湾村中的点状空间农忙季节状况
资料来源：笔者自摄

归纳起来，点空间具有以下的特征：第一，典型的积极空间，利于人的集中停留，往往会有限定性的要素将空间限定出来，形成较好的空间氛围；第二，在村落空间系统中，处在非常重要的地位，往往是线性空间的节点和转换点；第三，点空间往往与村落的重要公共建筑如祠堂、村落入口相结合，这里经常会有大量的百姓汇聚，这些空间是百姓共同价值观念认同的一个体现，大家属于一个熟悉的"圈子"，才能够使用这个点状空间的；第四，点空间存在的必要性，这些点空间是村落灵魂的体现，也是村落百姓凝聚力的一个体现，豫南村落中都会有这样的公共性的空间存在。在现场调查踏勘中我们也发现了这点，百姓对村落中的公共空间都非常认同，"经常会去"、"重要活动的场所"、"这个地儿对村落很重要"等是百姓对这些空间最基本的认识和直白的表述。又如四楼湾村前的中心广场，是百姓舞龙灯的好场所，每逢重大节日，这里便会热闹起来，是村落中唯一一块的开阔场地。

豫南村落中不乏对点空间的塑造，有些以血缘为纽带的村落中点空间的塑造更加明显和清晰，点空间主要的类型有以村口开阔地为点中心的村落，董大畈、何家冲、郑湾村等都属这种情况，董大畈、何家冲前文都有描述，这里以郑湾村为例，在农忙季节，村落入口前，摆满了晾晒板栗、油茶等农产品，非常壮观，重大节日，这里会举行盛大的拜祖、祭祖的仪式，这里早已经形成了村落百姓心中的中心。

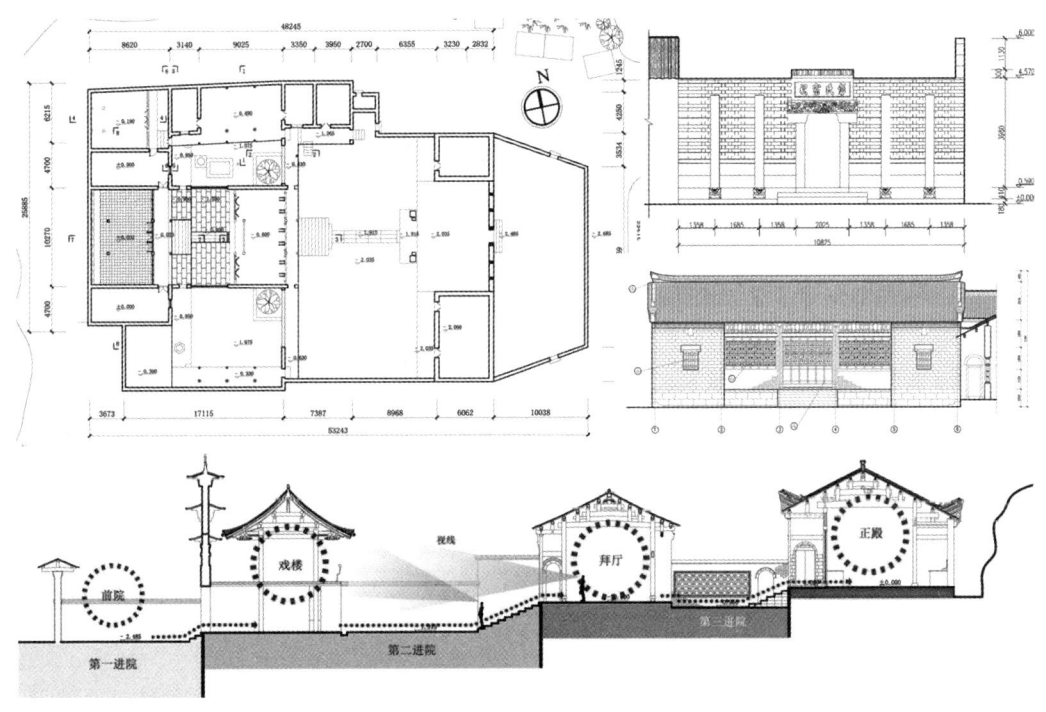

图 3-20　彭氏祠堂

资料来源：《毛铺古村落保护及整治发展规划》

豫南村落中以宗族祠堂为点来强化空间的现象也非常普遍，豫南重祭祀，《商城县志》中有载"尚鬼重祀，今邑中人有小病，持鸡帚击鼓，沿街招魂，归来之声，终夜不绝，婚丧祭祀率渐于礼循分守法，其天性也"；

"正月元旦，祀神祀先隆师，友贺尊长宴宾，拜立春迎春观土；

二月二，乡社饮祀先农；

三月三，游三教洞进香，近清明放纸鸢，墓祭；

四月八，各寺庵设佛会；

五月五，祀先，食角黍，饮菖蒲雄黄酒；

六月六，日曝衣，晒书作；

七月七，拜牛女，乞巧十五日，祀先，祀穀神……"。❶

村落中每月都有重大的祭祀活动，这些活动多数需要在宗祠中举行，以村落宗祠空间为点中心，如毛铺村的彭氏宗祠的内部空间也形成了村落精神象征的点空间（图3-20）。

2. 线状空间

这里主要指豫南村落中的街巷空间，村落中的街巷空间往往与院落、村口广场等交织在一起，是联系村落各个功能单元的大动脉，是村落百姓活动的载体（图3-21）。

（a）D/H=2 　　　　　　　　　（b）D/H=1 　　　　　　　　（c）D/H=0.5

图3-21　豫南村落中街巷的主要尺度

资料来源：笔者自摄

总结起来有以下的特征：第一，对村落各个功能单元的脉络串联，街巷空间是村落邻里交往的空间场所，在这个空间体系中，串联起了从村口、各个宅院、庙宇、宗祠等一系列的村落功能单元；第二，街巷空间引导性弱，与其他地域线性空间具有强烈引导、指向的特征不同，豫南村落中的线性空间与院落等杂糅在一起，街巷往往会被宅院大门甚至房间打断，尤其对外来者来说，有一种不知所措的感觉；第三，街巷会串联许多空间节点，整个线性空间并不是均衡不变的，明显会有内外空间的差别；第四，街巷空间尺度局促，内外差别大，村落公共大门外部街巷空间的高宽比比较大，一般会在1：1左右，内部则局促的多，一般的巷道的空间尺度的比例也会介于1：1.5和1：2之间，更小的巷道的高宽比一般都会小于1：2，还有的仅容一人侧身通过。

3.3.2　豫南传统村落空间结构

建立在前文对豫南的传统村落进行空间上的形态描述和特征归纳上，村落的空间如何联系，如何串联，内部的层次是如何递进的，就需要归纳出村落的空间结构来，村落的空间结构就是在有机的串联村落的各个功能空间，根据前文对村落空间结构的分类如下。

---

❶ （清）武开吉纂修：《商城县志》卷二《地理志下·风俗》，清嘉庆（1803年）刻本.

1. 一字带型

一字带型空间结构的主要特征，一条主要街巷贯穿整个村落始终，村落街坊沿着街巷单侧或者两侧紧凑布局，其他的联系空间都相对薄弱（图 3-22）。

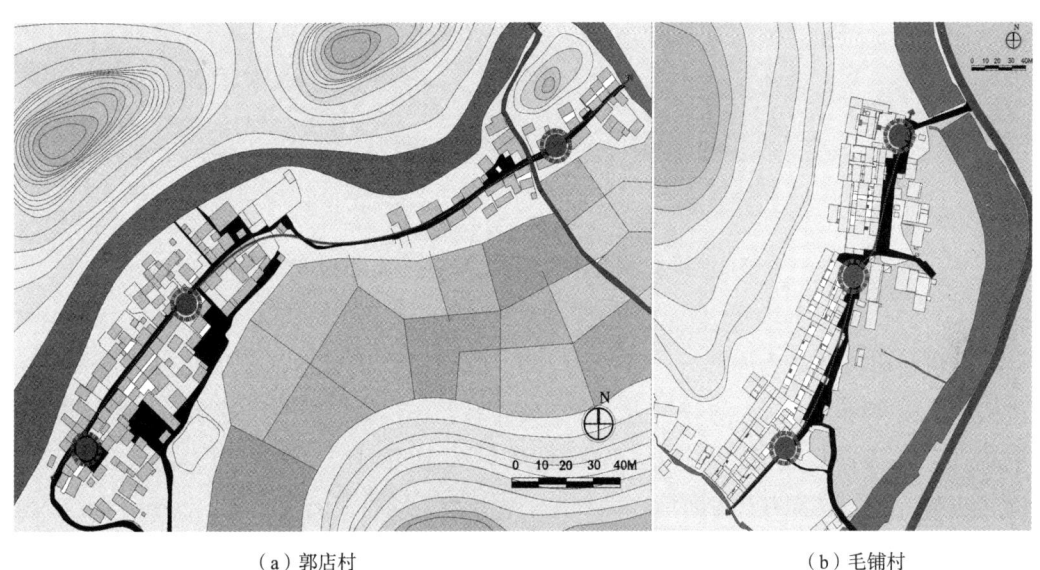

（a）郭店村　　　　　　　　　　　　　　　　　（b）毛铺村

图 3-22　一字带型空间结构

资料来源：笔者整理

毛铺村、新店村等都属于这种空间结构，一条主要的街巷从村头串联至村尾，沿着街巷两侧向外拓展，形成了有韵律的街坊块，由于地形的限制，街坊的进深不大，没有支巷的延展，这条主要街巷几乎担负着村落的所有公共活动。村落的空间层次非常类似，主街巷空间不但主要作为交通空间也是邻里交往的空间，宅院直接开向主街巷，街巷空间—入口空间—院落—次一级的院落等空间层次。如毛铺村主街巷联系着各个宅院、祠堂等空间，虽然在毛铺村中部的彭氏祠堂有一处转折点，但是空间的局促以及祠堂大门的封闭性，在祠堂门口的空间难以形成很强烈的聚集功能，更多的是将人引入到第二层次——院落中进行活动。

新店村主巷担负了更多的商业功能，临街经营商业，有商业空间开向街巷。新中国成立前，新店村有"小汉口"之称，商贾云集，南北通衢，成为商城出南门的一大集市，呈现出"南比武汉小汉口，北胜县城南关街"的繁荣景象。此处设有供销社、食品、信用社、粮站、邮政片总机室、片中学、兽医站、卫生院等单位。有着多样化的商业经营为基础，村落空间结构也就有丰富的空间类型，如街巷空间—房屋、街巷空间—院落、村落中心广场—街巷—院落—次一级的院落，村落中也有细小的支巷直接通向宅院后的十二道河，村头、村尾各有一个码头分别称为上码头、下码头，在码头处形成了码头空间，可以想象当年码头一片繁忙的景象。商城县文化局所存的一张照片印证侵华日军曾占领过新店村，其位置的重要性可见一斑（图3-23）。

（a）沿街店面　　　　　　（b）村落带形展开　　　　　　（c）侵华日军新店影像

图3-23　新店村空间结构

资料来源：a、b为笔者自摄，c为商城县文化局提供

带状新店村共分为四部分，分别为：第一部分是营坊，也就是最北头，与省道相连接，民国年间，官府为防守新店，在此处建有营房，据嘉庆八年重修的《商城县志》记载："新店集守兵五名，营房七间。"更名营房，又因十二道河经过，商人在小河的两岸建有店铺，取名为营房河湾；第二部分是上店，也叫上岗岭；第三部分是下店，也叫下岗岭；第四部分是漫水河，这四部分全部由一条街巷进行串联贯穿，可见主要街巷的空间联系性，有些部分中还有较大的中心广场，形成了开阔的空间。所以街巷、中心广场、支巷、院落、次一级的院落组成了空间的层次，所有房屋、宅院等都在和主街巷发生关联，一条主街将这些空间全部串联起来了。

2.一字鱼骨型

这种村落空间结构的典型特征是，村落有一条主要街巷，主街巷与支巷等辅助空间相联系，层层向内渗透，形成了层级明确的空间系统。主次街巷差别主要体现在空间的尺度。四楼湾、丁李湾等属于这种村落的典型代表，村前有水塘，沿着水塘四周是进入村落的村口和道路，尤其是水塘前与村落之间的那条平行于村落主立面的道路是村落的主街巷，重要的村落宅院的大门都开向这条主要街巷，垂直于这条主街巷会有支巷向村落内部进行渗透，随着不断地深入，然后会再分更细的巷道，巷道结束于某个宅院之前，宽度仅次于主要街巷的巷道往往会形成一个环路，环绕村落内部一周之后再次汇聚到主街上。

如丁李湾村，空间层次分别为村口外部空间（主要指沿着日月潭沿线）—主街巷—次街巷（联系主街和巷道之间的巷道空间体系）—巷道（主要是直接通向宅院大门的巷道）—院落，这是村落的主要空间结构体系，能够将村落整体串联。同时村落还有一套内部联系的空间体系，即主街巷—院落—院落，这是豫南村落特有的空间现象，通过主要街巷进入各个院落之后，相邻的院落空间相连，前后院落通过厅堂侧面的廊道进行前后院落的联络，内部完全融会贯通，在宅院大门又与外部的街巷空间相串联，豫南村落有着类似的空间结构体系（图3-24）。

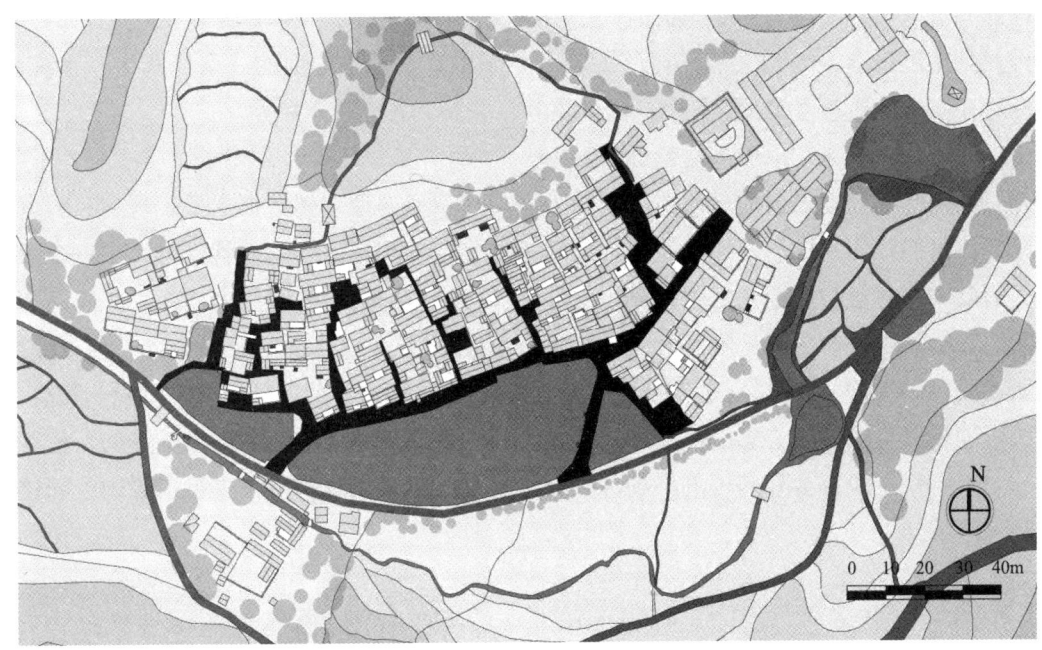

图 3-24　丁李湾一字鱼骨型的空间结构

资料来源: 笔者整理

村落内部空间的紧凑, 导致着豫南的许多村落前都有着一个开阔的空间, 村口成为了村落空间的主要承载之地, 如四楼湾、余老湾、董老塆等 (图 3-25)。

　　　　　（a）四楼湾

　　　　　（b）余老湾

　　　　　（c）董老塆

图 3-25　村口前广场

资料来源: 笔者自摄

四楼湾村口外部空间的位置和形态更加清晰明确, 一个近似椭圆形的村前开阔地是村落的入口空间, 时至今日, 这里依旧是老百姓大型节日活动的场所, 如龙灯舞, 从每年的正月十三开始一直到二月二 "龙抬头" 方止。四楼湾村从村落入口空间—主要巷道—村落大门—次要巷道—院落, 村前有一条道路, 作为村落的主要边界存在, 这条道路担负起了村落的主要巷道的功能, 串联起了支巷道和入口广场, 沿着这条道路有一排内向性的建筑, 除了村落的主要大门空间外, 其余功能房间都开向村落的内部，进入村落大门之后，里面有一条与建筑平行的巷道，串联起来了四楼湾村的并排几处宅院，这条巷道又能和村落的环线相联系，形成了内部的一条环线街巷系统，然后在这条环形巷道上又有许多断头的支巷，联系着各个院落单元。

3. 片状紧凑型

豫南有些较小规模的村落属于这种类型，片状紧凑型空间特征主要表现在，村落或者村落的核心街坊就是一个完整的内部家族，进入到村落内部，就像进入了一个大的宅院中，村落功能单元之间缺少主次巷道这样的空间类型的联系，往往都是院落之间的直接串联或者是街巷在串联着院落空间，而村前有较大规模的广场空间，何家冲、董大畈、余老湾等村落都是这样的空间类型。空间层次多为村落广场—入口空间—院落，村落的入口空间的中心感强，尺度很开阔，作为百姓晾晒农作物和集会的空间，村落的主要大门一般都会开向村落广场，进入到了大门就是以院落空间进行串联的空间体系（图3-26）。

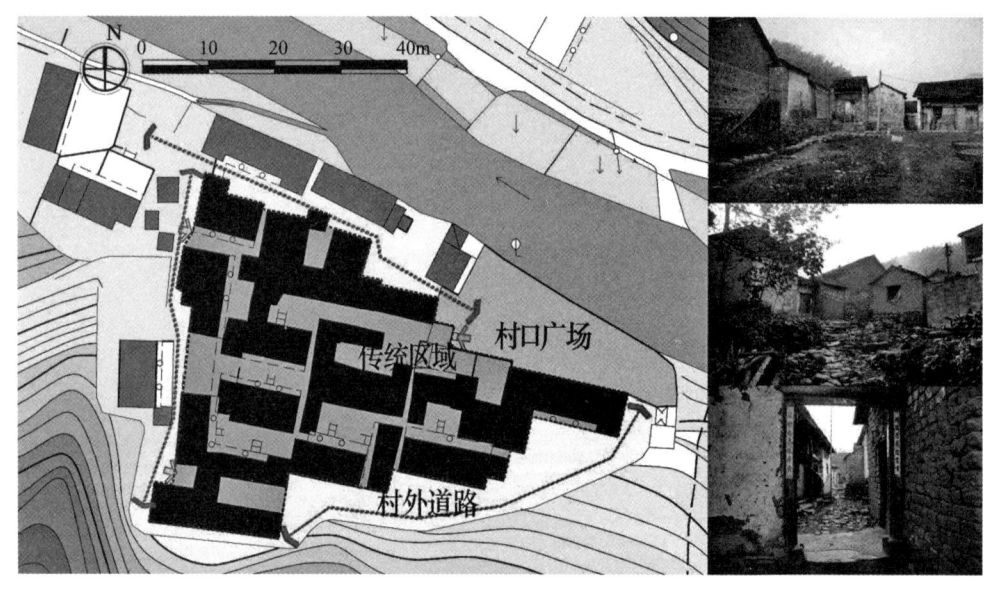

图 3-26　何家冲片状紧凑型的空间结构

资料来源：笔者整理

3.3.3　豫南传统村落地域特征

豫南传统村落地域特色空间的形成，与其所处的自然地域环境和社会环境有着紧密关系，总结起来有以下两点，院落街巷化和村落家园化。整个村落就像一个大家庭，相互之间聊天，攀谈，气氛非常融洽，如农忙季节早饭阶段，是村落中活动最频繁的时候，家家户户都会敞开大门，做饭、吃饭、收拾家务、整理农具，坐在大门口边吃饭边聊天，过了这个时间段之后，很多宅院都已经人去屋空，村中难觅人的踪迹，百姓都会在农田里忙着耕作（图3-27）。

图 3-27　丁李湾日月潭沿线早上 8：00 ~ 8：30 百姓主要停留点
资料来源：笔者整理

3.3.3.1　院落街巷化

豫南村落院落和街巷之间相互杂糅在一起，没有明显的界限之分，整个村落就宛如一个大的宅院。宅院与宅院之间相互串联贯通，有的甚至需要穿过宅院中的某栋房屋，院落成为了村落外部空间的一部分，院落街巷化是建立在百姓之间相互熟识、血缘联系的基础之上的，家就是村，村也是家，院落既是家庭宅院的院落空间，又是村落外部公共空间的延伸（图 3-28）。

街巷空间和院落空间两者原本是开放空间和私密空间的对立关系，在豫南村落中变得模糊起来，街巷串联着院落，有的时候已经完全分不清院

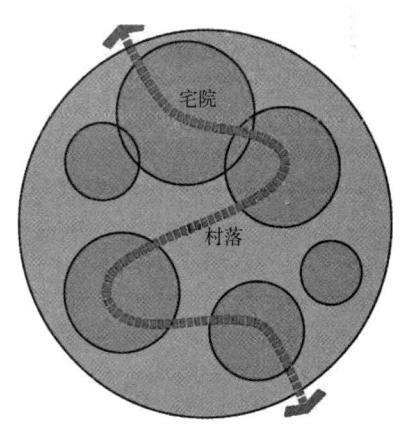

图 3-28　院落街巷化
资料来源：笔者整理

落和街巷的清晰边界在哪里，不经意间就能走到另一户的宅院中，通过内部街巷可以轻易地进入到所谓的院落中，两者没有了清晰的边界。

街巷的特征包括：第一，街巷依旧作为交通联系，依旧是接村口，从另外村落的另外一侧出口而出，但其中串联着许多的院落空间；第二，街巷与院落之间的关系多样化，有的院落紧贴着街巷，有的街巷需要穿某个院落空间而过，这些街巷的穿过丝

毫不会影响到院落的功能使用；第三，院落具备边界特征，但隔离作用已经不明显，院落都可以穿过，有的时候沿着街巷空间走到一座宅院的大门的时候，穿过大门可以看得出街巷在进一步的延伸；第四，村落内部是完全开放的体系，可以轻易的步行到村落中的任何一个院落。当然，一旦其中的户门、房屋门封闭，村落的整个空间系统就会被分割成零散状，从进入村落的第一道大门开始，街巷中所遇到的门既是某座宅院的大门，同时又是街巷的分割大门，一旦这些大门封闭就会阻断整个村落的交通体系，通过这些大门上锈迹斑斑的锁来看，应该是很久没有封闭了。

但是这种村落空间的形成并非偶然，是应对豫南匪患猖獗的一种有效手段，概括起来最起码需要具备两个条件，一是以血缘为纽带的家族式村落；二是要借助村落本体作为主要的防御屏障。村落往往是一个家族为主导来居住，如何家冲为何姓家族、丁李湾为李姓家族，所以一个村落百姓相互之间都有着非常近的血缘关系，相互之间关系很紧密，各个宅院之间的关系恰似一座四合院中的厢房、倒座、厅堂之间的关系，院落、街巷等都是相当于四合院中的院落空间，各自宅院的布局位置也会根据辈分高低来划分，一个家族就是一个村落。从防御角度来说，也非常好建立防御体系，暂且不说酷似迷宫一样的村落街巷关系，随时能够封闭的街巷就能够轻易的将入侵之敌分割在不同空间消灭。

何家冲就是一个很好的例子，整个村落从村前广场，登上三四步台阶，就进入村落的大门，村落的大门与普通大宅院的大门没有什么明显的区别，进入大门之后，就是一条悠长、透视感极强的巷道，右手一侧是一排条形的房屋一字排开，房屋的大门直接开向街巷，没有任何的缓冲空间，左手一侧则是一幢硬山屋顶房屋的山墙面，石头基础夯土墙面，屋顶出檐深远，虽然墙体已经有裂缝，但是房屋依然在使用中，仔细观察，原来这是一座院落的厢房，里面还套着一处院落，这处院落只是两栋平行的房屋，院落一侧墙体上，又是另一处院落的大门，街巷的尽头是一处宅院的入口，穿过这所宅院又进入村的另外一条垂直的巷子，院落套叠，村落中街巷的形态和院落的形态特征都非常清楚，但是两者属于一种相互穿插的空间关系，街巷的功能不但没有减弱反而增强，院落空间的使用从封闭变得开放，大大的削弱了空间的实用性。其他的村落，如丁李湾、楼上楼下、四楼湾等村落都有这种情况的出现，毛铺村虽然属于带型的村落，但是整个村落中，在各自正房的廊子之间都是相互贯通的，不用通过外部的街巷能够自由穿梭在各个宅院之间，减少了空间的层次性，这也是村落集合集中力量进行防御的一种体现（图3-29）。

3.3.3.2 村落家园化

豫南村落宅院空间内部空间也相互融汇贯通，整个村落宅院内部相互不设防，与村落外部环境却又相对封闭独立，村落的内部空间完全开放，开放的程度也根据阻断空间的分界线不同而不同，有以院落联系、窄巷联系、过廊联系三种情况。主要介绍后两种，第一，以窄巷联系，以开敞的拱形门为边界。如四楼湾，在康熙年间，这里

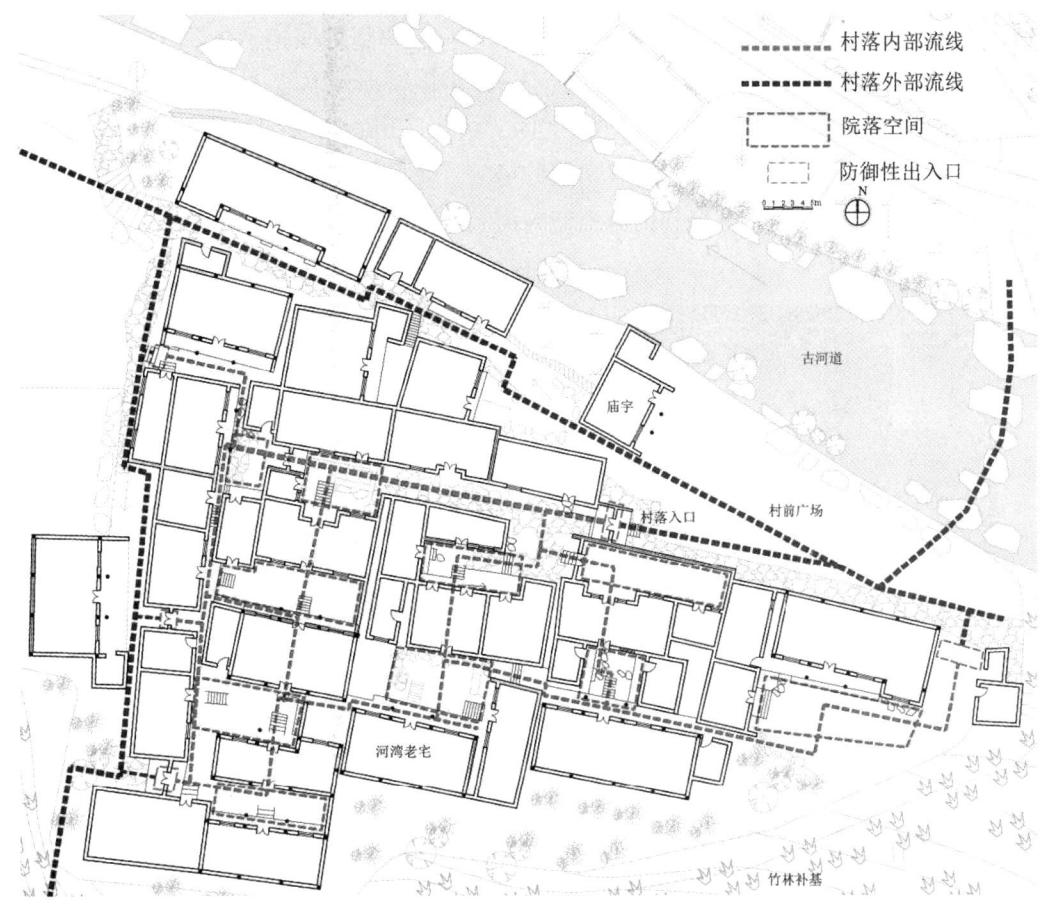

图 3-29　何家冲村中院落与街巷之间的串联

资料来源: 笔者整理

就形成了以周姓为主的家族式村落，进入村落大门，马上有一条东西走向的窄巷，这条几乎与村落最外的街巷相平行，窄巷对村落单元联系发挥着重要作用。窄巷不像何家冲那样直接串联院落空间，巷子之间的联系还是交通的主体，垂直于这条窄巷，并排布局了五处宅院，其中最大的一处宅院为五进院落，这五处宅院是周姓家族的主体，宅院院落之间有圆形的拱门，进行贯通，整个村落内部宅院之间的贯通性还是非常强的；第二，厅堂走廊空间的横向联系。如毛铺村，村落整体以一字带型村落，宅院之间的联系依靠厅堂前横向的走廊空间，在走廊尽头设置角门，角门尺度很小，尺度仅容一人穿过，联系的空间尺度变得局促，而且设置有门，全村的宅院都可以贯通（图 3-30）。

院落、街巷空间内部变得开放，一旦进入到村落内部就意味着村落再无防备措施，这与河南其他地域的村落产生了很大的区别。但是，常年战乱的大背景下，村落的防御系统肯定是首要的，如何把村落置于安全的境地，保卫村落财产和人身安全，是至关重要的一环。豫南村落本身如一座大的四合院，对于内向的院落空间都是开放的，但是一旦各个房屋的门关闭也就意味着空间相互隔离。豫南村落应对不利的社会环境

的手段是划分好村落空间的层次，建立好各个空间分层次的防御系统，并随时可以关闭村落空间层次转换节点。关闭各个空间节点的阀门，就关闭了系统的流动性，如街巷院落化，在许多院落都设置有大门，关闭了大门，街巷空间就被阻断了；院落之间的拱门分割，关闭了这两个院落各自房间的房门，就把空间局限在了一定的范围之内；角门作为分割，关闭角门就轻易的将空间封闭起来了。

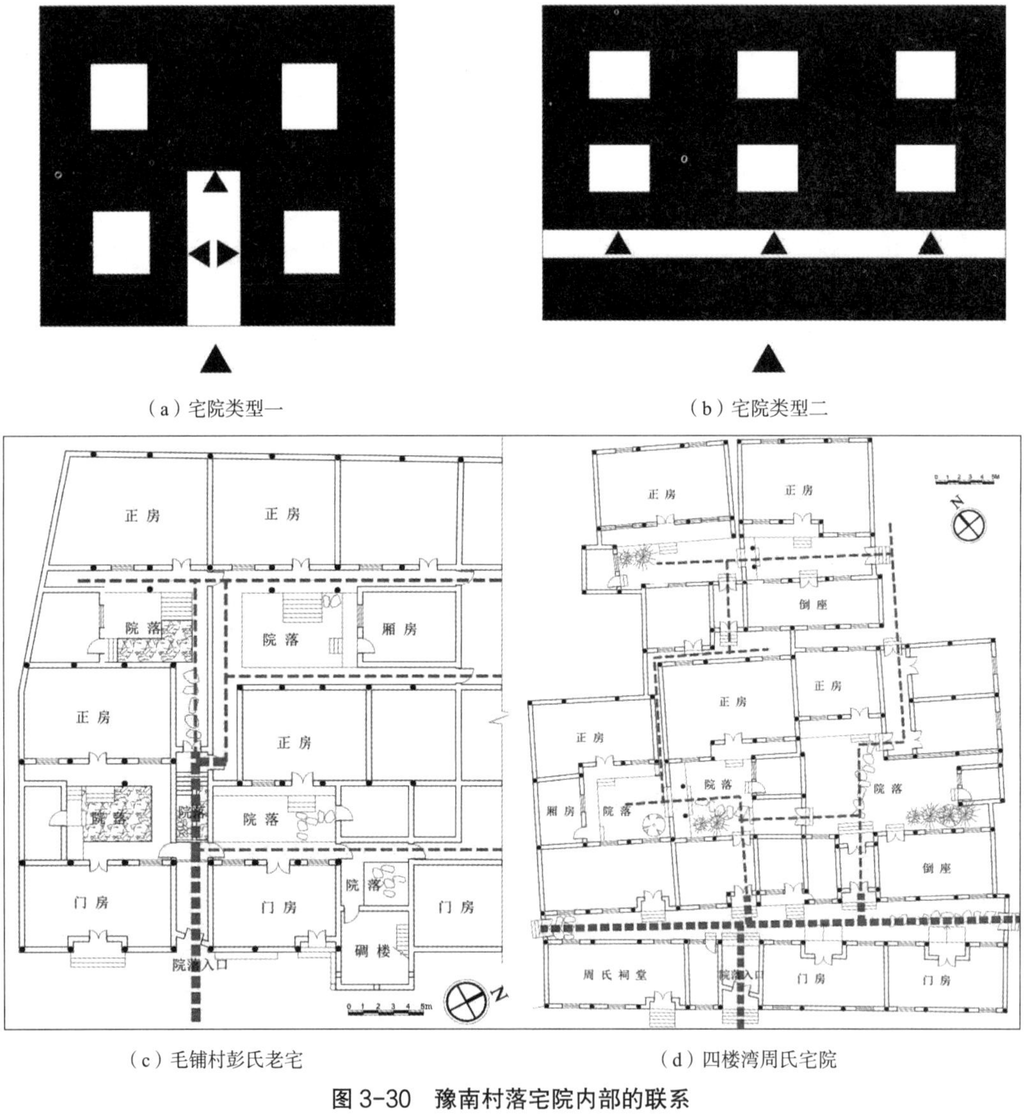

（a）宅院类型一　　　　　　　　　　　　　　　（b）宅院类型二

（c）毛铺村彭氏老宅　　　　　　　　　　　　　（d）四楼湾周氏宅院

图 3-30　豫南村落宅院内部的联系

资料来源：笔者整理

3.4　宅院分类

豫南宅院多是首尾联系在一起，水平方向铺开，不拘泥于朝向和秩序，中间穿插着若干天井，所以豫南传统村落中就形成了以天井为主导的宅院。天井面积小且能灵活布局，能出现在各个意想不到的位置，如入口处、主房前、房屋的转折处等，天井典型的功能就是通风和收集雨水，天井的尺度很小，高宽比一般在 2：1 以上，天井的地面也远低于室内地平面，有的高差甚至在一米以上，院落中空空荡荡，几乎没有绿化植被，雨大的时候天井宛如一个雨水收集池，这里的水会通过地面砌筑的水道快速的排到外面，村落内部基本上不会存水。丁李湾就是这样一个典型，全村大大小小的几十个天井院，散落在村落中，院中埋设着石头砌筑而成的排水管道，全村的雨水都会汇聚在村前的日月潭中，月牙池中汇聚了大量的雨水，池塘中的水与整个村域的水网相连，对于豫南这个多雨的地区，从来不必担心雨水对村落的侵扰，豫南其他的村落中都有着类似的设施。

豫南传统村落的宅院非常有地域特征，构成宅院的主要要素可以分为正房或厅堂，偏房主要包括厢房、倒座等其他附属用房和庭院，这里只对豫南的传统村落中的民居做一个简单的归纳。正房是民居中最重要的建筑，一般为三开间，民间都有这样的说法"一、二不上数，最小三起始"，《明会典》中也有规定："庶民所居房舍，不过三间五架，"豫南多为"一明两暗"的三开间平面形制，也有在三开间的基础上左右两侧各加一条通向后院的廊子，形成"明三暗五"的开间，三开间为主体的豫南民居格局保持着重要的地位。夏天的时候，正房门完全打开甚至摘掉，正房会与天井空间结合，形成了较为开阔的空间。

豫南宅院建筑以砖、夯土、石材为主，砖是象征地位和材料的一种建设材料，往往运用在重要的位置和重要的建筑上，如丁李湾的村落沿着日月潭的主要界面、楼上楼下的彭氏祠堂等一系列的建筑都是运用砖来建设，砖的对缝、砌筑方式都非常考究。石头多是就地取材，由于石头加工起来很困难，代价很高，运用的并不广泛，多是在房子的基础等部位运用，顾荆乐堂是个例外，整个房屋的支撑体系几乎都是由石头来完成，石柱、石楼板等。另一个运用广泛的材料是夯土，豫南雨水很多，并不妨碍夯土材料广泛的运用于建筑中，究其原因，夯土非常容易加工，也方便取土，夯土一般做成土坯，内部填充墙或者外部的围护墙体，都可以用土坯来做。防止雨水对夯土的冲刷，一般采用两种办法，一种是加大廊子和山墙面屋檐的出挑，其次是墙体用白灰粉刷，防水防潮，形成的宅院形态与河南其他地区都有着明显的不同。

文化的交流和融合，也使得这个区域的建筑形态变得多样化，村落中往往会有一两处较为特殊的建筑如祠堂等形态就显得与众不同，如达权店的吴氏宗祠，宗祠的正立面呈对称布局，形成了波浪状的封火山墙，这种是典型的南方做法，进入房间内部来看，依旧是典型的硬山屋顶，只不过在侧山墙上刻意垫高，追求宏大的气势和与众不同的效果（图 3-31）。

院落的空间尺度和类型是豫南宅院地域特色的体现，主要形成了局促院落为主的空间类型，主要有三个原因：第一，村落一般都在深山或者浅山区中，用地都相对紧张，

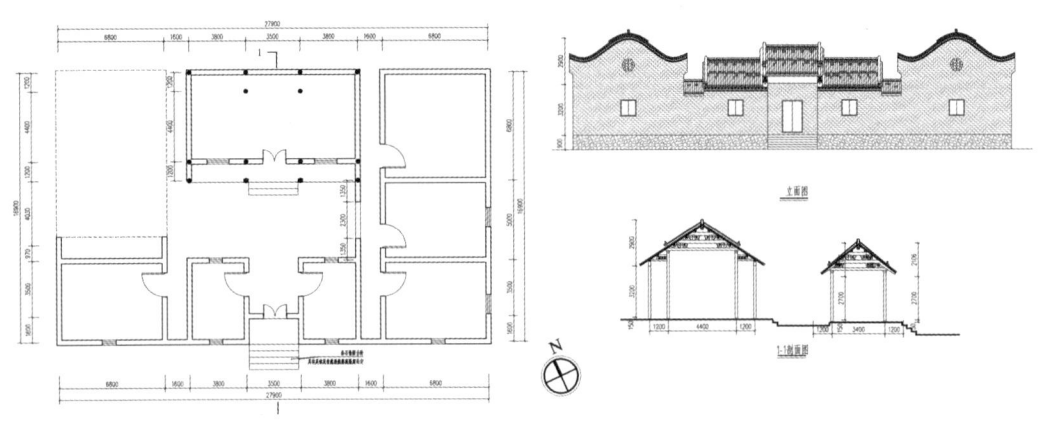

图 3-31　达权店吴氏宗祠
资料来源: 笔者测绘

都会尽量的节约用地,院落空间一般都会比较小,将有限的空间让位于实体的物质空间。第二,跟当地的气候条件有密切的关系,豫南地区气候多雨、潮湿,所以村落中对阳光的渴求并不强烈,而是让雨水尽快的疏通出去,这样就会利用院落空间来收集雨水到天井院中,天井院一般规模都很小,两米见方的非常多见,而且院内地平与宅之间的高差非常大,一般在一米左右,豫南院落空间承载百姓活动的功能较少,在实际的调查过程中,也从百姓口中印证了这点。第三,通风的要求,院落空间越小、越狭长越利于通风的要求,通风可以除湿等作用,所以对豫南气候非常湿的环境下,利用窄的院落、天井进行通风是一个非常好的选择。

1. 四合院

四合院是河南各地运用最为广泛的村落宅院类型,豫南地区也不例外,在这里许多的村落都会以四合院的模式来营建自己的宅院,因为这种类型特别利于生产、生活、防御,但是由于豫南村落用地所限,农产品的晾晒一般都会挪到村落公共广场等相对开放的空间中,院落空间的 $D/H<1$,是一种小尺度的院落尺度。院落空间多为东西走向的长方形,目的就是为了最大限度的收集屋顶的雨水,即使在许多显贵中的院落一般也会是这种尺度。

如顾荆乐堂 (图 3-32),这个建于 1937 年的堡垒式的大型宅院,共有两进院落,院落呈现东西走向的长方形,第一个层次的院落空间显得很局促,院落几乎没有什么地面铺装,给人一种很强烈的压迫感、沉闷感,第二进院落则接近正方形,D/H 的比值也接近于 1,方位角符合 $30º \sim 60º$ 尺度关系,第二进院落的院落空间布局也要丰富的多,院落中布局有石头开凿的鱼池,地面铺装由鹅卵石、青砖墁地、条石组合,井然有序,结合低矮的灌木、长石条点缀于其中,一派活力景象,大台阶拾阶而上,直接能够登上建筑二层,二层阳台能够一览整个院落。这两处院落空间竟然有如此大的反差,究其原因,与院落主人的日常活动安排有着密切的联系,主人顾敬之将生活、工作全都搬进了这座城堡中，第一层院落为处理日常工作等相关的事物，甚至在第一层院落的门房修建地下室，专门囚禁犯人、存储粮食等，而在第二进院落则为私密的家庭空间，有着这样的空间反差，也就不足为奇了。

（a）第一进院落　　　　　　　　　　　（b）第二进院落

图 3-32　顾荆乐堂中的院落

资料来源：笔者自摄

顾荆乐堂在营造技术上来看，可以说是中原地区的一个孤例，材料主要由石、砖、木构成（图 3-33）。承重体系主要由石头来承担，石柱、石梁、石楼板，利用石头为材料，按照木构的做法来营建，前后建设八年之久，强征百姓，周围苦不堪言，仅石料用量就达 16 万余块。❶

图 3-33　顾荆乐堂的石头结构

资料来源：笔者自摄

大多数百姓的四合院更多的是朴实无华，似乎在给我们讲述着日常百姓的寻常事，宅院四合院就是在承担着的采光、汇聚雨水、生活起居、生产工具的堆放等空间场所。以董大畈为例，虽说是四面围合的四合院空间类型，第一进、第二进院落都是窄窄的狭长带状，仅仅比走廊宽了少许，抬头望天，名副其实的"一线天"，而主门外的空间就特别的开敞，农产品的晾晒之类都会在进行，一条窄窄的明沟在主门入口空间的一

❶　资料来源于《顾荆乐堂简介》，存于顾荆乐堂内，主要用于其宣传。

侧直接与院落内部的院落空间贯通。

宗族的祠堂也多采用四合院式,但祠堂空间的尺度要开敞的多。如毛铺村的彭氏宗祠前后两进院落,是四合院院落空间类型,院落空间尺度 $D/H>1$,宗祠的功能决定了院落的空间类型,宗祠除了宗族议事等基本活动之外,这里还承担着戏楼、婚丧嫁娶仪式、祭祖等功能,重大节日需要全家族的百姓在此汇聚,开敞的外部空间、充足的用地成为了必要条件。豫南院落景观布局相对简单,有的时候种了几棵树就构成了院落空间的整体景观,甚至不做任何景观的修饰,这与村落往往身处深山,水系环绕的绝佳境地,出门美景就能尽收眼底,院落空间的景观点缀自然而然就少得多。

2.天井院

天井院是四合院的一种特殊类型,属于尺度小到极致的四合院(图3-34),天井的位置一般设置在拐角、入口等次要位置处。

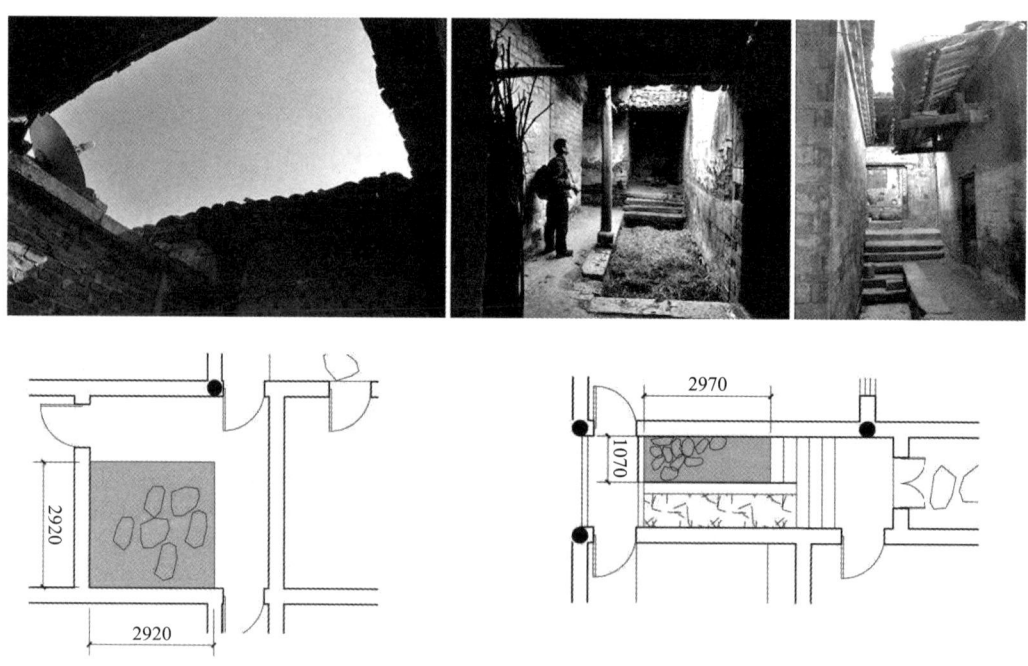

图 3-34 豫南天井院

资料来源:笔者整理

正方形、长方形居多,一般横且长,天井尺寸很小,有两米见方甚至更小,一般天井的长宽比在2:1或者3:1,甚至更大,天井的檐高与进深比1:1左右,进风面、汇水面都宽,满足了遮荫、通风、收水的功能。《理气图说》中认为天井:"主於消纳,大则泄气,小则郁气,大小以屋势相应为准,井形不方不长,如单楝子样",这样的空间在宅院中的作用不言而喻,就是为了汇聚雨水至天井中,与江南"四水归堂"的做法类似,留住了水就留住了财运。将屋顶的雨水收集之后经过有效组织,通过明沟暗渠及时的排到村落外部，暗渠经常会进行淤泥的疏通，丁李湾会定期在暗渠中放养乌龟，疏通淤积，以确保暗渠的畅通，不至于村落的宅院形成内涝。天井的位置通常会出现在入口门房后第一处天井的位置，正房前会是第二处天井的位置，房屋围绕着天井形成了一个个的基本组合单元，天井的位置和院落有类似之处，只不过天井的分布更广、数量更大，一个不大的院落中，可能有三四个天井的存在，天井的设置与屋顶的汇水面积有关系，绝对不会出现屋顶积水排不出去的死角。天井院内一般是石板或者青砖铺地，也有直接夯实土地面的，这里做的要求是要集水而防止渗水对房屋的基础造成影响或者房屋过于潮湿，同时在院子的四周都会有石头材料砌筑的凹槽，进行汇水，小面积的院落会直接向一个角落找坡，及时把水排出去。

同时，扩大化的天井是改善天井空间相对局促的一种办法，有的宅院干脆会把厅堂临向天井一侧的门扇完全打开，甚至在夏天，有的将门扇全部卸下来，将天井和厅堂连为一体，两者相互因借，扩大了厅堂的活动空间，也是建筑内部空间的拓展，由于天井较小，百姓活动空间有了很大程度的拓展。

3.5 本章小结

豫南天中地域分区位于河南的最南部，是一个文化交融的边陲之地，百姓依托山水资源等良好的地理环境，构建出了相应的理想家园模式，在山水自然地域、南北过渡文化的交织影响下，形成了特殊的村落形态和村落空间。

豫南村落依山傍水，将村落隐匿在山林中，借助山、水的有利资源进行村落的选址，在保证耕地的前提下，利用山中有限的平坦地带进行村落的营建，村落格局并不注重朝向、规模，更像是在夹缝中求生存，形成了带状、环状、块状等有地域特色的豫南村落形态；宅院则是以天井为主导形成的院落空间，根据屋顶汇水面积、采光、通风的要求，天井灵活的布置在宅院的重要部位。

豫南村落的空间形态具有典型的地域特色，是对社会环境的一种反映，豫南的每个村落都宛如一个大的"家"，由于大家庭式纽带联系，村落显示出来了极强的内部组织关系，街巷与院落空间的边界模糊，宅院之间的边界模糊，形成了院落街巷化和村落家园化两种空间趋势，模糊了村落中私密空间与开放空间界限。

04 第4章 豫西河洛文化区

4.1 豫西：黄土塬上，河洛文化

4.1.1 以塬为主导的地形地貌

豫西河洛文化区主要是指以洛阳为中心向西辐射三门峡地区，是河南地形地貌特征最丰富的一个区域。对于这块区域，《读史方舆纪要》卷四十一《河南一》中有这样的描述："洛阳西至新安，道路平旷。自新安西至潼关，殆四百里，重岗叠阜，连绵不绝，终日走硖中，无方轨列骑处。期间硖石见陕州及灵宝、阌乡，尤为险要。古之崤函在此，真所谓百二重关也"。又如《洛阳县志》中对洛阳的地理特征描述，我们也能看出不少朝代建都于此的原因："论者以洛阳得天地之中气，风雨所交，宜建都立社，均四方之输，便万国之朝贡，是虽一邑之文献，面九州之疆域，五土之风尚皆可指臂相同"，"体国经野，自昔重之，禹贡分州，必有山川定其疆界，后世罢侯置守郡邑屡更，更不能仅以山川纪者势也，洛虽一邑，自周公卜宅，历代以来为大都，会说者谓中夏，阃四方所辐凑，亮哉形势未湮" ❶，从平原向黄土塬再跨越到了崇山之中，"平旷"、"重岗"、"硖"是这个区域地貌最贴切的描述（图4-1）。

图 4-1 老照片—豫西村落（摄于 1933 年）

摄影：（德）卡斯特尔·吕登豪森

---

❶ （清）龚崧林修，（清）汪坚纂：乾隆《洛阳县志》卷一《地理志》，清乾隆十年（1745 年）刊本．

总结区域主要有以下三种地形地貌:第一,是川,即平川,沿河河谷地带的平缓地带;第二,比川高的是塬,《说文解字》中这么解释塬"高平曰塬",其中四周陡峭,远看像山,中间以梯田上升,高度普遍不高,顶部平坦,土质肥沃,直立性非常好,是黄土高原的一种典型的地貌特征的演变,也是豫西特有的一种地形地貌类型;第三,最高的部分是山,主要为秦岭的余脉崤山、外方山、熊耳山等三条山脉,渗透到了这个区域。三种地形地貌中都有传统村落的分布,主要以第二种黄土塬最为典型,借助塬这种特殊的地形,诞生了地坑院村落、窑房院村落等,窑洞作为一种居住类型深入到了百姓的生活之中,塑造了特有的百姓生活方式。

4.1.2　河流水系

与豫南多雨相比较,豫西区域非常缺水,几条河流就显得弥足珍贵,这个区域中分布了几条非常重要的河流,黄河沿线都是文明的发源地,伊河、洛河是黄河的支流,在巩义汇入了黄河。黄河是一条贯穿东西的重要水系,形成了黄河谷地,沿黄河谷地中诞生了大量的文明,"黄河及其众多支流,好似原始汉文化圈的血管,支持原始农耕和村落的发育"。❶ 明代顾一柔在《山居赘论》里,对黄河就有这样的描述:"大河之流,自汉至今,迁移变异,不可胜纪。至孟津以西则禹迹具存,以海为壑则千古不易也。自孟津而东,由北道以趋于海,则澶、滑其必出之途;由南道以趋于海,则曹、单其必经之地。……要以北不出漳、卫,南不出长、淮,中间数千里,皆其纵横糜烂之区矣"。❷

崤山和熊耳山夹着洛河,熊耳山和外方山之间夹着伊河以及蜿蜒于太行与崤山之间的黄河,三河沿线的谷地平原是重要的传统文明的发源地,如河图洛书的传说,《河图玉版》中载:"仓颉为帝,南巡狩,登阳虚之山,临于玄扈洛汭之水,灵龟负书,丹甲青文以授之,即为此水。"这里是村落生长和繁荣的重要地带,河流的存在形成了诸如河谷地等多样性的适合村落生长的地形地貌,降雨量的稀少,直接影响着村落选址的时候会想尽办法靠近水源,解决村落的饮水和灌溉问题,同时降雨的稀少,也非常有利于直立性非常好的黄土作为居住的条件,也对地域经济、百姓生产生活方式产生了诸多的影响,这些都成为生产力低下村落的首选地。

4.1.3　礼制与河洛文化

区域一直以来都处在权力交织的中心,深受礼制因素的制约,受到河洛文化的影响。古代,洛阳被称为"东都",辐射了广大的区域,覆盖面非常广泛,豫西恰好处在汉唐长安、东都洛阳到宋汴梁这条脉络的中间位置,处在非常重要的战略交通要冲,传统的中原地区,主要是以关中、晋南和豫西为中心。《史记·封禅书》载:"昔三代之君,

---

❶　郭肇立 . 传统聚落空间研究方法 [A]. 郭肇立 . 聚落与社会 [C]. 田园城市文化事业有限公司，1998：7.
❷　陈正祥 . 中国文化地理 [M]. 北京：生活 . 读书 . 新知三联书店，1983：150.

皆在河洛之间"，河洛文化是中华文化的正统文化和主流文化。❶ 如官方文献的记载清朝陕州百姓处在"正直之风"的状态，"古者輶轩之使，诸拜列国之风，上贡天子，陕自昔为成周畿内，地循行布化濡染，尤深宜乎道一风同矣，所谓风俗兴化移易者歟义之，使归于正直"。❷ 从《洛阳县志》中虽能感受到编纂者不断的感叹祭祀礼乐有"简化垂旧"之变化，"洛自周公卜宅制作之垂旧矣，四代之礼，六代之乐，降至东迁，犹得守而勿替于戏，何泽之长也，后来都会之区"；然而进一步描述中，各种礼乐祭祀细节繁琐，程序复杂，如"乡饮酒，每岁正月十五日，十月初一日，于儒学行礼，前一日，执事者于儒学明伦堂，陈设座次司正幸执事者，习礼至日黎明，执事者宰牲具馔"❸，可见正是沿袭着正统的礼制文化，才使得这里依旧是"方隅而上之国家道法相承"，主流的传统文化深深的影响到了村落的方方面面。

豫西区域，以河洛文化为主导的主流文化对村落的影响主要有以下几点：第一，科举耕读文化，"朝为田舍郎，暮为天子堂"，在村落中处处洋溢着耕读文化，"耕可致富，读可荣身"，通过科举入仕，改变人生的梦想，在豫西的村落中体现的很明显。久而久之就能够体现在村落空间载体上，如魁星楼的建设、宅院装饰，在一些墀头的砖雕、石雕都可以看到渔樵耕读、金榜题名的题材出现，在村落中某些重要院落的匾额上，经常能够看到这些体现耕读文化的文字，如杨公寨村"耕读传家"、"业精勤"等文字，卫坡村的"兰桂竞芳"、"疏附先敢"、"袭庆承休"、"懿德兰珍""望重兰台"、"卤园翰墨林"等题字。第二，尊卑差异，在礼制文化的约束下，乡村中也渗透着这种差异性，尤其在宅院中，封闭性的宅院，各进院落之间、正房与厢房之间的差别等都能看到很强约束规则。第三，在村落中从微观到宏观，礼制的影响体现的越来越弱，从村落整体形态的角度来看，村落的凝聚力通过村中的祠堂展现出来，族规有效的约束着百姓的行为和村落建设的发展。

其次，豫西与陕晋文化交流密切，豫西灵宝的函谷关就是两京官道上的重要关口，也是进入关中的第一道关口。学者史念海认为关中地区与中原地区早在新石器时代就已经建立起了联系，主要是利用河流的平缓地带来拓展他们的生活区域和交通空间；❹ 从目前沿着渭水等河流沿线发现了大量的遗址也能够充分的印证他的推断，也能印证豫西地区与中原地区存在着非常广泛的交流。关中地区与中原联系的主要通道共有三条，分别为南路、中路和北路，其中中路与豫西地区产生着非常紧密的联系，也被称作豫西通道。"自潼关迄函谷关三百余里，北临黄河，南有崤山，中通一径，为豫陕交通之咽喉，下河洛以达黄河下游，即今陇海线"❺，沿线密布了豫西一带的系列城市，灵宝、陕县、三门峡、渑池、义马、洛阳、偃师，最后与郑州接壤，这条豫西通道水

❶ 戴逸.关于河洛文化的四个问题 [J].寻根，1994 第 1 期：17.

❷ （清）龚崧林纂修：乾隆《重修直隶陕州志》卷四《风俗》，乾隆二十一年（1756 年）刻本.

❸ （清）龚崧林修，（清）汪坚纂：乾隆《洛阳县志》卷之六《礼乐》，清乾隆十年（1745 年）刊本.

❹ 史念海.河山集 [M].北京：三联书店，1963：45.

❺ 王健.试论晋南通道的形成及其意义（一）[J].南京师范专科学校学报，1999 第 15 卷第 2 期：19.

运依靠的是黄河，陆运依靠的是河流旁平缓地带，这个区域不可避免的会产生文化上的交流，所以在村落形态和民居形态上不可避免的将受到晋文化圈非常显著的影响。

区域文化处在一种动态的交流过程，通过这些官道进行迁移的过程中，同步形成了文化的交融，人们可以随着客观环境的改变而改变自己的生活方式，可以通过各种途径进行直接或者间接的物质和文化的交流，形成了一个文化带，又会根据地域的自然条件如气候、地形、地貌等特征形成了独具特色、相互联系渗透的区域特征，也形成了文化圈层下的差异性发展。正是由于豫西所处的特殊地理位置以及豫西通道的形成，村落百姓是最容易受到这些外来文化的影响，以此为中心的地区之间的文化类型和地域圈层的影响力要远远大于其他的地域分区，辐射半径也要大得多，在豫西的村落中经常能发现陕晋影响下所产生的民居杂糅的风格。

4.1.4 区域传统村落分布概括

1.区域村落分布特征

豫西村落的分布特征一目了然，形成了清晰的、有规律的布局特征。脉络一，分布在黄河带状沿线的谷地或者黄土塬沿线；脉络二，分布在伊河、洛河及其支流沿线。沿河谷之地是村落绝佳的选择，既有肥沃的土地，又能够及时的避患于山林，另外沿着河道一般都是天然的交通线路，如豫西通道，就是一条沿着黄河谷地的著名官道。通过实际案例的分析，两条脉络之间又有差异，分布在伊河、洛河两条带状区域的村落特征有着相对明显的地域性，表现在使用地域材料的广泛上，而黄河谷地沿线的村落分布除了有地域特征之外，还有明显的文化交融的印记。

2.村落调查概况

在豫西地域分区中，笔者共重点调查了 35 个村落（图 4-2、表 4-1）。通过问卷调查和现场感知过程,百姓对区域中地域特色的认知主要集中体现在以下几个方面:第一,黄土塬的地貌特征影响根深蒂固，并由此而产生的地坑院、窑房院、靠崖窑等都非常有地域特色，38.4% 的百姓认为土是豫西最具特色的营建材料，并认为地坑院（32.4%）是具有非常显著的地域特色，这种地域产物有着冬暖夏凉（48.2%）、能够就地取材（26.4%）等显著特征。

第二，传统礼制对宅院空间影响深远，有相当比例的百姓认为狭长、对称的四合院(26.9%)最具传统特色;第三,通过调查也看出，传统意义上的村落空间显著滞后于百姓的生活，只有 25.5%的百姓愿意居住在传统的宅院之中，虽

图 4-2 笔者重点调查的豫西村落

资料来源:笔者整理

然窑洞等非常具有地域特色，但是不少的百姓也列举了种种弊端，如上下搬运困难
（23.6%）、灰尘较多（26.4%）等，调查过程中我们也发现了大量的窑洞院落废置坍塌。

豫西地区笔者重点调查的村落								表 4-1	
1	乔庄村	2	杜康村	3	石碑凹	4	卫坡村	5	寺坡山
6	东山底	7	城村	8	石场村	9	草庙岭	10	大王庙
11	抱犊寨	12	苏羊村	13	庙上村	14	刘寺村	15	南沟村
16	杜店村	17	朱阳村	18	丁管营	19	赵坡头	20	赵沟
21	郭坟村	22	寺沟村	23	邢沟村	24	上园村	25	程村
26	杨公寨	27	小张湾	28	马家店	29	宋家店	30	南上村
31	寺院村	32	圣王台	33	蟒庄村	34	张村	35	后上庄

资料来源：笔者整理

4.2 豫西传统村落形态分析

4.2.1 村落选址原则

村落在选址的过程中一般会遵循临水、近路、向阳、居高、防御等原则，豫西地
区村落在选址的过程中同样遵循这些原则，但更加凸显的是临水和防御这两项内容。
本章通过地方志中所描述的村落状况结合现有的传统村落的实际情况进行总结概括。
在志书中，关于村落的记录一般很少，但《洛阳县志》开篇的《图考》中却详细记录
了村落的分布状况，有利于我们总结归纳清朝乾隆时期村落的分布规律和分布区域，
在地方志中共记录有关村落的图纸分别为《正东路图共三十四村》、《正西路图共六十
村》、《正南路图共一百四十五村》、《正北路图共五十五村》、《东北路图共四十五村》、
《东南路图共一百九十五村》、《西南路图共一百五十五村》、《西北路图共七十四村》等
八副描述村落分布与山、河等关系的图，简介的地形图中，清晰的表述出了村落大致
分布规律（图 4-3）。

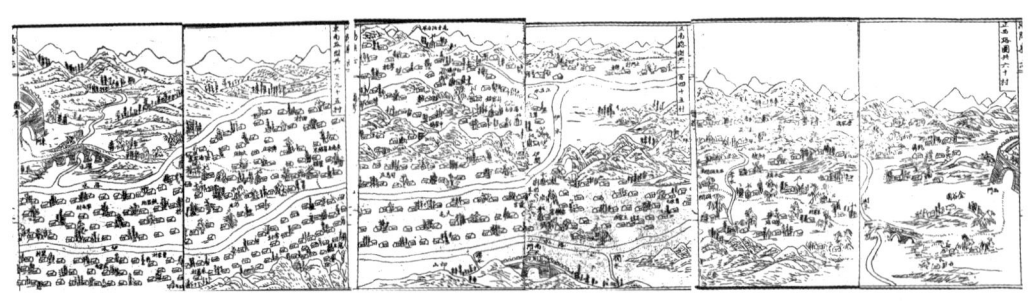

（a）东南路图共一百九十五村　　　（b）正南路图共一百四十五村　　　（c）正西路图共六十村

图 4-3　地方志中记录的村落分布
资料来源：清乾隆《洛阳县志》之《图考》

通过地方志中的记载，结合现有的豫西传统村落的典型案例，可总结出村落分布主要遵循便利、安全的原则（表 4-2）。进一步的剖析主要体现在以下几个方面：首先，近水。村落会择水而居，水是天然的屏障，靠近溪流等水源充足的地带，在伊水和洛水交汇处洛水的南岸的平坦地带，散落着大量的村落，距离不远，由村间小路进行联系，在河流沿线形成了平坦的谷地，这些区域分布着相当数量的村落，靠近河流能够轻易建立起以水为屏障的防御系统，饮水、灌溉也就随之解决了，所以可以看得出靠近水源分布的村落占据很高的比例；第二，近路。这里指的是临近官道，官道选择一般都是与水系、码头等结合起来布局的，古代著名的豫西通道在这里穿过，给地区繁荣注入了诸多的活力，良好的交通给村落的生存发展带来很多便利的条件，通过志书明确标示出来的几条道路中都有与河流有着清晰的关系存在；第三，居高。与川、塬发生关系，尽量居于较高的地势，如塬上、山前高地等，塬上、山前的平坦地带都是村落分布较广泛的区域；第四，向阳。这里与豫南地区有着明显的差异，村落只会分布在山南的向阳地带，一定不会选址在山体北面的阴影区域；第五，近城。主城区有着很强的吸附力，靠近主城区的平坦区域是村落分布最为密集的区域，尤其是沿着出城干路的两侧围绕着城区分布着大量的村落。虽然村落安全是首要任务，但是豫西往往会利用巧妙的选址来将村落置于有利的位置，如黄土塬上的村落常常采取的办法是藏匿在地下的地坑院落和独立塬上的村落，就是将沿着村落周边进行寨墙的修建，也有的会根据地形地貌，在平坦的地区修建村落，根据就近原则，寻找险峻之地来修建临时性的寨子，作为短暂的避难之处。

豫西村落选址遵循的原则　　　　　　　　　　　　　表 4-2

序号	特征	具体表象
1	近水	择水而居，水是天然的屏障，利于村落取水灌溉
2	近路	临近官道，良好的交通给村落的生存发展带来很多便利的条件
3	居高	居高，与川、塬发生关系，居于较高的地势
4	向阳	村落多分布在山前、塬前的向阳面，较少有宅院分布在背阴面
5	近城	靠近主城区的平坦地带，与主城资源共享

资料来源：笔者根据地方志整理

4.2.2　豫西村落选址类型归纳

1. 黄土塬上的台地（表 4-3）

黄土塬是豫西特有的地形地貌特征，结合黄土塬形成了两种主要类型的村落。

类型一，地坑院村落，如庙上村、刘寺村等村落都属于这种类型，利用顶部平坦的黄土塬，向下开挖，形成地坑院落，并以此为单元形成村落。类型二，以小块黄土塬的平坦顶部来营建村落，如杨公寨、城村，虽然同为利用黄土塬，却形成了差别非常大的村落空间形态。

黄土塬上村落类型 表 4-3

类型	开阔塬上村落	小块塬上村落
整体形态	分散	集中
村落规模	规模主要受限于人口和耕地	规模受限于黄土塬的大小
街巷空间	无明显的街巷	主街、次巷、支巷组成，空间层次丰富
宅院空间	地平线以下的地坑院	地平线以上的普通四合院
边界	无明显边界	边界清晰
中心	无明显中心	中心明确
选址	开阔塬上，防御薄弱	小块塬上，利用巨大的地形落差防御

资料来源：笔者整理

（1）地坑院村落

地坑院村落一般多见于地形较为平坦的黄土塬上，主要集中在陕县、灵宝一带，地坑院落之间保持一定的距离，形成了非常均匀的空间分布状态。"唯有树木不见村，风送炊烟缭绕飞，待看地坑如天井，嬉笑源于穴居人"，这是当地百姓对地坑院落村落贴切的描述，在黄土塬上的村落一般都会利用地形地貌形成窑洞空间，黄土普遍来说直立性好，窑洞是随之而产生的一种居住类型，靠崖窑、锢窑、地坑院等都是窑洞的类型，村落中也到处可见窑洞的身影，有的村落整个都是由地坑院落组成的。虽然村落有效地利用了黄土塬的特性，形成了与地域结合的非常紧密的村落类型，但是缺点也是显而易见的，占地面积非常大，只能在平坦开阔的地方可以采用，空间松散，地坑院顶部需要硬化处理，挤压耕地；其次，被动防守，只是将村落隐匿在地下，缺少寨墙、环壕等一系列的防御体系（图 4-4）。

（a）庙上村平面 　　　　　　　　　　　　（b）刘寺村平面

图 4-4 地坑院村落

资料来源：Google earth 地图

　　地坑院村落属于根植于地域环境的典型，村落根据家族人口的多少和周边耕地的大小来控制村落的整体规模，村落选址都非常看重现有的地域条件，会综合权衡来剖析村落周边状况，力图做到村落利益与安全平衡，形成了分散状的村落，步入村落中，只见一个个宅院隐匿在地下，地坑院落是最直接利用黄土塬特性的地域产物。

　　（2）小块黄土塬上的村落

　　以小块黄土塬的平坦顶部来营建村落，如杨公寨、城村，杨公寨虽然处在黄土塬上，但还是以在地面上建院落空间等形态出现，村落选址在小块黄土塬的目的主要是利用塬与周边巨大的落差，建立天然的防御屏障，由于小块塬建设用地非常紧张，一般不会采用地坑院的宅院类型。这种类型的村落除了在黄土塬顶部建设村落外，会在直立的侧壁上形成许多靠崖窑来弥补村落空间不足。

　　又如杨公寨、城村等，村落处在块状的塬上，可用面积非常局促，村落在选址的过程中非常善于利用天然的屏障，借助几十米高差的沟壑形成很好的防御体系，由于可建设用地的限制，宅院自然不会像地坑院村落那样大面积的占地，村落整体形态也以紧凑的集中型为主；第二，地坑院村落整体匀质分布，村落没有明确的中心和街巷空间，院落空间和村落的外部空间互为图底关系，形成了空间层级不甚明确的空间体系。而小块塬上的村落街巷等空间层次非常丰富，空间等级差别大，地面上形成了丰富的空间体系；第三，村落边界有清晰和模糊两种，村落的边界是根据其所处的地域环境来界定，如小块塬上村落，由于地表雨水不断冲刷，形成了沟壑纵横的地貌特征，虽然塬相对平坦，往往面积都不大，就很容易形成清晰的边界，杨公寨整体位于一个黄土塬上，以吊桥与外界建立起联系的通道，村落四周全是直立落差达三四十米高的断崖，营寨之初，考虑的是防御，新中国成立后，先是将吊桥拆除，修建起了人行步道，随着现代生活传统意义上的防御边界成为了村落发展的瓶颈，村落建设用地早已无法满足日益增长的人口规模，再加上现代化农业器械进出不便，这个村寨已经被彻底的摒弃了（图4-5）。

　　又如城村，同样是在利用黄土塬的地貌特征进行选址，村落所处位置地势北高南低，村落北、南、东三个方向被深沟围护，跨过南北沟崖的双龙石桥，由西侧的寨门才可以进村。这也是古官道上一处必经的交通要道。深沟结合寨墙作为村落的防御屏障，村落的主入口设置在了西侧，村落西侧的边沿上，至今仍断断续续残留着一人多高的寨墙，显然，人们当初选择这里筑房建村，有着御匪防乱的考虑。寨墙宽有丈余，下部均由规整的长条砂岩筑就，上部砌以大青砖，中间嵌有特制的石槽，用来排水，坚固异常。城村巧妙的利用纵横交错的沟壑，稍加改造，就将村落置于独立、有利的位置之上，形成了切实有效的防御体系（图4-6）。

　　这种类型的村落往往是以血缘为纽带联系的村落，选择这种地形地貌来营建村落，防御系统必须要有巨大的财力和村落的团结来支撑，所以这种村落往往是某个富足的家族来支撑这种防御体系的建立，城村主要以张氏家族为主，张氏家族祖籍陕西同州雁羌村，于元朝末年，为避战乱，落居河南省洛宁县大明村。明朝后期，张氏第十一

图 4-5　杨公寨及其周边环境

资料来源：笔者整理或自摄

（a）上左、上中　双龙石桥　（b）上右　寨墙遗址　（c）下左、下右　村落整体格局

图 4-6　城村防御及整体格局

资料来源：a、b 为笔者自摄，c 为《城村保护规划》

代嫡裔光全公由大明村迁至城村，为城村张氏始祖，并立祖于村西北 400m 处"橡子坟"为祖茔，经过张氏家族几代人的经营，城村张氏地位显赫，为豫西一代豪绅，仅建起的房屋就超过千间。据村中老人描述，历史上捻军、民国匪患等屡次对城村侵扰，都没有办法攻破入到村落内部。

2. 沿河谷地地带（表 4-4）

沿河谷地村落　　　　　　　　　　　　　　　　　　　　　表 4-4

类型	近河村落	沿河村落
选址与河关系	距离河流有一定距离，选址在河谷的冲积地带，对河流的依赖性不强	紧临河流布局，甚至跨河发展，村落对河流依赖性非常强
村落整体形态	整体形态松散，主要依据地形地貌状况进行组团发展	整体形态紧凑，主要沿河岸线紧凑发展
街巷空间	一般由主街巷串联宅院，次巷、支巷作用不明显	街巷空间层次丰富，主街、次巷、支巷组成
宅院空间	窑房院、地坑院	窑房院、四合院
边界	以塬的边缘为边界	以河流岸线为边界
中心	中心明确	中心明确

资料来源：笔者整理

主要指生长在河流水系沿线的浅山、丘陵地带之中，根据距离河流的远近关系又可以分为近河村落和沿河村落，近河村落如孟津的寺坡山村、乔庄村、石碑凹，沿河村落如杜康村等。

（1）近河村落

近河村落主要是利用河流在黄土塬沟中穿过，选址在河流两侧带冲积谷地。这些区域中的地形复杂，没有巍峨险峻山体，村落总能找到相对平坦的区域，村落能够轻易找到防御和耕种兼备的区域，不但能借助河流的灌溉耕种，还能够借助错落有致的地形建立起防御体系，这个区域村落的名字往往也跟地形有着直接的关系，往往以"沟""凹""坡"等作为村落名称，如石碑凹、邢沟、寺坡山、石场村等（图 4-7）。

（a）寨门遗址　　　　　（b）利用寨墙底部做的窑洞　　　　　（c）整体风貌

图 4-7　石碑凹中的边界

资料来源：笔者自摄

这种类型村落一般都有着如下特征：第一，村落有着清晰的边界，边界往往会借助人工营建和自然共同砌筑建立起来，寨门、寨墙等是比较常见的边界，几乎在这种类型的村落中都可以见到这种类型的边界，在无法利用有利地形的状况下，采用人工寨墙等不失为一种好的办法，这样也给村落一个清晰明了的边界，如石碑凹中就有非常明确的寨墙、寨门等设施。

第二，村落中有着相对明确的中心，大多数的村落同样属于家族式的村落，往往是以血缘为纽带的村落，村落的祠堂等建筑就成为了村落的中心和仪式的重要场所。

第三，受到文化圈层和地域的影响显著。还以乔庄村为例，乔家祖籍山西，明朝初年，迁居洛阳铜驼巷，随后其分支又迁往多处。当时，迁往孟津会盟一带的乔允升，为乔庄乔姓人的七世祖，曾官至刑部尚书。至清代乾隆年间，乔氏一支才把家搬到乔庄。乔庄人世代以耕读为生，勤俭治家使家族不断兴盛。这种由山西迁居而来的家族，可以明显地看出晋文化的影响，村落中宅院的装饰雕刻、院落空间布局都明显受到晋文化的影响。同时村落也会和地域特征相结合，最显著的一个特征就是对窑洞空间的利用，几乎在每个村落中都可以见到窑洞的身影，有的是在正房的位置没有正堂而是开凿的窑洞，有的是在院落的一侧等，位置不同，担负的功能也不尽相同，储存、居住、祭祀等可谓是类型非常多样化。

（2）沿水村落

沿水村落中会紧紧围绕着河流展开村落的格局，如杜康村与河的关系就非常的紧密，《汝阳县志》中有载："杜康石八，城北五十里，杜康造酒处，有杜水，《水经注》名康水。""杜水涧，城北五十里，因杜康造酒于此，故名"。❶ 这是对杜康村选址的确切描述，杜康村是一个以酿酒为生的村落，靠近高品质的水源是杜康村选址的最基本的要求。村落分布在杜康河西、东两岸，河上架有九曲二仙桥和桑涧桥，河水潺潺，清澈碧透。杜康河、杜康泉等在村落的形成过程中起着关键性的作用，河流的优良水质确立了杜康村手工业村落的类型，村落自然围绕其展开，杜康酒厂、酒作坊等沿着河流依次布局（图4-8）。

图4-8　跨河布局的杜康村
资料来源：笔者整理，底图为 Google earth 地图

❶ （清）邱天英修，（清）李根茂等纂：康熙《汝阳县志》卷之一《山川》，清康熙二十九年（1690）刊本．

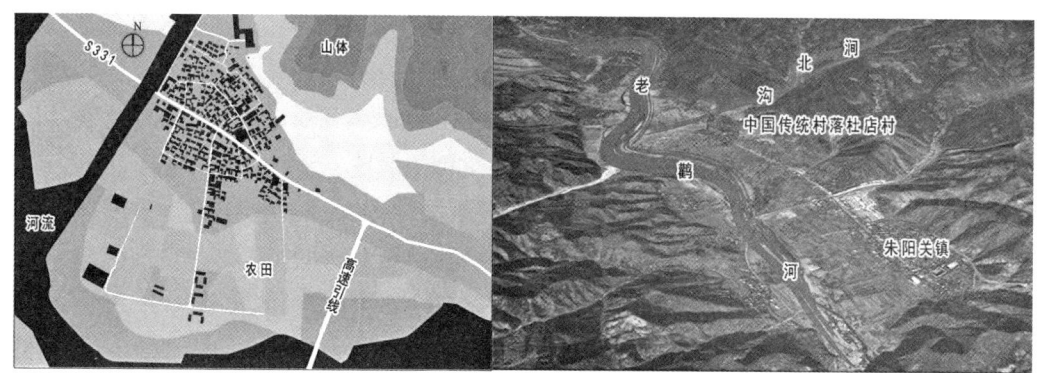

图 4-9　杜店村的选址

资料来源:《杜店村保护规划》

又如卢氏县的杜店村南临鹳河,西临涧北沟,两河相夹,村落建设之地原为河床,河道岸线不断南移,明朝末年村落选址在此。杜店村背靠丘陵面水,坐北向南,依自然地形而建,百姓首先在靠近丘陵地势较高的区域进行建设;随着人口的不断增加,在保持农田耕地面积的前提下,村落整体向南向东拓展。河流在村落的发展过程中起到了重要的作用,鹳河、涧北沟流经该村,提供了丰富的水资源,形成了陵、水、田、林等自然格局(图 4-9)。

3.重要官道沿线

豫西区域古官道主要有重要的三条(图 4-10),东西走向为最重要的一条,从开封、郑州、洛阳一直到西安,联系了历史上重要的城市;向北通过孟津跨过黄河与豫北的怀

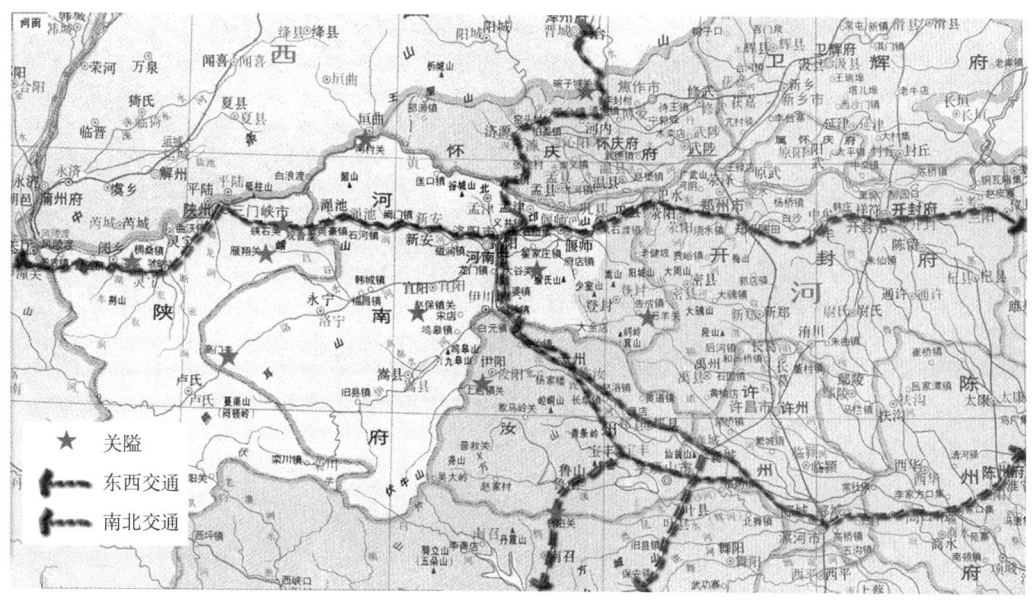

图 4-10　嘉庆二十五年(1820 年)豫西主要交通与关隘

资料来源:笔者整理,底图参考《中国历史地图集》

庆府相接；向南从洛阳、汝州、宝丰通南阳，这些官道即成为货物运送、人员迁徙的重要通道，"陕县本豫秦通衢，自陇海铁路修至观音堂后，车马络绎不绝，至航路则潼关以东，所有黄河通货，均以城西北太阳渡登岸，陕甘羊皮，由此以输出，即古之太阳津"；❶但由于官道的便利性，也会成为潜在的危险因素，如匪患肆虐、平叛战乱的重要交通要道，在《大中华河南省地理志》中这样记载："商业以震区李村繁盛，又宾兵往来，市面易扰"。❷

"乱世取静"是豫西沿官道发展村落一般遵循的原则（图4-11）。这种类型的村落一般不会像其他地域村落紧临官道而建，沿着官道两侧形成了民居建筑的状况出现。豫西村落在享用官道便捷的同时会将村落隐藏起来或者建立起防御，如灵宝阳平镇东坡村的上、下二寨，在主要干道的两侧各有一个寨子，顺坡而上，通过弯曲的小径距离主干道几十米的地方就是村寨的位置，村寨的寨门、寨墙结合四周地形形成的环壕共同组成了防御屏障，村落就是要借助便利的官道生存下来，现寨门已经不复存在，但寨门基石还在，在当地村民的指引下，还在寨门旁找到了寨门上的牌匾"鼎里原，大中华民国丁巳年重修"。❸

（a）上下寨与道路之间的关系　　　　　（b）上左图 村前小径、上右图 寨墙、下图 寨门遗址

图4-11 东坡村的上下二寨

资料来源：a 底图为 Google earth 地图，b 为笔者自摄

---

❶ （民国）林传甲总纂，林传涛分纂：民国《大中华河南地理志》第百十六章《陕县》，民国九年（1920）刊本．

❷ （民国）林传甲总纂，林传涛分纂：民国《大中华河南地理志》第百十五章《洛阳县》，民国九年（1920）刊本．

❸ 牌匾现存于下寨的入口旁，共有四块组成，前三块楷书分别为"鼎"、"里"、"原"，最后一块上记录"大中华民国丁巳年重修"。

如杨公寨村，距离官道很近，却又很隐蔽，将村落隐匿在黄土塬上，通过蜿蜒曲折的小路进入到村落中，从大的格局来看，该区域"南枕崇山，北濒大河，二崤天险列为屏障，形势向属，重要自陇海火车西驶，益为军事重地，惟山岭绵恒，地瘠民贫，河渠无多，旱荒堪虞"❶，村落位于一个独立的塬上，只有一条独立宽约 2 米的小道能够通达，隐蔽且利于防守。虽然很难考证这个村落营建的确切起始年代，然而根据其中一处宅院主梁营建时间"大清道光八年（1828 年）"的题记为线索，从志书记载中还原社会环境，就能够清楚的洞察出村落的选址意图，在《陕州志》一篇中有这样的记载：

"嘉庆元年（1796 年），陕西白莲教起义，清大兵西往镇压，一路强征军费；嘉庆十八年（1813 年），飞蝗蔽天，禾苗食殆尽，大饥荒，人损十分之二；嘉庆二十年（1815 年），大地震，烈度九度，灵宝重灾区，房屋倒塌万计；嘉庆二十三年（1818 年），大饥荒，路有倒毙者，饿死十分之三，人相食；道光六年，瘟疫流行，人死十分之三；道光七年，地震，房屋多遭破坏；捻首自东来入陕各村，多被烧毁，大掠而去"。❷

杨公寨村营建期间正处于灾荒、瘟疫、匪患侵扰的大背景之下，反观村落中民居雕刻精美，用材考究；院落景致小巧，别有洞天，仿佛乱世中的世外桃源。村中门头、照壁中的题字"五蝠献瑞"、"业精勤"、"耕读"、"耕读传家"等，反映着祥和、欣欣向荣景象，乱世取静是村落在选址时遵循的原则，村落的选址是村落繁荣祥和的首要条件。

又如杜店村，明清古街呈半圆形穿过村落，沿官道形成了整齐的商业界面，商业店面直接开向官道，利于形成浓厚的商业氛围（图 4-12）。

官道上的重要节点观音阁成为了官道主要限定性的因素，观音阁上下两层，一层为砖券拱洞，《重修过街楼》碑记中有这样的描述："朱阳关鹿邑之镇也，居镇五里川名曰杜家店，其山水峻茂秀丽，人杰地灵，钟灵毓秀，其村西旧有观音阁，白衣天士楼阁。不知创建何时，雍正丙午之年山主杜震生处土杜锐功德主，杨淡盛创自得莫尔选祝尔恭，岁久雨驱风消灾，屋顶光耀彩落，神像璀璨，此有邑人损资助建，又重修恢复其遗址原貌者。嗣而茸之庶神祀之。佛绝而前人之功不至泯灭也，逐碣勤左以志不朽，乾隆五十八年七月十五日，勤此不以证之。生贲李葆杨书题，嘉庆年间又重修专楼，由该村祝士哲等人承修"。❸观音阁在现在的百姓生活中依旧发挥着重要的作用，百姓乐于聚在此处，乘荫纳凉，也是一处百姓交流的空间。

4.2.3　村落中心与边界

1. 无明确的中心

豫西中，地坑院村落没有明确的中心，呈现一种散落状，院落中除了主窑的朝向

---

❶（民国）黄觉修，韩嘉会纂：民国《新修阌乡县志》卷一《形胜》，民国二十一年（1932）排印本．

❷（民国）欧阳珍修，韩嘉会纂：民国《陕州志》卷一《大事记》，民国二十五年（1936）排印本．

❸《重修过街楼》碑记，立于杜店村观音阁旁。

图 4-12　杜店村中清官道

资料来源：底图来源于《杜店村保护规划》，照片笔者自摄

之外，地坑院的尺度和规模都已经程式化、模数化，形成了固定的几种尺寸，地坑院落为基本单元组成了整个村落，由于地坑院顶部需要不断的夯实锄草，避免对下部的窑洞造成破坏，地面上无明确的街、巷等围合的空间。村中有重大的活动如结婚等，也会选在自家的地坑院落中进行（图 4-13）。

图 4-13　豫西地坑院村落中的院落生活

资料来源：笔者自摄

2. 中心

（1）以大宅院为中心

由于相对特殊的地域环境，豫西传统村落中会有一个强有力的家族来领导带领村落其他百姓发展和防御，村落中大户的宅院，会占据着村落核心的位置，具有统领地位，往往是一种心理上的中心和靠山，是一种权威，不具有开放性的中心，是能够庇护全村的一个"堡垒"式的宅院。清末民国期间涌现出了大量的碉堡式的宅院，而且绝大多数为私人依托自家宅院所建，"民国二十五年春，建筑碉堡十七座，一区太阳渡、鸡足山，二区秦家湾、龙家湾、黄村南等，砖堡七座，土堡十座，以上碉堡多私人建筑物"。❶ 这种类型的村落在豫西数量不少，总结起来具备以下的特征：第一，村中大宅院，是防御性极强的一个中心，可以说是村落最后的一道防御，属于私人空间，仅限于村落中某个个体的宅院；第二，宅院内部也是院落相互穿插，功能复杂的体系，院落各项功能都非常完整，如城村的张氏老宅，五重院落并列布局，在村中形成了庞大的体量；第三，宅院的辅助空间大，宅前屋后都有相对开阔的空间，如洛阳石场村柴氏兄弟的保安楼就是村落的中心，宅院位于较高的地势，通过层层台阶通往宅院前的练兵广场，此处是村落中为数不多的平坦之地（图 4-14）。

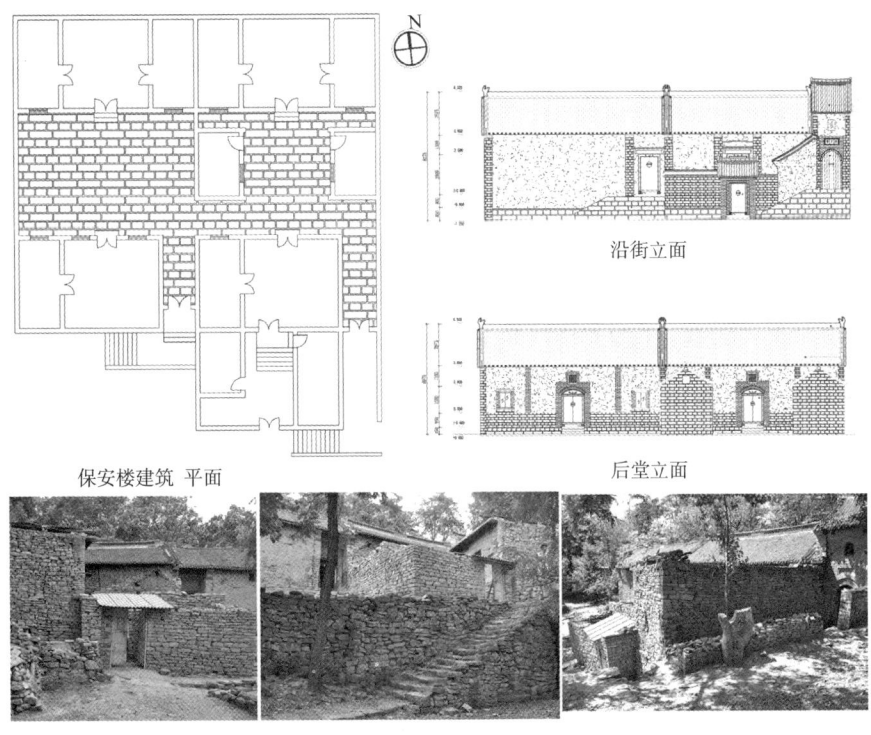

保安楼建筑 平面　　　　　　　　沿街立面　　　　　　　后堂立面

图 4-14　石场村保安楼及宅前广场

资料来源：测绘图《石场村保护规划》，照片笔者自摄

---

❶ （民国）欧阳珍修，韩嘉会纂：民国《陕州志》卷四《建置》，民国二十五年（1936）排印本．

（2）以宗祠为中心

第二种类型的村落中心是村落宗祠，虽然豫西有不少血缘联系的村落，但宗族的力量相对于豫南薄弱了许多。有许多村落会集中全村之力，去选址建设宗祠，营建家族的宗祠，前文对乔庄宗族祠堂建设的艰辛有了描述，祠堂中悬挂的大清顺治六年所立的乔氏家训更是家族的行为规范："少年立志，老暮知节，国难尽忠，盛世勿奢；……服制不可因人增减，礼仪不可惟我轻重，父母不可忤逆不孝，族众不可持悍不和"。❶

乔庄村乔家祠堂入户门的左右两侧分别有道光二十三年和民国六年修建祠堂的碑文，但是通过碑文我们就可以明确祠堂在村落中和乔家中的地位，乔家祠堂相比较村中的其他宅院来说，也要宽敞的多，其中大清道光年间修建祠堂后的立碑，碑文中这样记载："忆成周达孝，每于春秋修祖庙，荐时食周公作为歌颂，以纪前人之德，千百年来，未有伦比，夫立庙祀先厥典慕重，上自天子，下至庶人，其分殊其情一也吾，叔万法素明敬宗，收族之义，常怀报本追远之诚，已偕同族创建始祖祠，于辅驾庄嗣，曾祖兄弟三人迁居乔庄，再传后，分为九门，子孙繁衍，家业器兴，莫非前人所赐哉，传世远食报愈长仁也，亦义也于是积公项钱百有余，欲于乔建修祠堂，苦无其地，乔平淮将己地一段，捐为公产，以修祠堂地基，乃大工未兴吾，叔忽得重病，不得照管，世平无奈，独任其事，卜吉雇工，经营累月工，始告竣，夫庙者貌也所以使子孙睹而兴感，庙既成，以示后人，咸念兹其勿忘"。❷通过这段文字可以了解村落营建祠堂的许多重要信息，村落能够建设的用地非常紧张，个人甘愿捐出自己的宅地作为公共性的祠堂修建用地，大家共同捐资营建，祠堂已经成为了村落家族的精神象征和警示族人的场所，同时也成为约束族人行为和重大时间决策的场所（图4-15）。

（a）祠堂入口　　　　　　　（b）窑房院　　　　　　　　（c）宽敞的院落

图4-15　乔家祠堂

资料来源：笔者自摄

以宗祠为村落的核心，具体表现有如下的特征：第一，宗祠中心的开放性，作为供奉祖先的牌位、家族举行仪式和议事的空间场所，属于公共的开放场所；第二，宗

---

❶ 家训立于乔庄祠堂中，手抄体。

❷ 该碑立于孟津县小浪底镇乔庄村乔家祠堂门楼侧墙。

祠是村落中的精神中心，根据乔氏家谱中记载，直至清乾隆年间乔家的一支搬迁至今天的乔庄，在道光年间进行了宗祠的建设，宗祠的建设过程可谓艰辛和团结，据此可以推断的是宗祠是以血缘为纽带的村落不可或缺的部分，也是村落百姓的精神中心；第三，宗祠的位置未必是村落地理上的中心或者说是村落的重要位置，如乔庄的乔家祠堂，除了是村民贡献自己的宅基地作为公共财产外，位置位于村口处，占地面积也不大，总共有三间房，东西厢房和门房，正堂是利用了窑洞空间，与一般的民宅无异，无法与豫南地区恢宏气派的祠堂相提并论。

3. 边界

除了地坑院村落之外，其余的豫西村落都有着相对清晰的边界。村落的边界类型有两种情况，分别为自然的冲沟、山体、断崖等和人工构筑的寨墙、寨门等两种情况。

（1）自然边界

自然的边界又是村落利用黄土塬而形成的，村落在建设过程中会与自然地形进形结合，有险可依，自然而然形成了村落的边界，村落就会建设在黄土塬的边沿之上，村落的边界也是村落可建设与不可建设用地的划分界限。有些村落利用深深的冲沟和山体自然而然的作为了村落建设的结束，这样也就形成了村落的边界，灵宝的杨公寨村、小张湾等村落建设在了一片不大的黄土塬上，村落四周都是几十米的落差，在形成了天然屏障的同时，也给出了村落清晰的边界；又如城村三面环沟，村落的建设活动会截止到沟的边缘，以"塬"为特征的地形地貌构成了豫西村落形成了非常清晰的边界。

（2）人工边界

同样，在豫西战乱不断的历史背景之下，百姓也会构筑寨墙、环壕等作为村落的边界，甚至有些村落会在利用冲沟落差的基础上再建设寨墙，对村落边界进行强化，一般多为夯土寨墙，有时候还会利用寨墙的底部挖窑洞形成储存空间，这些边界修建的目的主要是为了建立更加稳固的防御体系，形成安全且封闭的村落小环境，如石碑凹、小张湾村等都修建有寨墙。石碑凹村落四周是一个椭圆形寨墙对整个村落进行环绕，寨墙顶部寨墙高厚，至今还有 4m 多高的遗址，寨墙外面还有寨壕，寨墙顶上内侧是通道，外侧是垛口和射击者站立的岗位。沿着寨墙分布着大小不一，相互串联的窑洞，寨门的守卫和村落整体的守卫人员都住在这些土窑之中，东寨墙内寨门与下院之间大凹上面有一块不大的开阔地，村民称它为小寨，寨门内还有一孔通向小寨的窑门，窑门内有登上小寨的台阶。又如小张湾村，进入村落就要穿过一个夯土寨墙，在夯土寨墙上掏洞，形成寨门，整个村落都处在寨墙的环保之中，村落利用塬的高差进行寨墙的修建，同时可以利用黄土侧壁形成窑房院(图 4-16)。这种类型的村落也属于寨堡类型的村落，主要是指"村落周围有着坚固或者设有工事的墙体或者栅栏" ❶，即利用寨墙、环壕等将村落系统围合起来，形成相对明确的边界，这些寨堡式村落多为个人出资，全村百

---

❶　郑东军 . 河南地区传统聚落和寨堡建筑 [J]. 建筑师，2005（6）第 115 期：36.

姓共同建设，防患为主，在《陕州志》中有这样的描述"在县西南二十五里，温塘村民民国十一年六月二十五日，受土匪老洋人蹂躏，后邑绅曲著动倡议修建温塘寨，由居民分段兴工，民国十五年九月开始，民国十六年四月告成，周围长六百四十丈，按新法以一百五十丈，折合为四里半，寨北为官路，往来行人如织，咸目为小城池云"❶，寨堡类型的村落是在这种特殊的历史背景下形成的一种村落类型，将内外进行隔绝，形成清晰明了的边界是这种村落的普遍特征。

（a）村落边界　　　　　　　　（b）上图 寨门及寨墙，下图 村落与塬关系

图 4-16　陕县小张湾村的边界

资料来源：a 底图为 Google earth 地图，b 笔者自摄

4.2.4　村落整体形态分类

豫西村落的整体形态是对地域环境的一种反映，通过村落的整体形态，我们能够从中剖析出村落在某种地域环境下所产生的特定形态。整个地域分区中，村落的整体形态可以分成两大类，分散类型和聚集类型两大类，大类之下又有小的分类（表 4-5）。

1. 分散类型

（1）地坑院类型村落（图 4-17）

豫西的地坑院村落是分散类型村落的典型代表，一个村落中散落着不少这样的地坑

❶　（民国）欧阳珍修，韩嘉会纂：民国《陕州志》卷四《建置》，民国二十五年（1936）排印本．

院落，共同组成了这个村落整体。地坑院落之间相互独立，没有街巷等空间的串联，村落的院落空间、主要使用空间都在地平线以下。地面以下，宅院单元通过入口坡道把地面和地下院落空间相联系，然后再分散到内部的各个功能房间之内；地面以上则利用开阔的空间进行相互之间的联系，地面上的联系是显示出了无序的、随机的特征。同时村落所有的功能空间都在地下，地坑院村落有地域恶劣气候的先天条件，而且也是一种隐蔽的手段，将村落无形中隐匿起来，若不是步入到村落内部，则很难发现这些村落的存在。主要有如下特征：第一，宅院之间没有街巷等空间的联系，相互独立，缺少联系，村落的基本构成单元为地坑院落，地面上没有明确的街道、巷等联系的空间，村落除了地坑院占据的空间之外，在村落地面上几乎可以自由穿梭；第二，村落组成单元形散神聚，虽然村落形态分散，但是从宏观视角来看，村落都会相对集中地布局在某个固定区域中，村落整体也呈现团状分布；第三，村落无明确的中心，村落中没有像诸如祠堂、大宅院等这样类型的中心，一个个地坑院落就是生活单元，难以区分孰轻孰重，院落空间大小尺度也都非常相近，一些重要的活动，如结婚仪式等，都会在自家或者本村相对亲近的其他人家的地坑院落中举行；第四，村落整体布局呈现匀质化，前文所述，院落单元之间相互独立、尺度相近，院落只会根据八卦确定主窑的朝向，根据地下空间的使用以及安全的要求，往往会呈现出匀质化布局的局面。陕县分布着大量分散类型的村落，如庙上村、南沟村、刘寺村、西王村、曲村等都属于这种类型的村落。庙上村还保持着传统意义上的分散形态，村落中的扩建加建现象少而且集中在村落的北侧，地坑院落非常集中；而南沟村目前的村落形态则是村落发展的见证，现代建筑挤满了村落中，中心街道的两侧分布着现代建筑，地坑院则分散在远离街巷的松散地带。

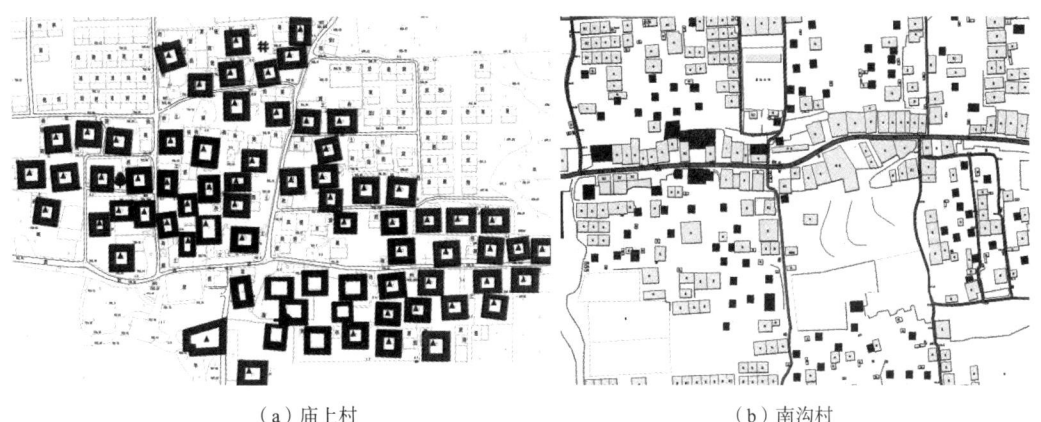

（a）庙上村　　　　　　　　　　　　　　（b）南沟村

图 4-17　分散的地坑院村落

资料来源：a 底图为《庙上村保护规划》，b 底图为《南沟村保护规划》

（2）沿沟壑村落（图 4-18）

这个区域还有一种分散类型的村落，也是结合地形的一种产物，主要存在于豫西黄土塬和平原过渡中的沟壑、冲沟内,这些村落根据沟壑的走向进行布局,有的时候蜿蜒几公里长,几户甚至单户就构成一个组团,院落会结合冲沟的实际状况,在有限的小块平地上进行建设,与地坑院村落类型比较来看,形态上更加分散,虽然沿着沟壑有一条村落的主要干道进行串联,村落的任何居住单元空间都会直接和主要道路联系,这些村落形态主要有以下特征:第一,村落地域跨度大,往往会延绵在一两公里之上;第二,村落是与地形结合的产物,会根据地形地貌如沟壑之间的台地进行院落布局,对直立沟壑墙壁开凿利用形成靠崖窑,有的院落的功能房间全部为窑洞组成,形成了三面环绕,一面开向沟壑类似地坑院;第三,村落缺少明确的中心,中心的凝聚力不强,虽然有些村落中也有庙宇等公共性建筑,但是这些建筑往往无法汇聚起大量的人流,通过这些庙宇现状来看,普遍形制、规模等都处在档次非常低的状况。偃师的寺沟村、邢沟村等都属这种类型的村落。

图 4-18 邢沟村
资料来源:笔者自摄

分散类型村落特征   表 4-5

类型	地坑院类型村落	沿沟壑类型村落
整体形态	相对集中,有聚集效应	沿沟壑带状分布,跨度大
中心	无明确中心	无明确中心
边界	无明显边界	有明确边界
宅院朝向	按照八卦方位定宅院朝向	垂直于主巷道
与塬的关系	地表向下开挖,形成地坑院	垂直于塬侧壁开挖,形成窑房院

资料来源:笔者整理

2. 聚集类型

(1) 带状

从整体形态来看,村落形成了一条带状的形态,村落沿着某种线性要素带型延展,同时垂直于线性方向村落往往受到某种要素的限制,村落的发展则会局限在一定的范围之内,豫西带状村落的形成往往是由于山体、沟壑等自然性的要素,村落在这种边界的限定之下,便形成了带状村落。如三门峡渑池县的赵坡头村,根据当地百姓描述,村落起源于金代，因位于韶州和利津县之间的关河要塞数十里河滩而得名，也是渑池古城与晋境垣曲的唯一通道。

　　带状村落主要有以下显著特征：第一，村落呈带型延展，与之垂直的方向往往则非常浅，有的时候村落深度由两处宅院夹着一条主街构成，村落的两个方向形成了巨大的反差；第二，村落受到地形地貌的限制居多，山沟中或者黄土塬的冲刷沟居多，沿河呈带型分布的较少，在周边环境的挤压下构成了村落的整体形态；第三，村落形态的边界主要由周边的地形地貌界定出来，村落整体形态的起点和终点都非常清晰；第四，村落中往往是由一条主要街巷对村落的整个功能单元进行联系。

　　（2）团状

　　团状村落是豫西区域中最为普遍的一种类型。从整体来看，村落各个功能单元布局紧凑，相对集中，呈现团状形态，如杨公寨、石碑凹、上戈村、石场村等都属于这种团状类型的村落，这种村落一般都有如下特征：第一，一般都有清晰的边界，在边界界定下村落内部的宅院单元进行有序的建设，各个宅院单元紧凑的布局在一起，石碑凹村最为典型，村落共有十组院落共同组成，在当地称作"九门一挎"，最西侧一组为跨院，最早为道光二十三年所建，修建跨度近二百年，自西而东一字排开，依次咸丰、光绪，最晚是民国七年，宅院相互之间山墙紧贴在一起（图4-19）。

（a）石碑凹整体形态　　　　　　　　　　　　　　（b）村落全景

图 4-19　石碑凹的整体形态

资料来源：a 底图为 Google earth 地图，b 为笔者自摄

　　第二，团状村落内部空间会对村落的整体形态产生修正作用。如村落中的主街巷空间会明显的将主要宅院汇聚于此，形成相对集中的院落群。如孟津的卫坡村，村落的传统区域布局很紧凑，虽然由一条主街巷串联起了村落主体，但与带状村落有着明显的不同，村落垂直于主街方向并不受限于地形的影响，开阔平坦的地势在主街的两

侧形成了多进的院落，村落南北方向发展的趋势也非常明显。反观沿主街界面则非常狭窄，一般多为三开间到五开间的面宽就形成了宅院（图4-20）。

（a）上图　卫坡村整体形态　　　　　　　　（b）下左　主街　下右 村落南侧界面

图 4-20　团状村落卫坡村

资料来源：笔者整理

第三，团状村落中的中心感也非常强，在村落中能够轻易找到村落中非常重要的建筑。这种中心是建立在村落的整个防御系统之上的，村落中的中心往往是某栋堡垒式的建筑，这栋建筑不但引领着村落的日常运行，还是村落百姓心理上的依靠和中心，如石场村的中心即为保安楼，保安楼是村中柴氏子孙为防御匪兵盗贼而营建的一座集防御、居住为一体的大型石木结构建筑。墙壁高大厚实，设施完善，有防火池、地下排水系统、储物间、卧室、厨房、卫生间、骡马房、粮仓、弹药库等。这是一处与地形地貌充分融合的经典案例，利用台地高差，形成了两处宽阔的、高低错落的平台，利用第一层平台的下部空间处理成了储存空间，第二层平台则用做团兵训练的场所，时至今日，第二层平台及其周边，已经被改做了学校，平台也成为了孩子们上课的课堂，朗朗读书声，不绝于耳。又如城村的张氏宅院，张氏家族在洛宁显赫一时，大人物不断涌现，在县志中有载："张凤瑞，咸丰年户部员外郎；

张寅请，同治年刑部主事；张维请，同治年山西和乐盐运使；张凤池，字知纶，号莲峰，道光二十六年—二十九年摄盐运司事，咸丰年登莱青兵备道台；张师周道光进士诰授朝议大夫知府衔加一级。道光十年在村设义塾。道光十年施地十亩，为灾民募捐。咸丰三年捐裕饷壹万两银"。❶ 有了雄厚的资金和社会地位，城村中的张氏宅院、相关的配套建设无论从规模上还是建筑质量上都非常恢宏。卫坡村入口处就是魏家祠堂，是村落中标志性的建筑，祠堂入口有别于普通的宅院布局，退后沿街界面留出了入口空间，且高于街巷地面 2m 左右。

4.3 豫西传统村落空间结构

4.3.1 豫西传统村落空间要素

1. 点状空间

点状空间指的是在村落中发挥着明显聚集效应的空间场所，这些空间同时也承载着百姓的主要活动，百姓也乐于汇聚在这种类型的空间中，在这里能找到心理上的归宿，具有积极空间的特征。

石场村中保安楼前的宅前广场是村落空间的中心，前有一片开阔的空间，以前这块地主要是为团兵操练的场地，这片开敞的空间不但是村落中最大的一块开敞地，现在也成为了村落中百姓活动的一个场所，从村落的东西走向上来看也基本上处于村落的地理中心。我们在调研的时候，恰逢一个班的孩子在训练场的一角上课，朗朗的读书声给这个偏僻的村落增添了不少的活力，再仔细观察这片开阔的地带，具备积极空间的特征，三面围合，南向开敞，尺度适宜，保安楼的入户空间与训练场分别结合两个台地设置，高训练场 3m 左右，站在保安楼前可以俯瞰整个训练场地，而台阶卜部都被充分利用开凿了石头窑洞，场地中的功能组成也很丰富，一条小径斜着穿过，大小不一的树木，毫无规律的种在其中，婆娑的树影散落在训练场上，梅花桩、几根简易的木桩搭成的秋千，还有拿一根树干做成的跷跷板，这一切看着非常简易，却又充满了生活气息。

总结点状空间主要有以下特征：第一，点状空间一般都是村中的活动中心，具有一定的影响力和辐射力，这种空间有明确的识别性，当地百姓对这种空间的聚集效应也非常认可；第二，点状空间一般依附于某些重要的建筑或者设施，点状空间会分布在这些重要设施的入口处或者周边，两者共同组成村落中影响力十足的一个点；第三，点状空间一般具有积极空间的特征，四面围合，尺度也非常适宜，空间内部的功能组成也会因地制宜，有些点缀的设施虽然制作粗糙简单，却也丰富多彩，活力十足（图 4-21）。

---

❶ （民国）贾毓鹗修，王凤翔纂：民国《洛宁县志》卷三《职官》，民国六年（1917）排印本．

图 4-21　石场村中的点状空间
资料来源：笔者整理

点状空间，在空间尺度上会有明显的放大，比一般的街巷尺度要大，往往结合着一些特殊类型的建筑存在，又如祠堂，卫坡村入口处为魏家北祠堂的位置，祠堂的大门明显地后退于隔壁宅院，在入口前形成了非常的开阔空间，这里是村落的一个空间上的中心，也是百姓心理上的中心，我们实地去调查的时候，恰逢魏家从海内外募集家族中资金在修葺祠堂，可见祠堂在魏姓家族中的地位。

2. 线状空间

线状空间在豫西地域中是最典型的一种空间形式，街巷是线状空间的表现形式。豫西村落所处匪患侵扰的大环境，街巷空间与宅院内部之间相对隔绝，沿着街巷会形成整齐的界面，一座座宅院紧密的连在一起，入户大门开向街巷，中间虽有转折，中间也会联系着支巷串联其他的宅院，端头类型的支巷较少，一般巷道都会形成回游的路线，串联了一定的宅院之后，又会与主巷道进行衔接，但总体看来，宅院都在沿着街巷走势布局，街巷空间有着明显的引导性和指向性。如，石场村的线状空间被当地百姓归纳为"五街六巷十八胡同"，这些街和巷盘根错节般环绕在山坡上，宅院则错落有致沿线布局。由于地形的限制，街巷的围合感并不强，但是街巷有着明确的指向性和引导性，同时非常有效地串联着村落的功能单元，豫西线状空间的主要特征主要有以下几点：第一，沿着街巷界面非常整齐，几组宅院并排，以卫坡村为例，街巷的北侧几乎都是非常整齐的界面，门房宛如一条笔直的线；第二，主要街巷的高宽比一般在 1 左右，支巷的高宽比一般小于 1，主街和支巷之间的高宽比还是有明显的差异性，主街看起来很宽敞，支巷则给人一种局促的感觉；第三，街巷中的小空间都是利用宅院之间的转折形成的，沿街界面很紧凑，一般的宅院都会想办法占据紧凑的界面，很难出现其他地域分区中街巷界面断开留有小空间的状况出现；第四，街巷和宅院交叉口处同样为邻里交往的高发区域，是百姓聊天攀谈等活动的重要承载场所，这点在豫西体现的更加明显，内部院落一般都很局促，所以百姓的活动会向外延伸至院落的出口处，每个宅院的入口处既能避雨遮阳，又有视线的遮挡和空间的围合。近些年来，豫西传统村落中的百姓不断外迁，村落活力急剧下降，有的甚至出现了村落中仅留两三人的状况，村落的活力无从谈起，但是在这种情况下，我们依旧可以看到村落中百姓在茶余饭后聚集在自家门口攀谈聊天的情景；第五，街巷空间往往是一种消极的空间，百姓很难在其中停留下来，街巷空间一般具有穿过性的特征，从消极空间和积极空间的角度来看，街巷空间的围合感和尺度感都较差，通过实际观察，我们不难发现百姓即使在街巷中碰面，也会打个招呼就匆匆离开，街巷的空间很难使得百姓的脚步停留下来。譬如三门峡灵宝尹庄镇的杨公寨村，位于独立的一块塬上，四周都是直立的峭壁，只有一窄道与外界联系，宽度只够两三人并行，村落内的街巷空间也很窄，联系村落的主要南北通道宽度也不过两三米，对以马、牛等牲畜的传统农耕方式来说，这种街巷宽度绰绰有余，但是却很难适应现代机械化耕作方式，所以新中国成立后这样的传统村落很快就被淘汰了，另辟新址进行建设。

3. 面状空间

豫西面状空间在豫西地域中主要有两种情况，一种是村落的整个公共空间处在一个平面上，相对匀质化，没有中心，没有围合，没有清晰的边界，地坑院落的村落都属于这种类型；另一种面状空间属于一个相对开敞的平面，空间边界清晰，但是明显缺少建筑的主导，在村落中担负着某些特殊的功能，石碑凹村中南半部的车马大院属于这种类型。在地坑院村落类型中表现的特别突出，整个村落宛如一个巨大的平面，在这个平面空间上百姓可以自由穿梭，形成相对无序的空间类型，地坑院落和外部空间互为图底关系，虽然在 20 世纪 60 年代陆陆续续在地坑院旁边盖了不少地面建筑，地面建筑依附在了这些地坑院落周边，但丝毫不影响村落整体的空间关系，一个个散落的地坑院落仅仅依靠出地面的二三十厘米的矮墙进行区分。由于对窑洞顶部的空间要求比较高，雨后或者不定期的就会锄草，然后夯实以避免对窑洞造成破坏，这些反倒使得整个村子看起来非常开阔。归纳这些面状空间主要有以下特征：第一，村落面状空间相对匀质化，地坑院落之间的距离一般都为 10 ～ 15m，地面上仅留有院落空间，地下已经利用的相当紧凑，地表以上的空间没有明确的方向性；第二，村落没有明确的中心，村落中的婚丧嫁娶等仪式都会在自家的地坑院落中进行，地坑院落各自为政，互不联系；第三，村落没有明显的边界，几十组的地坑院落聚合在一起，形成了一个地坑院的村落，村落外围没有清晰的边界，没有寨墙等村落防御措施，这在历史上匪患横行的豫西是难以想象的，这种类型的村落就是依靠在地下发展，地面上几乎没有什么痕迹作为一种保护措施；第四，空间点缀，面状空间和地下院落中都会通过种树有意识的进行空间的点缀，一般会在入口坡道旁、庭院中进行绿化的种植，树种多选槐树，取意"千年松柏，万年古槐"，寓意家庭幸福长久，生活安康；"前梨树，后榆树，中间一颗石榴树"，寓意顺利、富贵、多子多福等。

面状空间类型，在豫西中也属于一个孤例，即孟津县常袋镇石碑凹村，"石碑"因位于村西北的北宋名臣石保吉、石保兴墓葬上的两座高大石碑而得名，而"凹"则是豫西一种四周高中间低的地形地貌特征，村落处在一个盆状的地形中，一圈的寨墙将这个老寨子形态固定成椭圆形，整个村落宛如一个巨大的地坑院，当地百姓这样描述寨的整体格局，"外圆内方、袖里乾坤"，俯视鸟瞰，寨上高处为阳（乾位），寨下低处为阴（坤位），恰似两条交合的阴阳鱼，南半部分为开放的车马大院，北半部分为一座座宅院，构成一幅太极图，中间一条长 150m 横贯东西的街道，街道南边是车马大院，北边是一排明清风格民居建筑群，主要是张姓家族在此居住，分十所宅院，最西侧为一跨院，当地称之为"九门一跨"。据房梁上记载，最早建于清道光二十三年（1843年），最晚修建的一所院子是民国七年（1918 年），对村落陆续的增建，说明人口的增加和村落功能的需要补充，街巷的另一侧是个开敞的车马大院，车马大院是一个典型的面状空间，车马大院是一处开敞的、专供张姓家族停放马车的空间，据当地老人回忆，南侧仅仅靠中心街巷有一排房屋，中间院墙上还有三个宽约3m 的大车门可供大车出入，车马大院的边界是一条利用地形产生的寨墙，寨墙外都是几十米的深沟，沿着这些寨墙的竖壁开凿了一系列的窑洞空间。

4.3.2　分散类型村落的空间结构

前文分析村落整体形态的时候，豫西有两种分散类型的村落，一种是分布在三门峡陕县一带地坑院落为主要类型的团状分散的村落，一种是分布在偃师一带沟壑中的带型散点村落，这些村落从外形看非常的分散，没有明确的中心，地下或者地表构筑物相互之间联系少，院落单元之间并没有联系。

深入到村落内部，村落的空间也是分散和无序的，村落内部没有街巷等空间，窑洞的顶部需要锄草、石碾反复碾压，这样才能确保雨水等不对地坑院落造成破坏，所以村落中地平面以上是可以自由穿梭的硬土地，并无固定的小径和轨迹。村落空间递进关系特别简洁，村落外部空间—院落空间这样的直接过渡，这种从开放—私密毫无过渡的空间类型在村落中是不多见的。陕县一带的村落如庙上、刘寺等都属于这种村落，村落整个外部空间，可以毫无遮挡、毫无方向性的自由流动、自由穿梭，20cm 左右的矮墙是地坑院与村落外部空间的分界线，站在矮墙旁，居高临下，院落中的景色、人的活动一览无余，从这个角度来看，院落空间毫无私密可言，一览无余，从院落中的使用者来看，丝毫不会理会院落顶上是否有人在窥视，旁若无人的在洗衣、做农活，偶尔村民还会一个在院中、一个在院顶的相互喊话，一派恬静的田园生活气息，茶余饭后，百姓也会坐在各家的地坑院入口处三三两两的聊天攀谈（图 4-22）。

图 4-22 地坑院村落自由无序的外部活动

资料来源：笔者自摄

4.3.3 聚集类型村落的空间结构

1. 一字带状

以一条主街联系村落的所有功能单元，主街两侧院落单元紧凑排列，形成了完整的沿街界面。主街道也是村落各个功能单元与外界联系的唯一通道，偶尔有支巷等次要空间也都是通过主巷与外界联系，卫坡村、寺坡山村、赵坡头村等都属于这种空间结构（图 4-23）。

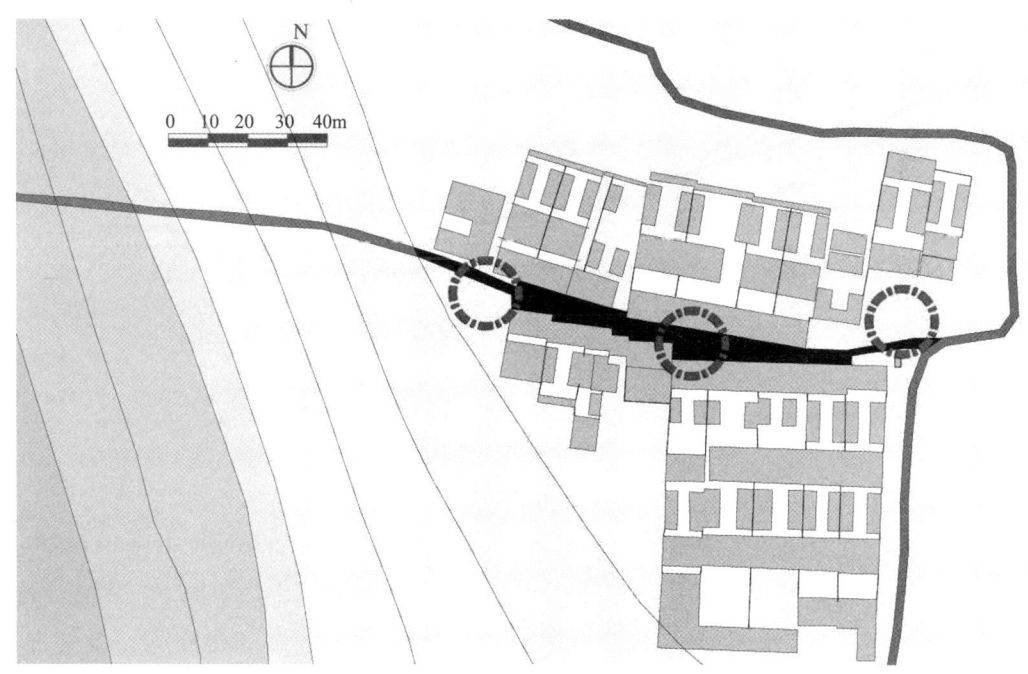

图 4-23 卫坡村的空间结构

资料来源：笔者整理

一字带状的村落空间组织非常紧凑和有序，空间的起承转合都在主巷沿线组织，村落也会有一进一出的两个寨门作为空间的起点和终点，主巷与某些重要宅院的交叉点构成了空间的转折，较为重要的宅院一般会分布在主巷的中段或者起点，前寨门处往往都是公共建筑，如祠堂、戏楼等。如卫坡村，据当地老人描述，"文化大革命"期间街巷的入口和出口处都有寨门，作为村落的主要起点和终点的标志，在入口处的魏家祠堂前有一处相对开阔的空间，在街巷入口处就形成了空间的汇聚和人流的集中，这里是卫坡村空间的高潮点，经过祠堂前的开放空间并下了几级台阶之后，马上是相对狭窄的街巷空间，在主街的中间位置，又利用宅院界面的转折形成了一处相对宽阔的街巷空间，这个地方不大的空间两面围合，与巷道的地面铺装将其围合成了三角形，我们明显可以看得出这个转折空间的存在增加了主巷的层次性和趣味性，步行至街巷的尽头，一棵大树取代了后寨门矗立在主巷旁边，这里是村落的结束点，走出村落一直向西两三公里的古西河作为主巷真正的结束点。

一字带状村落的空间主要有以下特征：第一，主街巷是村落空间的主体。主街巷联系着所有宅院，村落中的宅院整齐的排列在主街的两侧，院落的主要出入口都面向村落的主街；沿着主街形成了相对整齐的界面，整条街巷并非一条直线，如直线、折线和锯齿线等，街巷走向主要根据地形做出适当的调整。建筑界面也会根据主街走向做出呼应，因此在主街中随之形成了抑扬顿挫的空间形状，带来了不同的空间感受（图4-24）。

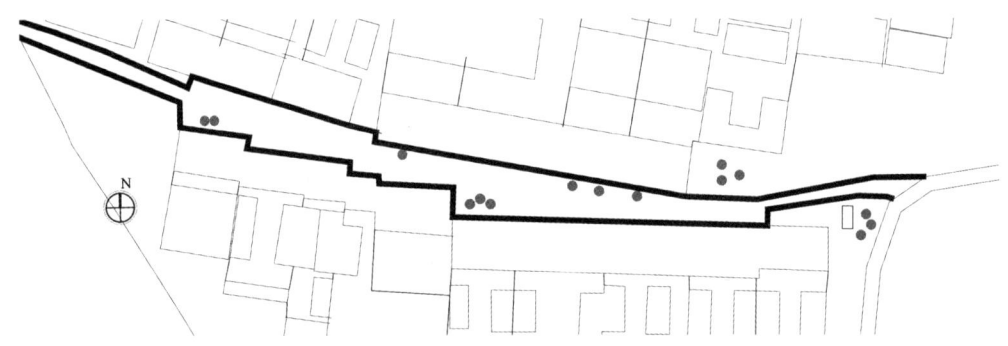

图4-24 卫坡村主巷中午12：00～12：30百姓主要停留点
资料来源：笔者整理

第二，街巷空间具有积极空间的特征。一般来说，村落的主巷不但承担交通还承载着百姓的邻里交往，主巷的积极性主要体现在尺度和围合的界面上，街巷尺度 D/H 一般处在1到2之间，相对宅院内部局促的尺度要开阔的多，同时街巷并非笔直，有着明显的空间上的转折，地面铺装、宅院沿巷主界面都处理的很精细。由于良好的空间尺度和精致的细节处理，主巷内部是百姓活动的空间主体，百姓的公共活动空间主要集中在外部的街巷中，尤其是宅院入口处和主巷的交叉口处是邻里关系的高发区域，比较空间尺度而言，宅院内部与街巷的空间尺度有着明显的尺度差异（图4-25）。

（a）街巷结束点　　　　　　（b）街巷尺度 D/H=1.5　　　　　　（c）街巷转折点

图 4-25　卫坡村的主街空间
资料来源：笔者自摄

第三，主巷是村落整体形态的限定性要素。从宏观上看，主巷控制着村落整体的布局走势，从微观上看，主巷还对村落中宅院的组合方式和联系方式产生重大影响。如赵坡头村，村落布局在山前台地上，整个村落根据主巷的走向呈带型延展，宅院主要分布在主巷的东侧，都垂直于道路，争取朝阳面，村落中也有少部分宅院在主巷的西侧，现代的牌坊取代了传统的寨门矗立在柏油马路的正中。从整体上来看，村落的发展和走向受制于主巷大的走势。空间的递进层次为村落外部空间—主巷—院落，形成了开放—私密的空间过渡。

2. 一字鱼骨型

一条"一"字型的主巷作为村落联系的主要空间脉络，与其衔接的为支巷，然后与宅院空间相联系。主巷与支巷相互联系，形成了主次关系明晰的网络化关系，两者所担负的功能有所区分，主巷主要担负交通为主，活动为辅，支巷上的活动空间与入户空间联系紧密，更多的邻里交往活动发生在这里，更显得人性化。豫西的乔庄村、上戈村、杨公寨等村落都属于这种空间类型，从已有的例子中，主次街巷空间特征的外在表现又稍有差异，杨公寨从整体上来看，空间更加紧凑，宅院之间基本联系在一起，主要街巷依靠宅院的山墙和院墙进行围合，村口的处理就更加明显，村口是街巷的尽头与外界联系的开始，内外的分别体现的更加清楚，往往会想尽办法来强化出这种空间上的转换，如杨公寨村的入口处，采用了类似瓮城的格局，村内和村外之间加了一个过渡空间，内外两道门，门与门之间视线也并不通畅，即使两道门都开着，也很难直视村落内部的状况，两道门封闭，坚不可摧（图 4-26）。

这种空间类型概括起来有如下特征：第一，村落主巷和支巷空间主次分明，担负的功能也有所不同，主巷在空间尺度上、界面的完整性上都会有所差别，支巷一般来说会由宅院的入户空间的界面围合而成，而只有少部分的、地位显赫的宅院会直接的开向主要街巷空间。

图 4-26　杨公寨的空间结构分析

资料来源：笔者自绘或自摄

　　第二，主要的巷道一般串联着村落中的主要公共建筑、开放空间和宅院组团，如乔庄村主巷联系着乔家祠堂、村落重要的宅院、村落重要的外部空间，又如杨公寨村的主巷，宽度也仅仅是两米左右，一头一尾分别联系了寨子的前门和后门，中间多有转折，这条主街巷对整个村落形成了从头至尾的贯穿，上戈村一条主街巷串联了四五个宅院组团，从村口的乔家大院起，中间串联了待客厅以及一系列的开放空间。

　　第三，主巷是村落重大活动的承载场所，但凡村落中有比较重大的活动，主要街巷空间就是这些活动的重要承载空间，许多重大的活动线路都是约定俗成的，一般都是沿着主要的街巷空间，由于院落功能的削弱，许多活动功能向外延伸，街巷就成为了村落的空间主体和活动场所。

　　第四，空间层次转换大，主次街巷的空间尺度差别大。在街和巷中，尤其是空间的临界点和交汇点，如街巷空间与院落空间的交汇点，街巷空间和村落外部空间的交汇点，都存在着不少的空间反差效果，有的对比很强烈，窄的巷道仅能容纳一人穿过，宽的则将山川河流等景致都纳入到了村落的视野之中，这种收分有致的空间效果经常会有意无意的体现在豫西的村落中，在一些街巷的收尾处，我们往往能看到远处的山峰，宛如中国古典园林起承转合的空间效果。

3. 网格型

网格状的村落空间体系呈现网状，村落的外部空间如道路系统、广场等就像一张密织的网络渗透到了村落的各个角落，均匀的联系着村落的各个功能单元，虽然"街""巷"、"支巷"之间也有主次关系差异，但是在空间尺度上却很难区分的出。道路系统中串联着大小不一、形状各异的外部空间，网格状的空间结构多出现在靠山地形较为复杂或者规模较大的塬上地区，如石场村、城村等（图 4-27）。

石场村的村落空间形态属于典型的网格型。在石场村中，村落依着山势层层叠落，当地百姓形象地称村落中的空间体系为"五街六巷十八胡同"，道路纵横交错，主要道路顺着等高线顺势而下，相互之间还有巷联系，宅院之间还有胡同空间，每条街道均以青石铺就，道路的密度大，如操练场就有一条青石铺路斜着横插过去，将操练场从空间上一分为二。

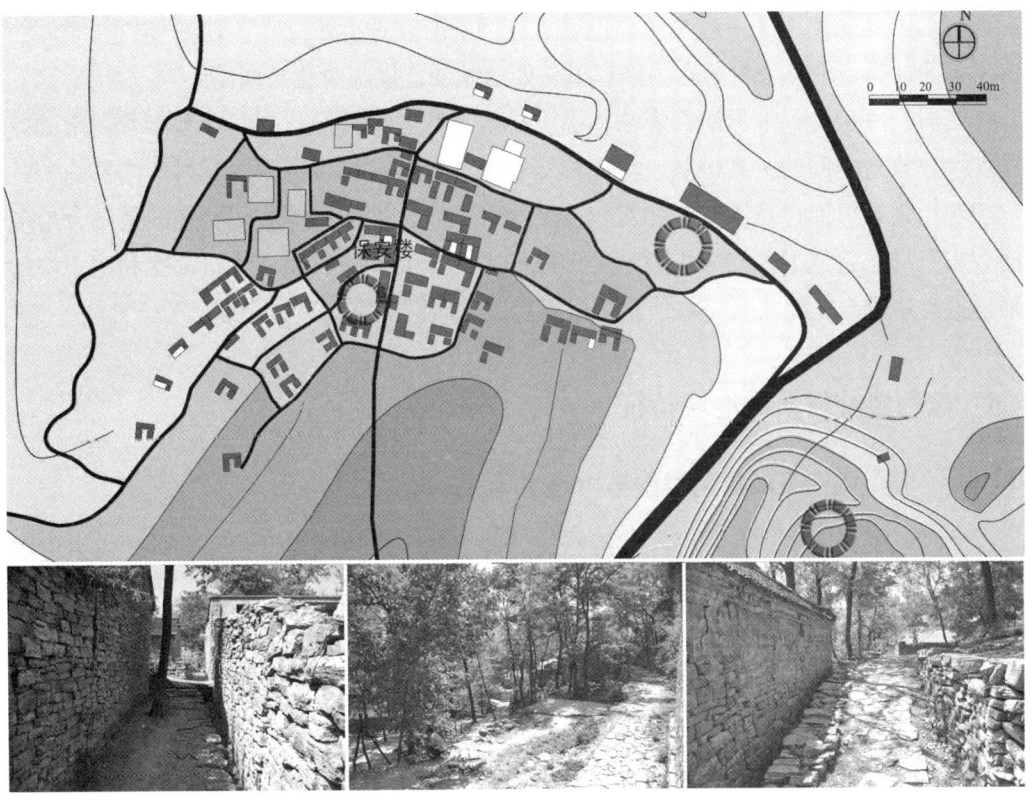

图 4-27　石场村的空间结构分析

资料来源：笔者自绘或自摄

网格型的村落空间主要有以下特征：第一，村落交通空间体系完整，层次丰富，形成了主巷—次巷—支巷—宅院等递进层次，空间层次也从开放—半开放—私密这样一层一层的递进，具体的体现在了村落空间每个层级内部差别不大，村落中也很难看到占有主导地位的主巷,外部空间系统分布相对匀质化。山地村落中存在一些高差变化,见缝插针的建设,竖向的立体空间就显得很丰富,往往是街与巷、巷与院之间都是进行空间层次上的联系,而非二维的衔接。交通空间也不拘泥于形式上的联系,联系和变化都相当多样,有些家门口前铺了几排石凳,就有很高的人气,高谈阔论、气氛很热烈,而登上这块户前空间才发现,不但可以直接进入宅院,穿过这里又联系着下一处胡同,空间层次变化莫测、步移景异,让人很难想象下一个场景是什么。

第二,村落虽然分散也有空间上的中心,一般来说,村落中总有大姓宅院处在村落中特别显著的位置,这些宅院以及周边往往就是村落空间组织上的重要节点,如石场村的柴姓大户所建的保安楼以及保安楼前的操练场就是村落的中心,这个中心也是村落地理上的中心,又如城村张氏宅院的周边,也是村落中重要的开放空间。

第三,防御空间与村落空间相互呼应,豫西的这种类型的村落相对分散,村域面积较大,结合地形内部的交通空间体系四通八达,便捷的同时却很难建立防御体系,这种村落中的防御设施一般是单独设寨,作为临时躲避匪患之所,像石场村在距离村落不远的制高点上几个村落合力修建了一处老龙寨,供临时避难而用。

第四,由于受到地形地貌影响,山中村落与塬上村落网状空间体系有着一定的差异性。建筑与空间的关系松散,宅院相对零散的分布在村域范围内,村落内部的公共空间利用建筑界面进行围合的相对较少,这种网状类型的村落空间更多的是结合地形地貌来布局,建筑很少能像平原地区形成联系的、完整的界面,建筑都在利用小块的平地进行建设,彼此之间相对独立,依靠巷道、胡同等空间进行串联。

4.4 豫西传统村落的地域特征

4.4.1 "塬"限定下的村落类型与村落空间

豫西地域分区中,有一种非常特殊的"黄土塬"的地貌类型,并且由此衍生出了一系列的村落类型和宅院类型,如地坑院、窑房院等,并以此为单元组成了豫西非常有特色的村落(图4-28)。

首先,体现在村落的选址上。黄土塬黄土直立性好,河水或者雨水的冲刷形成了大小不一、顶部平坦的地形地貌,村落选址在小块塬上,防守力量薄弱的豫西村落可以利用塬旁沟壑巨大的落差轻易地建立起防御工事。地坑院村落干脆向地平面以下开挖,将村落整体地隐匿在地表以下。

其次,体现在村落的空间结构上。豫西村落的空间结构多为一字带状或者一字鱼骨型,大多是基于塬这种地形地貌上,村落多处在沟壑之中,沿着沟壑延绵展开,利用沟壑两侧直立的土壁开挖,增加有效的建筑空间。塬上村落面积有限,村落的整体规模一般都不大,只能利用最有效、最节约用地的一字鱼骨型的空间关系来组织村落的整体外部空间。

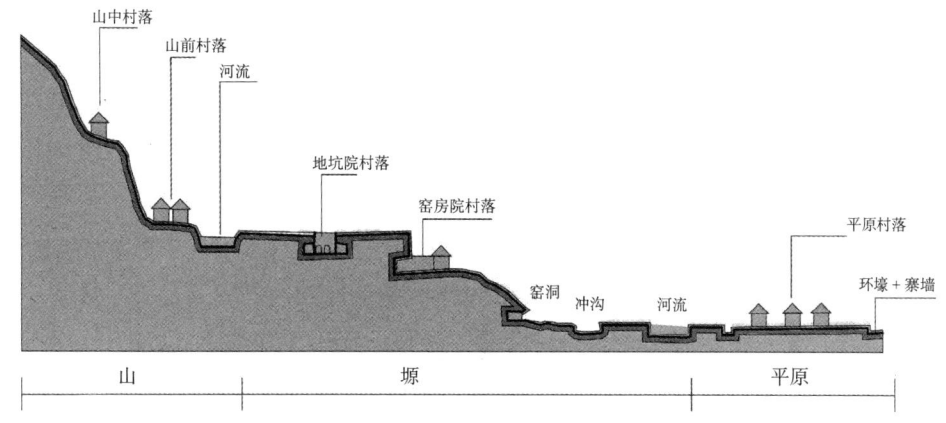

图 4-28 豫西地形地貌特征

资料来源：笔者整理

最后，体现在宅院的类型上。地坑院、窑房院是极具特色的豫西宅院类型，这两种类型宅院的产生正是基于"塬"这种豫西极为特殊的地形地貌特征之上的。

4.4.2 逐渐弱化的礼制控制

长安、洛阳到汴梁一线，是中国古代皇权统治最集中的一条脉络，豫西以洛阳为中心，从唐宋开始到元明清乃至民国期间，这片区域一直处在封建礼制控制的漩涡中，从村落整体形态到院落空间可以明显地看到传统礼制的烙印。特别是沿黄河村落、近城村落以及其中有显赫家族的村落，形态就会有着明显的不同，具体表现为村落注重整体格局，体现在村落内外边界清晰、街巷空间格局完整，院落空间的组织也非常有秩序；也表现在多进院落、注重院落界面的装饰、入口处理，表述反映耕读世家的文字如牌匾、楹联、对联、门楣题字、家族祠堂上的文字等。

虽然礼制对村落有着种种束缚，但从整体上来看，尤其一些区域如伊河、洛河沿线尤其是上游，在融入地域特征后，村落的建设和宅院的营建则更加务实和贴近地域环境，尤其是宅院的建设，多以空间层次较少的三合院为主，有的甚至出现开放的院落，这在动荡不断的豫西是难以想象的，形成这样的原因不但村落中的百姓受到传统礼制的束缚要小得多，同时也受到村落的财力、物力和人力等的限制，总体来看礼制对村落的影响处在一种逐渐弱化的过程。

具体表现在以下一些方面：第一，院落会根据正房大小和实际的空间需要来设置。如石碑凹村中的"九门一跨"，并排九组院落，院落的主人都是嫡亲关系，血缘关系非常近，但是院落之间并没有空间上的联系，大门都通向外部的街巷空间，九组院落形制类似，两进院落，第一进院落开阔方正，最后一进院落狭长，东西厢房都非常长，形成的院落空间也非常的狭长，东西厢房面积增加了许多，也比其他地域分区担负着更多的实际功能，以窑洞空间结束。通过分析宅院具体功能分布可以明白院落尺度大小设置的差异，第一进院落为正房位置所在，主要是主人会客、日常活动的区域，院落开阔布置精巧，第二进多为储存空间和家眷居住空间，院落更加紧凑务实，节约土地，一大一小的空间反差充分说明百姓更加务实，受到传统礼制上的束缚较少（图 4-29）。

（a）窑洞前的空间　　　　　　　　　（b）第一进院落　　　　　　　　　（c）第二进院落

图 4-29　石碑凹村中的院落空间
资料来源：笔者自摄

第二，宅院中心前移。与其他地域分区中正房在最后一进院落不同，豫西地域分区中有大量的窑房院，最后一进院落往往以靠崖窑作为结束点，宅院的中心一般前移，将正房等重要的房子设置在前一进的院落中（图 4-30）。

院落最后的结束位置是靠崖窑洞，兼做储存空间，这个时候村落的最后一进院落的功能就会削弱很多。最后一进院落虽然在空间上来说私密了很多，却由于是窑洞空间使得最后一进院落的地位削弱了不少，一些大的家族也会刻意的将最后一进窑洞的界面进行精细化的三段式的装饰，形成严整的界面。豫西村落中以单进或者两进院落居多，往往第一进院落的正房在当地被称为"中厅"，是位于中心的厅，也是宅院中最重要的一个厅，主人的日常活动和接待重要的客人都在这里进行，中厅前的院落空间就显得非常重要，经常采用的办法是抬升中厅前的地面，一个院落形成了两部分高差不一样的空间形式，而在中厅一般与入口对应的一侧设置廊道与后面的院落相串联。

豫西宅院中心前移是地域环境和社会礼制观念约束相互妥协的一种结果，百姓能够充分意识到利用黄土直立性开凿窑洞的种种益处，比起修建普通的房屋，窑洞花的代价要小得多，所以无论普通民宅还是深宅大院都乐于采用这种经济、廉价且符合地域特征的宅院形式。两进院的时候只能将住房的位置向前提到第一进院落，单进院落的时候东西厢房的长度加长，有效的增加了东西厢房的面积，在实际的考察中我们也发现把东西厢房作为主要生活起居空间的比比皆是，这个典型特征是豫西村落灵活地域环境与社会空间的一个好的案例。

第三，宅院组成部分地位的转变。院落的各个功能房间的功能发生了不小的变化，主要体现在正房的地位削弱，东西厢房的功能增强，从视觉效果来看，院落空间特别狭长，正房只能够部分展示出来，正房有的时候没有在中轴线上，而是偏于一侧，从豫西地区种种的实例中我们不难发现村落中宅院正房的作用有了一定程度上的削弱，宅院往往会利用最后的窑洞空间作为宅院的结束点。院落的平面也多为狭长的长方形，长宽比一般都在 2∶1 之上，表现出来的外在形式为院落空间都特别的狭长，形成了透视感非常强的院落，东西厢房的长度要很长，东西厢房往往是由多个房间并列而成，形成了长条形的厢房，院落空间更像一条窄窄的巷子，此时的院落空间担负的功能也与街巷非常相似，主要担负着交通和简单的活动功能，院落的空间已经很难再堆放农作物。

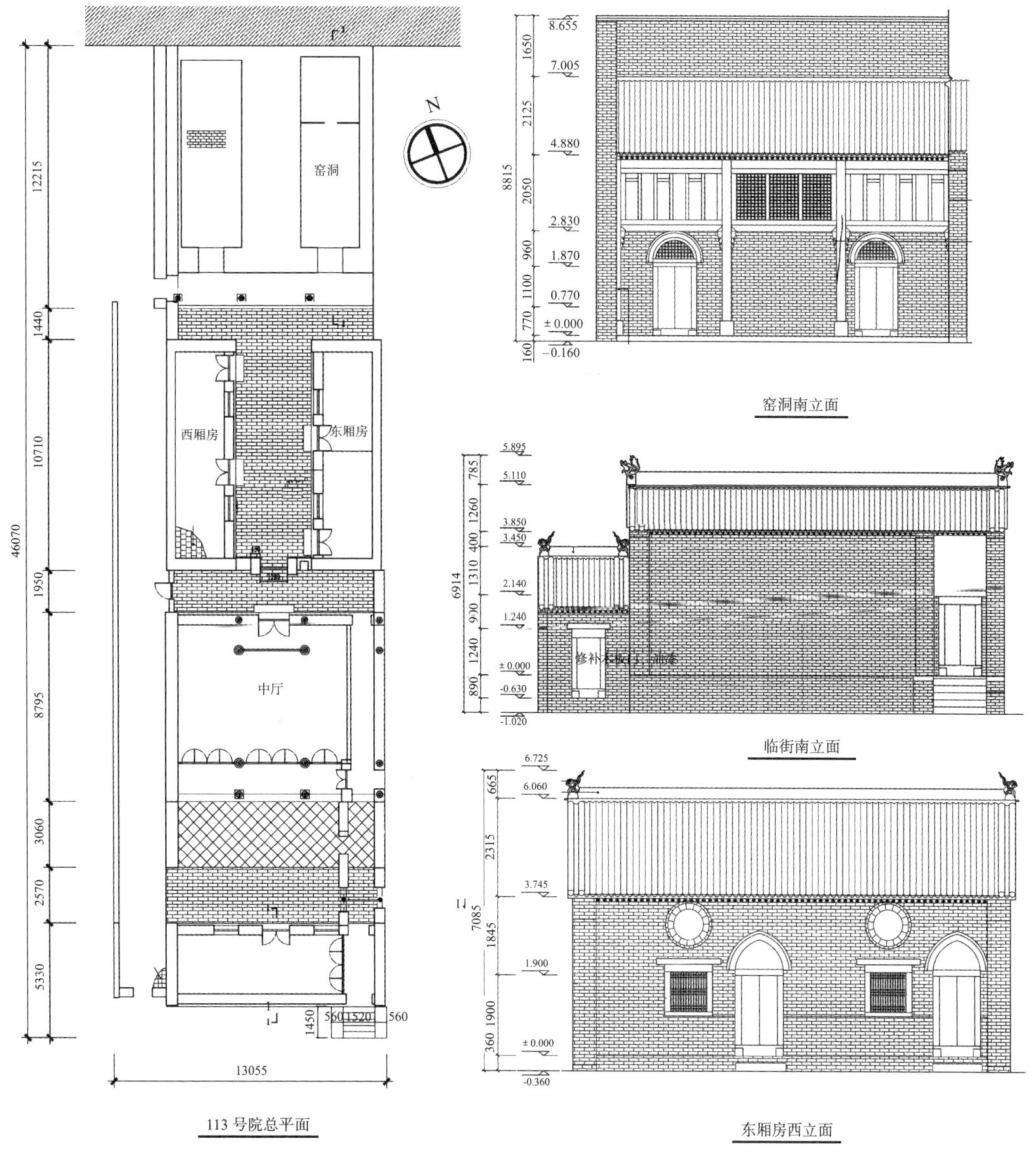

图 4-30　宅院中心前置

资料来源：《卫坡村保护规划》

4.5 宅院分类

4.5.1 院落特征

1.扎根地域，以窑洞为主导宅院的形式

豫西的宅院空间非常有地域特色，与黄土塬直立性的特征有着非常大的关系。豫西地区诞生了区域特有的地坑院、窑房院等地域特色村落。陕县村落的地坑院非常集中，形成了大规模的地坑院村落，地坑院不费一砖一瓦，直接向地面以下开挖，形成了方形的朝天院落，形成了自我的小天地。窑房院，同样是利用直立的塬壁，进行水平方向上的开挖窑洞，塬壁前的平坦地块进行房屋和院落的建设，最后一进院落一般根据靠崖窑的尺度成"T"字形或者狭长的长方形，窑洞作为储存空间或者居住空间。

窑洞空间在豫西地域分区中运用的非常灵活多样化，到处可以看到窑洞空间的运用，其中充满着智慧。窑洞正是豫西这种特殊地域环境之下的产物，也是村落地域特色重要的组成部分。

2.官式影响下的宅院风格

豫西的宅院空间中无论界面、庭院布置、装饰等都要比其他地域中的宅院精致的多，究其原因，豫西处在西安、洛阳东西二京的辐射范围之内，皇家、官式的影响要比其他地方深远得多，这些私宅的建设的影响在乡村中也广为传播。

宋代李格非在《洛阳名园记》中记录了西京洛阳大量私家宅院的奢侈繁华，洛阳的私宅的营建影响非常广泛，辐射的范围也非常广泛，沿着伊水、洛水经邙山向四周拓展："夫洛阳，帝王东西宅，为天下之中。土圭日影，得阴阳之和；嵩少瀍涧，钟山水之秀。名公大人，为冠冕之望；天匠地孕，为花卉之奇。加以富贵利达，优游闲暇之士，配造物而相妩媚，争妍竞巧于鼎新革故之际，馆榭池台，风俗之习，岁时嬉游，声诗之播扬，图画之传写，古今华夏，莫比观文叔之记可以致近世之盛"，"吕文穆园，伊洛二水，自东南，分注河南城中，而伊水尤清澈。园亭喜得之，若又当其上流，则春秋无枯涸之病。吕文穆园在伊水上流，木茂而竹盛，有亭三。一在池中，二在池外，桥跨池上，相属也"。❶

乡村的宅院虽然达不到这种境界，但正统的文化对豫西村落产生了深刻的影响。主要体现在宅院中的布置、文字、装饰、整体布局等方面。与其他地域村落宅院堆满杂物的状况不同，多数的豫西宅院中布局考究，界面装饰空间丰富，重视装饰，木雕、砖雕、石雕等做工精细，非常奢华，树种名贵。

如陕县原店镇袁店村的兀家大院，是豫西村落宅院中的一个典型代表，县志中有

---

❶ （宋）李格非撰：《洛阳名园记》，绍圣二年（公元 1095 年）排印本．

记载:"原店村兀氏为北魏安乐王元鉴之后"。❶据载,道光十二年,做了布政司的兀礼夫动用大量的人力、物力,建成了规模庞大的兀家寨。兀家寨之规模、奢华及精雅的建筑可与山西的王家大院、乔家大院相媲美,被当地人称作"百鸟朝凤院"。兀家大院为两进院落,中间垂花门将院落一分为二,东西厢房为两层高,外有环廊,东西厢房前有前廊,柱头、门楣等处都有相当精美的雕刻,尤其是柱子与横梁的交叉处有龙形木雕,正房并非中轴对称,拾级而上,正房的前廊非常紧凑,正对着院落空间的仅仅是正房的三分之一,以此足以可以判断,这只是兀家大院组成部分。院落界面的雕刻非常精美,迎门照壁上的青砖雕饰百只鸟的雕刻栩栩如生,形态各异,据资料考证,房屋主人为清道光年间布政司,衣锦还乡后,主要聘请山西的工匠精心打造,从院落的高宽比、外墙界面的精美雕刻等方面都深受山西院落形制的影响(图4-31)。

图 4-31 精致的兀家大院

资料来源:笔者自摄

3.跨区域的影响

由于豫西所处的特殊位置,区域之间的融合现象非常明显,官道、河道等交通方式将豫西置于联系的通道之上,来往商业的交流不但促进了区域文化的交流,同时也反映到了乡村的建设中,稍大一点规模的宅院,都会从山西请来工匠对宅院进行建设,集中在雕刻、装饰等方面,豫西乡村建设的过程中,尤其是在宅院中形成了非常明显的陕晋风格。

4.5.2 院落分类

1.地坑院落

地坑院落是河南相对特殊的一种院落类型,是百姓营建村落过程中与豫西黄土塬相结合的地域产物,也只存在于豫西地域分区中(图4-32)。

从严格意义上来说,地坑院也是四合院的一种延伸,地坑院落在平坦的塬上向下开挖,形成正方形或者长方形的地下院落,9m 见方或者 12m 见方的尺寸比较常见,小的也有 6m 见方的,深度一般为 6 ~ 7m。在营建地坑院的时候,会请当地的能人来相地,

---

❶ (民国)欧阳珍修,韩嘉会纂:民国《陕州志》卷五《族姓》,民国二十五年(1936)排印本.

并且根据主人的生辰八字等家庭状况以及八卦方位"坎""震""离""兑"四正，及四隅"坤"、"乾"、"艮"、"巽"方向确定主窑的方位，八种方向都可以作为主窑朝向。分别为：西北乾窑、北坎窑、东北艮窑、东震窑、东南巽窑、南离窑、西南坤窑、西兑窑。主窑确定后，就根据它的方位取名，与主窑相对的位置就是地坑院坡道入口的位置，同时根据各个窑洞担负的不同功能分为，主窑、客窑、厨窑、居住窑、牛羊窑、杂物窑、茅厕窑、门洞窑等。首先需要确定的是主窑的位置，开挖天井前按"高一寸为山，低一寸为水"的理念，要求上主窑后有靠山，前不蹬空。上主窑坐落在八卦四正中哪个方位的字上，就称其为什么宅院。即"北坎宅"、"东震宅"、"南离宅"、"西兑宅"。

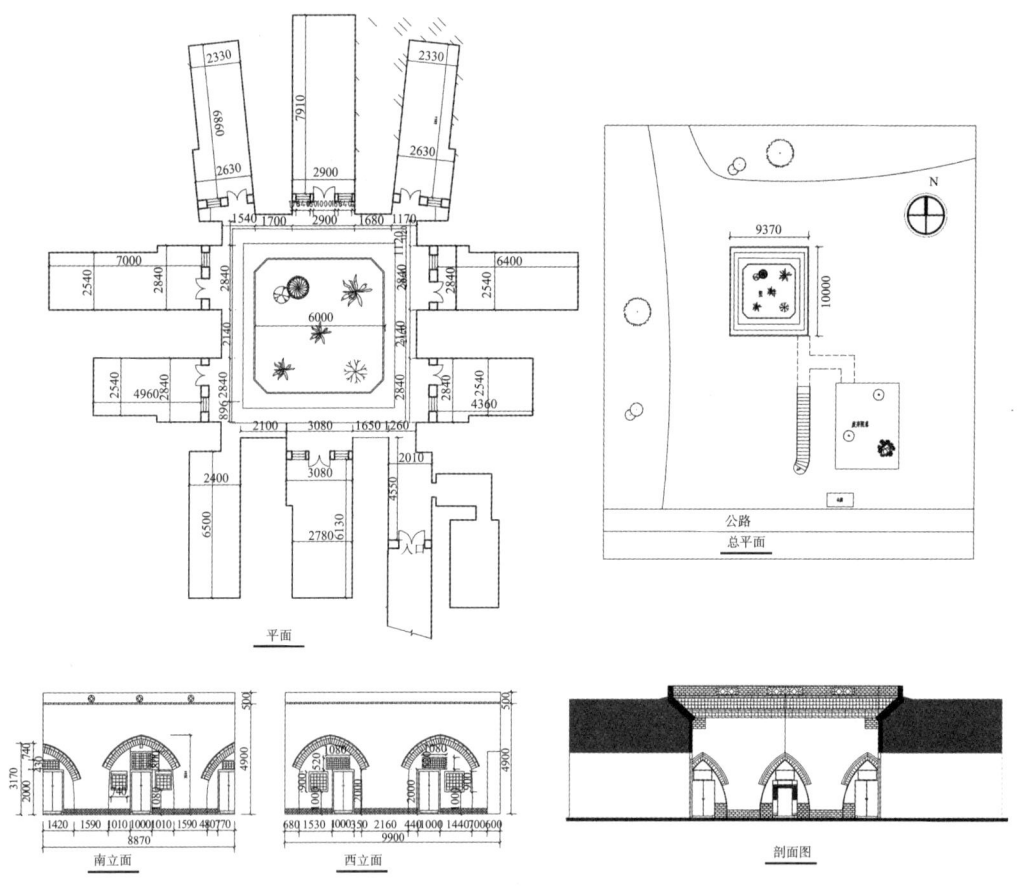

图 4-32　庙上村地坑院落

资料来源：笔者指导华北水利水电大学建筑学院 2009 级学生测绘

地坑院落是一种立体式的空间，地面、地下、地面与地下之间都会有不同的空间类型出现。以地坑院中对水的处理为例，会给予水专门的空间来布局，一般在坡道尽头与院落衔接的位置会专门开凿井口的位置，进行取水，而排水则处理在院落中与主窑相对的一侧，远离主窑，豫西本身就非常缺水，雨水更加稀少，所以排水就依靠黄土地的下渗水将院落中的雨水收集之后渗透到土中。窑洞顶部则是开阔的空间，百姓会及时剔除杂草，同时用石碾子反复碾压夯实以保证窑洞不会坍塌，作为粮食晾晒以及百姓活动的场所，窑洞顶部不但有用做通风的气孔，还会有输送粮食的通道。

近些年来豫西的地坑院落显示出了明显的滞后性，不但百姓认为居住在地坑院中是贫穷的体现，同时地坑院也确实无法应对现代生活和现代机械化的交通工具，百姓们纷纷搬离地坑院，疏于管理，刘寺一带的地坑院坍塌了不少。地坑院经过"文化大革命"期间的"破四旧"，对传统村落造成了不少的破坏，我们发现对地坑院村落造成毁灭性打击的是来自于当代。在上个世纪末，豫西开展了一场"退院还耕"的运动，大量的地坑院被推平作为耕地来用，今天政府依旧无法认识到地坑院的价值，不肯做出一些实际的行动，在西王村、刘寺村等一带走访得知，当地政府承诺老百姓，自己修缮地坑院，达到标准后可以获得一万块钱补偿，但标准高不可攀，这个承诺造成了不但没有一户舍得自己垫钱来修缮，而都在翘首以盼等待政府新的恩泽的局面。合理的地方政策引导，市场机制适时介入，才能使村落焕发青春（图4-33）。

图 4-33　陕县曲村、刘寺一带坍塌的地坑院落
资料来源：笔者自摄

2. 窑房院

窑房院是窑洞和合院结合的一种产物，一侧靠土崖，利用塬的侧壁开挖窑洞，结合房屋建设形成的一种合院形式，有时候两侧靠土崖，会在尽端和一侧厢房的位置形成窑洞空间，极大的拓展了建设不足的现状。窑洞的位置一般在最后的位置，窑洞洞口前会形成一个狭长的院落，作为窑洞的前导空间。如乔庄村中的窑房院极具特色，乔庄村处在层层的黄土塬的台地上，百姓便利用这里有限的地形展开建设，在乔庄村东侧的一系列宅院中，四组宅院分属四个高差不同的台地，地势较低的宅院都会利用紧邻地势高的院落的下部开挖窑洞，形成了窑房院，极大的拓展了宅院的使用空间和储存空间。但这些宅院中正房的位置都相对薄弱或者没有传统意义上的正房，由东西厢房、窑洞组成了宅院空间的主体，院落空间相对狭小，当地百姓在营建的过程中注重有效利用地形地貌的结果，乔庄村为数不少的院落，在尽端都是以窑洞作为结束（图4-34）。

豫西的窑房院虽然轴对称布局，从惯例上来讲，轴线的尽端一般是宅院最重要的位置，但是窑洞与生俱来的局限性，空间上潮湿等缺点，使得窑洞难以处在重要的位置，一般会把主房向前移，形成多进院落，有的会把窑洞的整个界面处理的非常精致，下层砌石，上层砌砖。

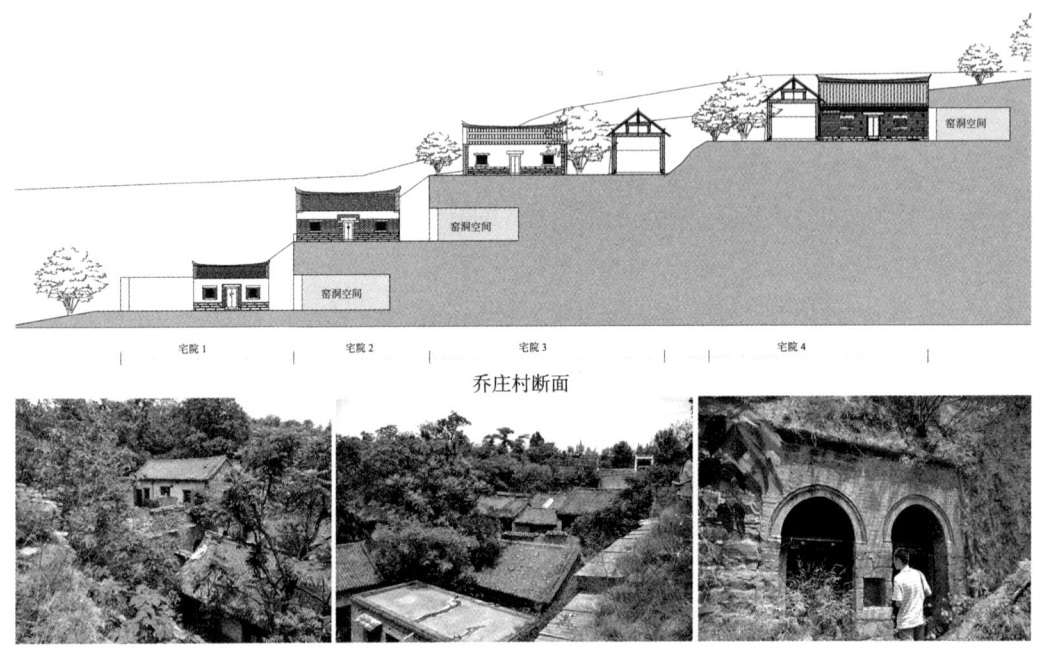

图 4-34　乔庄村的窑房院
资料来源：笔者整理或自摄

3. 四合院

豫西有着为数不少具有独特的地域特色的四合院，四合院往往是在村落中有着很重要的地位，一些重要的大户宅院、祠堂等都是采用四合院的类型。四合院落组成大多是由入口门房、东西厢房、过厅或者垂花门、正房等组成基本的单元，院落可横向发展，当地称作"跨"、"跨院"，也可纵向发展，一般为单进或者两进。

豫西四合院有着非常典型的特征，第一，院落狭长，东西厢房很长，所以说虽然是单进往往院落也都很长。豫西有"宽房窄院"沿袭，在有限的基地范围内，将更多的空间留给室内空间❶，如乔庄村的乔宗伟宅院，从西南正门入口进入狭长的通道，会进入第一进横向局促的院落，这个院落深度只有 2m，这个院落空间联系着倒座门房，然后会进入院落的第二道垂花门，这道门做工要比入户大门精细的多，穿过这道门便进入第二进院落，这进院落宽度也只有 2m 左右，深度将近 10m，平面长宽比接近 5∶1，是一个非常狭长的院落（图 4-35）。

❶ 左满常，白宪臣. 河南民居 [M]. 北京：中国建筑工业出版社，2007：178.

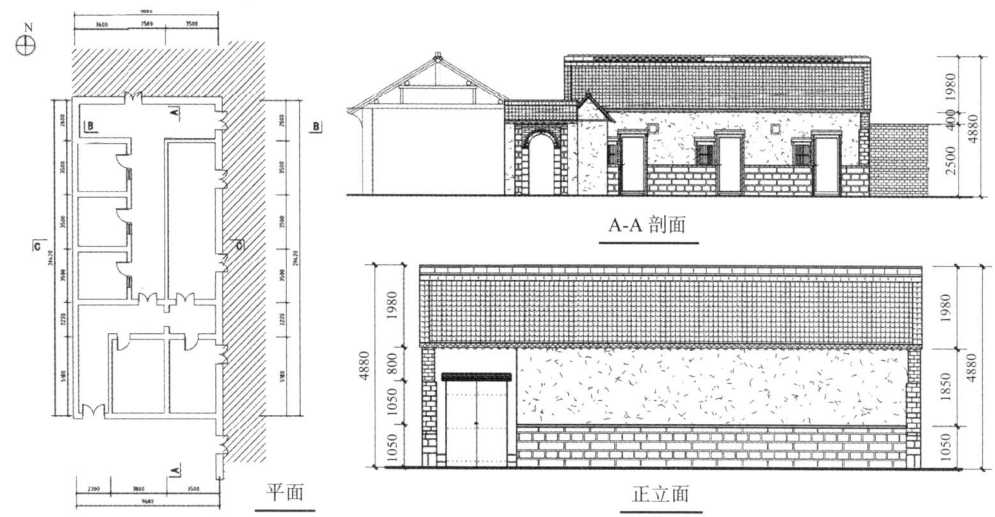

平面

A-A 剖面

正立面

图 4-35　乔庄村乔宗伟宅院

资料来源：《乔庄村保护规划》

　　第二，豫西四合院入口空间处理的方式也非常多样化，与其他地域分区四合院入口基本上都设置在东南侧不同。也是豫西村落宅院灵活营建结合地理环境的产物，院落入口可能设置在西南侧、正中间、东南侧或者东北侧等。西南入口的设置一般受制于地形限制，同时多为普通百姓或者乡绅，稍有财力又不拘泥于礼制等封建礼仪的限制。院落入户门设置在正中间，穿过大门可以毫无遮挡的进入到院落，入口空间和院落空间两者紧密联系，没有明确的分界线，这种大门空间的布局一般多为公共性质的建筑，一般的民宅较少采用这种模式，如乔庄村的乔家祠堂、城村的接官厅。院落入户门设置在院落的东南侧或者东北侧，多为耕读世家或者衣锦还乡的官宦人家采用的宅院形式，因循守旧，如卫坡村中有"执政堂"之称的魏光照宅院，整个宅院深五十多米，入户大门位于院落的东南侧，入口有照壁（图 4-36）。

图 4-36　卫坡村的入口空间处理

资料来源：笔者自摄

　　又如小张湾村中宅院就是非常典型的豫西宅院，入口门房的空间都要抬高，将门房凸显出来,顺着台阶而上,高出地平面七八个台阶的高度,院落为单进院落,院落狭长,东西厢房狭长(图4-37)。

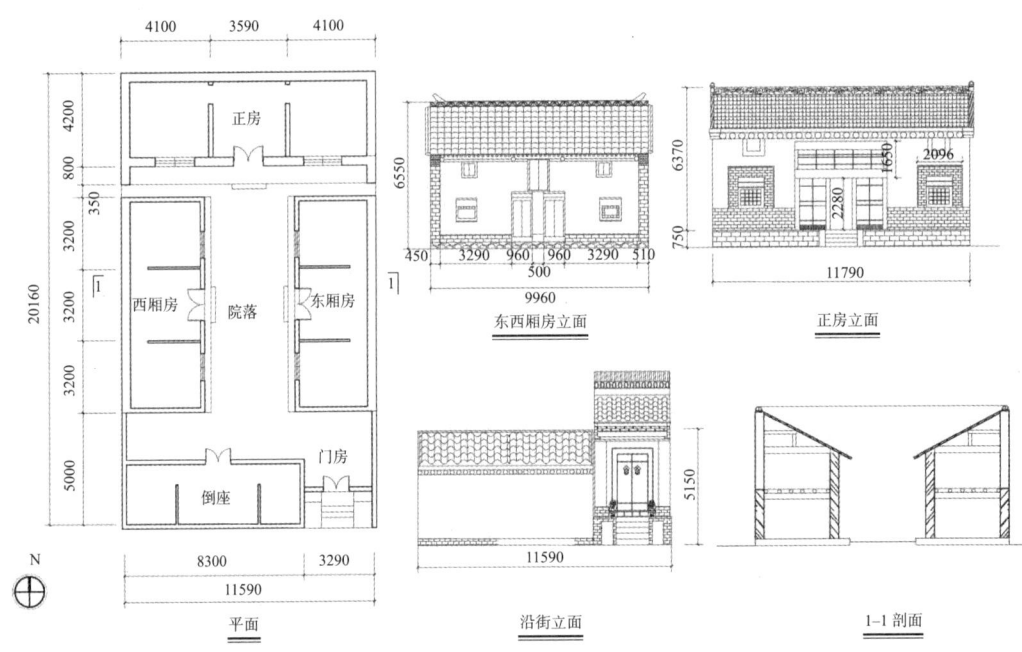

图4-37 小张湾村典型宅院

资料来源:笔者指导华北水利水电大学建筑学院2009级学生测绘

第三,豫西多重、多进的四合院非常多见。如城村的中心张氏老宅,就是一座五重院落,每重院落独自成体系,有进口和出口,又能够相互联系,豫西多层次四合院是非常普遍的(图4-38)。

4. 三合院

三合院是四合院的一种特殊形式,"凹"字形单院落空间,没有倒座、门房空间,直接是砌筑的墙体,墙体上开门与外界隔绝开来,也有的直接对外开放,这种都属于典型的三合院类型,担负的功能相对具有一定的公共属性或者是普通的民居。城村的接官厅就是一座三合院的建筑,接官厅是一座为了接待一些重要官员而营建的公共性质的宅院,接官厅院落虽然不大,但共有四处可以进入,入户有三个门,中间的门较大,两侧的门较小,当有上级官员来视察工作时,主要在该户内接待,上级官员走大门,接待人员走两个侧门,内外一道墙之隔,进入了大门之后,便进入了一个狭长的院落,院落很难看出主次差别。据村中老人讲,因为接官厅所接待的官员不确定,并不设置厅堂等有明显地位差别的房间,讲究公平,而是利用东西厢房设置接待、住房等空间,整个院落近似"T"字形,分成了两个功能分区,前院为住区和接待区,后院为配套服务区,配套服务区域还有专门的门进出(图4-39)。

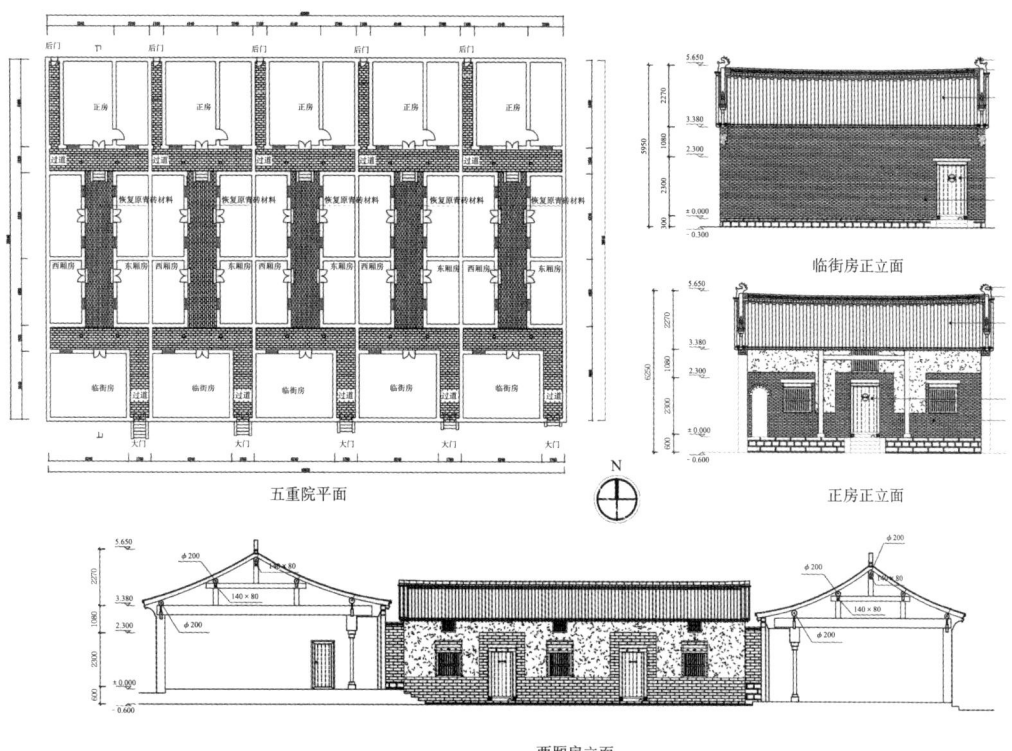

图 4-38　城村张氏五重宅院

资料来源：《城村保护规划》

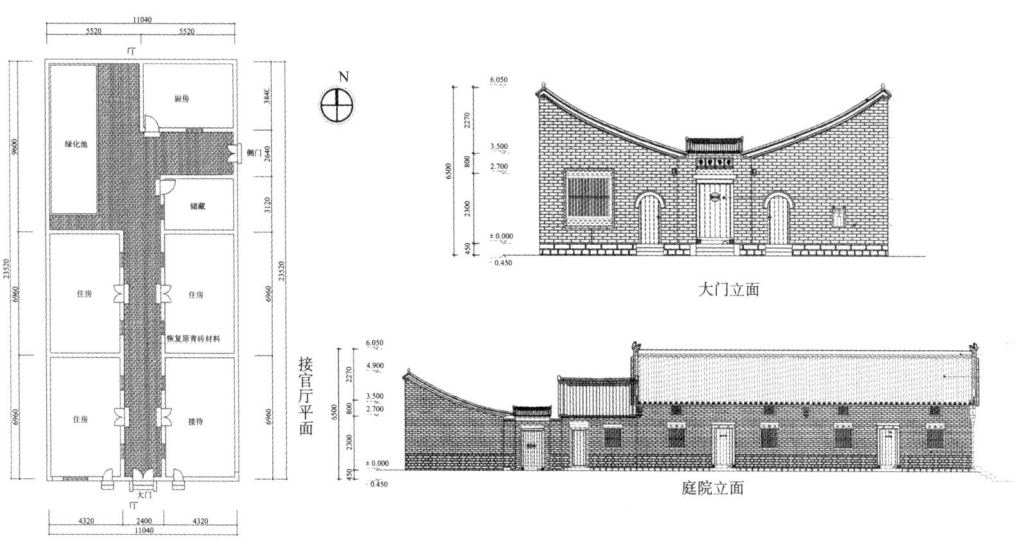

图 4-39　城村接官厅

资料来源：《城村保护规划》

　　寺坡山村、石场村三合院也非常普遍，寺坡山的王氏宅院最为典型，入户大门位于正中，整个院落属于对称的布局，"T"字形的院落联系着厢房和正房，进入入户大门之后就能够一览无余的看到正房的大门。石场村中的柴金栓宅院也很典型，这是一座开放式的三合院，正房为三开间，利用院落的高差变化形成了高低的错落关系，院落由正房和东西厢房围合而成，院落南侧对外完全开放，院落的处理办法非常巧妙。院落地面高度略高于外部道路，而在院落的入口处左右两侧各有一个台阶顺势而下，进入到院落的地下空间，这里是两处由石头砌成的地下储存空间，这两处房子的顶部为院落空间的一部分，地面高于院落地面20cm左右，一般为村民养家禽而用的场所（图4-40）。

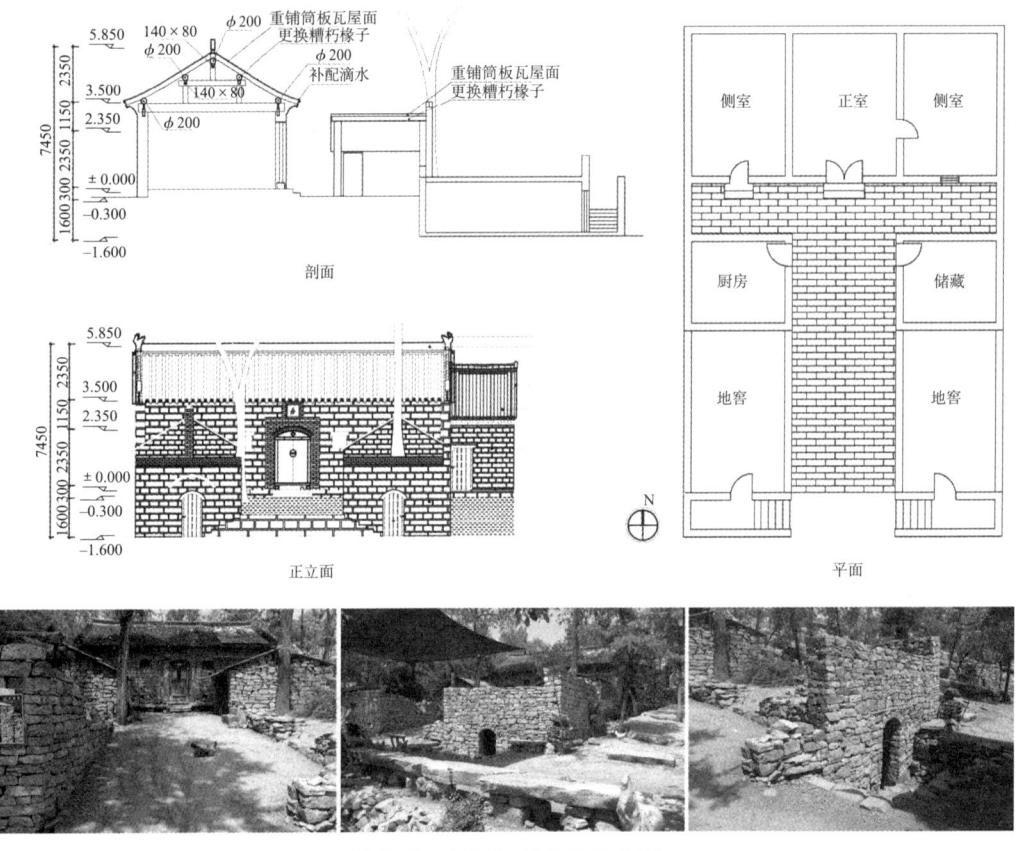

图4-40　石场村柴金栓三合院
资料来源：笔者整理或自摄

　　总结起来，在豫西地域中无论是三合院还是四合院，空间都很局促，但是又与豫南狭窄的天井院就是为了通风和收集雨水的目的不同，豫西的院落，院落本身的功能都非常单一，一般都为联系内部各个功能房间的作用，有些较为重要的中厅前的院落空间尺度也并不开阔，造成这样的结果可以说是地域文化特征和适应地形特征的双重影响下的结果。

4.6　本章小结

豫西河洛文化区位于河南的最西部，以洛阳为中心，处在长安、洛阳和汴梁的联系轴线上，是传统礼制文化影响深远的区域。同时，百姓依托豫西黄土塬这种特殊的地形地貌，构建出了根植地域的家园模式，同时受到礼制文化影响，形成了具有豫西地域特色的村落形态和村落空间。

豫西村落选址在塬上或者塬下，利用黄土塬直立性好的特征来建设村落，地坑院和窑房院是豫西形成的两种基本宅院类型，并由此组成了格局特色的村落。地坑院村落是豫西村落中最具特色的一种类型，百姓向地平面以下开挖院落，不费一砖一瓦完成了村落的建设，同时可以轻易的将村落隐匿在地下，增强了村落的安全系数。由于在小块塬上或者冲沟中营建村落，村落往往呈现出一字带状或者一字鱼骨型为主导的村落空间结构类型，规模稍大的村落则多采用网状的空间结构形式。

豫西村落的空间形态是在地域特征和社会文化传承交织影响下而产生的。豫西村落建设离不开礼制因素的约束，在此基础上又能充分结合实际的地域条件，尤其是体现在宅院空间上。宅院的建设要比其他地域分区精致了许多，体现在入口空间、院落界面、雕刻、文字等方面，宅院是身份和地位的象征，同时，宅院又能因地制宜的处理，绝大多数的宅院都会利用塬开挖窑洞来拓展宅院的储存空间，在最后一进院落几乎都是以窑洞作为宅院的结束点，豫西宅院有意识的将宅院的中心提前，将正房设置在最后一进院落之前，并以此来调整院落的大小，顺应礼制约束的同时将宅院的实用性放在了突出的位置上。

第 5 章　豫西南楚文化区

5.1　豫西南：南阳盆地，自成体系

5.1.1　封闭的地域

豫西南地区主要是指河南西南部的南阳盆地地区，三面环山，四周高中间低的盆地，典型的山水大格局。有学者称南阳为典型的"山水城市"❶，盆地的东南侧、北侧、东侧三面在伏牛山、桐柏山环绕下形成了最高的山区和浅山区，然后逐步向中心的岗、陇等地形地貌过渡，最终在相对中心的位置形成了广袤的平原地区。张衡作《南都赋》赞颂南阳"于显乐都，既丽且康，陪京之南，居汉之阳。割周、楚之丰壤，跨荆、豫而为疆。"《读史方舆纪要》卷五十一《河南六》中记载"府南蔽荆、襄，北控汝、洛。当春秋时，已为要地"，"山峦重复，几及百重，其最着者曰鹿鸣、拓禽、鲤鱼，五山皆高俊深险"，这些都是对南阳区位优势有力的证明。由于秦岭余脉和伏牛山脉等阻挡的作用，南阳盆地也形成气候相对特殊的区域，这里的雨水充沛，阳光日照时间长，良好的气候资源非常利于农作物的生长，豫西南的地形地貌为以农耕文明为基础的传统村落提供了生长的土壤。

南阳盆地河流资源非常丰富，处于长江、淮河、黄河三大水系交汇地带，四渎之一的淮河的发源地就在这里，区域内主要为长江的支流丹江、湍水、白河、唐河等，其中荆襄大道水运航程为"中古时代南北天然水运航线上最长最盛者"❷，淮河的部分流域也能通航，这几条河流如放射状的树枝，最后向南汇集到了一起。水系几乎辐射到了南阳各个角落，许多依附于水运航线的村落应运而生，也形成了相对特殊的类型村落，如商业为主导的村落，这种类型的村落所反映出来的村落形态和空间特征也与农耕经济为主导的村落有着显著的差异，商业类型的村落也是本章研究的重点之一。

5.1.2　开放的文化交流

虽然在地形地貌上来看，豫西南地区三面山体围合，中间盆地，是一个典型的闭

❶　李炎. 清南阳梅花城研究 [D]. 华南理工大学博士论文，2005：30.

❷　严耕望. 中央研究院历史语言研究所专刊之八十三 [C]. 唐代交通图考. 第四卷. 山剑滇黔区 [A].1986：1077.

塞之地，但是从文化区域的角度来说，这片区域并不是想象中的那么封闭，反而是相当的开放，南阳盆地的战略位置重要，是典型的"必争之地"、"缩毂之地"、"形胜之地"。[1]从宏观区域来看，南阳盆地位于关中、汉中、湖北与中原的中心位置，"南阳，古兵冲，天下有事，受祸最烈"[2]，是一个军事上的必争之地（图 5-1）。

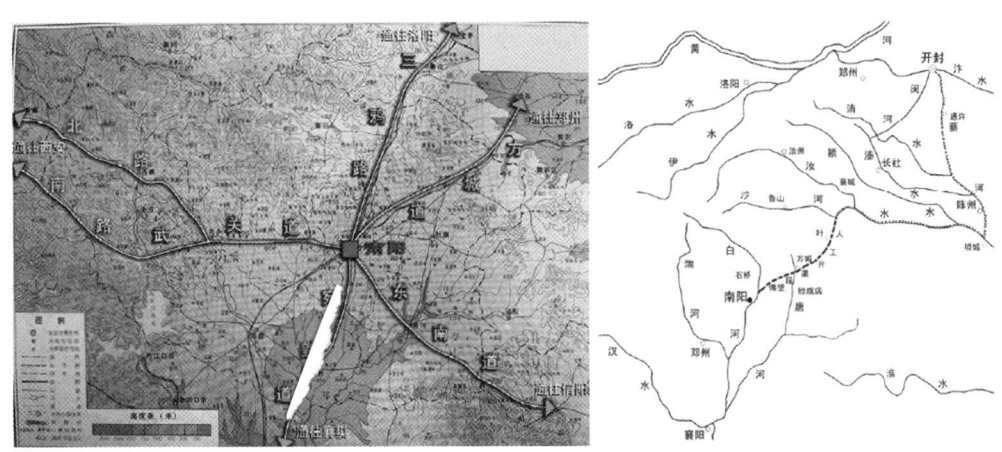

（a）南阳盆地陆上交通　　　　　　　　　　（b）南阳盆地水运交通

图 5-1　南阳的交通

资料来源：李炎，清南阳梅花城研究．华南理工大学博士论文，2005：24、29．

其次，由于周边的山体环绕，对外联系的交通显得尤为重要，交通主要有陆上交通和水运交通两种，其中陆上交通比较著名的有方城道、三鸦道、武关道、宛郢道、东南道，如三鸦路在《读史方舆纪要》中有这样的记载："三鸦路，在今南阳府北及汝州之南，中有石山、鲤鱼山、拓禽山，即行人往来趣西洛之便路也"。[3]三鸦路向北通洛阳，方城道向东北直通郑州、开封汴梁，这形成了一条帝都的沿线脉络，而与之相联系的向南的体系脉络，在汉代就已经确立下来，从长安向南，经南阳、南郡、长沙、桂阳诸郡而至南海郡。水运交通还是以丹江、唐河、白河、湍水为基础形成的，对外交通发达，来往流动性比较大，形成文化的交流和融合，这些文化符号和内涵都会反映在一些村落的宅院和公共建筑中，会形成较为特殊类型的建筑，如会馆、庙宇等。远离京师，又有发达便利的交通，商贾之风盛行，地方志中有着这样的记载："南阳之俗，古称忠朴，自秦迁，不轨之民，始夸奢，尚气力，好商贾，然招信臣劝民农桑去末归本，则其风复古"[4]，百姓的"始夸奢"、"好商贾"之风已经需要信臣劝诫，努力使其回归农桑本源了。

❶　李炎．南阳古城演变与清【梅花城】研究 [M]．北京：中国建筑工业出版社，2010：15．
❷　（清）潘守廉修，（清）张嘉谋等纂：光绪《南阳县志》卷一《地理志》，清光绪三十年（1904 年）刊本．
❸　（清）顾祖禹：《读史方舆纪要》，四库全书本．
❹　（清）蒋光祖修，（清）姚之琅纂：乾隆《邓州志》卷一《地理志》，清乾隆二十年（1755 年）刊本．

5.1.3 区域传统村落分布特征

1.区域村落分布特征

豫西南地域分区中，四周环绕着山体，中间为平原，山体、浅山、丘陵、平原等地形有着明显的层次性的过渡，南阳盆地中的传统村落的分布特征非常清晰，盆地中的平原地带已经找不到传统村落的踪迹，目前保留下来的村落主要分布在浅山区和山区中，尤其是在一些山中官道、河流沿线，形成了传统村落的高分布区域（图5-2）。

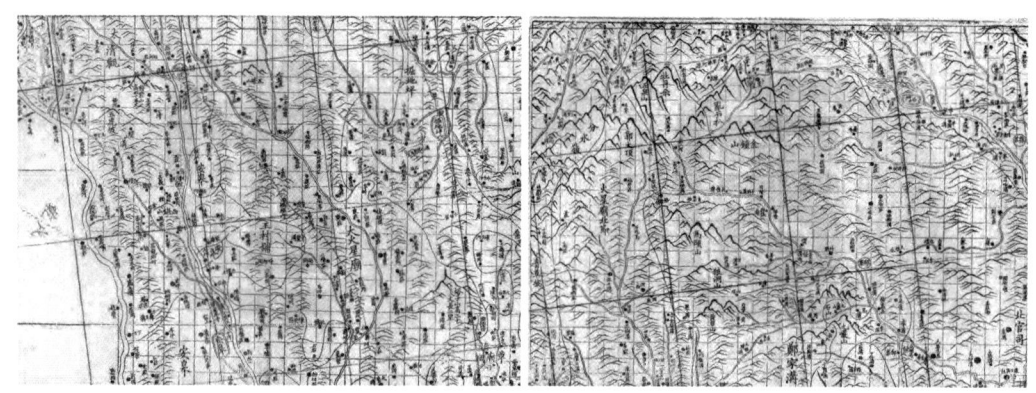

图 5-2 地方志中村落分布
资料来源：清光绪《南阳县志》卷一《舆图》

从相关的史料来看，豫西南的村落人口和规模都非常有限。《南阳县志》中有记载"县仓促未有备，八月十五日贼至赊旗店，大掠而焚之，蔓延乡村，死伤塞道"。❶ "光绪三十五年南阳辖区共有村落2058个，每个村平均有31.2户，平均人口135人，而据统计，光绪年间建立起寨墙以防御的村落有109处，只占到了整个村落数量的5.9%"。❷ 村落处在弱势的地位，发展受到了一定的限制，在豫西南地区以商业为主导的村落，尤其是处在一些重要的集镇、水岸码头等位置的村落，这种类型的村落具有一定的代表性；其次，处在远离城区的偏远地区官道沿线的村落，虽受限于物力财力的匮乏，村落的宅院普遍规格不高，但百姓能够非常智慧的利用地域材料和地形地貌特征，对于村落本身来说也是地域性特征的体现。

通过剖析豫西南地区传统村落以及其他具备传统特征的村落，可以总结出这些村落的分布特征。第一，与交通紧密联系，由于南阳是一个盆地，对外联系的通道就显得尤为重要，进出南阳盆地，都要经过这些官道、驿站等，交通沿线分布着大量的村落；

---

❶ （清）潘守廉修，（清）张嘉谋等纂：光绪《南阳县志》卷一《地理志》，清光绪三十年（1904年）刊本．
❷ 赵锐．晚清南阳县乡村地理研究 [J]．西安文理学院学报（社会科学版），2010（05）：2.

第二，与河流结合紧密，河流既可以担负水运运输功能，又可以解决村落的灌溉和人畜饮水问题，而且南阳盆地河流都是从山区汇流而下，汇聚到平原地带，形成了白河、丹水等五条主要的水系；第三，与山区结合紧密，靠山而建，豫西南山体石块一般多细碎，难以形成大块的石头，但容易开凿搬运，多是以这种细碎石头进行房屋营建，外侧糊泥饰面。通过地方志如《邓州志》、《南召县志》、《淅川厅志》等开篇所载的地域特色景致来看，几乎无一例外的由山、水、村等组合而成，道路曲折蜿蜒在山涧之中，村落若隐若现其中。如《南召县志》中所载的"金马仙风"中有这样的描述："十二仙楼，玉作粮行，春问俗遇，金藏芒翠，承露踪程，在马銮腾云，事不荒鼎舔，飞升天上去，镜磨负局石，柳影山城，渺渺烟霞，清若岛乡"❶，给我们描绘了一幅悠闲自得的乡间画面，潺潺溪流，靠近水面的小桥，村落若隐若现，掩映在层峦叠嶂的山林中。

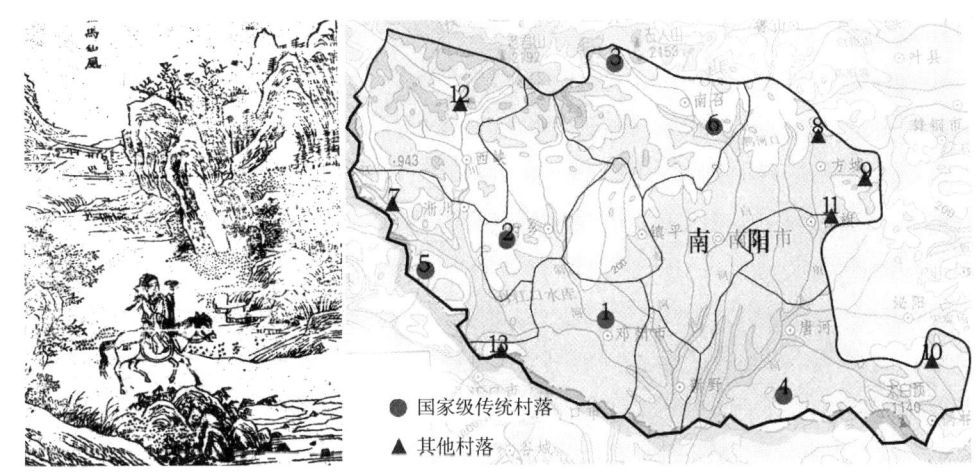

图 5-3　南召八景之一"金马仙风"　　　　图 5-4　笔者重点调查的豫西南村落
资料来源：乾隆《南召县志》卷一《舆图》　　资料来源：笔者整理

● 国家级传统村落
▲ 其他村落

豫西南地区笔者重点调查的村落　　　　　　　　　　表 5-1

1	杏山村	4	前庄村	7	荆紫关	10	北杨庄	13	古城村
2	吴垭村	5	土地岭	8	西关村	11	桃园村		
3	转角石村	6	老城村	9	博望村	12	下江村		

资料来源：笔者整理

2. 村落调查概况

在豫西南地域分区中，笔者重点调查了 12 个村落（图 5-4、表 5-1）。通过问卷调查以及现场走访得知，豫西南楚文化区的地域特色主要体现在以下几个方面：第一，村落内部是地域特色的集中体现之处，分别有 32.9% 和 36.4% 的百姓认为村落中的某

❶　（清）陈之焴修，（清）曹哲等纂：乾隆《南召县志》卷一《舆图》，清乾隆十一年修民国二十八年重印本．

栋建筑和街巷非常有地域特色；第二，村与村之间的交流活动多，尤其是庙会（52.7%）在百姓心中认为是非常重要的活动；第三，沿主街开敞式店铺（38.0%）、前店后居（32.3%）的商业空间模式是商业村落主要的经营模式；第四，历史上村落具备良好的交通条件（40.1%）是村落选址的一个必要前提。豫西南区域相对独立，地形地貌类型多样，其地位和价值是无法忽视的，区域中商业类型的村落以及村落与地域材料结合等方面有着非常独特的体现。

5.2 传统村落形态分析

5.2.1 村落选址原则

村落择址的原则概括起来是临路、靠山、近水。豫西南的村落像是从自然环境生长出来的一样，对地域环境的依赖，在这里体现的更加明显，利用周边的地域环境是村落选址的基本条件。第一，近路，豫西南地域封闭，文化却很包容，文化包容的产生就是依靠这些内外相联系的交通，靠近这些对外联系的通道，也是村落与外界紧密联系的便捷的通道，沿路易产生商业类型村落，其中前店后宅的空间类型就非常典型和具有地方特色；第二，靠山，这点是从有利于村落防御和生存的角度出发，不像豫南、豫北陡峭的山体，这里的山一般比较平缓，蜿蜒起伏，村落有足够的营建空间，石头细碎，易于就地取材，整个村落几乎都在采用着同一种地域材料，有时仅从材料使用的角度很难判断出村落宅院之间的地位差别；第三，近水，豫西南的整体水网格局呈手指状，从山体向平原汇集，水网的密度高，村落沿水网布局，既可以利用水源建立防御、饮水等，还可以利用河流作为运输的载体。

5.2.2 豫西南村落选址类型归纳

比较其他的区域来看，豫西南区域内选址类型相对单一，主要有以下几种类型：山中的阶梯地带、沿河岸地带、平原地带（表5-2）。

豫西南村落选址特征　　　　　　　　　　　　　　　　　　　　　表5-2

	山中的阶梯地带	沿河岸地带	靠山环水地带
整体格局	顺应山势，利用山中小块平坦地带	沿河流带状分布	依山环水，村落建设地平坦
交通	顺山体等高线	外部水运码头形成节点等，内部多由一条主巷进行串联	多处在一些区域性的交通要道之上
村落规模	小规模	中等规模	规模大，人口多
村落配套	配套设施少	配套设施多，类型单一	配套设施齐全，类型多样
整体朝向	注重朝向，向阳	不注重朝向，根据河岸来定	注重朝向，向阳

资料来源：笔者整理

1. 山中的阶梯地带

这种类型是豫西南传统村落选址最多采用的一种类型，吴垭村、杏山村、土地岭、转角石村等都是这种选址类型典型的代表。村落一般位于山中的谷地或者山前平坦的高地上，沿着山的走势带形或者团状的展开，村落相对集中，有机的与山体结合在了一起。

图 5-5　吴垭村的选址格局

资料来源：笔者整理或者自摄，地形图由许继清提供

选址在山中阶梯地带的村落主要有以下特征：第一，村落一般顺应着山势，在沟的上沿布局，形成了狭长的带状，村落借着山前不大的平坦地势进行布局，形成了错落有致的村落层次；第二，村落中一般会非常注重村落防洪、防水的处理，村落依山而建，每逢雨天，雨水便顺山而下，村落的设置非常注重防御潜在的水患；第三，村落的选址也非常注重向阳，一般都会在阳光充足的向阳面或者南北走向的山谷中进行布局，在台地上的村落宅院住房都会朝向阳光充足的南向布局。

最典型的案例是吴垭村（图 5-5），村的名字就是对村落选址很好的诠释。"垭"在当地就是指两山之间谷地中较高、较平坦的区域，吴姓人家在此居住，村落名称便由此而来。吴垭村四面环山，背靠石人山，面向老虎岭，西邻棋盘山，东为马鞍山，坐落在山中的垭口上，村落东西两边均为深二三十米的山谷。村落背靠着平缓的山体，村落的主体处在两块较大面积的台地上，就地开凿石头平整场地，然后用开凿出来的石头砌筑宅院，与山体严整统一。"七分山一分水二分田"是村落百姓对当地地域环境最好的概述。村中《始祖吴公迪元之墓碑》有这样的文字记载："公讳迪元，祖居堰坡，乾隆八年，迁居于兹。迁时并无地亩，尽属荒山，而公独虑及于远，不避艰险焉。厥后始开荒成熟，筑石为田，渐成村落。迄今数十余口，而衣食尚赖以不缺者，皆公一迁之力，有以致之也。是为序"。❶ 碑文给我们还原了吴氏第一代先人独具慧眼，选址于此，开荒僻田的场景。

又如杏山村，也是典型的生存于山中的村落。其下辖隔堤寺、洪水堰、竹园沟等16个村民小组，呈串珠状分布在山沟里，其中以隔堤寺村格局最佳，背靠山脉，山脊呈西南—东北走向，东面为朱连山与之相呼应，对村落呈环抱状，具备"背山面屏"、"负阴抱阳"的格局。山中村落的格局非常符合明代文人陈继儒《太平清话》对村落的描述："门内有径，径欲曲；径转有屏，屏欲小；屏进有阶，阶欲平；阶畔有花，花欲鲜；花外有墙，墙欲低；墙内有松，松欲古；松底有石，石欲怪；石面有亭，亭欲朴；亭后有竹，竹欲疏；竹尽有室，室欲幽；室旁有路，路欲分；路合有桥，桥欲危；桥边有树，树欲高；树阴有草，草欲青；草上有渠，渠欲细；渠引有泉，泉欲瀑；泉去有山，山欲深；山下有屋，屋欲方；屋角有圃，圃欲宽；圃中有鹤，鹤欲舞；鹤报有客，客欲不俗；客至有酒，酒欲不泛；酒行有醉，醉欲不归。"

当地百姓将隔堤寺的整体选址格局村落概括为"一村（自然村）、一堤（村口天然所形成的堤）、一寺（隔堤寺）、一庵（尼姑庵）、一屏（两山岭之间所形成的开阔场地）"。

2. 沿河岸地带

豫西南水运资源非常丰富，靠水而生的村落非常多见，有的村落是沿河岸两侧岸线呈带状进行建设，也有的村落就是由河岸码头呈团状发展起来。沿河村落会依靠河运，促成了村落商业的发展，改变了传统意义上以农耕为主导的村落功能，村落的整体形态和空间功能都随之改变。

豫西南最典型的淅川荆紫关的中街村、南街村、邓州市构林镇的古村等都属于沿着河流而生的村落。荆紫关镇的由中街村、南街村、北街村等三个村子组成，分别对应着紧邻丹江上、中、下的三个码头。荆紫关所在的丹江从这里向上游河道变窄，从南方来的大船需要换乘小船才能继续北上，《陕西通志》记载："东南各省入陕、甘货物，概自汉口装载帆船运至老河口，换载小鳅子船如小江口（今丹江口市）；至荆紫关换载寨河用篙小船至龙驹寨卸货，骡马驮运至西安"❷，在这里形成了一个转换的节点，成了"百船停靠、千帆竞发的大码头，客店、酒楼、商铺林立，商贾云集，当时在当地主要形成了三大公司、八大帮会、十二家骡马店、二十四家商号"。❸《淅川直隶厅乡土志》中记载："全境商务以荆紫关为贸易总汇，城中次之"❹，到了清代，这里的商业规模已经到达了巅

❶ 《始祖吴公迪元之墓碑》立于吴垭村村东两公里道路旁祖坟区．

❷ 《陕西通志·航运志》，太原：陕西人民出版社，1996：265．

❸ 李国新．南水北调中线渠首：淅川历史文化巡礼 [M]．哈尔滨：哈尔滨地图出版社，2007：11．

❹ （清）钱绳祖纂修：崇祯《淅川直隶厅乡土志》卷七《道路》，清光绪三十一年（1905年）抄本．

峰，三个村落首位相连，形成了一条 600m 长的商业内街，临街商铺、会馆、庙宇等建筑类型丰富，从这些现存的建筑我们依旧可以找到当年村落中繁荣的景象。

又如邓县构林镇的古村，古村为古山都县古城遗址所在地，村南有运粮河从村落西南一侧穿过，从汉代开始，这里就是一个著名的码头，村落环壕的一部分借助于运粮河而建，在村南形成了一个典型的码头。通过村中的铁匠铺、银匠铺、古井、古桥、运粮河码头等历史遗迹，可以判断运粮河给古村带来的浓厚商业氛围。

3. 靠山环水的平原地带

在豫西南浅山区与平原的过渡地带中，有不少村落选址在这里，优势不言而喻，地势开阔且平坦，有山可依，有河流资源可用，非常利于村落的生长，南召县的老城村就是这样一个典型案例。

老城村位于南召县云阳镇的镇区内（图 5-6)，村子最早的历史可以追溯到春秋的楚国，其中文庙就是楚王行宫。从宏观的选址格局来看，老城村有着非常好的格局，整体位于一

（a）老城村选址格局　　　　　　　　　　　　　　　（b）老城村周边环境

图 5-6　靠山环水的选址格局

资料来源：笔者整理或自摄 底图来源于《老城村保护规划》

块平坦的高地上，背靠着鹿鸣山，西侧二道岭环抱，鸡河在此和鸭河交汇，在两河的交汇点形成了一个半包围的环状格局，西邻大关，东侧鸭河呈半圆状环绕而过，东侧的宛洛大道，这是古时对外的一条重要交通要道，有"北扼洛阳、南控荆襄"咽喉要道之称。

老城村是这种类型村落选址的一个缩影，这种村落往往位于浅山和平原的交接地带，有山有水，环境优美，可供村落建设的用地很充裕，也往往是一些重要的咽喉要道。这种村落往往具备以下选址特征：第一，村落依山环水，能够轻易的建立起防御的屏障，也能够就近取材进行营建，村落中重要的公共建筑和民居等不少的木材和石材都是就近取材；第二，村落往往位于重要的咽喉要道，利于文化的交流和融合，由于村落的选址处在河流和山体之间，也会是古代重要交通要道的线路；第三，村落规模一般都比较大，在这种得天独厚的环境下，村落容易聚集起人气，规模都比较大，村落的建设用地和耕地都非常充裕，目前老城村有 4000 多的常住人口；第四，村落的各种功能都非常齐全，村落规模大，财力雄厚，各种配套的设施都非常齐全，功能格局齐备，有大量的公共设施，如文庙、关帝庙、南石庙道观、县衙、城隍庙等。

5.2.3 村落中心与边界

1. 中心

豫西南村落与其他地域分区的村落一样，有十分明确的中心。但随着地域因素的影响不断增强，一定程度上削弱了村落中心地位，步入到豫西南的传统村落中，沿街界面、用材、尺度等都非常相似、千篇一律，因为某座宅院非常凸显而成为中心，很难辨别村落中哪座宅院的主人地位非常显赫，综合起来看，村落中的中心大概可以分成以下几种类型。

（1）村落的中心广场

村落中的中心广场是村落百姓活动、邻里交往的重要空间，不少的村落都会有这样一个非常开阔的空间，位置也不尽相同，有的在村口处，有的已经深入到了村落的内部，中心空间往往是围合、尺度宜人，具有典型的积极空间的特征。如吴垭村的中心空间是一块非常广阔的开阔地，这在用地紧张的山坳中是非常奢侈的，顺着蜿蜒的盘山路，进入到了一个口袋型的空间里，这个入口空间担负着村落主要交流空间的疏解和汇聚，不但联系着村落的对外交通，还直接与村落全部的主要巷道相联系，共有四条，分别为迪元巷、金桂巷、梧桐巷、黄楝巷，村落中的外部空间主要依靠村落的入口空间和这四条巷道来完成（图 5-7）。

（2）重要的公共建筑

豫西南也有不少村落中的某栋公共建筑影响力特别大，远近闻名，在百姓心中的位置特别重要，有的干脆就以这个建筑来命名村落的名称，如杏山村的隔堤寺村。隔堤寺距离村落很近的一处寺庙，村落百姓对隔堤寺都有一种敬畏之心，村落最北的那个组团建筑打破了南北向阳的走向，而是东西走向，根据当地百姓的描述，目的就是与隔堤寺对应（图 5-8）。

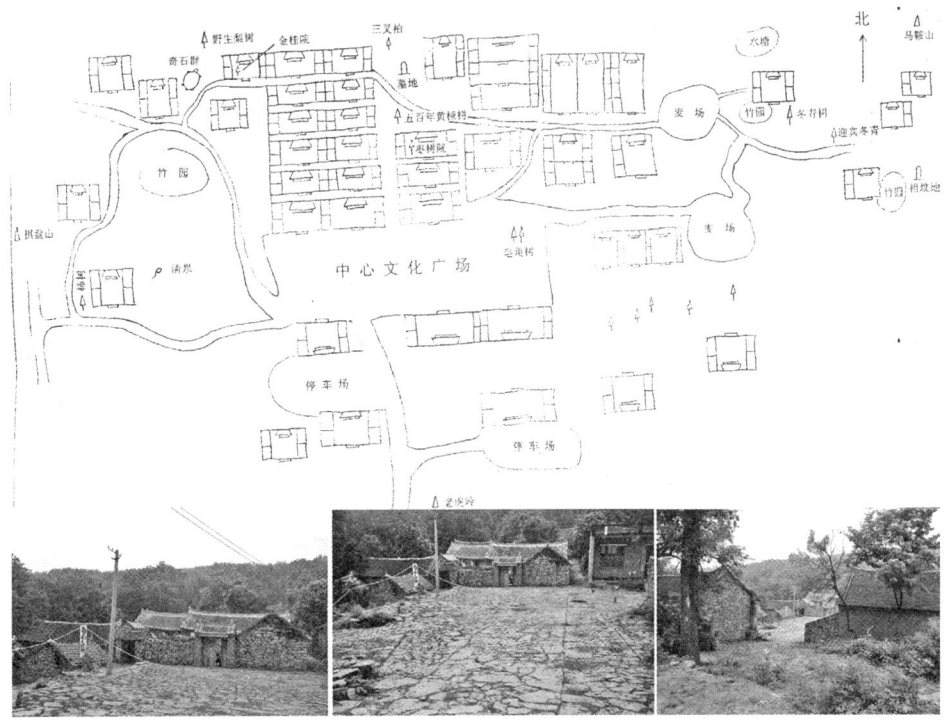

图 5-7 村民绘制的吴垭村格局

资料来源：上图由内乡县文物局提供，下图为笔者自摄

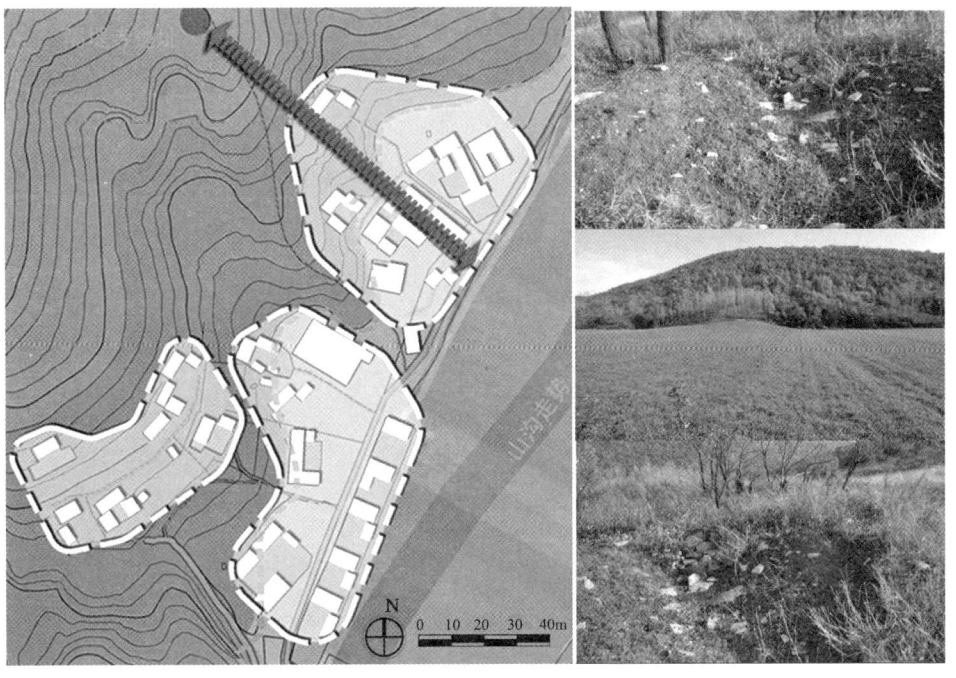

（a）组团与隔堤寺的关系　　　　　　　　　　（b）隔堤寺遗址

图 5-8 隔堤寺村中心

资料来源：a 底图来源于《隔堤寺村村落档案》，b 为笔者自摄

在荆紫关的南街村、中街村、北街村中也有许多公共的建筑，如平浪宫，被公认为是古街的中心（图 5-9）。平浪宫规模宏大，建筑精美，由戏楼、钟楼、中宫等组成，由经常往返于此的船家捐献而建，入口处的"江盛水水满江风平浪静，人敬神神佑人祥和惠安"的对联暗示着平浪宫对这里百姓的庇护作用。平浪宫的中心地位主要通过以下两点来凸显：第一，地位重要，荆紫关因水而生，而平浪宫营建的初衷是敬水神，保船工平安，所以这栋建筑的重要性对于活跃于丹江上的船工和沿岸百姓不言而喻；第二，选址突出，最大的一处码头设置在平浪宫对面，装卸货物都发生在这里，繁华程度不言而喻。

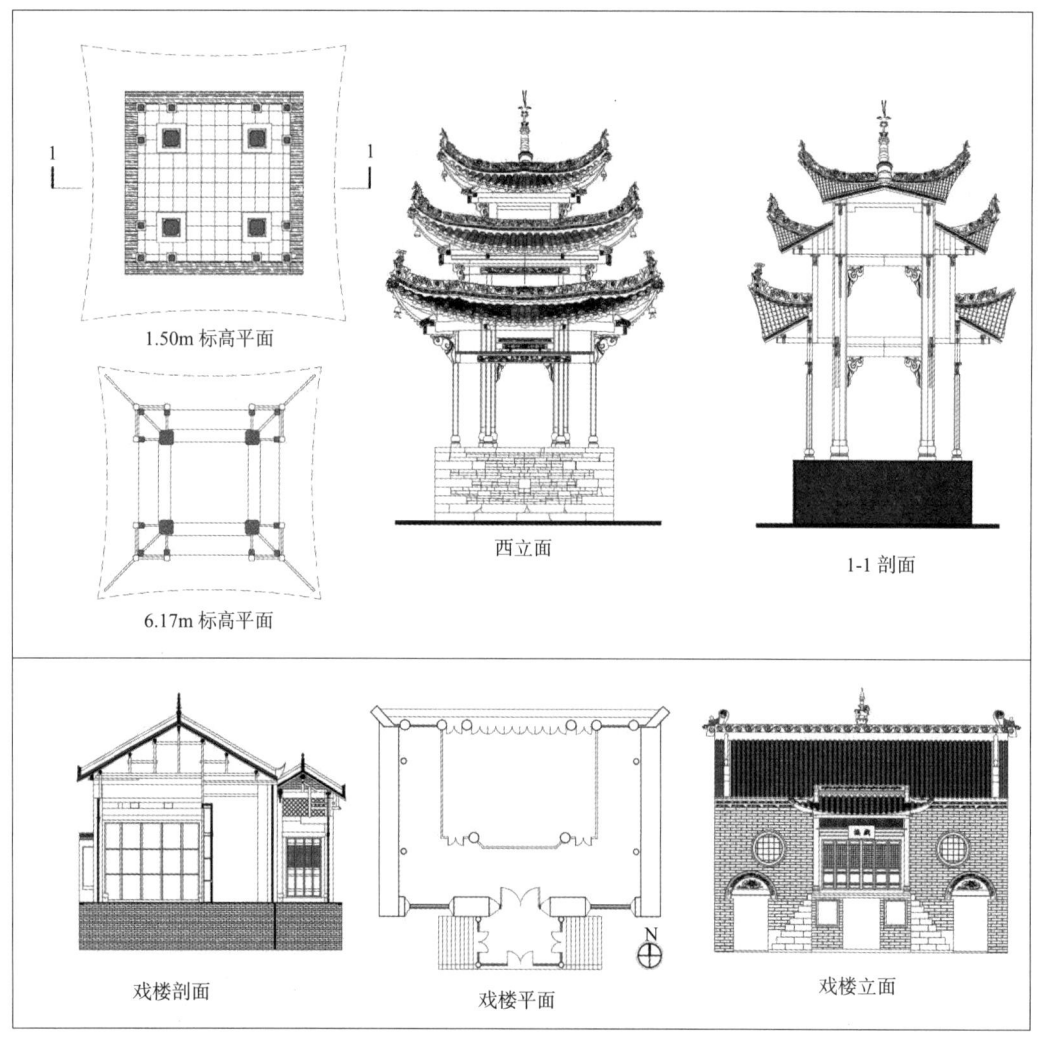

1.50m 标高平面

6.17m 标高平面

西立面

1-1 剖面

戏楼剖面

戏楼平面

戏楼立面

图 5-9　荆紫关钟楼与戏楼

资料来源：笔者指导华北水利水电大学建筑学院 2010 级学生测绘

又如转角石村的兴峰寺在当地也颇有影响力，据当地老百姓口述，兴峰寺可以追溯到明朝。明朝皇帝病重，久医不治，出家在此的三公主献药治好了其父的病，其父先前因反对其出家，对公主不计前嫌深为感动，于是修建了兴峰寺。明末，李自成火烧了兴峰寺，转角石村村民世世代代均为兴峰寺的佃户，以租种兴峰寺的耕地为生，兴峰寺的种种传说是当地百姓津津乐道的话题，也是百姓心中名副其实的心理中心。

村落以建筑为中心的实例非常多见，时至今日，有些建筑在村落中依旧发挥着作用，在调研过程中发现这些建筑在附近百姓心中形成了广泛的影响力，虽然有的建筑实物已经不复存在，但是通过百姓口口相传，与这些建筑相关的逸闻也不断地传颂，在村落的实际营建过程中也可以看出这些建筑对村落格局和物质形态的影响。

2. 边界

根据构成村落边界构成特征，村落边界归纳起来主要有寨墙环壕类型、山体类型、河流类型、道路类型等（表 5-3）。

豫西南村落边界类型　　　　　　　　　　　　　　　　　表 5-3

边界类型	特征	性质
寨墙环壕边界	人工修筑寨墙、环壕防御功能，村落内外领域区分明显	显性边界
山体边界	以山体等高线为边界，宅院会顺着等高线的走向而建	隐性边界
以河流为边界	河岸为边界，村落沿着河岸带状而建，形成整齐的界面	显性边界
道路为边界	道路多从村落内部而过，对宅院的建设有显著的约束作用	显性边界

资料来源：笔者整理

第一，以村落寨墙环壕为界，这些村落主要位于山前平原地带，相对比较开阔，需要建立起自己的防御措施，如老城村，古村等都有寨墙和环壕，环形的环壕将村落的边界圈定起来，形成了明确的边界；第二，以山体等高线为边界，许多靠山而建的村落，宅院都会顺着等高线的走向而建，形成了一个隐性的边界，如吴垭村、转角石村等都有以山体形成村落的边界；第三，以河流为边界，河流有着天然的隔绝作用，这种多出现在河流周边的村落，村落会挤占河流的岸线而建，顺应着河岸边界会形成一条边界，如荆紫关的南街村、中街村和北街村都属于这种类型的边界；第四，以道路为边界，在山中的谷地，往往会有一条道路贯穿整个谷地，沿着这条道路的一侧和两侧会分布着不少村落，这条道路就会形成明显的界限，村落都会整齐的沿着这条道路的边界进行建筑，乡规民约中限定了村落与道路之间的关系，没有人会突破这条"红线"，所以一般来说，村中宅院会沿着道路一侧或者两侧沿线形成整整齐齐的界面，杏山村就属于这种类型。谷地一条道路串联了 16 个村民小组，每个村民小组都是独立的自然村落，村落都与这条道路发生着关系，这条路不但串联起来了 16 个自然村落，而且许多村落也多以这条道路为边界进行营建。

5.2.4 村落整体形态分类

有了这些边界和中心的限定，村落的整体形态也就非常清晰，豫西南的传统村落受到地域条件的影响非常大，许多村落就像生长出来的一样，村落的整体与地域环境契合的非常紧密，受到人为等社会因素的影响相对较小。

1. 带状

带状村落呈现出来的特征是村落宛如一条丝带一样沿着线性要素进行布局，荆紫关的南街村、北街村、中街村等就是非常典型的带状村落。这种线性要素一般是河流和道路等，豫西南有为数不少的村落沿着河流和官道来布局，村落会根据这些线性要素延展开来，形成带状。村落的边界和起始点都非常明确，道路和河流就是村落的一个明确的边界，有的时候在带状的村落内部也会有一条平行于河流或者道路街道，而节点的形成会根据这些线性要素来展开（图5-10）。

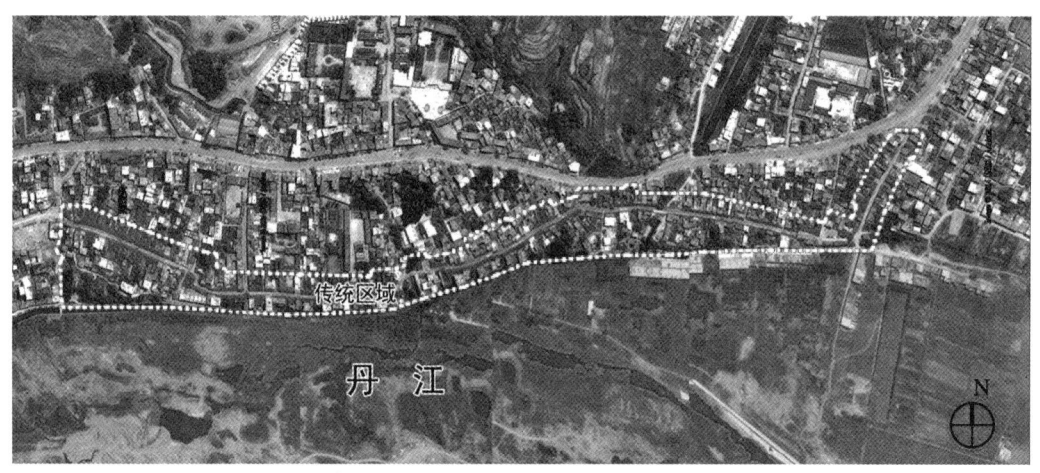

图5-10　带状的荆紫关

资料来源：笔者整理，底图来源 Google earth 地图

带状村落一般具有以下典型的特征：第一，带状村落一般沿着线性要素进行延展，与之垂直的方向则没有发展，可见线性要素有非常强的吸附力，宅院组团等都会沿着线性要素展开布局，线性要素多为官道或者河流，来往人流量大，会带来较多的商机；第二，村落中单一的农耕模式会改变，多数是以商业和农耕经济并存的多元化模式的村落；第三，村落整体风貌也体现出了多元化和文化融合的特征，沿着线性要素村落的界面会非常丰富多样化，如南街村、中街村沿江出现了吊脚楼、江南马头墙的样式。

带状形态的村落是豫西南一种比较特殊的村落形态类型，受到跨区域间的影响因素较大，村落中商业气息浓厚，带状村落类型给充满乡土气息的传统村落增添了多样化的样本。

2. 团状

团状村落各个功能单元相对紧凑的布局在一起，形成了团状的村落形态。豫西南大多数村落都属于这种类型，如老城村、古村、吴垭村等都属于这种类型。团状村落有着类似的选址特征，这些村落普遍建设在相对开阔的平原地带或者山中台地上，尤其是山地地形限制着村落的形态，村落一般会根据地形形态自然而然的生成村落的形态，形成相对完整的团状形态（图 5-11）。

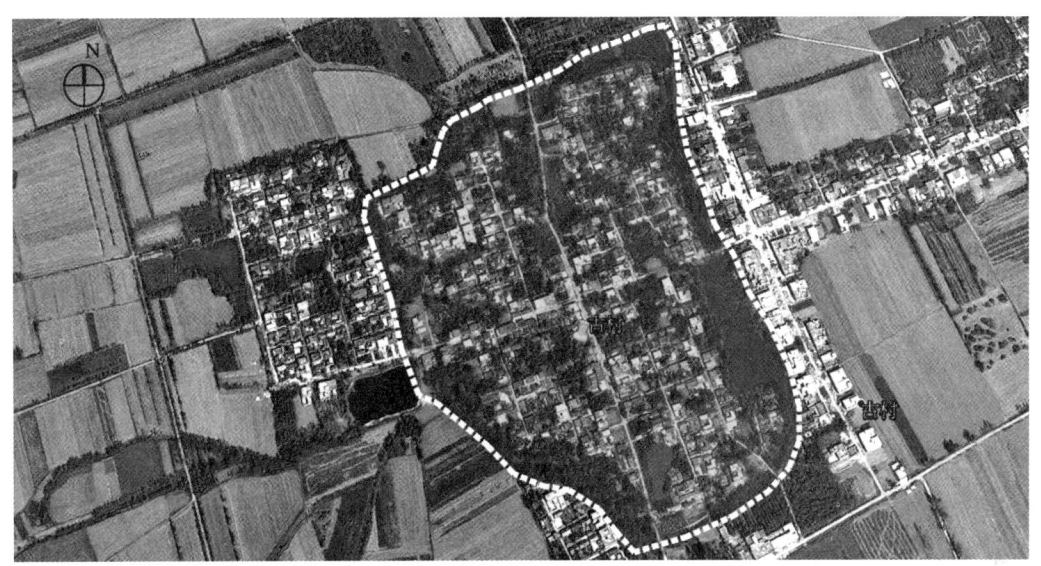

图 5-11　团状的古村

资料来源：笔者整理，底图来源于 Google earth 地图

团状村落一般具有以下特征：第一，团状村落相对紧凑的发展，村落一般呈近似的圆形，村落朝着各个方向都均衡发展，不会出现带状村落单向发展的状况；第二，村落的边界一般受到地形限制，在山区，村落的基本形态就根据地形地貌特征，将大致可建设的范围确定下来，平原地区，一般会根据村落的人口规模来确定村落的用地规模，形成方形或者圆形的村落，筑环壕和寨墙为边界，百姓在营建村落的时候，往往会尽量利用可以利用的空间，把节约出来的用地腾出来留作备用地或者耕地，形成相对比较紧凑的团状形态；第三，团状村落往往会有明确的中心，村落的向心性很强。

5.3　传统村落空间特征

5.3.1　豫西南传统村落空间要素构成

1. 点状空间

豫西南传统村落中的点状空间承载着百姓的一些重大日常活动，在村落百姓心中占有非常重要的位置，往往是村落的核心点，也是百姓心理上的中心。点状空间往往是重要活动的载体，地方志中有载："乡有约，社有会，所以奉王章而宣德化，邑中各乡堡每朔望合。凡各处乡村人民，每里一百户立坛一所，祀五土五谷，专为祈祷雨赐，时若五谷丰熟，每岁一户，轮当会首，常川洁净坛场，遇春秋二社，预相率办祭物至日约聚，祀其祭，用一羊一豕，每岁三祭，春清明，秋七月十五，冬十月初一，日各辅时，举行其祭物，牲酒随乡俗置办，其轮会首及祭，毕读誓会饮等仪典祭里社同"。❶通过地方志中的记载，我们不难看出豫西南乡村中活动的规模大，涉及面广，每家每户轮流承办，形成了竞争之势，村中较大规模的点状空间就是活动的空间载体。

豫西南村落中的点状空间往往具备以下特征：第一，点状空间具有典型的积极空间的特征，这些空间围合感非常好，位于村落中非常显著的位置，经常在入口或者村落地理中心的位置；第二，点状空间独立存在，不必依附于某栋重要的宅院，这与前面其他地域分区中的点状空间类型有着显著的区别，豫西南传统村落中宅院与宅院之间的等级差别不大，这些点状空间的服务对象为整个村落的开敞空间；第三，点状空间可能串联起了整个村落的街巷体系，形成了典型的"点—线"的空间模式。点状空间非常典型的如吴垭村的入口广场、隔堤寺村的村前广场等，这些空间都非常符合点状空间的特征（图5-12）。

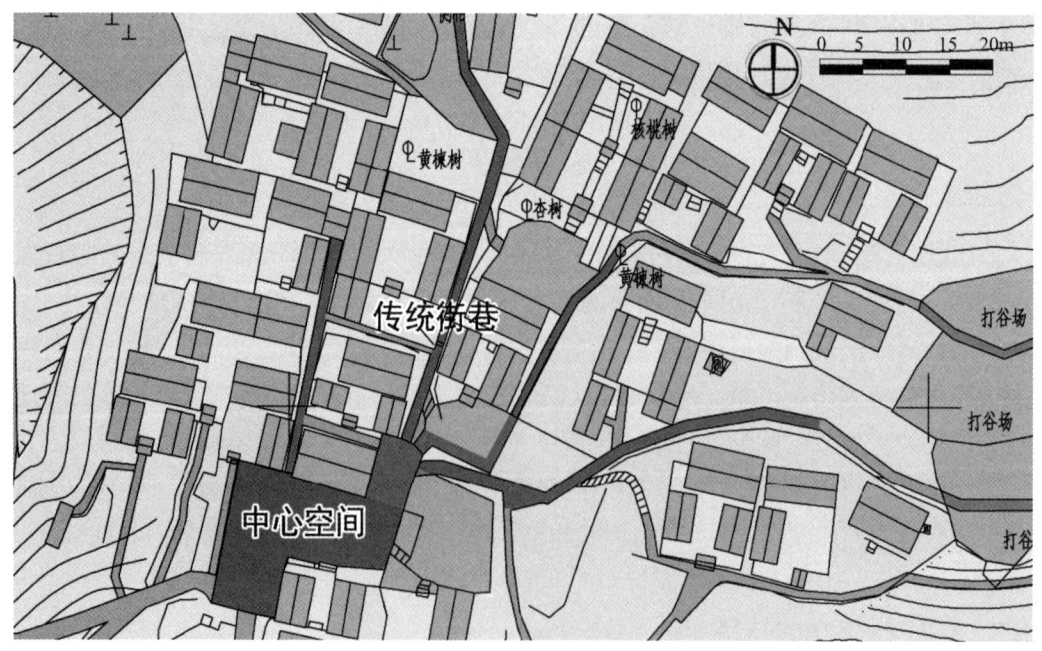

图5-12　吴垭村中的点状空间与街巷
资料来源：笔者整理，底图由许继清提供

---

❶（清）宝鼎望修，（清）高佑钜纂：康熙《内乡县志》卷五《风俗志》，清康熙三十二年（1693年）刊本．

2. 线状空间

线状空间属于引导性的空间，界面整齐统一，宅院等沿着线状空间展开。豫西南的线状空间主要为街巷空间，分为以下几种类型：第一，最常见的为村落的主巷，担负着村落的主要交通和联系，呈"一"字、"十"字和环状等，空间尺度较大，D/H 一般在 1 和 2 之间，尺度良好，街巷两侧的界面并不严整，时断时续，经常会被一些其他的空间断开，主巷也会串联着村落的主要功能单元和主要开放空间；第二，支巷，这种指的是村落中次一级的巷道，尺度较小，D/H 一般在 1 以内，主要由宅院的山墙和院墙围合而成，具备消极空间的特征，整个空间遮挡较少，视线通达性强，属于穿过性的空间场所，支巷空间往往联系着宅院的入口；第三种，次街，空间尺度介于前两者之间的巷道，一般是联系着支巷和主巷，这种次一级的巷道多存在于较大规模、空间层次丰富的村落中（图 5-13）。

不同类型的线状空间的交叉点是一些重要的空间拐点，也是一些公共邻里活动高发地点，因为在这些交叉口处是视线转折点和易停留的区域。如吴垭村，点状的中心广场向外辐射了三条街巷；一条主巷从头至尾的串联着荆紫关的三个村落；隔堤寺村中，一条主街为主导，次要支巷如网状辐射直接联系着村落各个宅院；以古村为例，村中以十字街巷为主体形成了主要的空间体系，向外辐射。

（a）荆紫关的主巷　　　　　　（b）老城村的次街　　　　　　（c）吴垭村的支巷

图 5-13　豫西南线状空间

资料来源：笔者自摄

5.3.2　豫西南传统村落空间结构

1. 一字带型

豫西南一字带型的传统村落空间主要由一条主巷贯穿村落的始终，宅院沿着这条主巷两侧或者单侧分布，形成了带状的村落形态，主巷空间是村落主要的外部空间，担负着村落中所有的邻里交往活动，较少有支巷，或者说支巷的发展较弱，主巷有非常强大的吸附力，百姓的日常活动都会集中到主巷上。豫西南区域中，荆紫关的南街、北街、中街三村是典型的一字带状的空间结构（图 5-14）。

主巷空间也有非常明确的空间节点，一般在村口、村尾和村中某些关键点上会有开放的空间或者显著的标志物，如寨门、平浪宫等都是主巷上的重要节点。对于百姓来说，关键节点和自家店面前是邻里交往活动较多发生的地点，晚饭期间，百姓会把饭桌直接搬到宅院门口，端坐一排，一边吃饭一边和远处的邻居寒暄上几句。

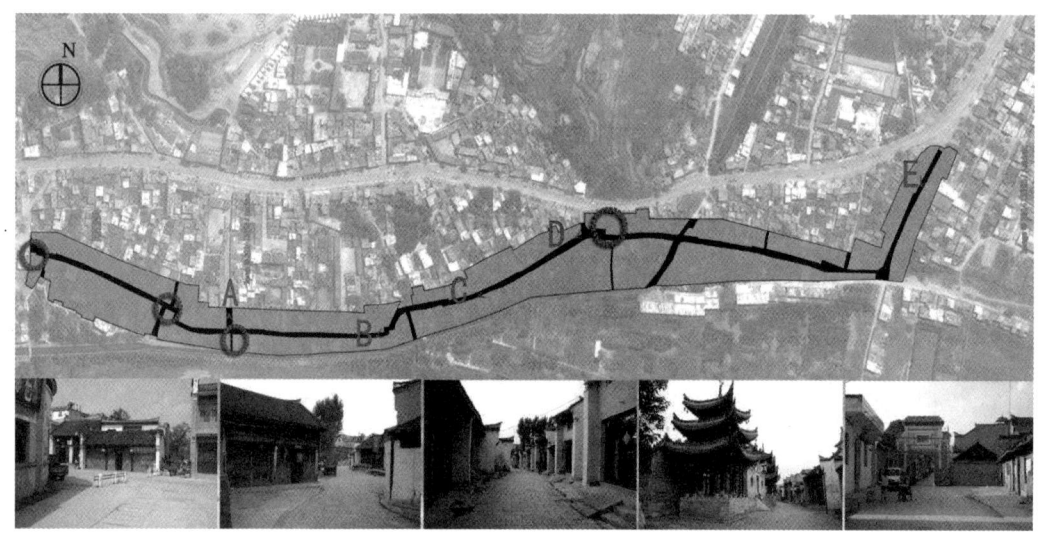

（a）A点透视　　（b）B点透视　　（c）C点透视　　（d）D点透视　　（e）E点透视

图 5-14　荆紫关的空间结构及关键视点

资料来源：笔者整理或自摄，底图为 Google earth 地图

以荆紫关的三个村落来剖析一字带状的村落空间主要有以下特征：第一，村落呈带状分布，村落的进深不大，一般沿着带状的中心会有一条主要的巷道，担负着村落的主要交通功能和联系功能，荆紫关一条主巷道长达三公里，中间极少支巷，进入支巷中，马上给人一种冷清的感觉，与主街浓厚的商业氛围形成了非常大的反差，商业的价值也差别非常的大；第二，村落的空间层次以主街—宅院这样的方式直接过渡，从开放—私密这样过渡，缺少了其他的空间层次，几乎所有宅院都是直接面向主巷道进出，以家庭单元作坊为模式，制作原料等都是通过主要街巷来运输；第三，沿着主街的界面非常统一且有变化，各个宅院都有统一的界面，没有哪户会超越这条红线，整条街巷中，只有平浪宫前的钟楼、鼓楼向前伸出，占据了街巷的部分空间；第四，整条街巷具有积极空间的典型特征，主要街巷的尺度 D/H 在 1 左右，是非常宜人的空间尺度，同时街巷并不是笔直的，而是有四五个较大的转折点，形成了视线的遮挡和转换，再加上琳琅满目的店面，整条街巷都显得非常有活力；第五，一字带型村落的起点和终点都非常明确，村落入口处往往是村落非常重要的位置，村落入口处往往是个牌坊、寨门等，作为村落入口的明确标识。荆紫关老街中的关门位于南街的最南端，关门砖石结构，跨街而立，顶部有砖砌斗拱，门楣上书"荆

紫关"三个大字，从这里就表示着古街的起点，关门铭牌上这样记载："关门，守城门，屡建屡废，现城门亦名花城门，建于 1914 年，几经炮火洗礼，现原貌依旧，十分壮观"。❶

　　荆紫关传统老街巷与现代生活的冲突非常突出，虽然明清期间这里是著名的水陆码头，但是这里的辉煌早已不在，只剩下孤零零的建筑空壳，虽然还可以见到三三两两的门市开张营业，但是走在大街上的人大多是观光客或者是当地的百姓，失去了往日的活力。究其原因主要有两点：第一，丹江几乎断流，失去了水运的功能，村落原本由丹江而生，失去了丹江的依托，村落自然就失去了应有的活力；第二，传统村落街巷尺度难以适应现代交通，与老街巷形成鲜明对比的是跟它平行的一条新的街道，这里车水马龙，人车混杂，好不热闹；这里一动一静的差别，我们不难看出，从街巷这一层级的尺度来看，机动车很难在这里穿行，即使能够在老的街巷中穿行，停车的问题也难以解决。

　　2.一字鱼骨型

　　这种类型的村落空间特征主要体现在一条主街巷贯穿着村落，与之相连的有许多的次要支巷，然后与村落的宅院单元进行联系上。这条主要街巷与前面一字带型的主要街巷不同，这里的主街巷主要担负着交通功能为主，主街巷尺度较大，吸附力、内向性不强，一般具备消极空间的特征，而支巷空间与村落的宅院等基本功能单元紧密联系，隔堤寺村、转角石村都属于这种类型（图 5-15）。

图 5-15　杏山村空间结构

资料来源：笔者整理或自摄，底图来自《杏山村保护规划》

---

❶　关门铭牌立于古街入口牌坊旁。

进一步剖析，一字鱼骨型的村落空间主要具有以下特征：第一，主要街巷主要担负着交通的功能，较少的担负其他的功能。以隔堤寺村为例，贯穿村落的一条道路为山谷之间的道路，这条道路将杏山村的16个村民小组全部串联了起来，而村落最初的发展都在道路的西侧，由于用地紧张，近些年来才开始在道路的东侧沿路盖起来一些宅院；第二，村落形成了主街—支巷—宅院的空间过渡，建立了开放—半开放—私密的空间层次；第三，以支巷为主要交通形成了一个个组团，串联支巷是良好的邻里交往空间，支巷往往是直通到某个宅院前作为终点，支巷与支巷之间较少联系，每条支巷之间相互固定的联系着几处宅院，百姓相互之间在支巷碰面的机会最高；第四，主街空间尺度 D/H 在 2~3 之间，地面泥泞不堪，空间围合感差，属于典型的消极空间。支巷 D/H 在 1~2 之间，尺度宜人，但支巷经常要结合地形地貌，界面也不完整，空间围合感较差。一字鱼骨型的村落，主次街巷之间的空间层次系统性强，也有明显的功能上差别，支巷的空间尺度和围合感都要优于主巷，邻里活动的分布区域也很明确，这种类型村落的空间结构特征主要分布在山中谷地的村落中。

3. 网状

在网状的村落空间结构中，村落主巷、支巷、广场等外部空间呈现出网状交错布置或者围绕着中心放射状，交错呈网状，形成了相对匀质化的空间体系，街巷之间很难分出主次关系，吴垭村、老城村、土地岭村、前庄村等都属于这种类型。网状结构空间主要表现为相互联系呈网络的外部空间均匀的布局在村落的各个宅院之间，相互之间联通，道路交通一般呈环状，断头路较少，村落中有着明确的中心，中心也会编织在整个网络体系中（图 5-16）。

网状空间村落主要具备以下特征：第一，村落的外部道路体系主次关系明确，但不会出现某一条主巷占主导地位的状况，而是数条交织成网的道路担负着主要一级的街巷空间的功能，如老城村，并没有将划分成十字型的空间结构，老城村中空间体系以十字街向外辐射形成了网状，将村落划分成了一个个的街坊单元；第二，村落有明确的中心，这个中心多为独立的开敞广场，担负着村落空间的主导位置，以吴垭村为例，村落中的中心广场，村落中四条主要街巷都与其相联系；第三，村落的空间层次为中心广场—主巷—次巷—支巷—宅院，从开放—半开放—半私密—私密空间进行过渡，是村落空间层次最为丰富的一种类型。如老城村，网状的街巷空间将村落各个功能单元串联起来，村中的文庙虽然位于村落的西北角却成为了村落中名副其实的中心，而村落的地理上的中心古城路和育红街的交叉点，虽然空间、规模等都不大，却一直以来都是商业最繁华的中心；第四，无论是主巷还是次一级的支巷，空间尺度都不大，一般 D/H 在 1~2 之间，而且空间的围合感较好，广场、主巷、支巷等区域都是邻里活动的高发区域。

总结起来看，网状类型的村落空间体系系统性非常强，邻里交往的活动区域也非常广泛，空间层次的衔接与转换非常的清晰，是豫西南村落空间结构、层次最为丰富的一种类型，而且山区、平原等都有这种类型的村落。

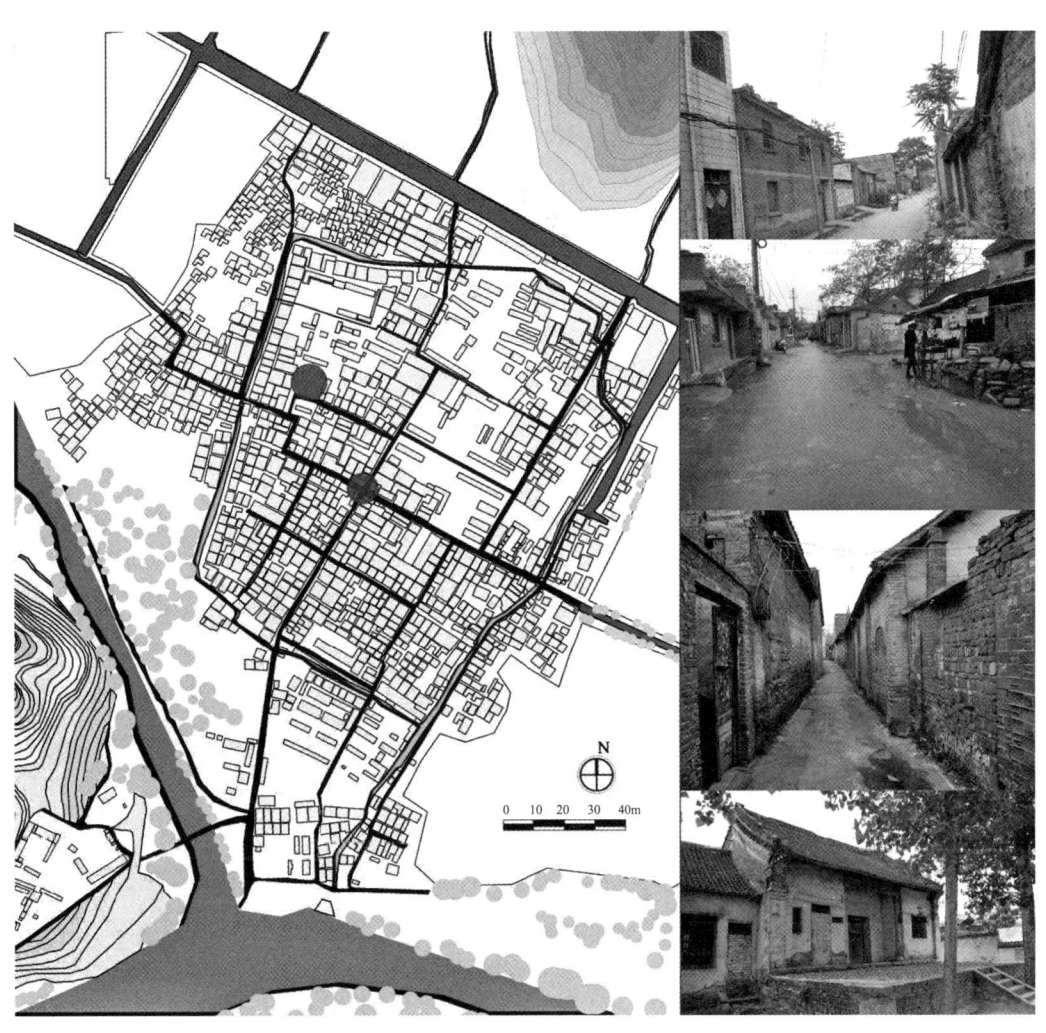

（a）老城村空间结构　　　　　　　　　　（b）老城村街巷及文庙节点

图 5-16　网状结构的村落

资料来源：笔者整理或自摄　底图来自《老城村保护规划》

4.片状紧凑型

在豫西南片状紧凑型的空间结构中，村落的体现与众不同，主要体现在村落被限定在了某片区域之中，宅院、历史要素布局相对自由灵活，缺少明显的秩序在里面，由于历史上的原因形成这样的格局，转角石村就是这样一个典型的案例（图 5-17）。

转角石村规模不大，由兴峰寺基址之上的村东和西寨墙外的村西两部分组成。其中村东分布在兴峰寺的台基遗址之上，寨墙环绕一周，是转角石村的主要组成部分，兴峰寺古寨墙环绕村落一周，限定出了村落的显著边界，宅院相对自由的散落在兴峰寺的基址之上，错落有致。

现有的转角石村空间格局的形成是寺庙格局和村落生活格局等两个时空单元叠加而成的结果，是兴峰寺焚毁之后保留下来的空间格局框架与转角石村本身生活所形成的空间结构杂糅在了一起。

原有进出寺院的两座寨门也连接起了村东、村西。村落由南向北分处在兴峰寺原有的三个大的台阶之上。从兴峰寺牌坊作为起点，拾阶而上，穿过石头拱券寨门，进入到村落的第一块台地上，散落着几组宅院。再上几级台阶，到了第二层台地上，并排分布着几组宅院，第二层台阶是规模最大的，也是村落中较为精细宅院的分布区域，部分宅院平行于兴峰寺大殿的基址，部分散落在大殿基址东侧，第三层台阶则不规律的散落着一些宅院。宅院组织会随着地形产生变化，组团内部地形并不平坦，宅院也在随机的根据地形调整朝向和宅院的组织关系。

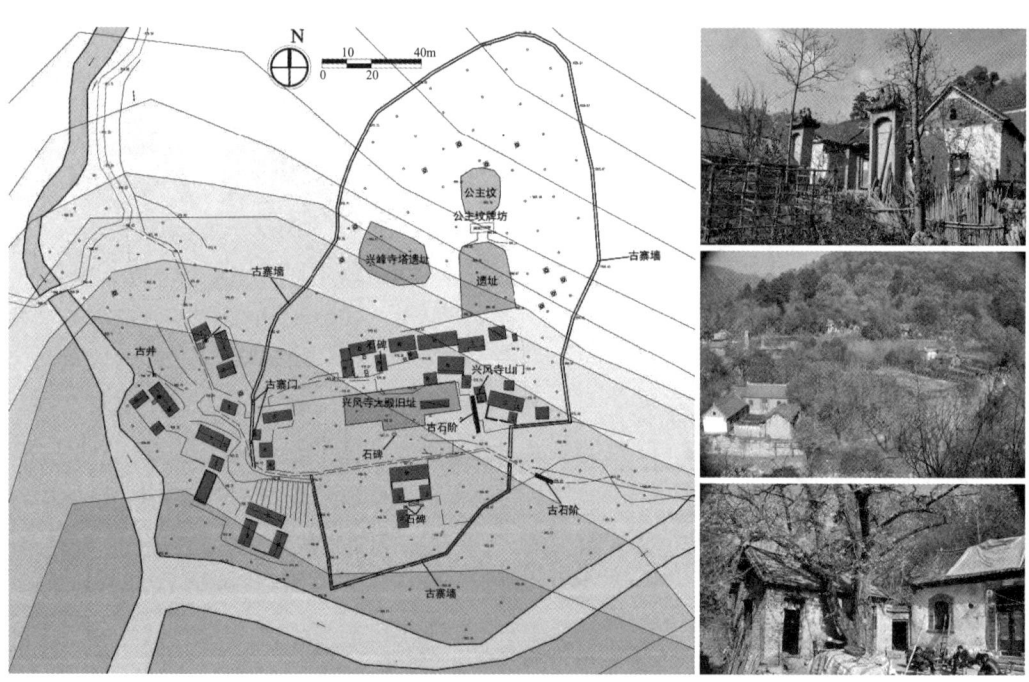

图 5-17　转角石村外部空间和关键节点

资料来源：笔者整理或自摄

5.分散型村落空间结构

豫西南分散类型的村落，主要是分布在山区与平原的过渡地带的浅山区，以唐河马振抚乡的前庄村最为典型。前庄村下辖七、八个自然村落，村落沿着一条沟呈散落状分布，村落规模都不大，小至王家场、麒麟沟的一户两户，大至大河沟的四十户，大多是呈线状布局。王家场、白家场、新庄、干塘沟、麒麟沟等都在十户以内，百姓宅院大都沿沟顺地形而建，形成了非常分散的空间格局，村落之间依靠沟中的道路进行联系，多数宅院直接与主道路相联系，形成了非常直接的空间联系方式（图 5-18）。

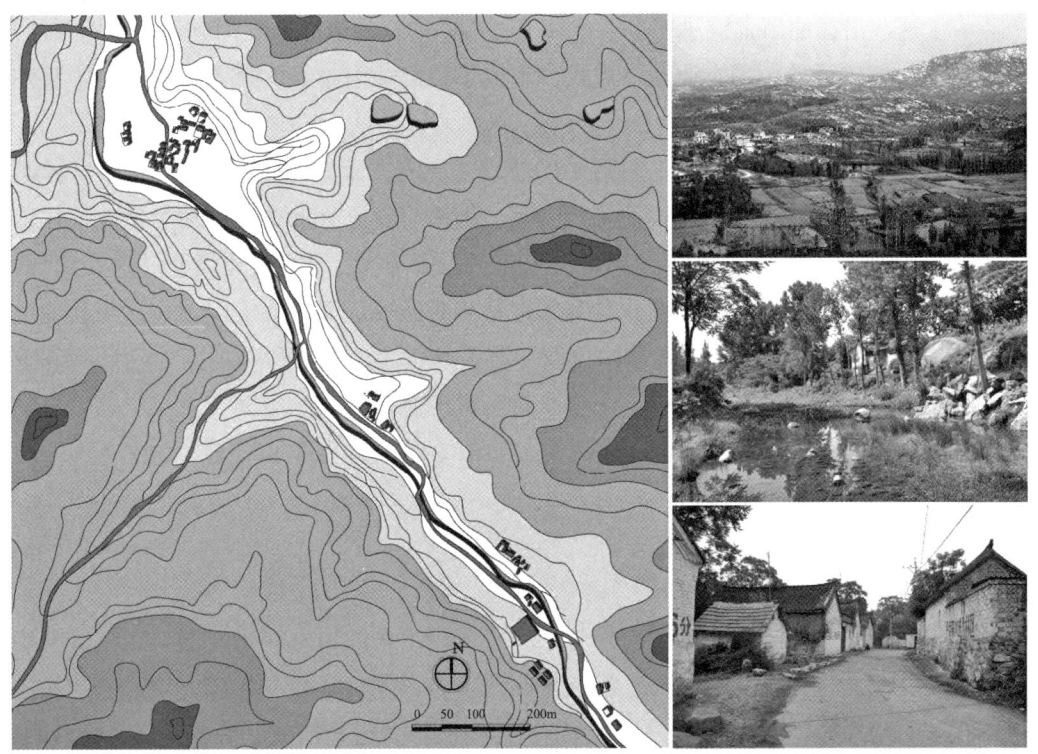

图 5-18　前庄村分散型空间结构
资料来源：笔者整理或自摄

5.4　豫西南传统村落地域特征

5.4.1　重商轻农

豫西南地区重商轻农，因势就利，自古以来，就有许多的商业重镇，如荆紫关、社旗、镇平等。豫西南处在一个盆地中，四周环山，自成体系，对外陆上、水运交通都非常发达，形成了一系列的官道，促成了文化交融，加之原来这里本来就是楚文化的区域，受到礼制等约束就很弱，商业等交流性活动发生的非常频繁，在《南阳县志》、《邓州志》、《淅川直隶厅乡土志》等中都有记载，这是个"颇好商贾"，这种风气令当地政府非常头疼，"太守劝民农桑，去末归本"，"人固善贾，县又通水陆，乾嘉时城厢及社旗镇号为繁富，游间奢靡犹有宛"，这种浓厚的经商氛围辐射到了靠近主城和集镇周边区域的村落，这些村落无论从整体形式上到宅院形态上都呈现出了与农业为基础的村落较大的差别。

从另外一个角度来看，豫西南受到楚文化圈层的影响，与中原主流文化有所差异。楚文化区秉承了老子的无为哲学，"明确否认天是最高主宰，认为世界的本原是道，又讲'天下万物生于有,有生于无'"❶,更加注重事物顺其自然,注重天、地、人三者合一,在村落的营造过程中讲究实用,自由灵活,因地制宜,这也就不难理解吴垭村整体采用一种材料建设,难以看出宅院之间的地位差别。

有了这些潜在的因素铺垫,也不难理解村落中的百姓会充分利用有利的地域条件,因势就利,打破了传统的农业经济模式,形成了以商业为主导的村落类型,也给我们呈现出了不一样的村落类型。

在重商业的思维影响下,在村落中的体现主要有以下几个方面:第一,带状村落为主导,多沿着河流和官道等线性要素发展,由于有着巨大的商业活动为依托,村落的规模一般都比较大;第二,商业店面类型丰富,前店后院,下店上居等形式都会出现,紧紧围绕着商业来展开,同时商业空间非常紧凑,通过店面进入宅院,这点与其他地域有着显著的不同;第三,空间结构也以一字带状为主,几乎所有的商业活动和邻里交往都在主巷中展开,在主巷中形成了非常丰富的空间层次和空间节点,与之垂直的次要支巷则完全是另外一番景象,步入支巷没有多远就显得非常冷清,与主巷熙熙攘攘的局面形成了巨大的反差。

5.4.2　根植地域

根植地域,因地制宜是豫西南村落空间所体现出来的另外一个特征。在村落中表现为传统礼制在豫西南村落中几乎没有什么约束力,尤其是在一些较为偏远地区的村落,村落的营建显得不合礼数,实用为主,结构简陋,略显粗糙。缺少了礼制的约束,好商贾轻农业等,处在楚文化圈层的南阳盆地的百姓沿袭这个地域中的重经验、重思辨的科学观,重实践、重创造的技术观,重实际、重想象的方法观。❷

（a）土地岭村　　　　　　　（b）转角石村　　　　　　　（c）吴垭村

图5-19　地域材料在村落中的运用

资料来源:笔者自摄

就地取材是百姓进行村落营建的唯一途径,村落就像从地里生长出来的一样,没

❶　丁宏.春秋战国中原与楚文化区科技思想比较研究 [D].山西大学博士学位论文,2012:65.
❷　丁宏.春秋战国中原与楚文化区科技思想比较研究 [D].山西大学博士学位论文,2012:70.

有豫北宽大厚重的石块，也没有豫西精雕细琢的装饰，小到石头颗粒都会想尽办法使用到墙体的砌筑之上，从房屋、院墙甚至地面铺装都在采用着同样的材料，围合空间的墙体给人一种粗犷、粗糙的印象，从材料上也很难看得出宅院主人地位的高低（图5-19）。

扎根于地域的村落空间有着非常显著的特征。第一，村落空间的围合界面非常统一且连续，这些界面的形成多是就地取材，有时候很难分清楚村落建筑与环境之间的差别；第二，从村落整体空间来看，村落会根据地形分成几个显而易见的部分，豫西南浅山区的村落经常处在几块大的平台上，对地面稍加平整即可以建设。

在宅院营建的过程中也有很明显的体现。主要体现在以下几个方面：第一，宅院空间界面布置简易，无装饰，常见的是一字型或者十字型地面采用与房屋墙体同样的材料进行铺装，地面铺装的目的也是东西厢房、入口和住房之间进行联系；第二，房屋结构非常简单，往往是房屋中心一排柱，类似穿斗结构；第三，围合院落空间的界面，院落中的绿化措施也很简单，靠近主房一角种植核桃、榆树等，有的甚至是一个空无一物的偌大空间，目的是方便粮食等晾晒；正房、东西厢房墙体、入口墙体材料都是就地取材，缺少装饰，偶见墀头的位置外粉白灰，简单的黑白绘画点缀；第四，院落的平面组成也非常多样化。我们透过南阳盆地传统村落中的宅院空间院落，可以看出这里的百姓更加务实，总在努力寻找最适合自己的宅院形式，会把有限的精力和财力用到最实用、最需要的方面。

5.5　宅院分类

5.5.1　宅院特征

重商轻农、因地制宜在豫西南的村落营建中体现的非常明显，在宅院的建设中也有显著的体现，这点与其他地域分区有着显著的不同。豫西南宅院的地域性特征主要表现在围合院落的界面、功能组成上。

首先，院落围合界面的整齐划一体现在地域材料的使用上。百姓在材料的选择上一般都是就地取材，豫西南山体石头细碎，不像豫南、豫北等地，难以形成大块，材料多为就近的石头和木材，往往一个人背着铁杆就能上山采石，采回来的石头不分大小，悉数用到宅院建设上。以吴垭村为例，步入到村落中，墙面上大小不一的石头相互交错镶嵌，即使很小的一块石头，想取下来也是不可能的事，石头墙面裸露在外面，有的在内部用黄泥结合稻草搅拌后饰面，不但形成了相对整齐的墙面，也将石头缝之间的细小空隙密实起来（图5-20）。

从功能组成上来看，豫西南的宅院较其他区域有所改变，前店后院是豫西南一种独有的院落类型，尤其是在商业为功能主导的村落宅院中，整个宅院的重心都在沿街的店面上，进入后面的院落需要穿过沿街店面，这种宅院往往是以家庭为单位的，一个家庭居住在这里，通过前面店铺的经营，来维系家庭的收支，店面成了一个家庭的支柱，也是豫西南宅院中最重要的一个组成部分。

图 5-20 碎石和黄泥组成的吴垭村宅院界面
资料来源：笔者自摄

5.5.2 宅院分类

豫西南的宅院以四合院为主，在此基础上凸显出了不同特色，偏远山区多垒石为院，水运等商业繁华地区多为前店后院的商住一体的宅院，同时豫西南还有将院落进一步细化的扩大院落，各具特色。

豫西南村落宅院类型			表 5-4
类型	所属村落	特征	院落主导功能
垒石为院	山区、浅山区的村落	多为四合院，从院墙到房屋运用山中石块无差别的建设	生活空间
前店后院	商业类村落	沿街店面为宅院中心，无独立的入口空间，生活与商业经营一体	生活与作坊空间
扩大院落	山区、浅山区的村落	院落功能细化，院落空间拓展	储存空间与生活空间

资料来源：笔者整理

1. 垒石为院

垒石为院，这是豫西南地域性特征的主要体现。合院依旧是村落百姓最常采用的一种宅院营建方式，合院能够形成自我的小天地，内向性强，与外界能够隔绝开来，内向性的居住模式非常利于百姓日常生活的展开。豫西南宅院与众不同之处在于就地取材，百姓就近或者就地取石材用在房屋的建设上，无差别的进行宅院建设，从正房、东西厢房、门房、围墙等都采用的是地方碎石进行建设，形成了石屋、石墙、石桌、石凳等一系列的石头建筑和构筑物。

豫西南的山区、浅山区的村落中，以石头为特色的房屋、宅院丰富多彩。只不过豫西南南阳盆地的村落更加灵活多变，例如山区的宅院多采用分层筑台方式建造，上房下院，多进院落在不同的台面上呈阶梯状布局，高低错落。以吴垭村为例，吴垭村中合院类型多为三合院、单进或者多进的四合院，平面布局形式多为"凹"字形、"日"字形和"目"字形，其中以吴登鳌宅院最具特色。《吴氏宗谱》中这样记载吴登鳌"至于身居衙署，谨慎公事，县主从无生其厌者"，也是村中唯一一个为官俸禄的人。

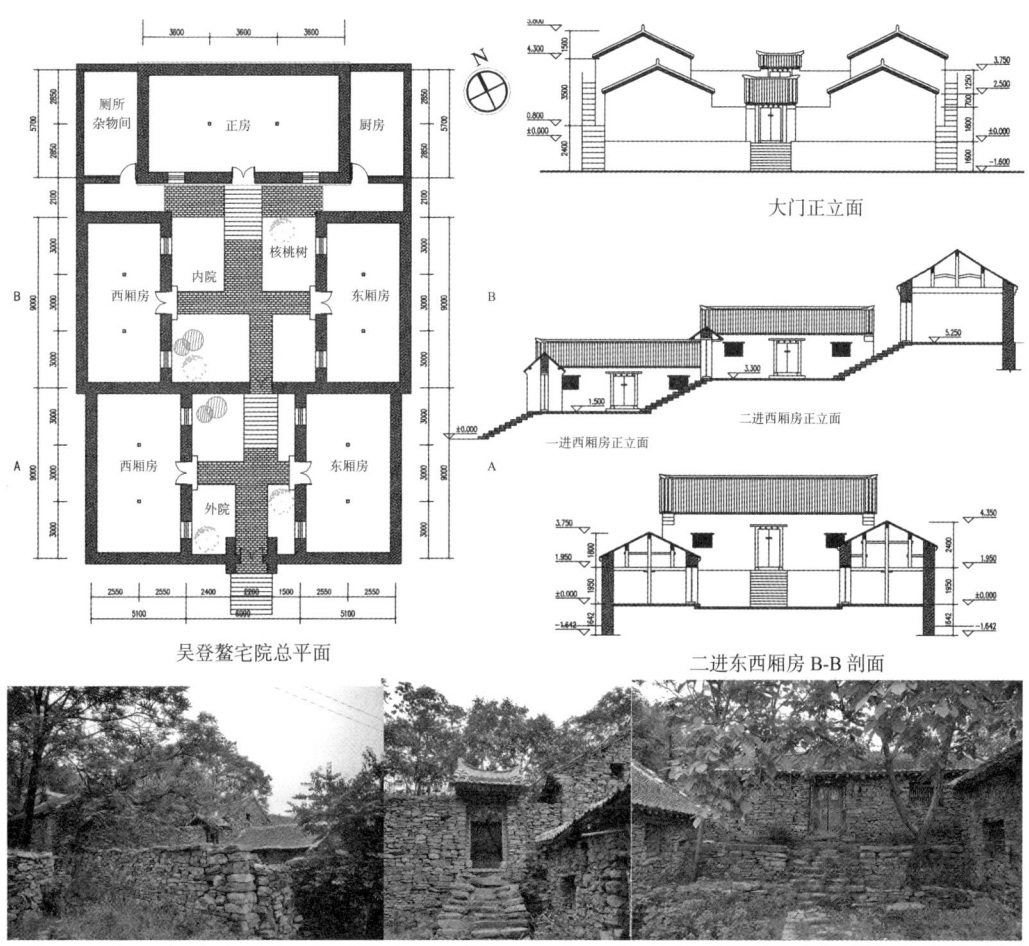

图 5-21　吴登鳌宅院

资料来源：宅院测绘图由许继清提供，其余为笔者自摄

　　吴登鳌宅是村中尺度最大，规模最完整的一处宅院（图 5-21）。前后两进院落，竖向的空间层次非常丰富，从宅前的入口空间到最后正房分别处在了四个台地上，宅院的大门前有一处开阔的空地，拾阶而上，通过入户大门，进入到了第一进院落中，东西厢房是第一进院落的主要功能房间，新中国成立前西厢房曾经是村落中唯一的私塾，再顺着台阶而上，进到第二进院落，由东西厢房和正房围合而成，正房和院落之间还有十几节的台阶高差。院落布局也非常简洁，碎石铺装的十字形步道将院落分成了四个小的空间，院中种植核桃树，院落空间显得非常开阔，宽高比接近于 2。虽然吴登鳌宅是村中最"奢华"的一座宅院，但从外表来看与村中其他宅院并无明显的差别，

因为整个村落中从围墙到房屋都采用了同一种材料营造。吴氏宅院无论从材料、形制来看，都非常简陋，以正房为例，结构形式采用的是一种类似穿斗式的结构，仅依靠中心的一排柱子支撑整个屋顶，屋架两侧立在了两侧的墙体上，正房低矮，内部装饰简陋。吴登鳌宅是豫西南山区和浅山区村落宅院典型的代表。

2. 商住宅院：前店后院，下店上宅

商住宅院是豫西南的另一种合院类型，主要分为前店后院和下店上宅两种类型。

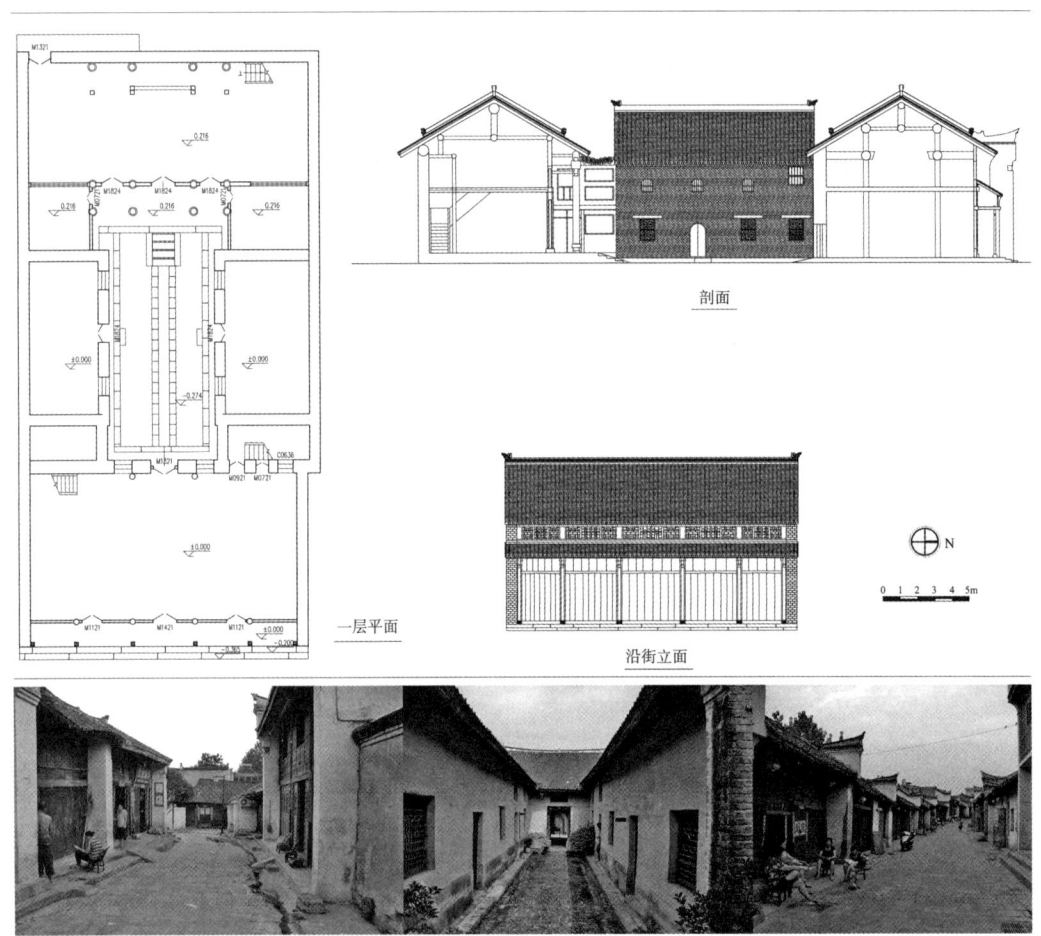

图 5-22　荆紫关的前店后院

资料来源：笔者指导华北水利水电大学建筑学院 2010 级学生测绘

从整体布局上来看，前店后院与普通的四合院的差异主要有两点：第一，倒座部分同时向外开放，形成了对着街道经营的空间，门窗都是可装可卸的，而非传统意义上的向内开放；第二，没有专门入口的门屋空间，入口与店铺结合处理，通过沿街的店铺直接进入到院落内部；第三，沿街的店面成为了整个宅院的重心，是宅院中最重要的房子，甚至取代了正房的位置，沿街店面不但是对外经营的窗口，也是家庭作坊经营模式的主要载体。豫西南百姓更加务实，占据寸土寸金的沿街界面至关重要，这也不难解释为什么宅院不肯留出入户的门屋空间了（图 5-22）。

以荆紫关的中街村、南街村、北街村为例，百姓争先恐后地占据着商业内街，形成了整齐的界面，有的街坊进深不大，只是临街的店面，形成了独立式房屋，形成了下店上居的模式，形成了标准的开间单元，单元与单元之间以封火马头墙进行分割，这里的马头墙处理方式与皖南有不同之处，在屋顶收尾处做一段水平直墙作为山墙，并在檐口处做起翘高高升起，形成封火山墙，形成了有节奏的韵律，山墙这样处理的目的在于防火，久而久之形成了一种约定俗成的习惯。

3. 扩大院落

扩大院落是豫西南宅院的一种较为特殊的院落类型，即在原有院落的基础上扩大了院落空间，圈出来一块空地作为自己的宅院前导空间或者辅助空间，从院落的总体角度来看，非常契合院落的平面形态，也像宅院完整的一部分，当地百姓根据院落所处不同的位置称这种院子为"跨院"、"次院"（图 5-23）。

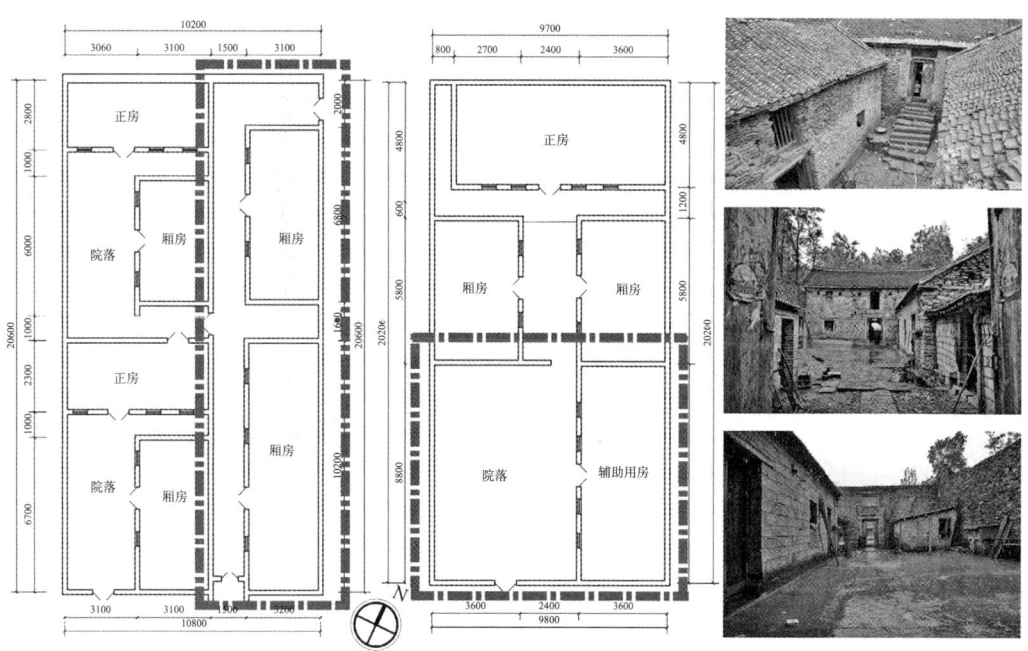

图 5-23　隔堤寺村扩大院落

资料来源：笔者自测或自摄

以杏山村的隔堤寺村为例，村落中有为数不少的扩大院落，村中最北侧的一组院落特征就非常明显，宅院中轴线关系是非常确定的，中轴线串联着正房、主院落联系着左右对称的东西厢房，门屋、门屋外就是次院，主次院的划分从严格意义上说是功能的划分，次院是一个大杂院，堆放着家里的农具、杂物等，也是晾晒粮食的一个场所，次院中一般也会有简易的房屋，房屋起着储存的功能；还有一种类型的扩大院落是跨院类型，跨院与主院之间有个狭长的空间，甚至跨院中还有对外开放的门房。

扩大化的院落是宅院空间与外部空间过渡的一种处理方式，宅院在保证了内部生活院落空间的完整性之后，又进行空间的拓展，以院落的整体格局为对象，将门屋外的空间有效地结合在了一起，形成了院落空间的拓展部分，同时也将院落的功能更加清晰的划分开了。

5.6 本章小结

豫西南楚文化区位于河南的西南部，主要指南阳盆地的广大区域，由于地域环境的封闭，这里自成体系，区域主要受楚文化的影响，崇尚自然，百姓务实，脚踏实地，受到传统礼制影响较小，这些在村落中都有深刻的体现。在豫西南实际地域环境的基础上，形成了高低两种级别的传统村落，较高级别的是以豫西南水陆沿线活跃的商业为基础，形成的商业村落，其中的宅院做工精致，有前店后院、上居下店等宅院类型；较低级的是处在山区、浅山区的村落，与前者形成了鲜明的对比，百姓营建强调务实，村落从房屋到院墙等都采用地域性材料进行建设，较少装饰，以实用为主。

虽然豫西南的村落规模都不大，但村落的空间却很丰富多彩，一字鱼骨型和网状是村落中采用较多的空间结构形式，空间层次丰富，从主巷、次巷、支巷向宅院空间过渡，多数村落中还有开阔的村落中心广场。一字带型是豫西南较为特殊的一种空间结构类型，目前只有荆紫关的三个村落是这种类型，但是商业类型的村落是豫西南商贾文化的浓缩和代表。

豫西南村落的空间形态是在地域特征和社会文化传承交织影响下而产生的。豫西南村落建设受到礼制因素影响较弱，但百姓崇尚自然，能充分结合实际的地域条件，因地制宜的进行建设。宅院无论从结构形式或者从材料使用上，都要比其他地域分区粗糙许多。

**第6章** 豫北河内文化区

6.1 豫北：内部差异，乡绅力量

6.1.1 地域差异

豫北河内地区指的是河南黄河以北的广大地区，主要包括焦作、济源、安阳、新乡等地区，这个区域的地形地貌主要有山体和平原两种类型，横亘豫北南北的是太行山脉，山地两侧有非常显著的差别，西北坡海拔虽然高但是相对平缓，与山西高原相接，东南坡险峻，陡落于黄河冲积平原，平原一览无余土地异常肥沃，几乎没有丘陵、浅山的过渡，偶尔也有一些小型的山间盆地存在。

1. 黄河：南北分割的界线

黄河是天然的分割线，将河南分割成了南北两大块区域，通过中国古地图可以看出黄河由来已久的地域分割作用，北宋完全是据黄河为屏障，并从黄河引水至东京汴梁，元、明两朝行政区划中郑州以西的区域都以黄河为界，进入到开封汴梁界内，则将黄河纳入到了汴梁路（明为开封府），到了清代又回归到了北宋时的行政区划方式，以黄河为界，黄河以北为怀庆府、卫辉府和彰德府，黄河就是一条天然性的边界（图6-1）。

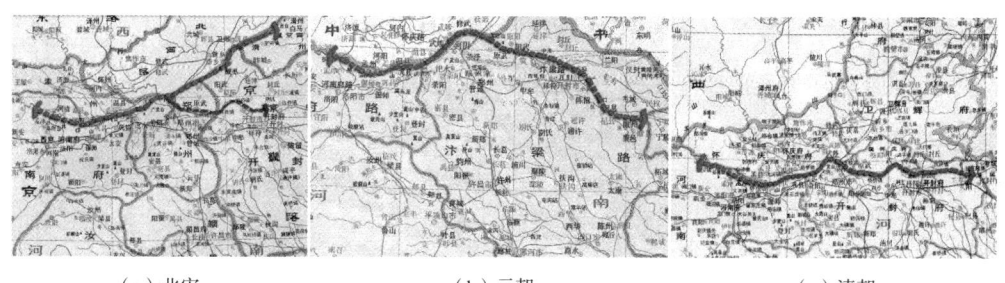

（a）北宋　　　　　　　（b）元朝　　　　　　　（c）清朝

图6-1 黄河河道的变迁

资料来源：笔者整理，底图参考《中国历史地图集》

黄河是商机和水患并存的一条河道，黄河沿线是著名的水运通道，沿线也诞生了巩义的康百万庄园等大型的村落，《河南通志》开篇这样描述："河南水道北部以河为

最大，西北诸水多入之，河以北诸水不入黄河者，率由卫河至天津入海"，其中黄河在河南全境"总计长九百二十里，两岸自武陟荥阳以下有堤，水面宽约一二里至三四里，水深一二丈不等"❶，通志对豫北河流的体系做出了归纳，黄河和卫河是豫北河流的两条主脉。而从历史上来看，黄河却是不折不扣的灾难化身，黄河从巩义开始是一个拐点，《大中华河南省地理志》中这样记载："大湾经陕县出砥柱，始有高山渐入平原至巩县境内纳洛水，至武陟境内纳沁水，波澜盛涨，渐形湍急。多挟泥沙，且无山岳束缚，故能汎决为灾，自荥泽至考城一段，为黄河溃决之散地，历代河道变迁，多在此处"。❷巩义至武陟段黄河变缓，缺少了山川的束缚，容易决口，黄河泛滥成灾，历史记载的黄河泛滥、黄河夺淮而决口的事件达千次，黄河成为了一条典型的分界线。

2. 太行山：区域内东西分界线

太行山是豫北最主要的一条山脉，由南向北贯穿着豫北地区，一直延伸到河北境内，海拔高度约一千米到一千五百米之间，是个典型的单面山地，两侧地形地貌特征有着显著的差异，西北相对平缓，承接着山西高原，东南在河南境内大部分山体险峻，属于昆仑山余脉，陡落于黄河冲积平原，中间偶有丘陵、小型山间盆地过渡。《河南通志》太行山一卷中这样记载："河南境内黄河以北之山脉，属昆仑北支"，"太行首始于河内，北至幽州，西自济源起，北接河内修武，辉县林县至磁州，绵亘数千里，虽因地立名，实皆太行也"❸，太行山山势险峻，层峦叠嶂，其中有着不计其数的山峰，山体与村落有着千丝万缕的联系，有不少的山体以村落来定位和命名，如安阳的善应山在《河南通志》中这样记载："善应山，在安阳县西南二十五里，龙山东南十五里，洹水决流出焉，山下有村曰东善应、西善应"❹，与豫南、南阳盆地细碎的石块不同，这里的石头质地坚硬，易于成块状和片状，能够很好地应用于村落的建设和防卫设施。

近代的洋务运动在豫北地区发展势头迅猛，最主要的原因为洋人攫取豫北山区丰富的矿产资源，在《豫北矿物交涉始末记》中详细地记录了光绪年间英国福公司官商勾结攫取豫北山区煤矿，遭到当地百姓强烈反对，"怀（指怀庆府，今焦作、济源一带）属一带，以煤矿为特产，质坚色美无味无臭且丰富异常，随地可采掘，居民资以为生活者，祖若宗相继也，"，"豫丰公司秉承河南巡抚批准专办，怀庆左右黄河以北诸山各矿，今将批准各事转福公司办理，限六十年期限"❺，"中国路矿为外人把持尽矣，而凭空结纳，断送于人，未有河南怀庆煤矿之易也"。❻清朝末年，在豫北地区出现了大量的外资公司进行开矿等活动，这阶段西洋外来文化对豫北一带产生了一定的影响，形成了具有

❶ 阙名修纂：民国《河南通志》卷三《水系》，民国三十一年（1942年）排印本．
❷ （民国）林传甲总纂，林传涛分纂：民国《大中华河南地理志》第十四章《黄河正流》，民国九年（1920）刊本．
❸ 阙名修纂：民国《河南通志》卷三《水系》，民国三十一年（1942年）排印本．
❹ 阙名修纂：民国《河南通志》卷一《山脉》，民国三十一年（1942年）排印本．
❺ 阙名修纂：民国《豫北矿务交涉始末记》不分卷，民国五十七年（1968年）石印本．
❻ 《民呼日报》1909年7月5日，转引自马鸿漠：《民呼、民吁、民立报选辑》（一），河南人民出版社1982年版．

西方特色的宅院空间。

3.卫河,文化融合的通道

在豫北除了东西流向的黄河之外,还有一条重要的水系卫河贯穿了豫北广大地区,卫河本身是一条人工开凿的运河,从曹魏开始就是海运联系内陆的一条重要通道。卫河的前身为白沟,是一条不大的水系,起始于曹魏,《三国志·魏志·武帝纪》:"建安九年春正月,济河遏淇水入白沟以通粮道。"《水经注·淇水》:"魏武开白沟,因宿青故读而加其功也。"根据《水经注》中的记载,汇集了清水、淇水、漳水和洹水等之后,"大枋木以成堰",白沟逐步演化为了人工运河,隋唐谓之御河,为永济渠南段,明代改称卫河,明中后叶,卫河同时担负着漕运和生产用水,卫河漕运与灌溉的矛盾争论由来已久,《清史稿》曾记载李鸿章卫水漕运:"卫水微弱,北流最顺,今必屈曲注之南行,一水两分,势多不便。若分沁入卫以助其源,沁水猛浊,一发难收,昔人已有明戒。近世治河兼言利运,遂致两难,卒无长策。事穷则变,变则通,一令沿海数千里洋舶骈集,为千古以来创局,正不妨借海道转输,由沪解津,较为便速"。❶虽然卫水波澜不断,但一直以来都在担负着很重的漕运功能,卫河沿线也势必带来了物质和文化的交流,利于促进两岸的繁荣。

6.1.2　乡绅:村落建设的中坚力量

乡绅在豫北的村落建设过程中,起到了非常显著的作用,尤其是在动荡不安的社会环境下,以乡绅为主导的村落建设,在整个区域防御体系的建立过程中发挥了巨大的作用。如咸同年间,河南范围内就开展了声势浩大的修建圩寨的活动,圩寨营建的过程其实就是乡绅权力扩张,地方权力尤其是村寨权力落入乡绅之手的一个过程。❷这个过程中乡绅发挥了承上启下的重要作用,不但享受清政府扶持政策,同时又是组织老百姓的切实推动者,在对抗捻军叛乱的过程中,地方乡绅的力量空前壮大,不但圩寨这种村落形态保留至今,乡绅等宅院的营建也颇具规模和精美。

咸同年间,捻军主要活动区域在豫东,城池屡遭沦陷,豫北虽然有黄河天堑、太行山等有利屏障,豫北的乡绅修建圩寨时期却早于匪患严重的豫东地区,并且在抗匪过程中发挥出了重要作用,典型的如新乡的小冀寨,在击溃山东长枪会过程中发挥了基础性的作用,"新乡县绅士不仅预修圩寨,而且率练勇协助官兵作战"。❸学者郑东军也认为目前河南留存的寨堡式村落实例,也是基于咸同年间在广泛修建圩寨的基础上发展而来的❹,豫北存留着为数不少的实例,如寨卜昌村、小店河等。

❶ (民国)赵尔巽,等撰.《清史稿》《河渠志》[M].北京:中华书局,1976.
❷ 顾建娣.咸同年间河南的圩寨 [J].近代史研究,2004(1):100.
❸ 顾建娣.咸同年间河南的圩寨 [J].近代史研究,2004(1):100.
❹ 郑东军.河南地区传统聚落与堡寨建筑 [J].建筑师,2005 年第三期总 115 期:30-44.

6.1.3　区域传统村落分布概况

1. 区域村落分布特征

通过分析豫北的国家级传统村落名录以及其他一些具有传统价值的村落，并根据相关的文献资料记载，这些村落的分布主要有如下特征：目前来看河南的传统村落主要分布在太行山山谷中以及山体与平原衔接的丘陵地带，平原地区保留下来的有价值的村落不多。分布主要集中在豫北的三块比较集中的区域，第一，分布在林州市林虑山周边的山中谷地，这些村落多是依山而建，靠近谷底，也形成了豫北地域特色浓厚的石头村落类型，如渔洋村、任村、朝阳村、漏子头村、草庙村、南湾村、梨园坪村等都集中在这个区域；第二，分布在鹤壁淇县与新乡的辉县、卫辉县交界一带，这个区域同样是以山体为主，白陉官道贯穿着这个区域，《读史方舆纪要》载："白陉位于辉县西五十里"，《嘉庆重修一统志》载："在辉县西五十里，接修武有白陉，太行第三陉也"。但是白陉历史很难考证，有学者推断，白陉官道与其他官道有着显著的不同，其他官道附近都是河谷狭口，而白陉官道只是山中蜿蜒崎岖的小道，打仗用兵须绕行，没有大的事件发生，自然在古代志书中鲜有记载❶，郭亮村、王家站村、西街村、纣王殿村等都分布在这个区域内；第三，分布在焦作的修武、博爱与山西的交界地带的山中以及山前的延伸地带丘陵和平原上，这一带也是官道太行陉的主要通道，《读史方舆纪要》有对太行陉的记载："天井关，亦曰太行关，在泽州（今山西晋城）南四十五里，太行山顶南北要冲。"根据其描述，太行陉的起点正是在沁阳一带，太行陉紧邻沁水，"太行陉阔三步，长四十里。"时至今日，这一带也保留着大量的传统村落，如一斗水村、东岭后村、古孤泉村、平顶爻村、双庙村、九渡村、石老公村、温坡村、张泗沟村、郭亮村、长岭村、陈家沟村等都是有着悠久历史的村落，其中不乏精美的民居建筑和极富特色的村落空间；第四，平原地带也有零星分布，平原地区受到城镇化的冲击较大，村落的破坏比较严重，保留下来的有寨卜昌村、北朱村、大胡村等。

2. 村落调查概况

在豫北地域分区中，笔者共重点调查了28个村落（表6-1、图6-2）。通过问卷调查和现场感知，百姓对区域中地域特色有着不同的认识，主要集中体现在以下几个方面：第一，村中大宅院位置凸显，乡绅力量雄厚，35.1%的人认为村中的大宅院为村落中显著的中心；第二，山区的环境对宅院的影响大，有35.7%的百姓认为宅院的格局受到周边山体环境的影响；第三，庙宇（56.8%）、戏台（23.5%）等公共性建筑，在村落日常生活中也发挥着重要的作用；第四，邻里交往的活动承载空间更趋多元化，如家门口（34.6%）、街巷中（27.3%）、屋顶平台（23.4%）是高发区，尤其是屋顶平台是豫北山区村落中一个重要的空间场所，非常有地域特色。

---

❶　王尚义. 刍议太行八陉及其历史变迁 [J]. 地理学报，第16卷1期，1997: 70.

豫北地区笔者重点调查的村落　　　　　　　　　　表 6-1

1	单拐村	2	渔洋村	3	任村	4	朝阳村	5	漏子头村
6	草庙村	7	南湾村	8	王家汕	9	大胡村	10	肥泉村
11	纣王殿	12	石老公	13	温坡村	14	一斗水	15	双庙
16	平顶爻	17	东岭后	18	长岭村	19	九渡村	20	郭亮村
21	小店河	22	北朱村	23	武陵村	24	古孤泉	25	四渡村
26	寨卜昌	27	南坪村	28	蒋村					

资料来源：笔者整理

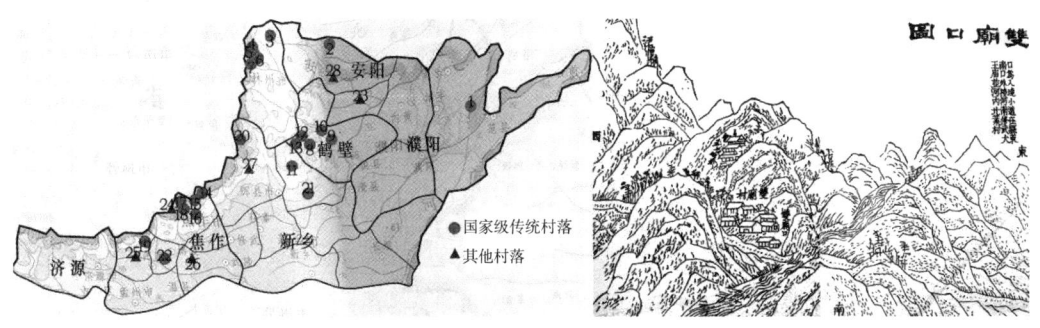

图 6-2　笔者重点调查的豫北村落　　　　　　　　图 6-3　双庙村选址
资料来源：笔者整理　　　　　　　　　　　　　　资料来源《郭氏族谱》

6.2　传统村落形态分析

6.2.1　村落选址原则

　　豫北大的地域格局为太行山和广阔的山前平原。在选址上，豫北的传统村落除有着中原地区乡村所共有的特征之外，还有着相对独特的区域特征。

　　第一，村落多在山中布局。不少村落处在山中，借助山体的天然资源优势生存下来，如一些宗族族谱中就用图示详细记录着村落的选址格局（图 6-3）。豫北多山，主要是河南与山西的交接地带、呈带状东西走向太行山脉。《林具志》中这样的记载："林位于太行东麓山脉，山之地占全境的二分之一，层峦叠嶂，山势巍峨，梯田小如瓦，农产极微，然地宜森林兼产果实，正待人工，断层时露矿脉，普人曾经开采亦富源所在也"[1]，可见，山体虽然土地匮乏不利于农产，但是森林资源、果树的种植，还有丰富的矿产资源，这些潜在条件足以吸引着百姓营建村落定居。《修武县志》也有描述："修武舆地，其幅员虽不及二百里，然太行耸峙，重崖叠嶂，尤称豫北之屏，论形势则知襟带抱负之要害，故城因山设险，睿川溉田"[2]，依太行据险为屏障，村落也就有了安全保障。

❶　（民国）王泽溥等修，李芳阶纂：民国《林县志》卷一《地势》，民国二十一年（1932 年）石印本．
❷　（民国）萧国桢等修，芜封桐等纂：民国《修武县志》卷一《形势》，民国二十年（1931 年）排印本．

第二，沿河布局，豫北主要是两大水系，一条是沿黄水系和诸多支流，支流主要包括蟒河、泌河等，一条是卫河水系和诸多支流，沿线布局着非常多的村落。在民国版《续武陟县志》中对泌水沿线的村落有这样的描述："前志叙武陟沿河村庄多有遗漏，入黄形式亦有变迁，今查自泌阳之西张计村入武陟县界，南岸自东张计村、白水、北阳、陶村、石荆、岳家庄、大虹桥、小虹桥、张村、原村、杨庄，经县城东北折而南流……西南入河，去县四十里，明万历十五年水大涨，自南贾值入于河，前志系道光八年修，称由詹店入河，两次变迁之时代则不可考矣"。❶ 我们不难看出虽河水泛滥河道变迁，沿着河流依旧分布着大量的村落，足以证明沿河是村落历来的分布重点区域。

第三，村落沿着一些驿道分布。蜿蜒在太行山中有著名的太行八陉，《述征记》有载："太行首始河内，北至幽州，凡百岭，连亘十三州之界有八陉。"这些官道都经过了"历代不断的修建，至明清时期太行八陉已经形成了完整的驿道体系"。❷ 轵关陉在明清时期是河南济源向西北通往山西垣曲的路线，八陉中这是较小的道路，至今仍是乡镇之间的公路。太行陉是河南怀庆府（沁阳）通往山西泽州（晋城）的交通大道，现在仍是联系豫北和晋东南的主要通道。白陉是历史上河南辉县通往山西陵川县的必经之地。时至今日，因为古今的交通方式都发生了质的变化，有些官道已经难以发挥作用，沿着这些官道却还保留着为数不少的传统村落。

通过保留下来的村落，我们不难发现，能够占据有效的资源是村落选址的共性特征。豫北村落主要看重的资源包括自然资源如山体、河流等，山体能够提供丰富的村落营建的材料，还能出产一些矿产资源等，这些通过豫北村落中民居的营建材料就可以看出端倪；河流则是灌溉农田、人畜饮水等；同时也包括其他的一些资源，如交通资源，村落大多分布在一些历史上曾经繁华的区域如官道、河道运输沿线，在这些官道村落的沿线，村落体现出来了非常强的开放性（表 6-2）。

豫北村落选址特征 表 6-2

序号	特征	具体分布区域
1	沿山布置	主要分布在林州山地以及焦作修武一带的山中
2	沿河布置	主要分布在黄河及卫河的沿线及其支流沿线
3	沿驿道布置	主要分布在太行八径中轵关陉、太行陉、白陉沿线
4	平原地区	平原地区留存较少，现有少量分布，多为寨堡式村落

资料来源：笔者根据地方志整理

❶ （民国）史延寿修，王士杰纂：民国《续武陟县志》卷五《河渠》，民国二十年（1931 年）刊本．
❷ 王尚义．刍议太行八陉及其历史变迁 [J]. 地理学报，第 16 卷 1 期，1997: 70.

6.2.2　豫北村落选址类型归纳

1. 山中谷地

豫北多山，在太行山的山谷中，散落着大量的村落，村落利用山中小块的台地进行建设，由于村落可建设用地紧张，往往限制了村落的规模。选址在山中谷地，要从两方面进行甄别，首先要考虑村落安全，同时还要兼顾周边耕地的规模、山林资源等。❶ 山中谷地类型的村落在豫北是最常见的一种类型，如焦作修武的平顶爻、双庙村，安阳林州的朝阳村、焦作的王家屲等都属于这种类型的村落。

村落在山体叠落的台地上进行建设，与山体衔接的边界清楚，顺着山势布局，村落整体形态非常紧凑。由于用地非常的紧张，百姓会挖空心思的寻找可利用空间，立体化的空间模式是这种类型村落的一种处理办法，这点会在后文有详细的剖析。双庙村中的《郭氏族谱》中详细地记录了双庙村选址格局的堪舆图，两山相对形成了山坳，其中的一座山底中坐落着一座村落，紧凑且规模不大，顺着山势而上，村前有一条小径，村落的东侧还有一条河流穿过，图旁题字："双庙口图，口为入境小道，在县东南口，外接河南修武大王庙并河内北叶村"。❷ 从整个格局来看，双庙村处在一种理想的村落选址格局中，而且村落中的两座庙北佛祖庙和南观音庙相对，与对面山体的制高点，三点成了一条直线，成为了一条控制的潜在脉络。总结这种类型的村落选址主要有以下特征：第一，村落布局非常紧凑，形成了团状，顺着山体的等高线层层叠落；第二，豫北太行山系险峻，落差很大，山谷中的阶梯与阶梯之间高差也非常大，在这种地形地貌的限定下，村落不但形成了层层叠落的整体形态特征，而且也塑造出来了异常丰富的竖向空间体系，这也是村落与地形地貌之间互动的一种体现；第三，村落一般背靠山体，村前或者村正中一般有村落与外部联系的道路，形成了唯一的对外联系通道。《郭氏族谱》中的"双庙口图"，指的就是大山深处村落整体的环境以及与外界沟通联系的轨迹与通道的图示描述（图6-4）。

鹤壁的王家屲村也是一个选址在山中谷地的典型代表，王家屲村四面环山，九个山头顺势而下，一同汇聚到了村落中的平坦地带，形成了"九龙拱卫"，聚水藏气的风水宝地，而且当地两山夹着的平地非常多见，这种格局形式被当地称为"屏"，村落就是利用山谷中平坦地带进行村落的营建（图6-5）。

总结起来看，这种类型村落的选址充分结合了山体的地形地貌特征，利用山前非常紧凑的小型块地进行建设，村落整体形态形成了有层次的阶梯状，村落宅院相互之间交错布局，屋顶空间、街巷空间相互穿插在了一起，形成了非常有特色的地域空间。

山中谷地村落多遵循"山中避险"来处理村落，村落本身会利用深山作为屏障，

---

❶　王成. 太行山区河谷内居民点的特征及其分布格局的研究 [J]. 地理科学，2001. 21（2）：170-176.
❷　《郭氏族谱》，现存于焦作修武西村乡双庙村郭领战老人家.

图 6-4　双庙村的选址格局
资料来源：笔者整理或自摄

图 6-5　王家辿的选址格局
资料来源：笔者整理或自摄，底图来自《王家辿保护规划》

隐匿村落，同时可以及时退到深山的小型寨堡中躲避，如平顶爻村北约200m就有一座石头寨名曰平顶爻下寨，石头寨位于一处制高点的峰顶，寨墙用白石堆砌而成，在其西侧留有寨门，寨内功能简易，只有烽火坑等，足以证明只是作为临时避难之所（图6-6）。

图 6-6 平顶爻下寨

资料来源：笔者自摄

2. 背山面水

这种类型的村落选址非常接近理想选址格局，背后靠山，村前有河流蜿蜒穿过，东西两侧往往有山或者河流，村落整体上处在环绕的一种格局。这种格局非常有利的一点是，村落处于山前面水开阔的一侧，河道冲积出来的平坦之地非常肥沃，可以有大片的耕地可用，东岭后村、古孤泉村、长岭村等都属于这种村落的典型，这种类型村落用地比起前一种来说充裕的多，资源环境也丰富的多，山、水、田等是都是村落有机环境的一部分。这种类型的村落选址主要有以下特征：第一，村落选址在山前的开阔地带，靠近河流，处在山和水的共同环抱中，村落一般北面靠山，南临弓形水，有的是山呈弓形，东西两侧各有山体，有时东西单侧有河流与村前河流汇聚在一起，整体上村落是在山水的环抱中。

第二，沿着河床有着大量平坦、肥沃的耕地，耕地足够承载村落的人口以及未来发展的用地；第三，村落整体格局，一般也会借助山体的高低形成错落关系，但山体接近平坦的沿河谷地，高差并不是很大，所以村落整体来看还算是平坦，不会出现山中阶梯地带的那种丰富的竖向空间，村落也会顺着山体的等高线来布局，村落会根据大小，形成几组片状台地（图6-7）。

古孤泉村和东岭后村都属于这种选址类型的典型，两个村落直线距离五百米，一条盘山公路的尽头一分为二，一侧穿过一片挺拔的杨树林就到达了东岭后村，另外一侧就是古孤泉村，两个村落的选址类型、整体形态、空间结构等都如出一辙，村前有蜿蜒的溪流，系卫河上游的支流，背后是云台山的支脉，村落都呈带状河流带形展开，东岭后村规模更大一些，村落中部向山中渗透得更多，形成了一个中间大两头尖的格局，而古孤泉村则呈带状布局，东岭后村旁的河谷中有着大量的耕地，古孤泉村耕地则分

图 6-7　东岭后村落选址及周边耕地

资料来源：笔者整理或自摄，底图为 Google earth 地图

布在村落的周边山谷中，不像东岭后村那么集中。据当地百姓讲，村前的道路即为白
陉官道，虽然没有有力的材料佐证，但是两个村落中开放的宅院、精致的戏台等似乎
能够见证历史上的繁华。

3. 官道、河道沿线

豫北地区与陕西、山西联系紧密，除了黄河之外，还有太行八陉，其中的太行陉、
白陉、轵关陉等都在豫北地区，沿着官道有一系列的驿站，以此为基础逐步演变成了
村落，到了今天，这些山中官道反而成为了较为偏远的地区，村落得以完整的保留下来，
村落的选址和整体格局通过官道等线性要素得以充分的展示出来。一斗水村等就是一
个非常典型的例子，一斗水村被考证是清口官道上的一个著名驿站，逐步发展演变成
一个村落（图 6-8）。

官道上的村落选址主要有以下特征：第一，村落沿着官道一侧或者两侧发展，形
成了带状的村落形态，这些官道一般沿着山谷中蜿蜒盘旋，村落在顺着官道延续的同
时也充分的与山体相结合；第二，村落开放性强，由于往来客商频繁，文化的交融性
非常强，会形成文化杂糅的情况，这些也会体现在村落功能单元上。

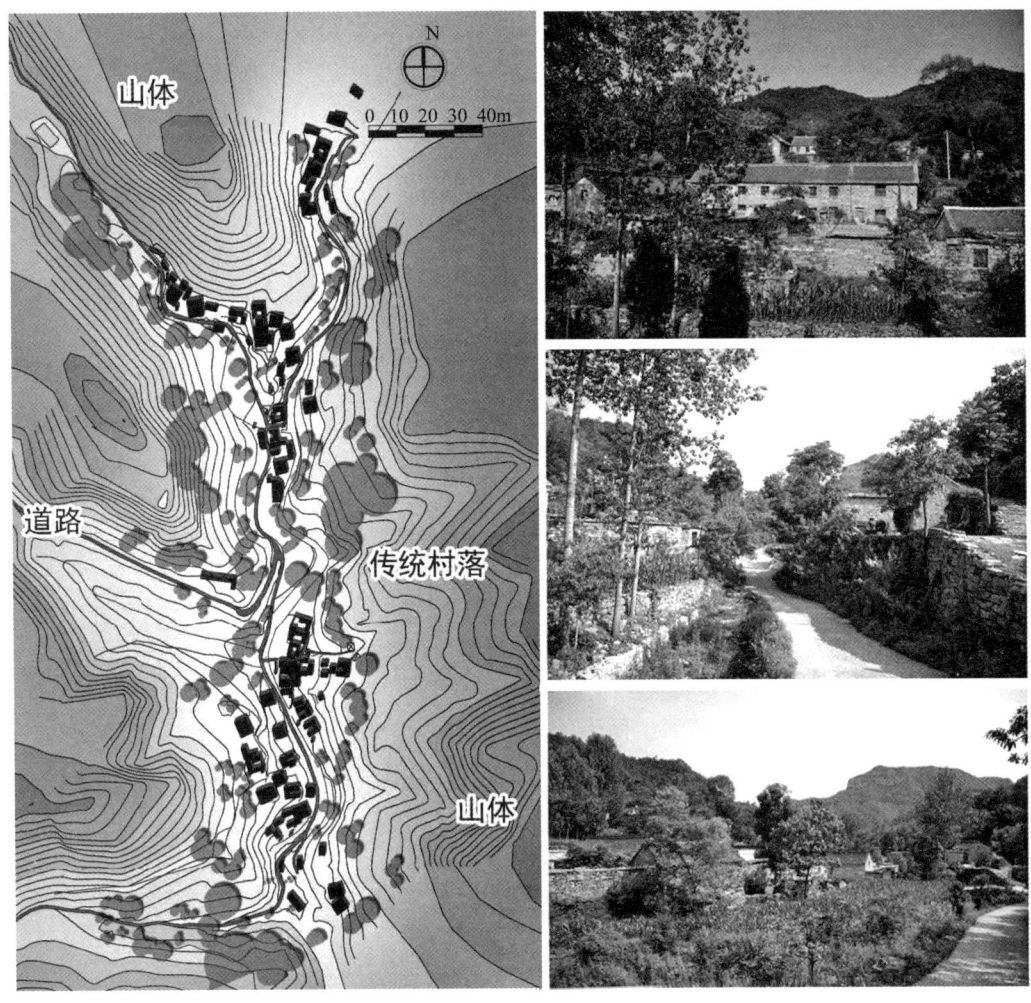

图 6-8　一斗水村的选址

资料来源：笔者整理或自摄

一斗水村关帝庙中的同治三年碑文上有这样的记载《补修关帝庙西陪房门楼碑记》：

"修邑东北路六里三甲一斗水村，旧有关帝圣庙，日以风雨催崩，人人目极而伤者也，故在社之人同心向善，按粮捐纳钱文，重瓦正殿三间，西陪房三间，门楼一间，至二月兴工，十月工起，彩画洁净，工成告竣谢土酹，神故勒石，著文以为永远不朽，会将捐财差土姓名开列于后，饮洋河社，艮四；万河社，艮四；南大社，艮四；片马社，艮三；万顺号，艮二；王金锁，艮二；箭眼山社，艮二；张敖，艮二；孙成详，艮二；刘书声，艮二"。❶

通过这个捐款的名单，我们可以做出以下几点推断：首先，捐款大多数为经常来往于此的商号，这与其他碑文记载的捐助者都是村民有着明显的不同；其次，后面的

---

❶　该碑立于一斗水村关帝庙中。

几个人名，虽不能推断是否是村落中的村民，但是与关帝庙近在咫尺的李家大院和贾家大院是村落保留下来的大富户，宅院建设考究，庇护村落的庙宇重新修缮，其先人不可能不出资贡献，而在捐献榜上却没有留下姓名，我们足以能够判断，来往于官道的客商和周边的商号是捐助主体，这对文化的交流和促进会起到非常好的融合作用。

村落的开放性又体现在官道上的村落更容易受到外界风气的感染，如赌博成风，一斗水、东岭后村中都有约束百姓的戒赌碑，东岭后村中戒赌碑为咸丰九年所立，上书"永禁赌博，违者议罚，岭后村合社设立"，一斗水村中为同治年间所立的《戒赌碑》，碑文详细记载了惩戒措施：

"当思上古浑噩之事，人心朴素并无嗜赌之气，如吾一斗水村等。故在社之人同心公议，永禁赌博，今立社规，嗣后有犯者，罚响戏三天，违者即可送。官究治决不宽恕，倘有横逆之人，不遵社规，诬告不赌之人，和社众议，抵拒所费钱文按照粮食均派，而不各勤其事以享无事也，故刻石，以垂永志不朽云"。❶ 戒赌碑就是通过族规对村落中百姓具体行为约束的一种体现。

豫北也有不少沿河发展的村落，这些村落虽然不能形成像豫西南那样商业气息浓厚的村落，但从村落发展的历程来看，河流还是能对村落产生深远的影响，如卫辉市狮豹头乡小店河村，就是沿着河道而生的典型性代表（图6-9）。

小店河建于清乾隆十三年（1724年），由闫氏十世祖闫榜所建。据《闫氏家谱》载："闫氏祖居山西林虑，后迁林县吕儿庄，至第九世闫无党时携子南迁汲县，后由第十世闫榜、闫永兄弟二人于乾隆十三年奉母迁至沧河沿岸，沧河边建店铺一座"，村落在此扎根并逐步地发展壮大，这里也因此取名小店河，虽然说沿"沧河建店铺一座"，但是距离沧河还有一定的距离。而从整体角度来看，小店河的选址在苍峪山前，在村落与沧河之间有着千亩的肥沃农田。当地百姓戏称小店河的选址为"神龟探水"，从远处望村落所处的地势像一只巨型的神龟，整个村寨建座在龟背山上，寨门建在龟颈上，龟头伸向沧河。又如鹤壁的大胡村，大胡村中的大户为李姓家族，根据《李氏家谱》开篇记载："李十三兄弟四人，明洪武二年奉旨携资自山西壶关县庶长镇小圪台村迁居此地"，在族人工部尚书李遂的指导下，利用雄厚的资金进行村落择址建设，李氏兄弟选在汤河和叶河的交汇处建设规模宏大的李家大院以供族人居住生活，并利用河流建立起了村落的防御系统。

豫北沿河而建的村落主要有以下特征：第一，村落会靠近河流而建，多是利用河流建立起防御体系，而非利用河流的商业价值；第二，村落沿河择址，多是在河流沿线平坦且开阔的土地作为可耕田地，豫北村落主要支撑为农业文明，村中百姓还多以农业为主导；第三，村落会与河流保持一定的距离，不会出现豫西南沿河而建的情况，确保村落不受水患之苦，豫北多山，顺山势而下，水多急且带有泥石，会给村落带来

---

❶ 该碑立于一斗水村贾家大院旁。

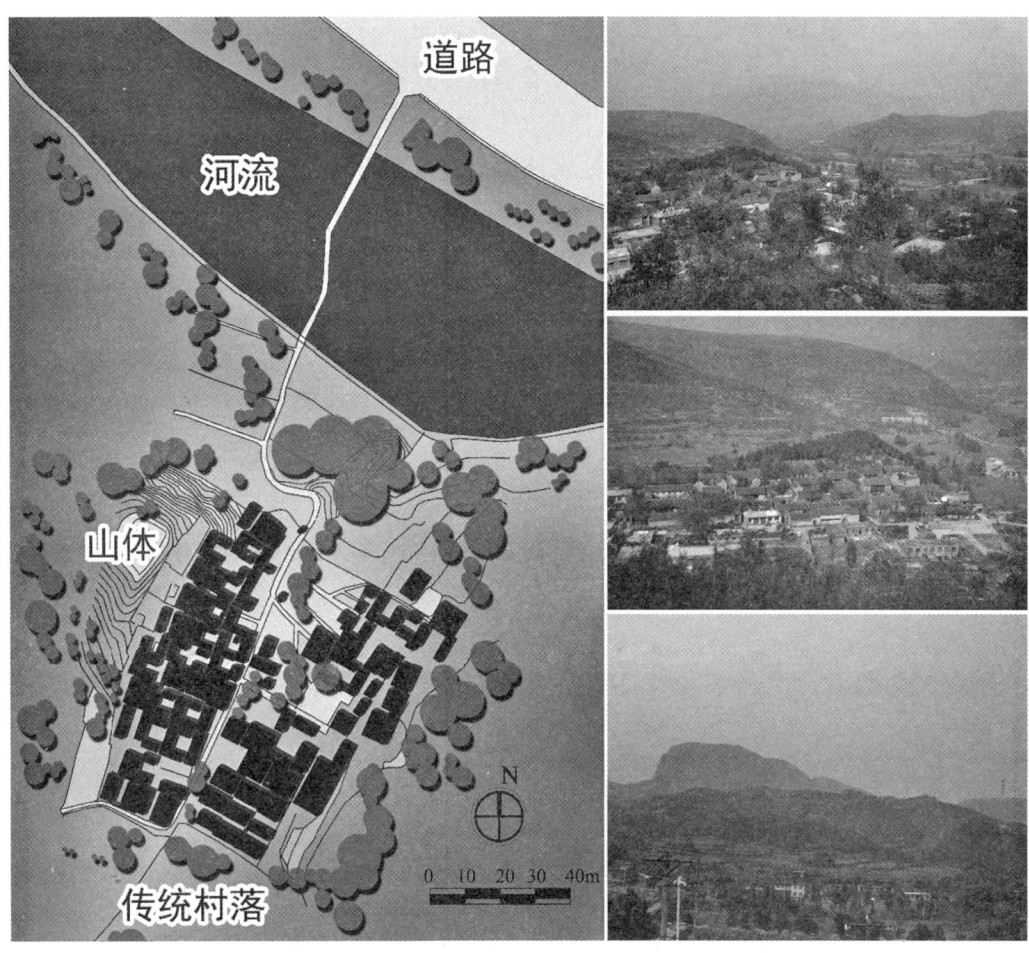

图 6-9　小店河村落选址

资料来源：笔者整理或自摄

较大的破坏，避险是豫北村落选址的一个重要条件。

4. 平原地带

　　平原地带的传统村落建设，是豫北体现乡绅力量的一个重要方面，多为寨堡式村落。寨堡式村落的营建过程中，乡绅往往充当首创者的作用，从寨子的修建到建成后的日常管理都由其负责，有时候还专门设局办理。❶村落一般位于相对开阔的地区，村落及其周边都非常开阔，地势平坦，形成了一个个团状的村落，村落周边由寨墙环绕，形成了内外清晰的边界，焦作博爱县寨卜昌村是豫北平原地区留存下来的传统村落的典型代表。村落起源于周朝，虽然没有文字的考证，当地流行着一个典型的传说："周武王兴兵伐纣路过此地时曾驻足观看，但见轻烟缭绕，紫气升腾，林茂草丰。周武王又望北边青山巍峨，南眺黄河、沁河双流如带，如入仙境，即命人搭台祭祀占卜前程。

❶　顾建娣. 咸同年间河南的圩寨 [J]. 近代史研究，2004（01）：117.

巫师手捧龟背，撒上水在火上灼烧。龟背裂纹隐约为'昌'字。'卜昌'增添了武王伐纣的信心，挥师北上一举灭商纣于朝歌，在此地居住的先民也纷纷'卜昌'起来"。❶

　　寨卜昌的寨墙围绕着药王卜昌、油王卜昌和乔卜昌，三村随地形而建，俯瞰形如龟背，头朝东南，尾向西北，但现在无法考证最初建设寨墙是有意仿生还是其他原因。❷豫北平原地区的广大地区散落着不计其数的村落，寨卜昌村选址是平原村落的一个浓缩的代表，平原地区多匪患，较难建立起防御，圩寨是一个不错的选择。

　　在这样的前提下传统村落选址主要有以下特点：第一，村落靠近河流，河流的主要作用是引水为壕，建立起壕—寨墙的两级防御体系；第二，村落边界清晰，内外空间划分明确，寨墙清晰地勾勒出了村落的整体形态，内部主要为村落的宅院单元，边界只留寨门作为村落内部空间对外联系的唯一通道；第三，村落位于村域的地理中心，豫北平原的大多数村落还是以农耕经济为基础，尤其是几村合建的圩寨，建设过程中往往会考虑与周边田地的关系，村落与农田联系紧密，各个方向距离都适中，体现公平性的原则（图6-10）。

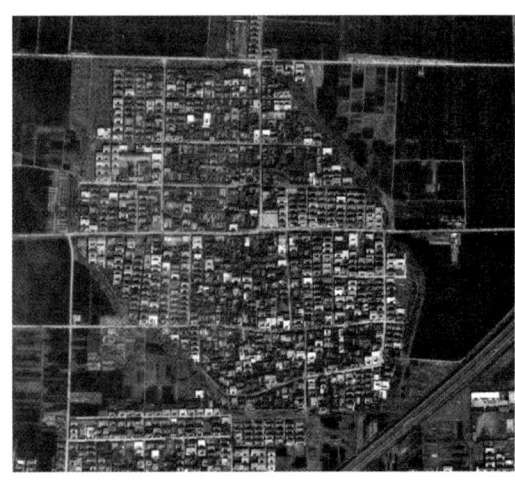 

（a）寨卜昌村　　　　　　　　　　　　　　　　　（b）渔洋村

图 6-10　平原地区的村落选址

资料来源：Google earth 地图

　　又如渔洋村，位于安阳县北的平原地带之上，渔洋村根据其所处的位置兼有平原和河流的双重选址优势，首先村落营建在漳河边上，与水关系密切，为的是取水方便，有利生存；其次是渔洋村处于山区与平原交接点上，位于平原较高的地带，既有水源可取，又不惧怕河水泛滥，不用考虑迁徙之事，在漳河中可以捕鱼取水，在高岗上可

---

❶　左满常、白宪臣．河南民居 [M]．北京：中国建筑工业出版社，2007：106.

❷　左满常、白宪臣．河南民居 [M]．北京：中国建筑工业出版社，2007：110.

以放牧，兼有可渔可牧的双重优势；河流沿线有着大量的良田可用，这也是村落存在的重要前提与基础。

6.2.3 村落中心与边界

豫北的村落中心和边界的形成主要是建立在防御的中心思想之上的，这与村落所处的大的地域社会环境密不可分，保护村落成员及其财产安全，提升村落自我防御措施，试图在战乱中受到较少或者不受到侵扰，这是村落中心和边界主要起到的作用。尤其在晚清时期，以军事防御为主旨的村落建设鳞次栉比，村落在地方乡绅的主导营建下，形成了与以往较大的不同，甚至对中国的社会结构产生了非常深远的影响。❶

豫北村落因山区和平原地区的不同产生较大的差异。太行山区的村落相对平原来说，有着更强的开放性，村落的中心多为戏台、庙宇等开放性场所，边界也多为山体等模糊性边界，宅院和周边的环境呈犬牙交错状，相互融合在一起。平原地区，则形成了异常封闭的村落环境，边界多为环壕和寨墙，将村落限定在了一定的区域内，深入到了村落内部，也多为宗族等以血缘为纽带的村落，因此祠堂、大户宅院多形成了村落的中心。

1. 中心

豫北村落的中心，主要有以下几种类型。

（1）山区村落开放的中心，这里主要是指太行山中沿河、沿官道的一些村落，其中最为典型的是古孤泉村，村落的中心位于村东入口处，这里是一个非常大的开放空间，通过河流、周边山体以及寥寥几栋建筑将这个空间限定了出来，建筑之一的戏楼成为中心的空间主体限定要素，由于戏楼的存在也赋予了这片空间观演的主要功能，通过这个开放空间的尺度，我们可以判断出这里至少能够容纳上千人，这也从当地年长者那里得到印证。这里是一条通往山西的沿河古官道，以前商业非常发达，到处都是"家家商号，户户客栈"的景象，时至今日，繁荣的景象早已不在，但通过村落的物质形态，依稀可以找到一些当年繁荣的物质载体，如精致的石头砌筑、无大门的开放院落（图6-11）。

图 6-11 古孤泉村村东的中心空间
资料来源：笔者自摄

❶ （美）Philip A Kuhn. 中华帝国晚期的叛乱及其敌人 [M]. 谢亮生，等译. 北京：中国社会科学出版社，2002：37.

（2）以戏楼、庙宇、祠堂等村落公共建筑作为村落的中心，这些建筑在村落中发挥着重要的作用，不但是村落的空间中心，还是百姓的精神家园。这些建筑往往分布在村落的显著位置，而且能够轻易的聚集大量的族人和百姓，成为村落名副其实的中心。在很多村落中我们都可以找到这些公共建筑的影子，如一斗水的关帝庙、九渡村的关帝庙、东岭后的观音堂、寨卜昌村的王家祠堂等（图6-12）。

（a）一斗水村的关帝庙　　　（b）东岭后村的观音堂　　　（c）九渡村的关帝庙

图6-12　以公共建筑为中心的村落

资料来源：笔者自摄

　　这些作为中心的公共建筑有如下特征：第一，这些公共建筑空间并不是开放的，只是对族人和内部的百姓开放，一般也都采用与民居宅院类似的合院形式；第二，这些建筑在村落中的地位非常重要，往往是村落中的地标和方向的参照物；第三，建筑前或者院落中会有相对开阔的开放空间，村落中重大的决策、大型活动等都会在这里产生和举行；第四，这些建筑功能往往是多元化的，如一斗水的关帝庙、双庙村的三圣庙以及东岭后村的观音堂中都有非常相似的格局，主要体现在以下两点：合院格局，房屋功能多元化。

　　房屋功能多元化，最显著的体现在戏楼与入口山门结合，戏楼往往和庙门合为一体，通过仅仅一人多高、低矮的通道进入庙内，通道上方则是戏楼，穿过通道则是非常开敞的院落，院落则是非常开阔的观戏场所，有的院落还会利用地形高差变化达到观戏视线的平衡，两侧有楼梯能够登上戏台，重要宾客一般会安排在东西两侧的二层厢房中。焦作修武岸上乡一斗水村的关帝庙，清乾隆三十年，由往来于此的商旅集资所建，这所关帝庙形制非常典型，利用缓坡进行营建，山门里造个戏台，入口从戏台下面穿过，两厢房两层高，楼上为重要乡绅看戏的席位，左侧为男看楼，右侧为女看楼，楼下院落中为普通百姓观戏的场所，庙宇已经成为了集观演、娱乐、祭祀等综合性的空间。

　　（3）以大户宅院为中心，豫北乡绅财力雄厚，在村落建设过程中发挥着重要的作用。豫北传统村落中都是以血缘为纽带联系的家族式的村落，这些家族中重要人物的宅院往往在村落中会占据着统领的地位，不但占据较大的村落空间还会处在村落中较好的位置，这些宅院在村落中形成了显著的中心。以宅院为中心的村落，特征也非常清晰，第一，这些宅院往往处在村落中非常有利的位置，占据了最好的朝向，甚至村落也是以这个宅院为基础向四周发展而来的;第二,以宅院为中心的村落中,村落往往是以血缘为纽带联系的,村落成员彼此之间都有着千丝万缕的联系,村落内部也会根据彼此血缘关系的远近来进一步划分村落内部的居住片区;第三,这些宅院制作精良,空间层次丰富,有的甚至主导了村落的整个空间层次。以双庙村为例,村中有兄弟二人分别中了武举人和文举人,其中武举人郭再汾宅院是村落中最大的一座宅院,而且武举人在保护村落的整体安全过程中发挥了重要的作用,《凤台县志》有这样的记载:

"秋九月,有修武县匪徒孟昭列等纠众千余,窜入东南境内,在桃园等村焚毁民舍二十余处,杀伤居民一十余口,武举郭再汾驰报于官,又自率家丁阶御,因地近覃怀并求崔总镇协剿县令赖昌期率勇驰赴"。❶

在双庙村《郭氏族谱》中记载郭再汾为郭氏第二代,猿仙通背拳第七代传人,于公元 1862 年进京殿试,中"武举",皇封"武德骑射"官职,并得到皇赐御书"雄风柳絮"金匾,另赐柏树一棵,褒扬猿拳,以示猿拳源远流长、万古长青。通过县志中简单的文字记载,我们不难推断郭再汾在村落及其周边村落百姓心中的地位,武举人宅院自然也就是村落的中心和依靠(图 6-13)。

(a)武举人宅院屋顶,远处坡顶为文举人宅院　　　(b)武举人宅院院落　　　(c)武举人宅院前导空间

图 6-13　双庙村武举人宅院

资料来源:笔者自摄

在双庙不大的村落中,武举人郭再汾的宅院基本上位于村落正中心的位置。整个宅院空间向外拓展,院门外还有一处开阔的场地,作为武举人的习武之地,现在场地中存留有石鼓、石锤等器具,院落前有相当大的开阔场地,这在用地十分紧张的双庙村是难以想象的,正是由于武举人在村落中的领袖地位,使其有了这种特权。武举人宅院自然也就成为了村落中最为重要的一处宅院,村落中其他的宅院一般都为平顶,彼此之间相互利用,这家的屋顶可能是另外一家的宅院,而整个村落中只有武举人和文举人两组院落以及两座庙宇等公共性的建筑为硬山坡顶,从村落的整体格局来看,在一簇簇的平顶院落中,硬山坡顶就非常凸显,无论从形态上还是地理位置上来看,武举人郭再汾宅院都是处在非常重要的中心位置。

---

❶ (清)林荔修,姚学甲等纂:乾隆《凤台县志》卷之三《兵防志》,清乾隆四十九年(1784 年)刻本.

（4）其他类型的中心

豫北的传统村落中还有其他类型的中心，如井泉，这些要素并非什么类型的建筑或者构筑物，却在百姓的日常生活中发挥着巨大的作用。从靠河而居到掘井而居是百姓栖息实质性的飞跃，为地方百姓带来切实的改变。肥泉村的地下水资源很丰富，村落中有很多的古井，古井都成为了村落百姓生活的中心。如鹤壁的肥泉村，就是有一口古孤泉而得此村名，有文字描述：

"村东北有一眼古孤泉，古称皇帝泉，泉水如注，常年喷涌，水流方向自东北环绕村庄向西流去，俗称倒流水，后来传到朝廷，专门派风水大师前来查看，看后大惊失色，密报朝廷说，此地日后必出帝王，于是朝廷派人用白灰注入泉眼，扣上铁锅，用土封死，破了这里的风水"。❶

又如一斗水村，村落的名称也是源于村落中的一口泉水，这口古孤泉位于村落的尽头，白陉官道上，这口泉水在村落百姓心中也有着至高无上的地位，这口泉无论旱涝，总能保持在固定的水位，每次也只能打出来一斗水，成为村落百姓饮水的保证。目前一斗水中的泉水依旧，通过井旁的题记碑文，我们可以解读出这口古孤泉在一斗水村的影响力，碑文有这样的记载：

"重修井泉碑亭，古来旧有古泉一口，年琛日久，山水瀑发，河涨水深，井泉塌坏，故在村中之人，同心皆愿重修井泉，贾永梁、李玖任每日催工，挨户做工，照理匠人，火食共□□□，七十余千，按十四股均派，工程完工，乃刻石碑永垂不朽云，……，大中丙寅十五年"。❷

一口古泉的修复能够让整个村落共同出资，"同心皆愿"的来完成整个古泉的修复，时至今日，我们依然可以看到村落百姓对古泉的精心呵护，一斗水不但成为村落的名称，也成为村落百姓一种文化的象征。

2.边界

依山而建，山体自然就成为了村落的边界和屏障，虽然没有很清晰的界限分割，但是村落的领域感还是非常强的；踞平原而建，寨墙自然就成为村落的边界和防卫界限。

豫北的传统村落主要沿着太行山一线分布，太行山上落差大，许多村落依山而建，利用有限的山前台地进行村落的建设，山体就形成了村落的一道可以依附的屏障，这是豫北众多传统村落的一个显著特征，村落往往是三面环山，其中必有一面是对外开放的，对外开放边界如何确定和建立就显得尤为重要。

豫北村落大多的边界类型主要有以下几种：第一，以道路为边界。这种情况是最多见的，这条道路是村落对外的交通，也是村落的一个边界，如双庙村、小店河村，道路与山体之间自然而然就形成了村落的领域范围。第二，以河流为边界。虽然豫北

---

❶ 资料来源于《肥泉村村落档案》。
❷ 《重修一斗泉题记》，该碑立于一斗水村村西南一斗泉旁。

多数村落距离河流较远，这些村落往往会根据河流的走向来调整村落的用地范围和村落的整体形态，如安阳的渔洋村，位于漳河南岸，在渔洋村及其周边，能找到从原始社会到民国时期的各种陶器、石器、瓷器、骨器和瓦当等历史遗存，但从整体角度来看，村落主要沿着漳河南岸呈团状分布，漳河就成为村域的边界。第三，村落自己构筑的边界。这种村落多处在豫北平原地带，往往是无险可据，缺少保护屏障的村落只能依靠自我力量进行防御，除了在选址中选择相对较高的地势以避水患之外，还要躲避外来的侵扰，寨墙结合环壕是最常见的一种处理方式。寨墙及环壕的保护体系就形成了村落一个显著的边界特征，寨墙清晰的区分出了村落的内外空间关系和村落的领域范围，处在豫北平原地区的传统村落中，绝大部分的内外边界都被寨墙清晰的划分出来了，如寨卜昌村、渔洋村、小店河村等（图 6-14）。

图 6-14　小店河村以寨墙为村落边界
资料来源：笔者自摄

以小店河村为例，村落营建之初，闫氏家族便把村落的边界清晰的界定了出来，用石块砌成的寨墙将整个村落围合成一个完整、坚固的堡垒，这是闫氏家族为保护村落安全建立的第一道屏障。整个寨墙围合起来宛如龟背，边界上的转换节点是寨门，寨门坐南面北，面阔一间，砖石结构，青石券门，古时，入夜之后，寨门会关闭，寨门、寨墙、瞭望台一起，构建起了村落的防御体系的同时，也形成了村落明确的边界。

6.2.4　村落整体形态分类

豫北村落形态是对外在环境的一种适应性的体现，村落会根据周边环境的状况适时的调整村落的整体形态。豫北的传统村落从大的地域环境来看，可以分为平原村落和山地村落两种类型，这也与所处的地域分区的亚区有着紧密的联系，豫北的山地和平原之间的分界线非常清晰，贯穿整个豫北的南北，形成了一高一低两大片区，山体与平原之间几乎没有什么丘陵地带等地形的过渡。

平原与山地之间的一张一弛对于村落的施展空间有非常大的区别，平原地区用地充裕，拓展余地大，而山区用地则紧张的多。用地原本充裕的平原地区，在动荡的社会背景下，平原村落却不肯轻易的扩张拓展，而是将村落局限在一定的范围内，建立

统一的防御体系。而山区的村落则不同，在努力扩张村落的用地范围，努力渗透到了山体之中，努力寻找着能够建设的地带，由于太行山的山势险峻，给村落良好庇护的同时，有限的空间也限定了村落不大的规模和随着环境而变化的村落形态。

1.平原团状村落（图6-15）

（a）寨卜昌村平面形态 　　　　　　　　　（b）寨卜昌村落寨墙

图6-15　团状村落

资料来源：笔者整理或自摄，底图来源于Google earth地图

豫北平原地区的村落形态相对单一，多为紧凑的团状，因为它们所处的地域环境都有着高度的类似性。总结起来看，这些村落主要有以下形态特征：第一，村落本身相对紧凑的布置在一起，往往呈现近似圆形的形态，村落的用地规模、人口规模往往非常大，这也非常符合平原村落需要相互联合在一起抵御外患的策略；第二，内部的功能片区紧凑而富有秩序，每个片区往往是由血缘宗亲较近的家族组合而成，各个功能组团之间由道路网络分割；第三，道路系统也往往是横平竖直、非常规则的，十字形、井字形等都是经常采用的道路骨架系统；第四，村落的中心也非常强，这些村落中的宗祠、庙宇或者是大户宅院都是非常显著的中心，村落的边界也非常清楚，往往由寨墙围合而成。

寨卜昌村、渔洋村等都是平原团状村落的典型代表，村落在寨墙的围合下，形成了紧凑的团状。渔洋村虽然寨墙不复存在，但是东南西北的四个寨门还是能够清晰的将村落整体的团状形态勾勒出来，而寨卜昌村的寨墙还保留下来，将村落的整体围合起来，以寨墙为边界使得村落形成了非常清晰的形态。据《修筑寨墙碑记》载："王大温、王大论、王大有三家各捐 14250 串修筑寨墙"，寨墙高约十米，用三七灰土分层版筑夯实，分层处用糯米汁黏合，寨墙内围合的面积约 450 亩，规模宏大。❶ 历时七年，于同治七年完工，寨墙上根据东南西北四个方向分别开了"纳春融"、"拦荣光"、"挹秋浆"、"迎叠翠"四处寨门。寨墙围绕药王卜昌、油王卜昌、乔卜昌三村，并依据地形而建，从整体来看，村落如龟背，头朝东南，尾朝西北。

2. 山地团状村落（图 6-16）

（a）平顶爻村平面形态　　　　　　　　　　（b）村落整体形态

图 6-16　山中团状村落

资料来源：（a）底图来源于 Google earth 地图，（b）笔者自摄

与平原的村落不同，处在山中的村落的形态更加受到地形条件的制约，地形的形态已经决定了村落的基本形态，村落在选址之初会根据周边的设施、场地的平整状况等条件，来全面考量村落的生存条件,村落的形态根据地形的条件随之产生。一般来讲，山地团状的村落会表现出以下一些特征:第一，由于地域条件的限制，村落的规模不大，村落达到一定规模之后，周边的建筑用地、耕地等资源无法承载人口之后，村中的一部分人便会搬迁，另选址再建设;第二，村落整体形态异常紧凑，层层叠落，山地团状村落，一般可建设的用地都非常紧张，所有村落的内部宅院单元相互交错，屋顶往往充当着院落空间，形成立体的空间层次，村中很少能够见到开阔的场地，街巷空间

---

❶　左满常、白宪臣 . 河南民居 [M]. 北京：中国建筑工业出版社，2007：109.

也很局促，转折多，层次丰富；第三，山地团状村落的边界并不十分清晰，山地与宅院单元相互咬合，犬牙交错，边界有可能随着村落的增长而变化。

山地团状村落在豫北非常典型，数目也非常多，平顶爻村、双庙等都是典型的代表，村落都具备前文所论述的特征，村落的人口规模、用地规模都不大，都是和村落所处的山坳有着紧密的联系。如平顶爻村，顺着山体的等高线布局，村落整体呈"凹"字形，村落形态完全顺应着村落所处的地形走势而产生，村落边界参差不齐，村落内外并没有明确的分界线，只是将村落限定在一定的范围之内。

3. 带状村落（图6-17）

图6-17　带状的一斗水村

资料来源：笔者整理或自摄，底图来源于 Google earth 地图

豫北有许多靠近官道和河流的村落，村落沿着线性道路、河流等要素连绵展开，形成了长条的带状，古孤泉村、一斗水村、九渡村、四渡村以及林州朝阳村、漏子头

村等都属于典型的带状村落。

村落表现出来的主要特征有：第一，这样的村落地域跨度很大，有的甚至连绵数公里。以一斗水村为例，村落宅院散落在沟的沿线，沟底是串联整个村落的干道，干道旁又有泄洪沟；第二，村落一般会有所依附的线性要素，一般为官道或者河流等，只有这种线性的带状要素非常有吸附力，使得村落的基本单元更易靠近这些村落来发展，这些村落都会围绕着一个非常典型的要素，如一斗水村沿着白陉官道，古孤泉村沿着沁水上游的支流，漏子头村、朝阳村等沿着山前道路等；第三，由于地形地貌所限，村落的线性因素会影响到村落空间格局，院落朝向等格局。

如九渡村、四渡村就是非常典型的例子（图 6-18），两个村子是沿着丹河上九个渡口中的两个，沿着河流，结合地形地貌形成了非常典型的带状村落，村落依河而生，村落的发展都是单向性的带状。豫北太行山中，散落着许多带状的村落，如安阳林州石板岩乡一带，太行山山势险峻，村落沿着山前小型带状地形分布，线性道路也多是顺应山的走势而开辟，村落的深度多为一组宅院，主要沿着道路方向呈带型延展。

（a）九渡村　　　　　　　　　　　　　　（b）四渡村

图 6-18　带状村落

资料来源：笔者自摄

6.3　传统村落空间特征

6.3.1　豫北传统村落空间要素构成

1. 点状空间

豫北传统村落中的点状空间是非常典型的外部活动场所，点状的空间往往能够形成村落活动的中心，在村落的空间系统中处于非常重要的位置，这些空间中往往会有一些戏台、庙宇等功能性的建筑，同时这些建筑物或者构筑物一定程度上也界定出了点状空间的公共属性。以古孤泉村的入口空间为例，跨过河流上的石板桥，左边一棵参天的白桦树，右边一座低矮的小庙便将村口限定出来，穿过村口，展现在眼前的是一处非常开阔的空间场地，场地形状近似圆形，正对村口处为一戏台、东侧有一排文革时期公社房子、西侧是宅院山墙，还有水系等将这块公共空间整个围合了起来。戏台是这个点状公共空间的重要组成部分，通过戏台在点状空间的位置，我们可以判断出承载百姓观戏、集会等是这个点状空间的主要功能。

同时，这个点状空间也是诸多线性空间的汇集点，首先，联系了村口对外空间，其次也是主巷的起始点，同时也是上山小径的起点，诸多线性空间汇聚于此，是个名副其实的交集点。据当地的老人描述，新中国成立后这里还非常繁华，每到重大节日，就会搭台唱戏，吸引方圆几十里的百姓汇聚于此，在周围颇具影响力。豫北不少的村落中都会有结合公共建筑而产生的点状空间，如漏子头村的龙王庙、一斗水村的关帝庙、双庙村的佛祖庙、东岭后村的观音堂等都与点状空间结合在一起，相互依存。又如四渡村十字街中心的古树，九渡村的关帝庙和宋军营寨堡，都形成了非常典型的点状中心。这些空间也往往是人流集中的区域，所以也就自然的形成了非常典型的点状空间（图6-19）。

（a）九渡村的关帝庙和宋营　　　　　（b）四渡村十字街的大树　　　　　（c）古孤泉村的村口空间

图6-19　不同类型的点状空间
资料来源：笔者自摄

豫北点状空间一般来说具有以下空间特征：第一，空间往往依附于某些公共类型的建筑，这些公共建筑本身就是非常吸引人流的；第二，这些空间往往具有围合特征，是典型的积极空间，有时点状空间一般处在这些建筑内部，与院落空间合二为一，有的处在建筑物的入口处，四面围合或者两面围合，空间有非常好的尺度感；第三，点状空间能够判断出村落历史上承载的人口规模，有些村落的人口规模、用地规模都不算大，但有着较大规模的点状空间，这样的反差就会给我们一些深入的提示；第四，点状空间功能的复合化，许多点状空间担负的功能呈现多元化，例如，一斗水村的关帝庙、双庙村中的佛祖庙、东岭后村的观音堂中，都出现了在庙宇入口设置戏台的情况，借助于内部的院落空间形成了观演空间，这样就将公共建筑的内部空间变成了半开放的空间，而且东岭后村和一斗水村都利用地形高差将内部庭院有意识的抬高，就为了解决观戏视线的高差问题，而且一斗水村关帝庙中的东西厢房的二层设置了开放式的房间，同时有出挑的廊子，看戏的贵宾专座都设置在了这里，通过这些残留下来的物质形态，可以推断出当时这些点状空间的使用状况。

　　豫北平原地区的村落中，也会形成一些点状空间，这些以乡绅为主导村落内向性特别强，而对于外部的空间，平原村落公共建筑的前后会形成一些非常典型的点状空间，如大胡村中的观音堂和关公祠就是一个典型的案例，建筑修建于明弘治年间，由工部尚书李遂组织建设，建筑集几种功能于一身，从北侧看是观音堂，从南侧看又是关公祠，同时又是入村落的寨门，矗立在村落的主巷道上。这里广为村民拜祭，每年农历五月十三村里都会在这里搭戏台唱戏三天，祈求风调雨顺，五谷丰登，拜祭之日，关公祠前人头攒动，热闹非凡，交通空间瞬间变成了一个邻里交往的公共空间。豫北这些点状空间往往都不是孤立存在的，承载了某种主题性的活动，也成为能够汇聚起百姓活动的空间场所。

　　2. 线状空间

　　线状空间主要是指村落里的街巷以及沿着河流、道路的线性空间，山区和平原地区线状空间也有着明显的差别。平原地带的街巷空间受到地形环境的影响较少，横平竖直，一般先建设路网或者大户宅院，然后再进行宅院的建设，山区线状空间则根据地形地貌的差异因地制宜，山区村落中多是先进行宅院的建设，然后根据宅院灵活的组织道路。

（a）北朱村街巷　　　　　　　　（b）寨卜昌街巷　　　　　　　　（c）大胡村街巷

图 6-20　平原村落中的线状空间

资料来源：笔者自摄

　　在平原地区中的街巷空间，界面非常清楚整齐，整个村落的街巷关系都可能处在一种横平竖直、平行或者垂直的关系，较少的出现不规则形式的街巷空间联系方式。在街巷空间中，方向性和指向性都非常强，街巷的宽窄尺度不一，一般来说，某些大的宅院门前的东西街道和村落的主要街道都处在一种比较宽的尺度之上，这些主要街巷空间的高宽比一般都在 2 左右，非常开阔，主街巷的空间尺度大，但是明显能够感觉到主街巷邻里关系的发生率要弱得多（图 6-20）。

　　平原地区如寨卜昌村，村落先确定大的路网格局，主次街巷有明显的区分，街巷空间横平竖直，较少转折。然后再根据街巷的尺度进行宅院的建设，所以寨卜昌村宅院纵向多为两进院，宅院受到街巷尺度的限制之后，规模和尺度也就确定了下来。也有某些村落乡绅的大宅院占据着主导地位，会首先建设，然后根据这些宅院对街巷空间适时调整，也会出现线状转折的情况。

而到了山区，村落街巷空间更加灵活和多变，较多的受到地形地貌的影响，一般先进行宅院的建设，根据宅院与宅院之间的位置，适时调整道路的位置和方向，山中村落用地非常紧张，往往会有一条主巷串联整个村落的组团，通过这条主路向外发散支路网，这些支路往往都是单向的，结束于某些宅院的入口处。

总结山区传统村落线状空间的特征如下：第一，街巷空间界面不完整，由于豫北山区地形变化大，高差大，所以街巷的界面不可能像平原地区那么严整，街巷会根据地形、宅院来调整；第二，D/H一般都小于1，一般村落在营建的时候，会尽量挤压街巷的空间尺度，只是满足最基本的交通要求即可，山区村落中的街巷一般都比较狭窄，如林州的朝阳村、漏子头村等，除了近些年才修筑对外的村村通道路之外，道路的宽度普遍在1m到2m之间；第三，宅院前的街巷宽窄直接关系到宅院主人地位的高低，往往能够通过宅院前的巷道宽窄、通畅程度来判断宅院主人在村落中的地位，如一斗水村的李家大院、双庙村的武举人院等前的道路都要明显开阔于其他宅院，由于这些宅院不但选址在地形地貌有利的位置，同时还在交通便利等方面做出充分的考虑（图6-21）。

（a）平顶交村街巷　　　　（b）双庙村街巷　　　　（c）古孤泉村街巷

图6-21　山区村落中线状空间

资料来源：笔者自摄

6.3.2　豫北传统村落空间结构

1. 一字带型

豫北村落一字带型的空间结构特征主要体现在有一条主街巷贯穿村落始终，担负着村落交通、邻里交往的功能。虽然宅院沿着主巷布局，豫北却较少出现临街商业店面，更多的是以开放的院落取而代之。村中也有支巷，但是支巷在村落中所担负的角色往往没有办法与主要街巷相提并论，主要街巷从空间尺度、形成原因等诸多因素来看，都居于非常主要的地位。这种类型的村落空间结构特征，主要表现如下：

第一，村落中的主巷占据着空间主导的地位，同时这条主巷的产生受到历史环境和地域条件的限制，如林州石板岩乡的一字带型村落主要是受到太行山特殊的地形条件所限定，修武县西村乡的一斗水村一字带型空间结构主要受到白陉官道的影响。

第二，沿着主巷空间主线的界面整齐，百姓宅院都会努力抢占村落的主巷界面，而且会根据不同的历史环境不断地改变以适应周边的环境变化。从古孤泉村主巷两侧不断的增加房屋等可以看出，古孤泉村随着河道的不断衰落，村落重心由河岸向主巷转移的过程，空间结构也随之发生转变。

第三，虽然是一字带型的空间结构，主巷空间却富于转折变化，有的时候不到百米的主巷空间上会有几处的转折点，形成了空间上的转换，弥补了单一带状空间的消极性，增强空间的趣味性。以古孤泉村主街为例，从村落入口的点状空间作为主街的起点，一侧建筑有着明显的转折，将空间尺度明显收紧，通过了这一"瓶颈"街巷空间之后，又进入一块相对开放的小空间，之后，道路与河岸线汇聚在了一起。

第四，村落空间层级关系一般为主巷直接向宅院空间过渡。村落主巷与宅院之间联系紧密，有的宅院是开放的院落，与主巷之间在空间上已经融合在了一起，如古孤泉村中沿主巷的宅院，有的甚至利用与主巷之间的错落关系形成了入口缓冲的小空间，如一斗水村中的贾家大院、李家大院等。

一斗水村、古孤泉村等都属于这种类型的村落，以一斗水村为例（图6-22），村落沿着一条主巷展开，延绵一两公里，宅院布局受到地形地貌的制约，沿着主巷两侧断断续续的展开，村落分成南北两大相对集中的区域，中间穿过农田等区域，宅院零散的分布在主巷的两侧，几户呈一组或者单独一户。一斗水村之所以产生一字带型的空间结构，主

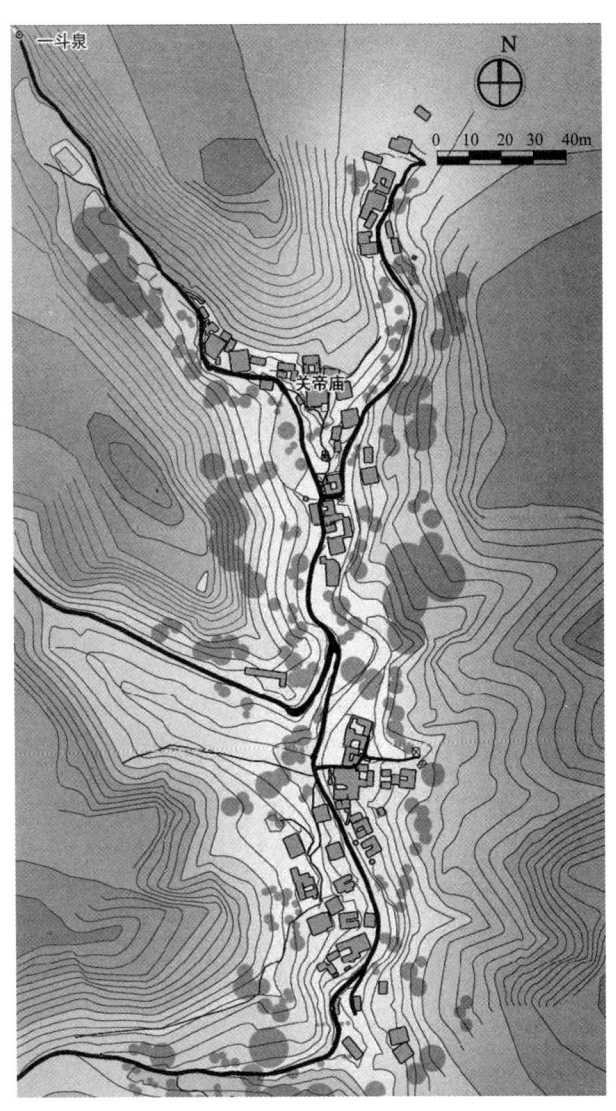

图6-22　一斗水村一字带型空间结构

资料来源：笔者整理

要是由于村落位于白陉官道的沿线，官道蜿蜒穿梭于山谷谷底较为平坦的区域，村落在利用交通便利的同时，也利用谷底较为平坦的小块台地进行建设，自然而然形成了一字带型的空间结构。

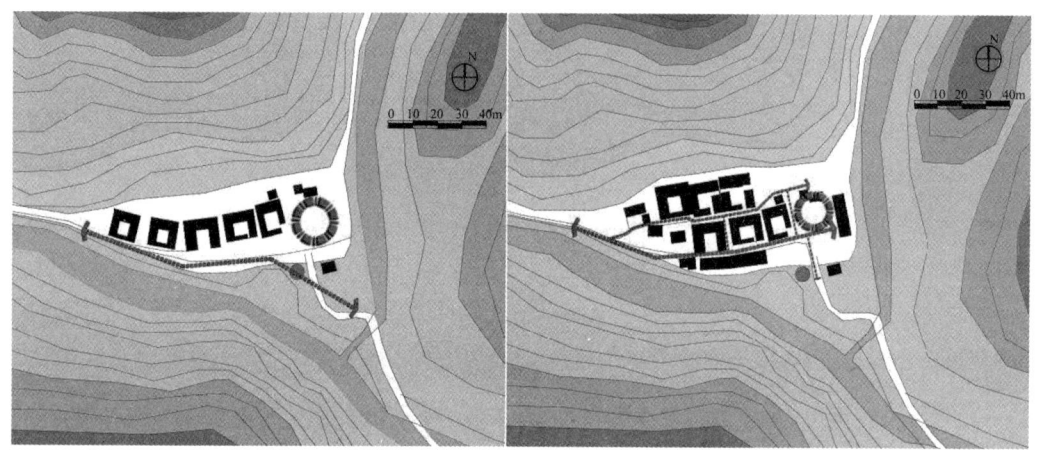

（a）清末村落空间结构　　　　　　　　　　　（b）"文化大革命"期间村落空间结构

图 6-23　古孤泉村空间结构的演变
资料来源：笔者根据当地老人描述整理

古孤泉村也是一个一字带型的空间案例，空间结构的形成与其所处的位置有非常紧密的关系（图 6-23）。首先古孤泉村处在山与河流之间的一条狭长地带上，村落只能建立在狭长的带状空地上，地形地貌决定了村落的建设形态；其次，村落沿着河流带状展开，村落中的主巷平行于河流，河流与主巷之间的一排房子建于"文革"期间，条排式、没有院落，而且建造形式、材料等都与村落中的其他院有着明显的差别，通过仔细观察考证和居住在其中的老年人验证得到了房子建设的大致时期，河水骤减，村落重心由河流向主街转移，这排独立式的房子也就应运而生了。村落中的主巷，原本是白陉官道的一段❶，通过村头戏台前大规模的点状空间，以及家家户户都是开放性的院落来看，这些都可以印证这里曾经非常热闹。在较高处的台地上，七、八个院落空间并置，院落前有一条不足 2m 的支巷串联较高台地上所有的院落，这条支巷与主巷之间有垂直的小巷利用台阶进行联系，这种联系的小巷尺度不足 1m，院落也多为开放性，许多院落中的大门形同虚设，只有一个门楼而没有实际的门阻隔内外关系，院落的院墙也不高，对院落内部一览无余。古孤泉村虽然规模不大，却是村落空间结构演变的一个典型案例，村落不断的根据外界的环境做出自我的调整，来适应环境的变化。

---

❶　白陉古道由于路面狭窄，在崇山峻岭中穿梭，相关的记载很少，具体的线路无法考证，这在前文已有论述，这里主要是根据村中老人描述以及白陉古道大致线路做出的判断。

2. 一字鱼骨型

一字鱼骨型的空间结构关系在村落中主要体现为主巷串联着整个组团单元，从主巷向两侧辐射支巷，支巷直接联系着宅院空间，村落的外部空间体系形成了类似鱼骨状的结构关系。如焦作、林州、鹤壁等山区都有这种空间结构的村落出现（图6-24）。

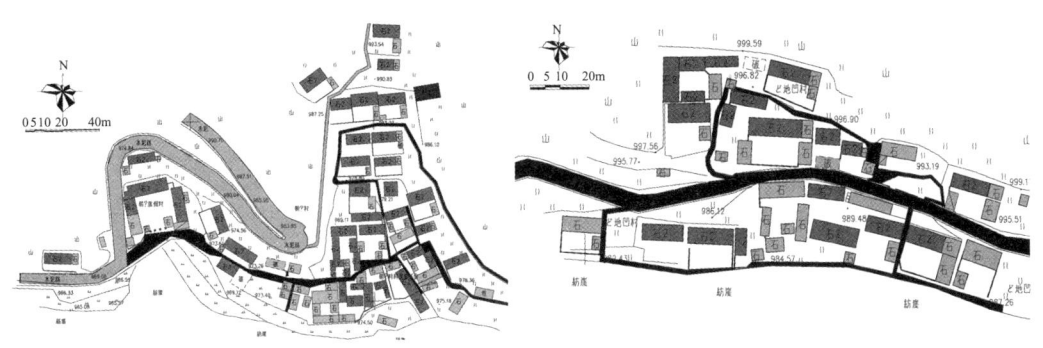

（a）朝阳村空间结构　　　　　　　　（b）苇池凹村空间结构

图 6-24　朝阳村一字鱼骨型空间结构

资料来源：笔者整理，底图来自《朝阳村保护规划》

豫北一字鱼骨型的村落空间结构主要特征主要体现为以下几点：第一，外部空间是一个完整的主次系统，主巷是主体，是村落的主要交通组织架构，支巷一般联系着宅院和主巷。

第二，村落中较少有开放的、集中的活动场地，村落中的主要的活动场地往往借助于村落道路某些节点形成开放的空间；村落层级关系一般为"主巷—支巷—院落空间"，从"开放—半开放—私密"等空间层次进行过渡。

第三，山区村落的外部空间，尤其是街巷无法形成完整的界面，除了少段街巷界面完整外，大多是因势利导，顺应山形地势，主巷还会串联支巷以及一些小型广场等，宅院之间不能像平原地带那样紧密结合，会形成大小不一、类型多样的小型空间。

以豫北林州石板岩乡的朝阳村为例，朝阳村下属三个自然村，分别是朝阳村、苇池凹村、香椿圪村，三个村距离不远，由一条干道相互串联。其中朝阳村的规模最大，空间层级结构也最为丰富，村中的中街是村落内部空间构成的主体，东西向贯穿村落，石板铺砌路面，路面宽度约1.5m，两侧宅院保留着历史上的风貌、尺度和格局。中街是村落空间的主骨架，两侧宅院界面相对完整，街巷空间转折丰富，在中街上有几处相对规模较大的空间转折点，如朝阳沟度假村门前的台球广场、与入村道路口垂直交叉的道路口、村居委会前空间等，这里都是百姓汇聚的空间场所。同时与中街相联系的有许多支巷，支巷的尺度小，还有一些临崖小径，小径一侧为住宅建筑，另一侧为峡谷，这些都是在这种特殊地域背景下产生的空间形式。村口广场由对外车行道转弯形成的圆形活动空间，是全村的集会交流及婚丧嫁娶场地，是空间尺度最为开阔之处，也是百姓活动的主要空间场所。

又如王家汕村落中，村落有两条主要交通线路，一条是绕着村落外围的车行线路，另外一条是穿过村落中心的老街巷，中间街巷的脉络不但影响着村落的整体形态，同时还容纳着村落的日常公共生活，非常有生气，由于王家汕村为一个以血缘纽带联系的村落，村中的百姓几乎都姓王，邻里关系非常的融洽，通过街、巷、公共广场、院落等构筑起来了非常完整的交往网络，形成了居住、生活、生产、交往等多功能的且相互联系的空间组合方式。王家汕村中主要的街巷为一"丁"字形的街巷，中街、东西街将村落分割成了几个片区，主街地面为青石板铺路，错落有致。虽然呈现的是丁字形街巷系统，但其实是转折的一字型空间形态，首先主要的开放空间如捣米臼空间、石磨空间等在东西大街上，三孔洞祭祀空间、玉皇庙等主要的宅院也分布在东西大街的延伸线上，而中街的南半段虽然与车行环线相连，却几乎没有开放的空间和重要的宅院（图6-25）。

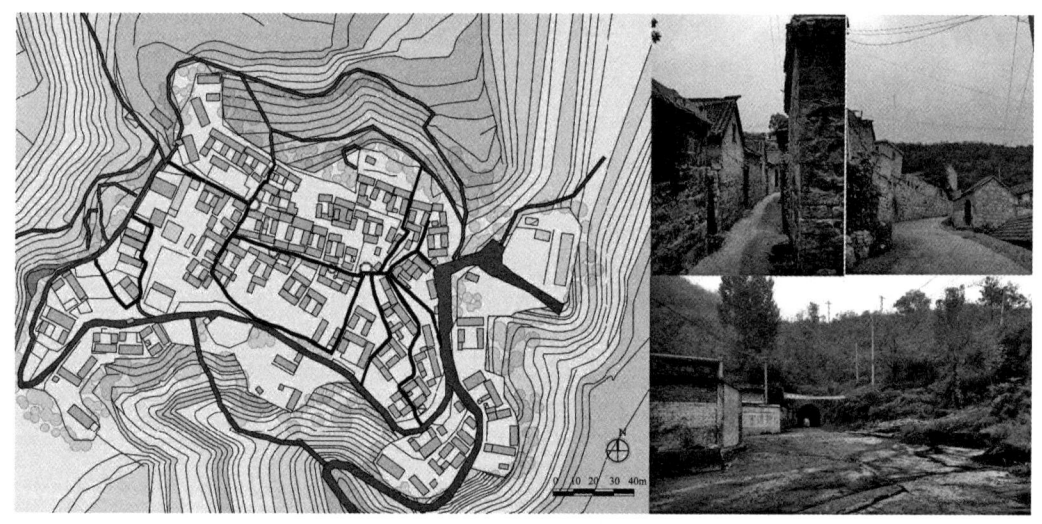

图6-25　王家汕一字鱼骨型空间结构
资料来源：笔者整理或自摄，底图来源于《王家汕保护规划》

3. 十字型

在十字型空间结构类型的村落中，主要呈现出来的空间特征是村落中由相互垂直的东西主街和南北主街等两条主巷构成了主要的空间系统骨架，将村落分成四大片区，片区利用支巷进行内部的联系。豫北十字型空间结构的村落空间特征非常明晰，以大胡村为例来具体说明豫北村落的空间结构特征表现（图6-26）。

第一，十字交叉垂直的主巷道。村中振兴街和后街两条为村落中相互垂直的主巷道，将村落分为了清晰的四个片区，十字街巷清晰的界定出了村落的大格局，其中李家大

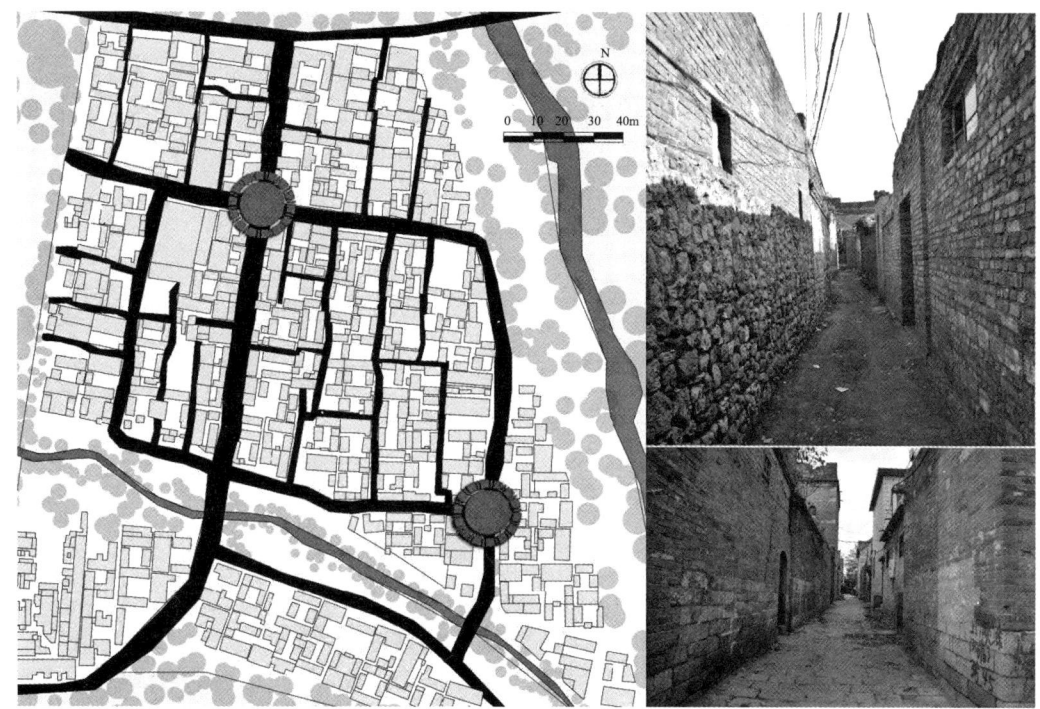

图 6-26　大胡村的空间结构
资料来源: 笔者整理或自摄, 底图来源于《大胡村保护规划》

院的片区保留的非常完整。

第二, 大胡村中主巷的十字交叉点既是村落地理上的中心, 也往往是百姓心理上的中心, 村落中的活动、集市等一般都围绕这里来展开, 目前这里依然是村落中最为繁华的地带; 李家大院片区北侧紧靠十字街中心, 南侧紧邻汤河, 李家大院片区不但占据了村中心有利的位置, 还占据了汤河有利的位置。

第三, 大胡村空间层次为"村落门户空间—主巷—次巷—支巷—院落空间"等层级, 空间层级关系清晰且丰富, 从村落外进入到村落要跨汤河的幸福桥, 这也是村落中一处标志物。跨过幸福桥、穿过寨门, 经过道路的转折, 就进入了村落的主巷之一东西方向的后街, 主巷联系着次巷, 次巷为片区内部的主要通道, 次巷又与支巷联系, 支巷联系着宅院, 形成这样一个丰富空间层次, 支巷体系也是非常发达的片区。在一个片区里面, 支巷往往是四通八达、网状交织, 不但串联着村落的宅院, 而且还串联着一系列的开放空间。

4. 网状型

豫北网状类型的村落以寨卜昌村落最为典型, 寨卜昌村是先规划后建设的村落的典型, 村落在营建过程中, 首先确定了网状的道路系统, 之后再进行宅院营建, 宅院都被限定在了一定的空间内部, 宅院尺度非常平均、平等, 无论贫富, 只能形成两进院落的进深尺度, 宅院只能以跨的方式进行东西向并排发展。网状类型的村落中, 外部空间尤其是道路系统担负着交通、邻里交往、活动等功能，空间结构不但决定着宅院的尺度、空间等，还决定着整个村落的形态，村落整体的龟背形态也是基于在这种空间网状的体系之下而形成的。从村落的总平面来看，东西横向的主街结合南北向的支巷将村落划分成相对均匀的网格，形成了一个个的小块街坊（图6-27）。以寨卜昌村为例概括豫北网状类型的村落的特征。

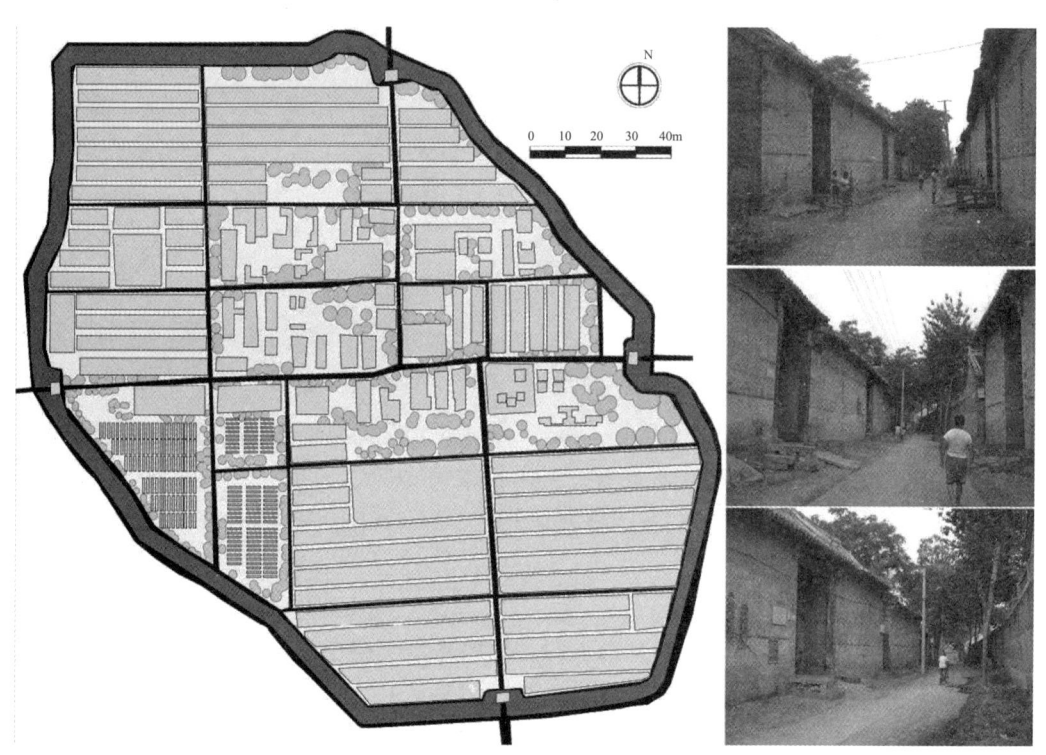

图 6-27　寨卜昌网状型空间结构
资料来源：笔者整理或自摄，底图参考《河南民居》

第一，村中网格状街巷组成了村落主要的外部开敞空间，主要街巷几乎可以覆盖整个村落，各个方向上空间尺度均等，主次关系不明晰，一般来看，东西向的街巷尺度较为开阔，D/H 都在 1 和 2 之间，南北向的街巷尺度较小，D/H 都在 1 或者小于 1。

第二，寨卜昌村的东西主巷占有主导的地位，将村落相对均匀的划分成了条带状，又利用南北向的支巷将村落整个划分成了小的街坊片区，由于东西向主街在间距的选择上恰到好处，每一个宅院都是两进院落，前后都有主街巷，这样就保证了每一户的均好性，每一户都紧邻着主巷的出入口。

第三，形成了主巷—院落的直接的空间体系，宅院都能够直接便捷的有对外的空间，这种类型的村落一般外部空间占地非常大，多见于用地比较充裕的平原地区。

6.4　豫北传统村落地域特征

6.4.1　村落地域分化

在豫北地域分区中，山区和平原之间泾渭分明，分界线非常清楚，山区和平原之间出现了迥异的村落空间形态，这是与其他地域之间一个显著的差异（表 6-3）。

豫北平原地区和山区村落的差异　　　　　　　　　　　表 6-3

序号	类型	山区	平原地区
1	整体形态	村落小块集中或者呈带状分布	多是集中的团状形态
2	选址	根据山势、水资源	根据耕地及土地承载力
3	空间特征	类型单一	空间层次丰富，类型多样
4	边界	边界模糊，与山体相互交错，村落向外发展	边界清晰，多为寨壕区分内外，村落内向性发展
5	宅院	匀质化，大户宅院较少	大户宅院主导

资料来源：笔者整理

差异的存在主要是由于村落本质上的灵活性和适应性，在山区村落表现得更务实，更贴近环境，在夹缝中求生存，只要村落能够找到一块儿平坦、风水好之地用于建设，村落仅仅利用山体、河流等环境就获得了一定程度上的安全保障，由于地形高差大，用地紧张，豫北村落空间立体化发展非常多见，多利用层层宅院屋顶组织外部空间体系。而平原村落则是另外一番景象，村落多由有实力的、深受礼制束缚的乡绅出资带领百姓建设，建设模式与山区有非常大的区别，两者的形成原因、建造过程都有根本性的区别，平原村落首先会根据村落的人口规模和将来发展的需要，利用寨墙、环壕等将村落的用地范围圈出来，其次规划路网，进而根据宗族关系划片进行宅院的建设。

深入到村落的空间，山区和平原之间也有非常大的差别。山区村落更加灵活多变，多是因地制宜的发展，在规定的框架下不拘一格，有时候也会突破框架的束缚，形成空间的层次单一，类型却非常丰富，不但水平上的发展，由于空间的紧凑还会朝着竖向发展，形成了非常多样化的村落空间形态。而平原地区的村落，深受社会环境的影响和政治势力的影响，村落相对中规中矩，村落的层次性非常明显，从村落外部到村落内部再到院落内部，各个层次分界线都非常清楚，而且村落的空间感受是随着村落内部的不断深入安全性不断的提升，所以村落主要是呈现内向性的发展态势。

总结起来看，豫北平原和山区村落之间的空间有着非常明显的差异性，村落也由此产生了不同的空间类型，形成的原因主要是村落的地域因素和社会环境的影响。

6.4.2 乡绅主导下平原村落建设

清末民初，乡绅在豫北平原地区村落的建设中发挥着重大的作用，虽然现在留存下来的村落数量并不多，通过寥寥几个现存的寨堡式村落以及地方志的记载中，我们可以清晰的判断乡绅的力量确实广泛存在于村落的建设之中。在豫北各个县的民国版的县志中，有大量描述寨堡式村落的文字，通过比较明、清早期的地方志来看，这是非常不可思议的，因为村落很少能够在官方的文字中出现，一方面由于寨堡式村落在历史上确实发挥着不可磨灭的作用，一定程度上已经影响到了当时的历史格局，另一方面，地方志重视英雄式的人物，在这个过程中诞生了很多有影响力的开明乡绅，县志中就记录这部分人的功绩。

从地方志中也能看出寨堡类村落在清末民初发挥的作用。以新乡县为例，如果对比《新乡县志》清乾隆十二年刊本和《新乡县续志》民国十二年刊本，就会发现一个重要的不同，从前者对村落只字未提到后一版本对寨堡类型的村落施以大片笔墨的记录描述，足以证明寨堡类型的村落在清朝末年民国初期对当时的社会产生的重大影响，也印证了有关学者的判断和分析。在《新乡县续志》卷一《城池志寨堡附》中有这样的记载：

"小冀寨，咸丰十一年创修，杜继瑗等董其役，共计占民田二百三十八亩，有奇呈恳，按户豁免钱漕，知县张嗣麒批准立案卷存粮房，原批据票该处因咸丰十一年间，东匪窜扰，筑寨保卫，当时挖坏民田许多，公恳将应完粮米，暂行豁免等情查钱漕为国家维正之供丝毫，为重断难请豁免，惟念该处于东匪未到之前，首先团练筑寨协力守护，继复率勇随同官兵与贼打仗获胜，得以保全民命实堪佳，尚似兴他处，贼退后始行筑寨者，不同自应酌量体恤，以顺舆情，所有寨压地亩，应完钱漕，姑准暂免完纳，由县赔垫批解以示奖励，一矣昇平后，民复本业，寨基平毁乃即按亩……夏四月西邻土匪啸众自小冀东，东窜遇兵败，还老巢时，余叔曾祖少迟公，奉旨帮办团练，禀明邑候，明府与首事人等举行保甲约定条规分为三团，置备枪礮旗帜，逐日操演以过妖氛，故自夏徂秋西匪不敢犯界，众得安堵无恐"。❶

通过这段县志中的详细描述，圩寨村落在抗匪保一方平安的过程中，发挥了巨大的作用，这里以小冀寨以乡绅杜继瑗等的先见之明，不惜占用百姓赖以生存的耕地，足以证明乡绅的号召力和凝聚力，圩寨在后续抗匪过程中确实做到了保一方平安，圩寨的村落形式也最终得到了官方的认可和推广，在接着的县志中，详细列举了咸同年间，新乡县寨堡村落的方圆尺寸，寨墙高度等方面详细的内容。类似圩寨、寨堡类的村落在其他的县志中都有不少的篇幅进行详细的描述和记载，这里足以证明，在一定的社会背景下，所产生的特殊的村落类型，因为乡绅的视野和见地，各地也有差异的存在，

---

❶ （民国）韩邦孚等修，田芸生等纂：民国《新乡县续志》卷一《城池志寨堡》，民国十二年（1923年）刊本．

豫北的乡绅在整个圩寨的建设过程中起到了决定性的作用。在民国版的《新乡县续志》开篇就详细地记录了寨堡式村落的名称、规模、创建时间、主要的创修人等，寥寥几句文字就非常客观的记录了寨堡式村落的方方面面（表 6-4）。

清末新乡县部分寨堡村落一栏表　　　　　　表 6-4

序号	寨名	创建时间	寨堡状况	环壕	创寨人
1	小冀寨	咸丰十一年	占地二百三十八亩	无	杜继瑗创修
2	朗公庙寨	同治元年	周围八百余丈，寨墙高一丈八尺，东、西、南、北、东南五门	壕深八尺，宽一丈二尺	张西崑创修
3	里仁寨	同治元年	周围三百二十丈，高二丈六尺，基址兴厣及海宽六丈	无	任芳兰创修
4	大召营寨	同治七年	周围三十七段，高丈八，宽二丈，寨厣丈五尺	壕三丈	崔得安、姜永奎、姜同春等创修
5	中召寨	同治八年	垣高二丈二，基址宽一丈八尺，厣宽一丈六，周围三里	壕宽一丈八尺	郜国屏、崔振兰创修
6	丁庄寨	同治七年	占地八十二亩，周围五百二十六丈	无	马志勤、杨懋甫等创修

资料来源：民国《新乡县续志》卷一《城池志寨堡》

　　而到了民国版的《武陟县续志》对寨堡式村落的记录中更加强化了创修人以及所花费的钱财数量，其中不乏地方官员、举人等参与村落的修建工作。

　　《武陟县续志》中对昇平寨的一段文字的描述，更加清楚的描绘出了乡绅力量在村落中发挥的积极作用，"王少白先生昇平寨记曰：昇平寨者，詹事府主簿，献南谢君，防卫其村所筑也，盖自□□肆扰以来，起于皖流于豫蔓于山，左时鼠突于大河以北，国家轸念民依各省增置团练大臣，俾督率氓筑寨自卫，于是河北一路，星罗棋布，处处兴修，谢君为武陟北旺村巨室，德望素孚于众，乃纠集合村共议修筑，村中人齐心合力，各无异辞，按户科费，惟平惟均，有不继者，则谢君独任之，于是崇墉骤起刻期竣事，一切宋御之资，无不备具因名之曰，昇平寨盖其望治之心般也，难化即尔我之见多歧，虽有利害端如毛发辄，哓哓争辩不能已。一旦寇警迫临，虽素不相协之侣，亦睦如一家，此同舟遇风之义，即人心可合之机也，今朝廷命将出师，削平祸乱，元恶大憝，以次授首行见海宇恬然，承平有望矣。谢君既有素孚于乡里，倘求此人心齐之一机，岁时伏腊，兴村中父老子弟言孝言慈，敦礼让厚风俗，以仰承夫朝廷之化，将此户可封之美皆可，于是役卜之，又岂特有备无患防卫一时也哉，余因谢君防患之举，又望之以原俗之麻也，遂因其请而为之记"。❶

---

❶　（民国）史延寿等修纂：民国《武陟县续志》卷八《建置志》，民国二十年（1931 年）刻本．

这段文字记载了昇平寨营建得益于乡绅谢宝琛，其为"村中巨室，德望素孚于众"，在战乱之前，能将百姓团结在一起，领导百姓出资出力，"有不继者，则谢君独任之"，修建圩寨以期御敌，重塑了村中的良风优俗，"村中父老子弟言孝言慈，敦礼让厚风俗"，在乡绅力量不断强化的过程中，也是"地方权力旁落乡绅之手的过程"❶（表6-5）。

清末武陟县部分寨堡村落一栏表　　　　　　　　　表 6-5

序号	寨名	创建时间	寨堡状况	创寨人
1	木乐店寨	咸丰十一年	周围九里十三步，六门	刘凤山创修
2	前牛文庄公信寨	咸丰十一年	周围二里许，费钱一万五千串	举人古岚峰创修
3	后牛文庄文明寨	咸丰十一年	周围九百余丈，费钱四万余串	郭世爵创修
4	义和寨	咸丰十一年	周围三里有余	秦澜创修
5	同春寨	咸丰十一年	周围八里，共五门，系刘村、黄村等六村合建	佚名
6	北王村昇平寨	同治元年	周围五百二十丈	候选同知谢宝琛创修
7	小董福瑞寨	同治元年	周围七百二十五丈二尺五寸	直隶州分州卫谢青云创修

资料来源：民国《武陟县续志》卷八《建置志》

圩寨营建的高峰时期，甚至清政府统一颁布命令进行圩寨的修建和推广，1860年6月，祖籍河南顺天府丞毛昶熙奉命回籍督办团练，"刚到河南，毛昶熙便上疏奏陈豫省全局布置情形，筹划经费，酌定条规十二则，首条便是添筑堡寨以扼要隘"。❷ 正是在这种太平军、捻军暴乱四起的社会环境下，许多村落为了自保，应对这种社会环境的变化，所以产生了依村建寨、联村建寨等八九种类型的圩寨形式，河南也诞生了一种新的村落类型，这种寨堡类型的村落形态一直延续到今天，这可以说是村落为了应对社会状况而发生村落结构变化的一种典型案例，现在这种类型的村落还很常见，如临沣寨、人和寨等都属于这种类型的村落。通过建立壕沟结合寨墙的模式进行防御，建立起人工屏障，这个地区主要产生一种寨堡型的乡村聚落类型，这些寨堡村落主要是为抵御匪患、义军等，"因地制宜，就民之便，或十余村联为一堡，或数十村联为一堡"❸，一堡的规模往往在三四万人口之众，实现"贼近则更番守御，贼远则出入耕作"❹，较高的地势也很容易抵御平原地区水患。

❶　顾建娣. 咸同年间河南的圩寨 [J]. 近代史研究 .2004（1）: 100.

❷　顾建娣. 咸同年间河南的圩寨 [J]. 近代史研究 2004（1）: 106.

❸　顾建娣. 咸同年间河南的圩寨 [J]. 近代史研究，2004（1）: 102.

❹　德楞泰：《筹令民筑堡御贼疏》，贺长龄编：《皇朝经世文编》卷89，《兵政二十·剿匪》，光绪十四年上海广百宋斋排印本 .

豫北片区靠近明清北京城，乡绅更加开明，有着雄厚的财力和强大的社会网络，虽有黄河大堤，但较河南其他区域更早的展开了村落自卫式的营建。从清咸同年间开始，豫北乡绅率先修建了大量的寨堡式村落，在豫北平原地区建立了非常稳固的防御体系。豫北乡绅作为承上启下的关键一环，不但能够很好的与地方政府衔接，同时还能将村中百姓拧成一股绳，团结在一起，豫北开明的乡绅成为了平原村落建设的主导力量。

6.4.3　山区村落空间立体化

在豫北太行山区的村落中形成了与地域结合紧密的立体化的村落空间，巧妙的解决了豫北山体落差大与村落地紧张的问题，主要体现在院落、屋顶与街巷之间的无缝连接，相互杂糅在一起，将村落空间立体化，有效的拓展了村落的使用空间。百姓主要采用的办法是，利用地形高差将屋顶与街巷高差平齐，将屋顶拓展成为活动场地和粮食晾晒的空间，街巷和屋顶空间、院落空间往往是交织在一起的，不经意之间，就从街巷上走在了一家宅院的屋顶上。村落立体化空间的形成是基于地形建立起来的，从空间使用的角度来看，村落的宅院之间都是一个无法分割的整体，相互交错，一处宅院屋顶是另一处宅院的院落，通过宅院的屋顶就可以完全走遍村落的每一个角落，宅院与宅院之间是相互串联开放的，这也是村落空间利用的极致体现。从宅院营建的角度来看，宅院层层叠叠，利用山前落差大的小块台地进行建设，宅院并不拘泥于严格的朝向，尊重地形地貌为主。从防御的角度来看，村落往往依山傍水，已经有了山体作为天然的屏障，村落内部多是一种开放的状态，较少设置寨墙、寨门等这些人工防御设施，村落的开放性是建立在百姓内部熟悉的基础之上的，百姓相互之间非常熟悉各家宅院所处的位置以及通过屋顶通向何处，而对于外来者来说，一旦进入村落中，完全处在一种无法辨识方向的迷宫状态，从这个角度来说，这也是村落的防御措施之一。焦作、林州一带的传统村落中空间立体化非常常见。

修武西村乡的双庙村就是这样一个典型的例子，村落选址在山前的一个环抱型的山坳中，村落沿着山体层层而建，村子前后高差约 70m，共分布在五六处台地上，在清末村中杨氏兄弟分别高中武举人和文举人，村落以武举人杨再汾宅院为中心，其宅院前形成了相对开阔的习武场地，文举人院位于武举人宅院后，位于武举人院的轴线的东侧，与武举人宅院坐南朝北、前后两进院不同，文举人院只有一进而且主朝向向西，其他宅院用地更加紧凑，院落和屋顶之间相互叠加串联杂糅在一起（图 6-28）。

平顶爻村也与双庙村有着类似的选址，村落前后高差只有 20 多米，村落处在三个台地上，屋顶平面更加完整紧凑，可以自由的穿梭在屋顶上，户户屋顶相连，也是晾晒粮食的好地方。在笔者调研期间，恰逢一户正在利用现代的材料修缮屋顶，钢丝网上铺设水泥，取代了传统意义上采用木梁上搭檩条、铺石板、顶部糊泥的做法（图 6-29）。

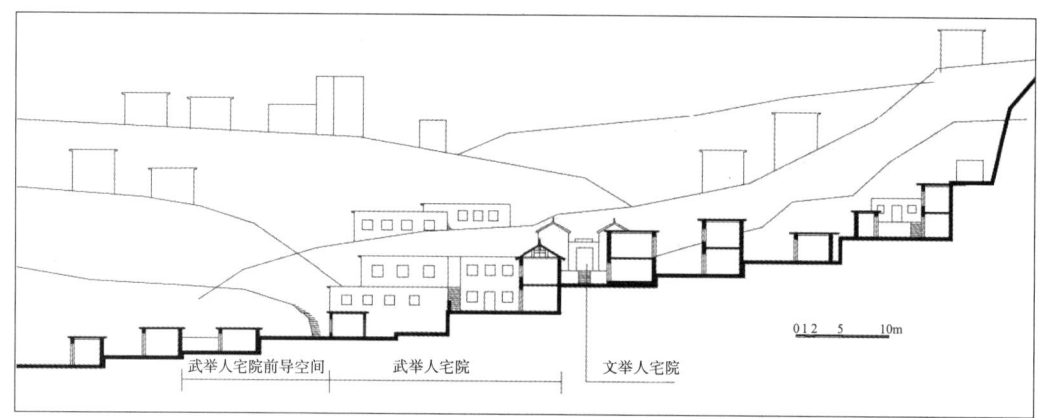

图 6-28　双庙村断面
资料来源：笔者整理

图 6-29　平顶爻立体化的村落空间
资料来源：笔者自摄

6.5　宅院分类

6.5.1　宅院特征

1.山区村落宅院

地域环境深深的影响到豫北村落宅院的类型与层次。太行山、河流等构成了豫北地域环境主体，山势层峦叠嶂，险峻挺拔，河流蜿蜒于山谷之中。在这些地域环境构成下，宅院将地域环境特征体现的淋漓尽致。

宅院与地域环境紧密结合主要体现在宅院营建材料的选择、宅院在地域环境中灵活布局以及空间层次三个方面。营建和围合宅院的材料基本上都是地域取材，从太行山沿线取得的石块非常有特点，石头块大质密，是天然的建设材料，几乎在所有的豫北山区传统村落中，都可以看到石头的身影，石头成为传统村落营建的最主要的材料，甚至到了豫北的林州一带，干脆连屋顶也采用石头来覆盖，形成了非常有特色的地域。

宅院布局灵活，更加注重与其所在地域环境之间的互动关系，虽然地处黄河以北，宅院往往会根据其所处的地域环境来选择最有利的方式，有的时候甚至牺牲了宅院的朝向、层次、强调对称等常规的处理方式。

豫北山区的村落宅院空间层次单一，一般以单进院落为主。由于用地紧张，空间局促等方面的原因，造成山区村落空间层次单调，很难做到一户占据很大的面积，即使像志书中记载"率家丁抗击千余人匪患"的武举人郭再汾的宅院，也不过是一进院落。地域环境的复杂，豫北山区传统村落中的宅院注定布局要更加自由灵活，更加的丰富多彩。

2. 平原地区村落宅院

豫北平原地区宅院空间层次和规模则要大得多，这与其所处的社会环境有着密不可分的关系，村中乡绅的宅院成为了村落的主体，涌现出了如马丕瑶宅院等大型的宅院。宅院的格局同时又受到社会环境的影响，这些在豫北平原地区村落反映的最为明显。平原地区的村落中许多宅院做的宛如堡垒一样，主要就是来应对尤其是清末豫北动荡的社会格局，与村落宅院内外界线非常清晰不同，宅院内部可能会形成多进的院落，形成相对复杂的空间关系。

6.5.2　宅院分类

1. 层级分明的平原地区合院

豫北传统村落中宅院最多的类型依旧是四合院，平原地区和山地村落之间的宅院又有着显著的差别，在地域分区的过程中，虽然都处在豫北整个区域中，平原地区和山地地区的宅院之间有着明显的差异性。

在动荡的社会背景影响下，豫北平原地区大型宅院建设的背后都有着雄厚的资金支持和乡绅的故土情怀作为铺垫。乡绅回报家乡的同时应对动荡不安的社会现状。因此，豫北涌现出了大量坚固且异常奢华的乡绅宅院，这些宅院往往尺度规模都非常大，是名副其实的村落中心，宅院一般为多进多跨，层次丰富，规模巨大的院落群体，这在河南的其他地域空间是不多见的。如鹤壁大胡村李家大院是在朝中任工部尚书的族人李谼全盘主导下进行营建，安阳县蒋村乡的马丕瑶宅院也是一个规模宏大的宅院，小店河村的王家宅院中的四进、五进的院落，这些都是乡绅力量体现的一种外在表现（图 6-30）。

豫北平原宅院的典型代表为马丕瑶宅院，马丕瑶在中国近代史上是一个叱咤风云的人物，官居兵部侍郎、都察院右督副使，政绩显赫，又开创民族工业。其宅院位于安阳县蒋村乡的西蒋村，规模非常宏大，共分南区、中区、北区六组，22 个院落，建筑面积 5000 多平方米，占地面积 2 万多平方米。马丕瑶宅院与其官宦背景有着密切的联系，其特征也是豫北平原乡绅宅院特征的浓缩，主要有以下特征：第一，宅院布局深受礼制传统思想的影响，左尊右卑，每一组院落基本上都是中轴对称的格局；第二，院落方位角一般都在 30°、60° 左右，空间尺度的 D/H 也在 1:1~1:2 之间，各种空间非常符合理想的空间尺度；第三，空间层次丰富，以马丕瑶中区院落为例，中轴线上分别为院门、第一进院落、二门（垂花门）、第二进院落、五开间大堂、第三进院落、五开间后堂、第四进院落、五开间堂楼，形成了"九门相照"的格局；第四，宅院中功能的异常细化且功能与空间形式相对应，马丕瑶宅院分成了居住区、祭祀区、花园等，居住区和祭祀区院落的空间尺度、建筑形制都有明显的差异。马丕瑶宅院是村落乡绅

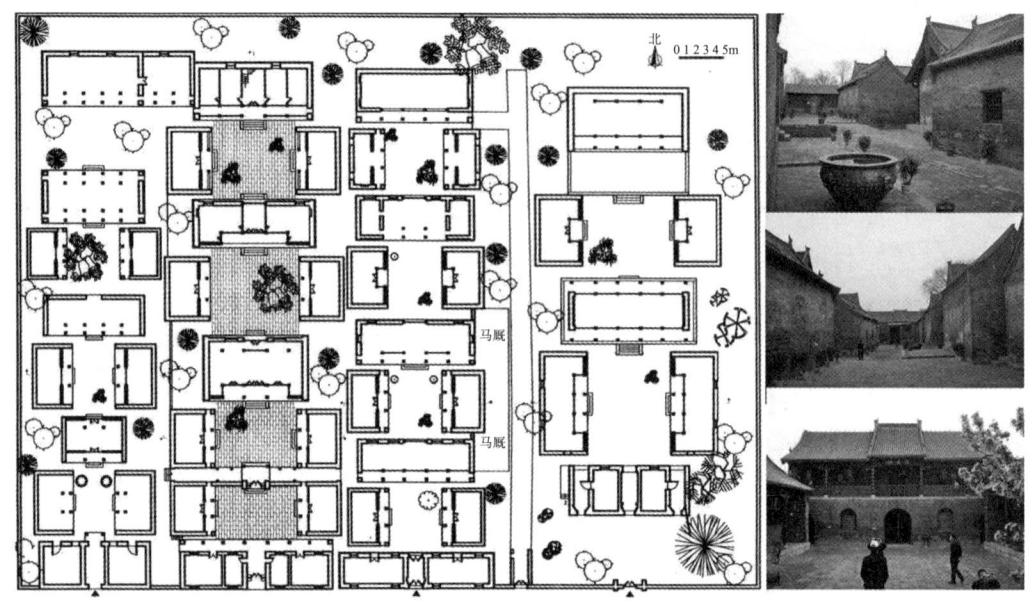

图 6-30　马丕瑶宅院

资料来源：笔者自摄，测绘图来自左满常、白宪臣 . 河南民居 [M].
北京：中国建筑工业出版社，2007：126.

文化发展顶峰的一个代表，在豫北村落的发展脉络中乡绅权力浓缩的体现。

　　寨卜昌村的宅院是豫北乡绅文化的又一典型代表，与马丕瑶宅院的多进院落不同，寨卜昌中宅院是固定进深，水平方向发展的跨院模式（图 6-31）。目前寨卜昌村所保留的主要是王泰顺家族的宅院，多为清嘉庆到光绪之间所建，先规划路网后宅院建设，由于街巷限定下的空间尺度，宅院采用了一种近似标准化的营造模式进行营建。宅院空间主要有以下特征：第一，宅院往往包括主院和跨院，采用了一主一次的空间模式，主院、跨院之间的进深是一样的，但是面宽要差很多；第二，主次院落也有功能上的差异，主院的前院主要用于会客交流，后院主要为居住空间，跨院主要为辅助性的空间，用于仆人居住以及结合花园的私塾空间；第三，每组居住单元彼此之间还有联系，宅院与宅院之间有内门相互串联，这种组合方式，不但强调了每个宅院的独立性，又能在紧急情况下，不出院门，整合家族力量，保证整个家族的整体利益安全，这种宅院布局方式与豫南地区的宅院有着类似之处；第四，重装饰，体现在院落的界面空间上，尤其是门板、窗棂、檐口等处的做工非常精细，由于寨卜昌村落中的院落层次、格局都几乎类似，所以，地位的差别主要体现在这些装饰的细节之上；第五，院落空间的方位角一般都小于 60°，寨卜昌村落中的宅院的空间尺度普遍狭长，有学者对造成这种宅院的原因做了深入的研究❶，主要有两方面的原

---

❶ 研究的学者主要有孙大章在其著作《中国古代建筑史》第五卷 137 页和左满常、白宪臣的著作《河南民居》中的第三章 125 ~ 126 页有论述。

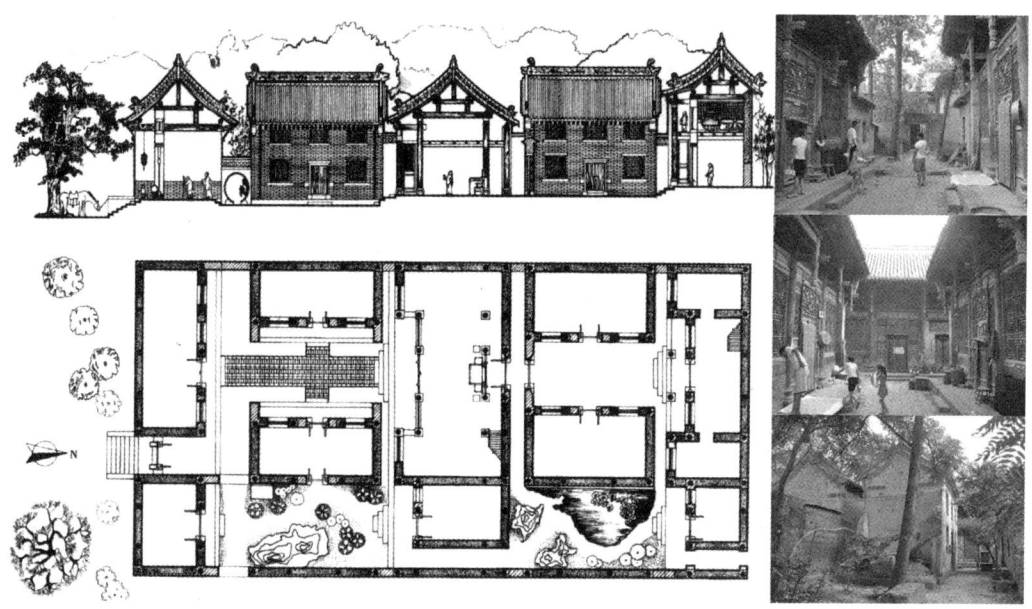

图 6-31 寨卜昌 6 号宅院

资料来源：笔者自摄，测绘图来自左满常、白宪臣. 河南民居 [M].

北京：中国建筑工业出版社，2007：119.

因，其一是这个地区一直以来就是珍贵的产粮区，土地资源宝贵，另一个主要原因，笔者认为也是最重要的，泰顺家族专门派工匠前往建设较为成熟的晋东南地区考察学习，形成了布局十分紧凑的格局。❶

2. 匀质化的山区合院

相比较平原地区的宅院空间来说，豫北山区中的村落宅院要局促和简单许多，宅院之间相对匀质化，等级差别较小，多是单进的四合院，极少能够出现多进院落的情形。宅院建设与其所处的地形地貌有关，百姓更乐意把大块平坦的土地留给耕地。虽然社会环境动荡不安，但对山中村落来说，山中已经有着很好的防御屏障，随时可以就近进入山中藏匿，不必依靠村落中的乡绅来建立共同的防御系统。一般山区村落用地紧张，整个村落局促的处在一块不大的空间之中，很难有开阔的土地供某一户进行大规模的建设，在血缘宗亲进行联系的山区村落中，会以相对平均的方式来分配土地、房屋，而地位的差异主要体现在院落的位置上，土地、宅院等方面的分配都体现在公平上，在修武段庄村中至今保留着清代村落分家的一份字据，上面这样记载：

"立分书，秦永全因家事业杂，年迈力衰，不能照管，请亲戚族人伙契，将祖遗并续置田产、房院、家伙等项，分为叁股，至均至公并无偏私。自分之后，各照分书管业无须争。兢守先人之遗业，知创置之维艰，立此叁纸壹样书明，各执壹纸，以为凭据。计开：正印分路北西边第贰所宅院一所，计地柒分叁厘叁毫五丝玖忽叁尾，南

---

❶ 左满常、白宪臣. 河南民居 [M]. 北京：中国建筑工业出版社，2007：118-125.

北中长叁拾壹步壹小尺伍寸，南阔五步四小尺壹寸五分，北阔五步贰小尺壹寸，又路南中院贰所，南北中长伍拾玖步零八寸，南阔玖步叁小尺五寸，北阔拾步零贰小尺七寸，计地贰亩肆分玖厘四毫五丝八乎，又南头东边院地壹段，南北中长肆拾壹步零八寸，南北贰阔肆小尺，计地壹分叁厘七毫贰丝，又西头路南宅院贰所，计地壹亩玖分叁厘八毫八丝壹乎，又村东路南东边场地壹段，计地贰亩贰分六厘八毫叁丝零五尾，南北贰阔拾伍步贰小尺五寸，东边中长叁十四步十五小尺零四寸，西边中长叁十五步叁小尺六寸。同中证人：张永兴、杨绍业、杨绍堂、张法禹、张自新、秦法福、李芳生、杨玉瑞、秦名誉、秦永生、张宗现。立分书人：秦永全同胞侄正塘、正印、长孙省一，咸丰十年时，省一和会一兄弟分家时有将遗漏问题补全"。❶

这个精确到一丝一毫的计量统计，就是建立在以家族为平等的观念之上，这种观念在豫北山区村落中有着优良的传承。在山区四合院中，较少能够看到较大规模的宅院组合，往往是单独的四合院空间，这些院落空间具体来看有以下空间特征：第一，院落多为单进院落，院落占地规模不大，山区村落多数宅院都为四面由建筑围合，正房、东西厢房、倒座等建筑组成，院落方正，有时候也会根据实际的地形进行调整，院落的形态呈不规则；第二，院落的朝向多样化，除了南北朝向之外，也出现了东西朝向等其他的朝向方式，主要是根据地形特征来处理，占据最有力的空间和位置比院落的朝向更加重要；第三，院落的空间尺度，方位角一般都为30°～60°左右，D/H 一般在 1 左右，山区的空间紧张，一般宅院的正房、东西厢房都会有暗层，多为储存空间，一般不住人，通过室内陡直的爬梯，可以直接进入；第四，竖向空间的拓展，豫北山区的村落中，许多宅院屋顶形式为平顶，院落的空间层次向竖直方向延伸，许多院落空间与屋顶空间相联系，彼此交错，不经意间从一家的屋顶就步入到了另外一处的院落中，造成这种格局的根本原因，还是因为山区落差大，充分利用地形的一种智慧表现，这也形成了豫北山区村落宅院的特色。

焦作修武的双庙村、平顶爻村、东岭后村中的宅院都是豫北山区四合宅院典型的代表，整个村落中的宅院相互依存，相互借势，单独看其中的一个宅院都无法体现其应有的价值，宅院则是相互联系的一个空间连续体，村落宅院相互之间都有着一种无法分割的空间关系。如双庙村的宅落空间竖向层次非常丰富，顺着村口一条不宽的小巷而上，就进入到了村落内部，街旁就是一户的屋顶，两者几乎没有什么高差，步入到这个屋顶，屋顶之间彼此相连，我们不但可以顺着这组宅院的屋顶走入到另外一处宅院的屋顶，也可以顺着台阶下到方方正正的院落中，出了院落后，又步入了另一户宅院的屋顶，宅院空间就在这种不经意间交换着，形成了丰富的宅院空间体系。如武举人宅院院落呈长方形，虽为单进院落，却利用高差变化而建，从中一分为二，院落中有将近 2m 的高差，形成了两个近似正方形的立体院落。宅院大门位于东南侧，一

---

❶ 材料由彭保红提供。

进入宅院大门，就有一组台阶，拾阶而上，就直接到了高的院落中，进入大门向左转，则进入到了低一层的院落中。大门前有较为开阔的习武场地，这点是村落其他宅院所无法比拟的，场地中还留着旗杆石和石锁等（图6-32）。

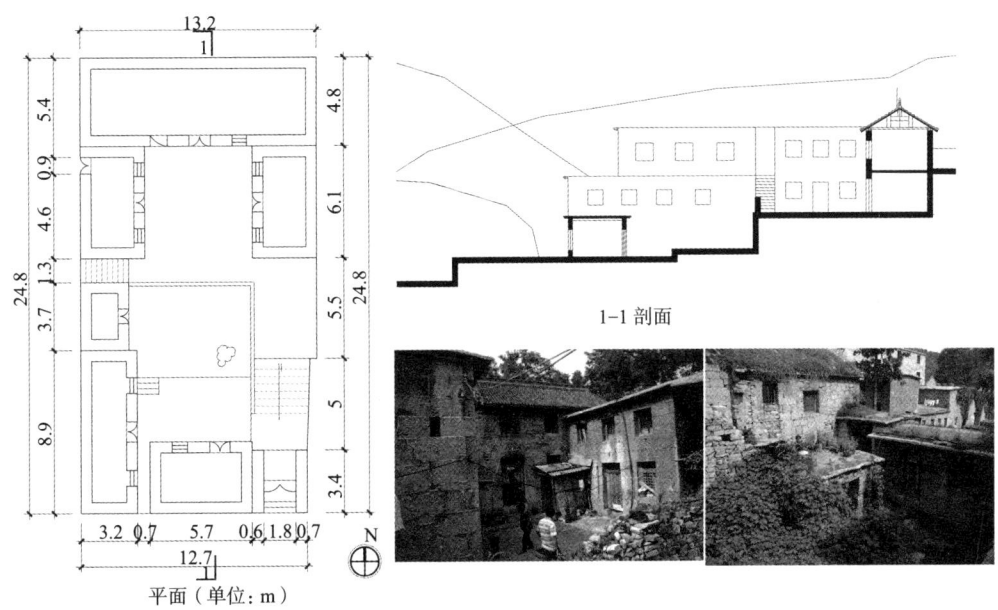

图 6-32　双庙村武举人宅院
资料来源：笔者自测或自摄

又如平顶爻村，几乎都为单进院落，院落大多呈正方形，方方正正，以实用为主，四面围合，正房一般为两层高，宅院主朝向多是根据地形地貌来决定，入口的位置也变换不定（图6-33）。

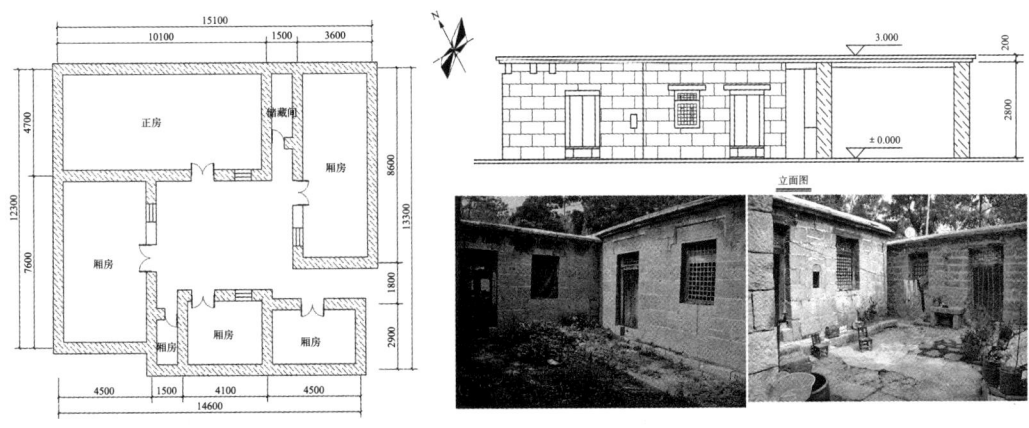

图 6-33　平顶爻村中的宅院
资料来源：笔者自摄，测绘图由许继清提供

院落是一个个村落空间系统不可分割的构成单元，院落多为单进的院落，屋顶连成一片，调研的过程中，恰逢村民正在运用现代材料整修屋顶，混凝土和钢丝网取代了青石板和黄泥，宅院已经不仅仅是正房、东西厢房、倒座围合起来的空间，延伸到了屋顶，屋顶连成片，相互之间都串联在了一起，走在屋顶上就可以对整个村落一览无余，同时屋顶也成为晾晒粮食作物的非常好的空间，弥补了村落用地空间异常匮乏的缺陷。

安阳林州石板岩乡村落中的一些四合宅院，尺度和用地相对前者要宽松得多。这些村落都处在山中谷地里，宅院都建在落差不大的平坦谷地中，用地宽裕了不少，宅院会利用有限的地形进行建设。院落一般很方正，特别注重院落的采光和空间使用，一般是一家一院，很少出现平原地区几代同堂共住一组院落的情形，这样的人口组成方式势必会影响到宅院的规模。正房比较讲究，两层高的居多，东西厢房往往是辅助性的空间，储存、堆放杂物等，东西厢房较少住人，多为一层，倒座一般为厨房。院落一般很开敞，D/H 一般都大于1，院落开敞与村落所处的地域环境有很大的关系，林州处在河南的最北端，村落对阳光的需求较高，宅院一般为南向。

3. 三合院、其他类型的宅院

（a）古孤泉村 L 型宅院　　　　（b）东岭后村独立型宅院　　　　（c）任村三合院

图 6-34　其他类型的宅院

资料来源：笔者自摄

豫北村落中还存在着大量的三合院、L 型的宅院以及独立性的宅院（图 6-34）。这种类型的宅院最大的特征就是开放性，如在焦作、林州、鹤壁的村落中就有不少这样的宅院。这些宅院并非没有院落，而是正房配一间东厢房或者西厢房，然后用矮矮的院墙将宅院的领域范围圈起来，界定出一个明显的领域。这些宅院类型主要分布在山区，宅院的配置做到了最精简，只是建设了需要的房子，其余的空间全部开敞，在太行深处的古孤泉村，东岭后村，几乎所有的院落院墙高度在 1m 左右，院门只是一个形式上的开口，任何人都可以自由出入，院落内部的场景一览无余。这些类型的院落有一定的存在前提，这些院落往往面向良好的景观，如东岭后村落中的宅院都面向河流开敞，面向河流有着很好的景观，几乎都形成了开敞的宅院，多数没有宅门只是低矮的院墙，坐在自家的院落中，就与村落外部的优良环境融为了一体。

6.6 本章小结

豫北河内文化区位于河南的最北部，黄河以北的广大区域，主要由新乡、焦作、安阳等行政区域组成，该区域中地形地貌主要由山区和平原两大种类型构成，太行山山区与平原分界线非常清楚，也因此对应形成了山区村落和平原村落两大种形态迥异的类型。

豫北平原村落的繁荣主要得益于开明乡绅的领导和财力，在清末动荡的社会背景下，豫北乡绅带领百姓营建了大量的寨堡式村落，在豫北村落发展史上留下了浓重的一笔。在诸多力量汇聚下，豫北平原村落规模较大，空间层次丰富，防御体系完善，村中宅院主次差别大，大户宅院位置凸显。而山区村落则充分因势利导，结合地域环境，村落多依靠山势建设，层层叠叠，宅院相对匀质化，规模差别较小。

豫北村落的空间形态也因地域差异而产生较大的不同。由于乡绅主导，平原地区村落建设受到礼制因素的约束较大，村落空间多网状、十字状等，主巷结合支巷、次巷等联系着宅院单元，空间层次丰富，村落营建精良，尤其是一些宅院空间建设与塑造上，比其他地域分区精致了许多，体现在入口空间、院落界面、雕刻等方面，大户宅院不但是乡绅身份和地位的象征，也是村落力量的体现。而山区村落则是另外一番景象，山区村落空间多为一字型或者一字鱼骨型，村落沿着线性要素展开。山区形成了立体化的村落空间，屋顶空间深度介入到了村落的空间系统中，与院落、街巷联系自如，无缝对接，立体化的村落空间是基于在豫北山区地域环境而产生的。

07 第7章 豫中嵩岳文化区

7.1 豫中地区：环嵩山带，中原地域文化

7.1.1 环嵩山地域带

豫中地区指的是河南中心地带的郑州、平顶山、许昌、漯河地区，是中原地区传统村落数量最大、最为集中的区域。豫中地区地形地势呈现西高东低，中东部有着非常开阔的平原，西部为熊耳山的余脉嵩山，位于登封境内，环嵩山一带是"中华文明起源的核心区域"[1]，有"天下之中"之说。自古以来嵩山周边就非常适合村落的生存，大量的村落都集中在这个区域，这里有着村落适宜生存的地理环境以及适宜的文化圈层。

从地理环境的角度来看，嵩山是豫中地区唯一的山体，环嵩山带的广大区域有着优良的地域优势，很早就有人类文明的足迹，山体不高，纬度适中，山前有较多的丘陵和冲积平原，土壤利于植被生长，水源充沛。从史前聚落开始，这里就形成了丰富的文化圈，"以嵩山为背景所形成的多种文化景观，其所具有的儒家文化、宗教文化、科技文化、教育文化的载体，虽然在不同历史时期各自体现出不同的兴旺与发展，但其始终作为一个文化景观的整体而存在着"。[2]文化的吸引力是非常巨大的，这一带形成了佛文化载体如少林寺，文化教育的载体如嵩阳书院，先进科技的载体如观星台等，这些都是先进文化的体现，自然能够汇聚人气，聚落能够长久不衰也就不奇怪了。

7.1.2 嵩岳文化为主导的中原地域文化

豫中地区主要围绕着环嵩山地域带形成了以嵩岳文化为主导的中原地域文化。"嵩山在中原文化的形成过程中起到发动机和孵化器的作用，嵩山以其山体大小适中，中低山丛布，山中夹有较广的低丘与盆地，水网发达，黄土台地广布等而利于人类生存，嵩山位居中国东西南北的要冲，便于人们交往、文化辐射与反馈"。[3]同时，嵩山文化圈在中国古代文明史上也发挥着重要的价值和作用，嵩山文化圈层在仰韶文化早期便已形成，不但形成了一个高度发达的文化圈，伴随着经济、政治、军事等方面都有着

[1] 鲁鹏，田燕，杨瑞霞.环嵩山地区9000 aB.P.—3000 aB.P.聚落规模等级 [J].地理学报，2012（10）：1375.

[2] 郭黛姮."天地之中"的嵩山历史建筑群 [J].中国文化遗产，2009（03）:10-18.

[3] 周昆叔，等.论嵩山文化圈 [J].中原文物，2005（01）：15-16.

飞速的发展,军事上处在要塞之地,西接崤关，东临开封，南通湖广，北通幽州，"嵩山地区成为中国文明进程中的突破和中心区"。❶

嵩岳文化为主导的中原地域文化在豫中地区主要体现在以下几个方面:第一，多元统一，兼容并蓄，嵩山文化圈以其文化优势，辐射周边，同时又"能从四面八方吸取各种优势资源与本身文化融合为一，从而产生了杂种优势文化"。❷豫

图 7-1　老照片—巩义附近的黄河渡口（1935 年）
摄影: 邓之诚

中地区多元化的文化,在村落中也有显著体现,如豫中地区百姓相互迁移现象非常普遍,村落中如种族姓氏相对比较多,随着发展,一个村子中可能会出现三到五个较大的姓氏。豫中地域村落中宅院风格也不完全统一，正是由于这种兼容并蓄的文化底蕴造成的结果。其次，豫中以黄河为界与豫北隔河相望，黄河形成分割的同时，由其河运等带来了巨大的融合，形成了黄河文化带（图 7-1）。

第二，礼制文化影响依然深厚，在《郑县志》中有这样的记载:"化民成俗，礼乐为先，祀天祀孔乐章，祭器颁修，明备故首列之而余以次及若孔庙两庑，诸先贤先儒，天下大同，后世学古者，希竟有不能举起姓字者，余自燕赵归来，晋谒圣朝"❸，以礼制文化为主导的文化脉络一直得以延续。《续荥阳县志》中也有记载:"土瘠民贫，风淳俗俭书志详矣，民国以来乡间犹存古意"。❹第三，崇山文化，祭山文化由来已久，"封建社会以来，皇帝多次到五岳封禅，其中到嵩岳的次数最多"❺，山川在普通村落百姓心中也有着根深蒂固的作用。

7.1.3　区域传统村落分布概况

1. 区域村落分布特征

在豫中地域分区中，平原地带的村落遭受到了巨大的破坏，原因主要有二，其一，在历史上不断遭受兵燹之灾，《郑县志》中记载"郑县地当孔道邑处冲繁，值满清入关之后，遭明季兵燹"❻，靠近山区的平原地带，历来是战乱、兵家必争之地，这里不断

❶ 张松林，等. 嵩山文化圈在中国古代文明进程中的地位和作用 [A]. 中国古都研究（第二十一辑）[C]，2004: 30.

❷ 周昆叔，等. 论嵩山文化圈 [J]. 中原文物，2005（01）: 15-16.

❸ （清）朱廷献修，（清）刘日烓纂: 康熙《新郑县志》卷二《兴地志》，清康熙三十三年（1694 年）刊本.

❹ （民国）刘海芳等修，卢以沿纂: 民国《续荥阳县志》卷五《风俗》，民国十三年（1924 年）排印本.

❺ 张松林，等. 嵩山文化圈在中国古代文明进程中的地位和作用 [A]. 中国古都研究（第二十一辑）[C]，2004: 34.

❻ （民国）刘瑞璘修，周秉彝纂: 民国《郑县志》卷三《建置志》，民国二十年（1931 年）刻本.

的遭受战乱的洗礼，对地域整体的破坏都非常大。其二，城镇化对豫中平原地域中的村落的破坏非常大，平原地区鲜有历史价值的村落。

豫中地区在夹缝中生存的传统村落的主要分布在环嵩山地域带，其中分布较为集中的主要有三个区域：第一，宝丰、郏县一带，处在平原与山区的过渡地带中，四周地势较高，西南西北分别有石人山、嵩山、平顶山围合之中，中间低，处在一个类似盆地的区域中，大量的传统村落都分布在这个区域，如临沣寨、西寨村、渣园村等；其次，在黄河沿线也分布着一些具有传统价值的村落，如巩义的康百万庄园、上街的方顶村等；最后在豫中的广大平原地区，零星分布着一些有历史价值的村落，如漯河的裴城村、荥阳的油坊村等。

2. 村落调查概况

在豫北地域分区中，笔者重点调查了 39 个村落（表 7-1、图 7-2）。通过问卷调查和现场感知，百姓对区域中地域特色的认识主要集中体现在以下几个方面：第一，村中防御体系的需求显著增强，豫中绝大部分地区无险可依，时过境迁，但现在村中百姓依旧认为村落的边界（62.6%）和中心（65.0%）是村落防御稳固与否的重要体现，边界多认为寨墙最稳固，对中心的认识则是五花八门，如古树、大宅院等；第二，宅院入口空间位置非常凸显，这里不但是邻里交往的高发区（40.9%），也是体面与否的象征；第三，在选址方面，平原地带的特征非常突出，如地势平坦（23.2%）、附近要有河流（26.2%）；第四，村中可能出现几个姓氏的大户齐头并举的局面，村落呈现出多元化。

图 7-2 笔者重点调查的豫西南村落
资料来源：笔者整理

豫中地区笔者重点调查的村落 　　　　　　表 7-1

1	裴城村	2	临沣寨	3	张店村	4	西寨村	5	北街村
6	东街村	7	李渡口	8	苏坟村	9	小张庄	10	山头赵
11	马街村	12	高皇庙	13	程庄村	14	大营村	15	白石坡
16	大金店	17	柏石崖	18	半扎村	19	山顶村	20	李老庄
21	方顶村	22	康百万	23	海上桥	24	刘村	25	三过尧
26	君召村	27	王堂村	28	王上村	29	油坊村	30	北周村
31	麻线张	32	人和寨	33	龙头寨	34	台陈村	35	简城
36	扒村	37	浅井村	38	花南村	39	保吉寨		

资料来源：笔者整理

7.2　传统村落形态分析

7.2.1　村落选址原则

豫中地区传统村落主要分布在环嵩山一带，豫中地区文化圈层的多元化、丰富多彩是其他地域分区中所无法比拟的优势，多元化的文化圈层强有力的吸附力也大大的吸引着村落的聚集。史前聚落在生产力、生产工具等非常低下的状态下，百姓在选择村落的建设过程中，会对自然环境有着更高的依赖，尤其是对山势和水系的考虑，更是村落选址的重中之重，学者赵春青从裴李岗文化、仰韶文化一直到龙山文化时期，考察这个区域中史前村落的分布情况（表 7-2）。

史前村落选址中出现了从山到山前再到平原地带转移过程，村落选址转移的过程是村落生产力水平不断提升的过程，也是村落百姓适应能力增强的一个体现，如水井的出现、房屋材料的多元化、房屋形式的改变等，这些都是百姓在不断适应的一个过程，我们也不难判断出，围绕着山体是最初级、最容易生存下来的一个潜在条件。

<table>
<tr><td colspan="5" align="center">史前环嵩山带村落分布状况</td><td align="right">表 7-2</td></tr>
<tr><td>时期</td><td>山区及山前平原</td><td>沿河区域</td><td>平原地区</td><td>村落选址特征</td><td>村落形态典型特征</td></tr>
<tr><td>裴李岗文化时期</td><td>数量众多，主要以环嵩山周边及山前平原地带广泛分布</td><td>零星分布，主要分布在黄河以南贾鲁河以西的冲击平原地区</td><td>数量不多，主要分布在豫东地势较高的平原地带</td><td>山前平原、山中、平原高地等地势较高地带</td><td>村落内布局固定，功能分区，有公共活动中心，布局反映社会阶层</td></tr>
<tr><td>仰韶文化时期</td><td>数量众多，主要分布在嵩山—熊耳山以北</td><td>数量明显增加，黄河沿线的黄土塬、丘陵地带以及贾鲁河沿线</td><td>数量明显增加，郑州—荥阳、郑州—平顶山</td><td>从山区向沿河谷地及平原地带转移</td><td>村落间层级分明，从村落内上升到了村落之间的关系</td></tr>
<tr><td>龙山文化时期</td><td>数量不多，主要分布在嵩山周边</td><td>数量众多，黄河与其他河流交汇口的谷地</td><td>伊洛平原为中心向外辐射，郑州的巩义、荥阳一带</td><td>平原地带中较高的台地上以及沿河两侧的谷地</td><td>村落已经构建了完整的防御体系；村落之间主从关系明显</td></tr>
</table>

资料来源：赵春青.郑洛地区新石器时代聚落的演变[M].北京：北京大学出版社，2001：35.

根据现存的传统村落结合历史上的村落分布状况来剖析，区域传统村落选址主要遵循以下的原则。根据学者闫立洁等学者对嵩山地域带中的村落研究结果，总结村落区域选址的原则，得出了以下结论，豫中区域村落选址一般受到海拔高度，坡度、距离河流的距离，气候条件、土壤条件等方面的影响（表 7-3）。

环嵩山带村落偏爱的生存环境条件

表 7-3

序号	环境要素	生存条件
1	海拔高度	多生存在海拔 500m 以下的区域
2	坡度	1°~3°，坡度越小越平坦的区域
3	距河流距离	500m 以内
4	降雨量	干旱少雨
5	地貌条件	稍有起伏的浅山区
6	土壤条件	褐土、红黏土

资料来源：闫丽洁. 环嵩山地区史前聚落选址偏好区划分 [J]. 同济大学学报（自然科学版），2013（04）: 624-629.

7.2.2 豫中村落选址类型归纳

豫中地域分区中的传统村落分布区域非常明确，但是根据其类型分类来看，又有着一些细微的差异性。深入到单个村落中，往往在大的区域明确下，会更注重小环境的格局，村落的选址总是能够灵活的介入到地域环境之中，成为地域环境的综合反映。豫中地域分区中，村落主要分布在环嵩山地域带中，传统村落多选址在山前平原和浅山区，这些村落利用山区和平原的过渡地带，靠近河流形成了大量的村落。

1. 平原地带

豫中平原地带主要有两种类型：第一，指的是山口的冲积平原，这种平原地带距离山体很近，靠近河流，适宜村落的生长，在豫中地区有两片集中的冲积平原，一片是郏县、宝丰一带的北汝河冲积平原，四面环山，类似马鞍形的盆地平原，也是传统村落非常集中的地带，另外一片是伊洛河与黄河的入口处，主要集中在郑州的巩义、上街一带。第二种类型，指的是豫东黄淮平原，这里地势平坦开阔，无山可依，但受到了"黄河夺淮"洪水的肆虐，形态格局完整的传统村落几乎难觅踪迹（图 7-3）。

图 7-3 黄泛区漯河郾城附近村落（1938 年）

拍摄人：（德）卡斯特尔·吕登豪森

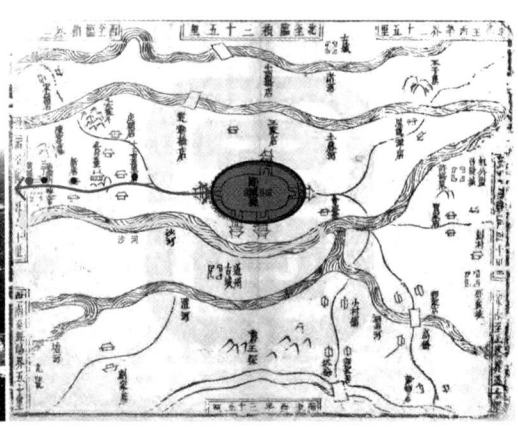

图 7-4 裴城村在古官道上的位置

资料来源：笔者整理，底图来源顺治《郾城县志》

其次，近一二十年来，在快速城镇化的推动下，加上百姓尚未建立起保护的意识，具有传统价值村落几乎消失殆尽，虽然在部分村落中，有个别宅院保留下来，却也都处在岌岌可危的状况。漯河的裴城村是黄淮平原地区传统村落的孤例，裴城村浓缩了黄淮平原地区传统村落选址的典型特征。以裴城村为例，总结平原地区村落的选址特征，第一，一般会选址在地势较高的地带上，裴城村选址，使用现代工具进行测量，发现方圆几公里之内为这里海拔最高，村中又以村中心十字街最高，村子中心的十字街与村口处的高差在 3m 以上。据当地老人介绍，新中国成立后的几次大水患，唯有裴城村地势高而幸免于难，水患之时，村中挤满了周围村落来此避难的群众。❶

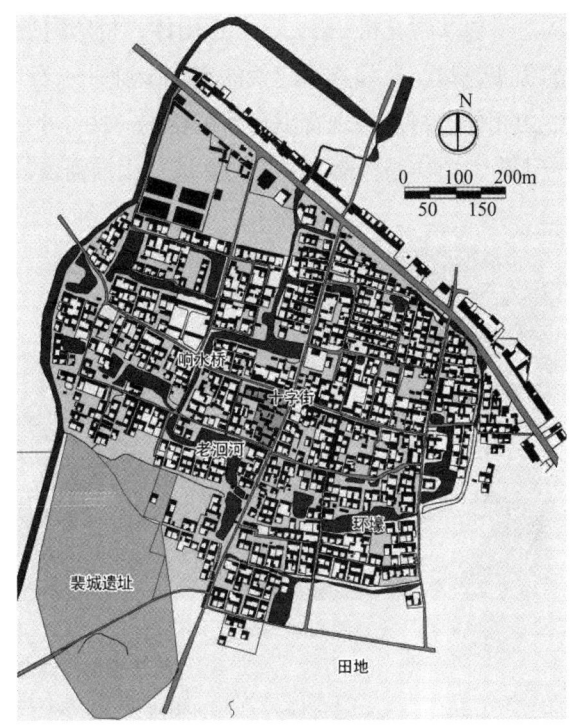

图 7-5　裴城村选址

资料来源：笔者整理

　　第二，村落的选址也一般会集中在官道等相对繁华的区域，从《郾城县志》所载的古地图来看，一条官道从郾城出发向西延伸，裴城正是官道上的一处驿站，村中的东西大街就是原有官道的一段，官道两侧依旧分布着会馆、驿站等类型的建筑（图 7-4）。

　　第三，平原地区的村落还会考虑与水系之间的关系。从宏观视角来看，村落距离大沙河非常近，取水灌溉、环壕用水等均来自大沙河。从微观视角来看，大沙河的支流老洄河蜿蜒穿过村落，将村落的环壕、大小坑塘串联起来（图 7-5）。

　　另一种类型的平原地带的村落，一般位于山口的冲积平原，具有近山、靠河、地势平坦等优势，这种地域特征非常适合生产力低下的村落生长。近山，能够就近取材，从山中采石伐木都很容易，在这些村落中我们也可以看到就近取材，运用附近材料建设的情况，同时，有大的战乱也可以快速的退守到山中。靠近河流，百姓日常生活和村落防御的建立都离不开水，豫中村落选址的过程中非常关注与河流远近。山前冲积平原往往地势平坦，土质肥沃，非常利于村落的建设与发展。这种类型的村落在宝丰、郏县一带非常多见，如山头赵村、冢王南村等。这种类型的村落往往规模很大，兼有平原和山区村落的特征，主要选址特征归纳如下：第一，村落规模一般较大，承载了较多的人口数量，

────────────

❶　根据裴城村老人彭海欣（82 岁）描述整理。

周边耕地非常充裕；第二，靠近山体，村落附近一般靠近山体而建，却还有一定的距离，如山头赵村，背靠连绵起伏的嵩山余脉——石珤山，西临鲁医河流域及莲花山；东有西蛇山相伴，村落呈现背山环水的格局（图7-6）；第三，村落及其周边地势非常平坦，一览无余，山体与村落有一定的距离，山前河流的冲积平原是村落选址的首选之地。

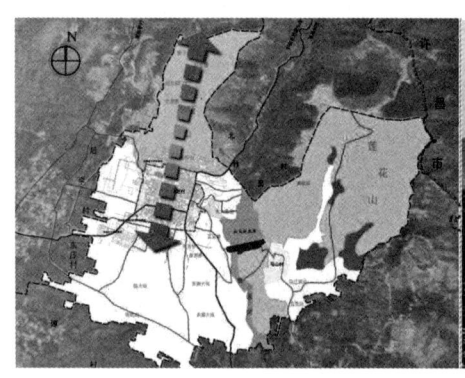

（a）山头赵村选址　　　　　　　　　　　　（b）山头赵村周边环境

图 7-6　山头赵村选址

资料来源：(a) 底图来源《山头赵村保护规划》，(b) 笔者自摄

又如临沣寨村的选址注重小气候和防御性，村子位于沣溪汇入北汝河的河口地带，临沣寨环水而建，《水经注·河水》记载："柏水经城北复南，沣溪自香山东北流入郏境，至水田村。一由村南而北，一由村北而东，环村一周，复东北至石桥入汝。"临沣寨属洼地型村落，洼地当中有一块龟背形状的高地，村落建在这块高地上。村落地形由西向东逐渐升高，高差不大。村中的红石寨墙材料取自十公里之外的紫云峰，这种独特的红石塑造的红石寨墙是临沣寨一个显著的边界，村落呈现出了近似圆形的形态边界（图7-7）。

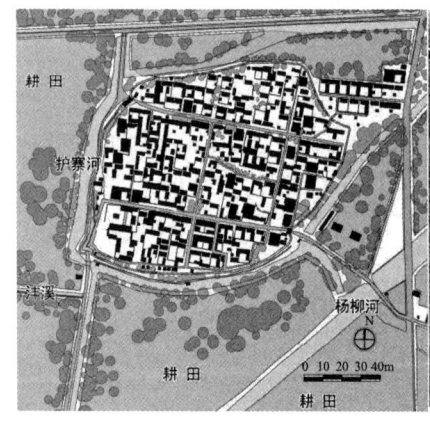

（a）临沣寨村落格局　　　　　　　　　　　（b）村落整体鸟瞰

图 7-7　临沣寨的选址格局

资料来源：(a) 笔者整理，(b) 郑东军提供

2. 依河而建

靠近河流而建是村落适应地域环境的一种体现，也能体现出豫中地区百姓对水敬畏的态度。在豫中地域条件之下，靠近河流优势非常明显，不但防御系统能够轻易的建立起来，临水而居又能形成便利的水陆运输。豫中最重要的水系是黄河，其次是环绕嵩山的一些细支流。村落也很少能够见到跨河发展的模式，村落多是利用距离河流较近的优势，不但改善村落的小环境，也能利用水系建立起村落的防御体系，村落的环壕多为取土修寨墙而挖的沟渠，同时引水入村，河流在村落中蜿蜒曲折，细细的支流引入到村落中也是大有益处，上游取水饮水、中游洗菜淘米、下游洗衣，短短的一段河流，大家心照不宣的将村落河流功能区分的异常清晰。

豫中村落与周边水系关系 表 7-4

村落名称	村落有无环壕	周边水系	是否引水入村	村落距离水系的距离（公里）
李渡口村	有	蓝河	否	紧临
裴城村	有	大沙河	是	3
半扎村	无	万泉河	否	紧临
马街村	有	应河	是	0.5
西寨村	无	蓝河	否	紧临
张店村	有	芝河、泥河	否	2
临沣寨	有	临河、沣溪	否	河流与环壕相连
渣园村	有	青龙河	否	3
高皇庙村	有	践沟河	否	2.5

资料来源：笔者整理

与河南其他区域村落对河流的态度是一样的，豫中村落中也是秉承着因势利导的原则，利用河流有利的一面，规避其可能带来灾难的一面，村落多为临河而建或者近河而建，跨河而建则不多见，多为引水建壕，这里如马街村、临沣寨、裴城村、半扎村、李渡口村等都属于依河而建的情形。如表 7-4 中列举了豫中几个非常典型的村落与周边水系之间的关系。

李渡口村位于蓝河岸边，因渡口而形成村落。由于蓝河漕运的繁盛，成为区域内东西交通的一个纽带，从古至今一直发挥着"渡口"的重要作用。明末清初时，李渡口村逐渐发展成远近闻名的商贸集聚地。李渡口村鼎盛时期，据《郏县志》记载，清同治三年（1864 年）全县共有 25 处集贸市场，李渡口为其中之一，寨内人口逾千，商号几十家，四方陆路，车如流水，骡马相连，生意兴隆，人流不断，有屠行、酒馆、药铺、花行、染布行和弹花机工等加工业，又有以李冠儒为首的卷烟机厂、李老陈和王清现的两家银货以及李凤朝经营的煤行。❶

---

❶ 资料来源《李渡口村村落档案》。

李渡口村与河流关系紧密，李渡口村紧邻蓝河，却没有直接利用蓝河作为村落的屏障，而是另辟河旁一块较高的地势上形成了一团状的村落，后来虽然经历数次水患，村落却安然无恙。村落整体上呈圆形，村落四周开挖环壕建寨墙，引蓝河水作为村落的防御屏障，可见村落百姓在村落选址过程中对水的敬畏之心（图7-8）。

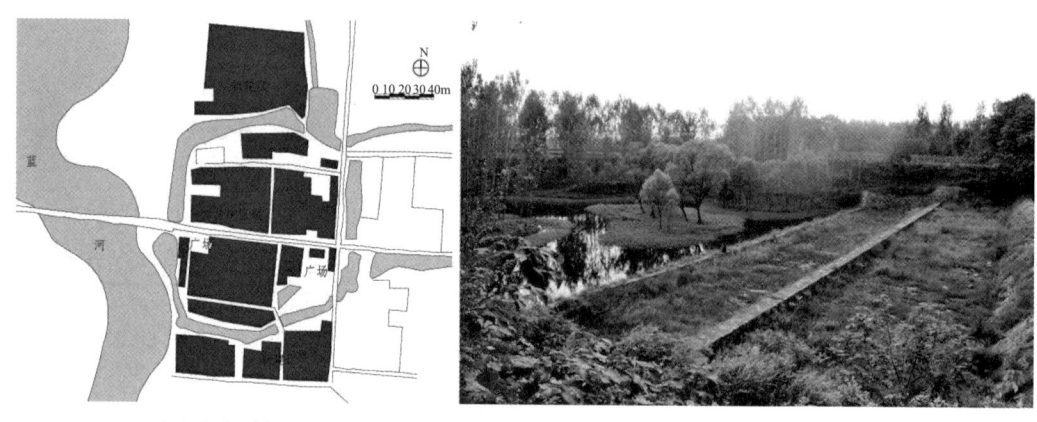

（a）李渡口村选址　　　　　　　　　　　　　　　（b）蓝河现状

图7-8　李渡口村的选址格局

资料来源：笔者整理或自摄

又如巩义康百万庄园也是沿着黄河发展起来的一个典型村落，康家第六代世孙康邵敬依伊河、洛河、黄河而经商，以康家宅院为核心的村落不断发展壮大，鼎盛时期达到了"富甲三省（河南、陕西、山东），船行六河（洛河、黄河、运河、沂河、泾河、渭河），土地达18万亩，两次悬挂千顷牌，财富不计其数"的恢宏场面。❶

3. 官道沿线

豫中地区官道沿线的村落也很常见，如登封的大金店老街就非常典型，大金店老街位于登封市的西南侧，是许昌到洛阳官道沿线一处重要的驿站，老街由金中、金西、金东三个村子首尾相连，一条古官道将三个村子串联起来，以官道为主巷呈带状分布，沿着主巷两侧排布了商业设施以及大型宅院，形成了非常良好的商业氛围。老街村被称为"船行地"，主要是由于地势四周高，中间低，从颍河南的虎坡岭看老街，东有太后庙河由北而南于大金店东寨门外注入颍河，西有沙锅河由北而南过大金店西寨门向东南注入颍河，远看似一条船停泊于此。大金店老街村整体位于虎坡岭前，地势非常平坦，村落以寨墙环绕村落形成了紧凑的团状。

大金店一直以来就是官道上的重要节点，其历史可以追溯到尧舜时期，与古负黍城有着千丝万缕的联系，《汉书》曰："阳城有负黍聚，即负黍亭，孟子称夏。"大金店崔家拐北口原有大券门，券门上端有石刻"古负黍聚"四字。宋代范公偶的《过庭绿》

❶　康百万庄园文史编纂委员会编 . 康百万庄园 [M]. 香港：香港国际出版社，2002：72.

记有"嵩山道中，小市日金店"。大金店远在上古，到唐、宋，已是人口众多，商品货物购销的空间场所（图 7-9）。

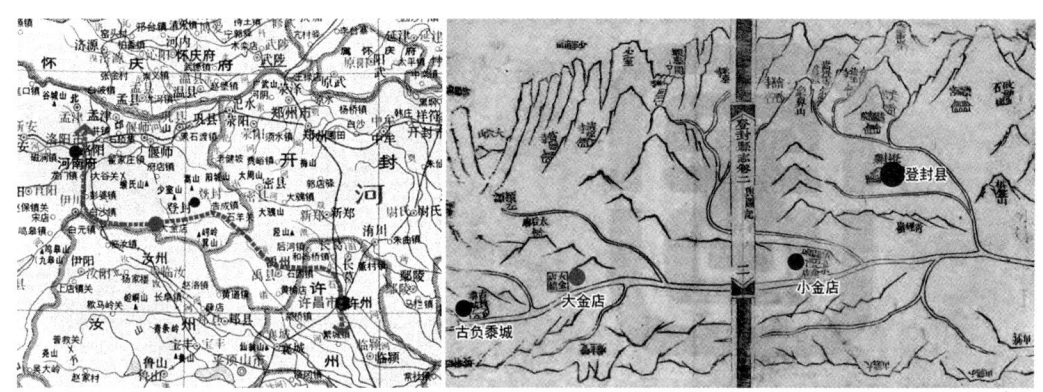

（a）大金店老街在洛许官道的位置　　　　　　（b）古地图中的大金店老街

图 7-9　在洛许官道上的大金店老街

资料来源：笔者整理

（a）底图为清嘉庆二十五年历史地图；（b）底图来源于清乾隆《登封县志》卷二《兴图志》

又如汝州的半扎村，位于汝州市蟒川镇东南 5 公里。这里曾是襄洛官道上的一处村落。两百多年前，这里寨楼高耸，驼铃声声，商贾云集，万泉河畔杨柳成荫，河水潺潺。南阳到洛阳官道上过路的公差和骆驼商队，都要在此休息食宿，因这里不是驿站，而是半途驻歇，故称为半扎。村落中的山陕会馆、关帝庙、戏台等一应俱全，也可以看得出历史上的繁华与昌盛。

在大的格局中，半扎村选址在两山相夹下的平坦洼地上，北靠大土岭，南望石山，在两山中间的平坦洼地中，形成了村域的用地范围；从微观上看，紧邻村落南北有两条不大的溪流，分别为万泉河、北小河，村落主要沿着南北两条河流岸线砌筑石头寨墙，形成了明确的村落界线，在寨墙为边界的围合下村落呈狭长的梭形。以南侧的万泉河为例，沿着河流岸线上砌筑寨墙、寨门，走出南寨门就是落差有着六七米高的万泉河，顺着台阶而下，能够下到万泉河边，这里是百姓日常生活洗衣、洗菜的一个重要空间场所，两条河流尤其是万泉河成为了半扎村选址的重要对象，也有机的组成了村落整体形态的一部分（图 7-10）。

4. 山中坡地

豫中多是平缓的山体，起伏小，地势相对平坦，在山中生存着一些非常有特色的石头村落，如登封的柏石崖村和汝州的山顶村。

总结豫中选址在山中坡地村落的特征如下：第一，豫中村落大多选址在山前平原，所以山中村落一般规模不大，都是利用山中有限的地块进行建设；第二，村落大多顺应地势，占据有利的地形，即使在山中选址，也大多选址在山中较为平坦的地带，较

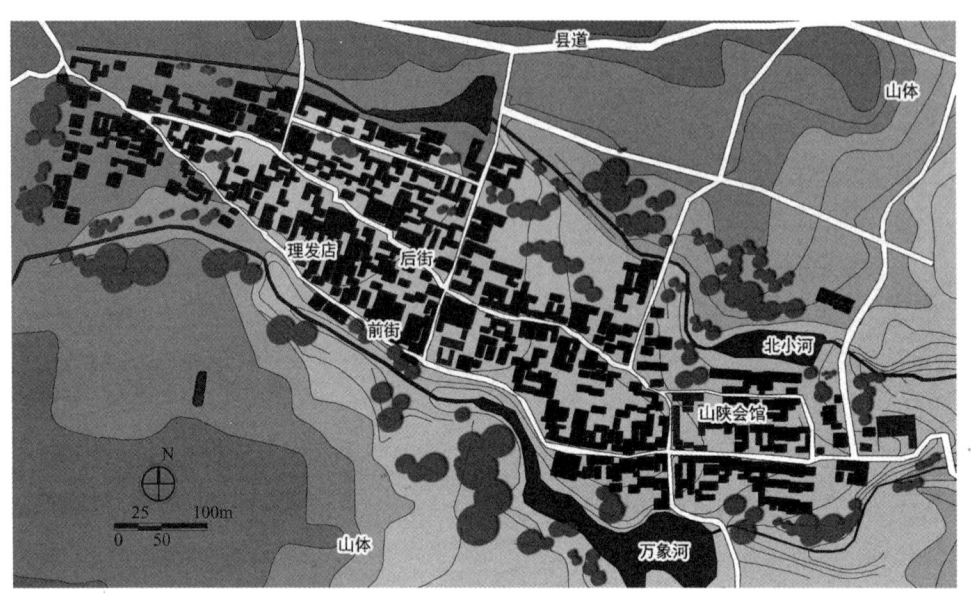

图 7-10　半扎村的选址格局
资料来源：笔者整理，底图来源于《半扎村保护规划》

少利用地形的高差来布局村落；第三，村落在营建过程中，多采用就地取材的办法，形成了地域特征非常明确的村落风貌。柏石崖，位于大熊山深处，因三面环山，背临悬崖，村内植被茂密，而其中以柏树最为繁盛，故而得名柏树崖，后传为"柏石崖"。一条小溪将柏石崖一分为二，将村落形成了两个片区，村民利用山中两块相对平坦的台地进行村落的建设（图 7-11）。

图 7-11　柏石崖村
资料来源：笔者自摄

又如汝州夏店乡的山顶村，因坐落在南海拔近 900m 的打虎坪山顶而得名。村落周边的东、南、北三面悬崖峭壁、危峰耸立，西面山势绵延，宛如群山环抱着一个莲花"小盆地"，山顶村所处地势平坦开阔，在当地号称千亩天然牧场。古人曾在此扎围场狩猎打虎，故名"打虎坪山"。山的东峰、北峰白虎山和南岭龙头山绵延环抱成莲花状的小盆地，山顶村便坐落在其中，村落坐北朝南。村落依着平缓的山势走向盘踞而建，东高西低（图 7-12）。

图 7-12　山顶村的选址格局

资料来源：笔者整理或自摄，其中底图来源于《山顶村保护规划》

7.2.3　村落中心与边界

1. 中心

（1）不断改变中心的平原村落

豫中这些村落的中心感是非常强的，有的村落往往是多重中心的，而且随着时间的推移，这些中心也是逐步在发生改变的，这些变化在平原地区表现的最为凸显，因为平原地区的村落受到经济发展的冲击更多，生活方式和交通工具等都有着较大的改变，这些改变也促使着村落中心的变迁。

以裴城村为例，村落中心处在不断演变的过程中。毫无疑问，核心街坊中的彭家宅院高楼院是最初村里的中心，高楼院位于彭氏宅院的第三进院落，高楼院的主体房屋有四层高，在当时，四层高的建筑在村落中乃至方圆十几公里都是绝无仅有的。据当地百姓介绍，彭家公子娶舞阳马村之女王氏，过门后彭公子身亡，当时风俗寡妇不得走娘家，为了寄托王氏女思乡之情，彭家与马村王家一起设计建造了四层楼，即当地百姓所谓的高楼院，夜晚楼上挂纱灯，裴城、马村两地遥相呼应，以报安好，高楼院成为了村落名副其实的制高点也成为了村落的中心。新中国成立后，村中进行房产分配，高楼院被拆，在原址盖上了新的建筑。核心街坊的老宅子质量低下，年久失修，人员不断地外迁另择新的宅基地建设，裴城村演变成了典型的空心村，核心街坊成为了一片无人居住的空壳（图 7-13）。

村落的中心逐步演变成村落的十字街，十字街在新中国成立后成了最繁华的地带，不但地势最高从地理位置来看，也是村落中心，这里也就成为了各种活动的起始点。

（a）彭氏后人在高楼院遗址前

（b）夜晚的裴城广场

（c）裴城村十字街

图 7-13　裴城村中的中心
资料来源：笔者自摄

大家都对十字街有着一种心照不宣的认识，每逢重大节日都会有大型活动在十字街举行，如村落中的独杆轿，就是非常典型的活动。现在十字街还有着村落中唯一的一处商业小卖部，家中缺少什么日用品一般都会来此地购买，紧挨着小卖部的是一处诊所，而这个诊所以前是沙北办公旧址，村中一般的公共服务设施都集中在十字街及周边，所以在新中国成立后，十字街也就演化成了村落的中心。

到了 20 世纪末，裴城村中心转移到了文化广场和火神庙。文化广场成为了村落百姓日常活动的中心，而火神庙则成为了村落重大节日的中心。随着人口不断的增加，十字街空间有限，无法容纳一些大型的公共活动，村中斥资修建了文化广场，在十字街的东北处，相距不远，文化广场成了百姓健身娱乐的空间场所，也是百姓现代生活的承载空间，尤其到晚上，这里人头攒动，热闹非凡。裴城村有史以来寺庙等公共建筑就异常兴盛，村中原有四十八寺，能找到文字记载的有灵泉寺、驼口寺、涌泉寺等，另《郾城县志》载："裴城寨有驼口寺、涌泉寺。东阁门有温公祠，今废。在裴城镇李振声至其地，寺内金像东有丈余一铁佛□□□□□□□□□□涌泉得铁佛镇之"。❶ 时至今日，村中的寺庙等依然兴盛，东西大街尽头的火神庙是村落中重大节日的一个祭祀场所，每年的农历正月初七和农历二月十八，百姓都会汇聚于火神庙，举行请火神爷的盛大仪式，平常，也会有百姓来烧香磕头，祈福平安。

（2）其他类型的中心

豫中地区其他的村落中，村落中心依旧在延续着传统上的格局，百姓心中的中心也有非常固定的模式。大致也能够分为以下几种类型：第一，以某栋建筑为中心，这种类型的中心最多见，以村落中的某个大宅院为中心，如临沣寨的朱氏兄弟宅院，又如位于村口寨门一侧的半扎村山陕会馆与关帝庙，张店村的提督府等，高皇庙村中的高皇庙等。第二，以空间为中心，这种空间往往承载着村落中重大节日、日常的公共活动等，这个公共空间获得绝大多数百姓心中认可，如前文所述裴城村的十字街空间、文化广场空间等。第三，以园林为中心，如苏坟村，这个村落是以苏洵、苏轼、苏辙

❶ （民国）杨心芳修，陈金台纂：民国《郾城县志》卷二《建置志》，民国二十三年（1934 年）刊本.

父子三人的墓地而产生的村落，围绕着三苏坟形成了非常大的一片园林，风景秀丽，也给村落增加了很大的知名度。

第四，防御类型的中心，在豫中地域的浅山区地带，往往会脱开村落另觅他址来营建一个堡垒性的临时寨子，仅供村落百姓暂时避难而用。如汝州一带就有很多这种防御类型的中心，具体的形式是几个村落一起修建堡垒式的寨子，这些寨子规模不大，只是具备简单的、临时性的居住和生活，主要是提供临时的避乱，这些寨子往往建在一些山头制高点上，牢不可破。

如汝州的龙头寨就是这样一个例子（图 7-14）。寨子利用一处山顶有限的空间进行建设，通过窄窄的寨门进入寨子之后，内部布局很简单，整个寨子呈近似圆形，东西南北长度都不足百米，寨子不大，三条流线却非常清楚，第一条流线就是防守流线，这条人行流线，环绕寨墙内侧一圈，寨墙有一定的宽度，供人在上面瞭望、对外射击，下面是用石头券成的窑洞空间。第二条流线，是前后寨门之间直接穿行的流线，寨子前门上面书写着"望汝"两个大字，后门上书"龙头寨"，下面有小字"宣统五年"。第三条流线为功能流线，这条线路高低错路，串联着整个寨子中的功能空间，如窑洞、水窖，同时联系着寨子中唯一一座建筑，建筑屋顶已经坍塌，通过墙壁上的佛龛推测为家族的祠堂，三条流线清晰而有序的将不大的寨子串联了起来，将功能也有序

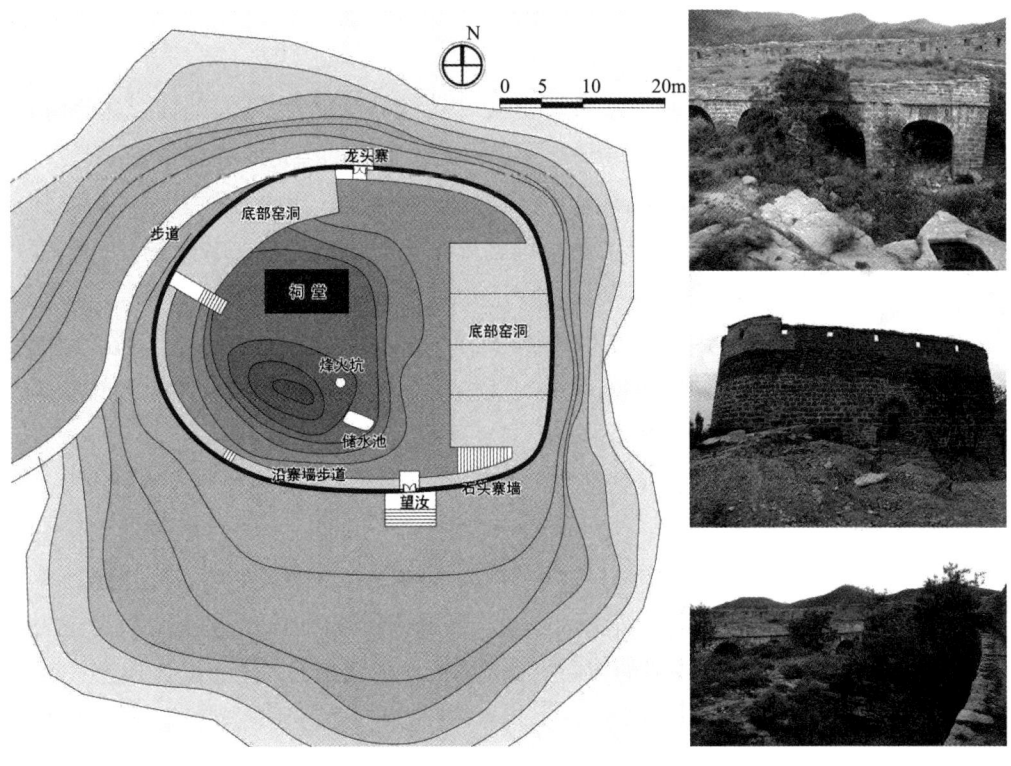

图 7-14　龙头寨布局

资料来源：笔者自测或自摄

的组织在了其中。汝州类似的寨子还不少，如大红寨、干寨等，这些都是充当着类似的功能。

第五，以寨门为中心，寨门是村落的第一道防线，也是一种牢不可破的象征，村落之中往往会花费巨大的力气来营建村落的寨门，寨门也就成为了村落中一个显著的焦点，如半扎村的东寨门，与寨门外的关帝庙一起，形成了村落的一个典型的中心。寨门也不仅仅是一个寨门，有时候会结合庙宇、戏台等公共空间，形成一个村落的公共中心。如登封的太后庙村寨门是一个复合的功能体，与戏台、火神庙、魁星楼等形成了一体化，在寨门旁的《创修碑记》中有这样的文字记载：

"当忍者成事在天，谋者在人，太后庙村久欲创秀戏楼一座，为庙前无有空地，但拖空言未见实事，今幸有崔君存德者，重义轻财，好善乐施，情愿将自己地段，东至路心，西至界石，南至滴水溜，北至磷根齐书舍，于火神经营修理后，此处倘有吉凶祸福，不干兴捨，主于是合村祠公商议，各出己财，各助工力，己未孟冬，运用物料至庚申春动工，不月之间，厥功竣矣，费钱四百余串，助工一千有七，功成以后，略叙其事，以志之"。❶ 在寨门二层的魁星楼中也有《碑记》的文字记载："非神而无所恶凭，依神非人而无所楼居，何以□音吾龙王尊神大显手段，灵验无比，……，原地在本村西地经先观看于村无益民，甲子年将庙损迁此地，屡遭荒旱未能创理，今有崔□□等，诚心敬意，好善乐事，率领民众劳心创理，一妥龙王之居，二聚全村风气，三为后□万亿之亩，四有登高之树，……，全村老者甘心劳力创造戏楼一座，未得三石誉后辈，心由难下，应遇创修龙王庙宇二次行"。❷

通过两段碑文的记载，我们不难看出太后庙村中百姓为了寨门前的空间殚精竭虑，集中全村人的力量来建设，更是有人贡献出了自己的宅地，才建设成了魁星楼、龙王庙、戏台等改善百姓生活的设施，虽然没有文字记载日后这些村落公共设施的使用情况，但是我们通过这些建筑中的精细程度可以看出这些建筑曾经的昌盛和繁华（图7-15）。

第六，以井为中心，井是村落发展中一个革命性的元素，使村落能够脱离河流而单独存在，井和人的生活息息相关，淘米、洗衣、洗菜都会在这里发生，在排队等候打水的时候，百姓能够在这里畅所欲言，是一个信息的窗口，水井的位置，往往又显得比较隐蔽，外界不能轻易的找到水井，如刘村、海上桥村和半扎村等都有古井。登封卢店镇刘村的一口古井隐匿街巷中，虽然现在已经干涸，家家户户都用上了压水井，位于街巷中间的位置，留出了单独的一个空间，还对应着一条小的窄窄的巷道，本村的百姓都熟知井的位置，但是对外来人来说，要深入村落内部，仔细寻觅，才能发现这口井，听当地百姓介绍，这样的布局主要是考虑全村饮水的安全（图7-16）。

---

❶《创修碑记》立于登封大金店镇太后庙村寨门旁。
❷《碑记》立于登封大金店镇太后庙村寨门二层。

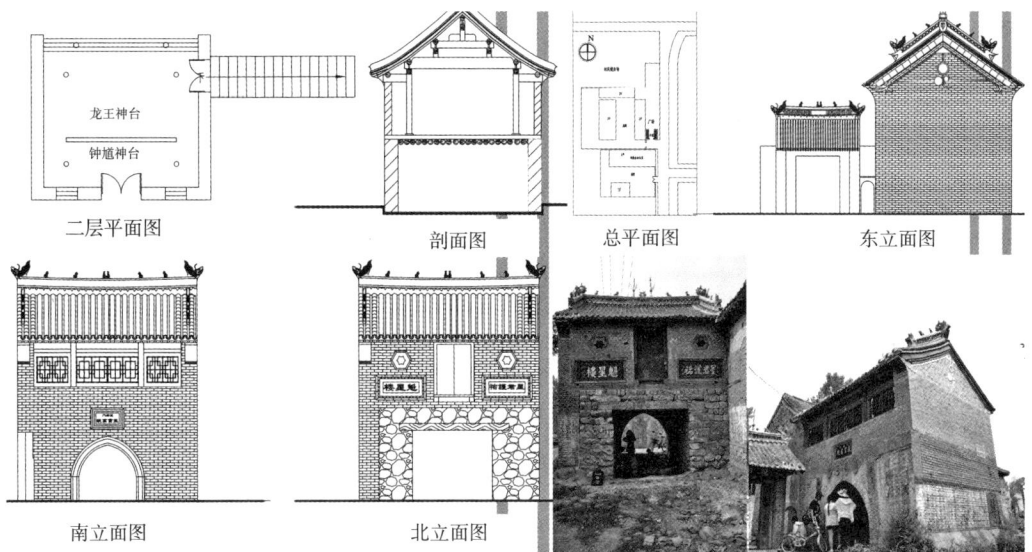

二层平面图　　剖面图　　总平面图　　东立面图

南立面图　　北立面图

图 7-15　寨门与魁星楼合二为一的太后庙村

资料来源：笔者指导华北水利水电大学建筑学院 2011 级学生测绘

（a）刘村街坊间的古井　　　（b）柏石崖的古井　　　（c）半扎村的龙头泉

图 7-16　村落中的古井

资料来源：笔者自摄

2. 边界

豫中地域分区中，绝大部分的传统村落位于平原地区或者浅山区，村落的防护措施自然而然就成为了重中之重，尤其是村落对外的边界就成了村落千方百计要建立的防御体系，概括起来村落的边界主要有以下两种类型。

（1）人工边界

豫中地域分区中村落的边界多为人工修建的环壕和寨墙。环壕结合寨墙是最有利的防御工事，也是平原村落往往建立起来的第一道防线，是平原村落中最常见的边界形式。在平原的村落中几乎都可以看到环壕和寨墙的身影，村落在挖了环壕之后，往往会利用环壕取土进行寨墙的营建（图 7-17）。

以临沣寨的红石寨墙为例，寨墙非常显著且保留的非常完整，寨墙外侧向内有明显的收分，但墙面并不平直，红石墙面凹凸不平有很强的雕塑感。"寨墙大约 6.7m 高，

图 7-17　临沣寨的红石寨墙

资料来源：笔者自摄

共有 38 层红石块砌筑而成。采用外石内土的结构，底宽 5m，顶宽 3m，外侧 60cm 宽的墙，用长 60cm，厚 15cm 左右的红石块砌成，石块间用白灰勾缝，石头全部采集于东侧的紫云山，内侧全部为取自寨河的土夯实而成"。❶ 寨墙与环壕一起形成了划分村落内外边界，整个寨墙贯通。临沣寨中将关帝庙的山墙面则深入到了寨墙内部，听村中老人介绍，其原因有二，一是从风水上来考虑，共同镇守寨墙，使得村落防御的第一道防线固若金汤；二是节约村中的居住用地，笔者认为第一种解释应该更符合豫中传统村落以防御为核心的主题，由此可见百姓对村落边界的重视程度，由关帝庙来镇守下的寨墙更加牢不可破，只是留出了"溥滨"、"临沣"、"来薰"三座寨门与外界联系，每道寨门又通过扭转角度、隔离内外视线等措施来强化边界的内外分割作用。

又如郑州西郊的保吉寨，是郑州市保留的最后一座古寨。据民国版《郑县志》所载："保吉寨，州西三十里，清同治九年创修"❷，占地规模只有五六十亩，东、北、西三侧被西流湖的水面所环抱，只有南侧有寨门与外界相通，寨门上有百姓复建的炮楼，寨门外的东侧紧邻寨墙则为一座庙宇，寨墙就是沿着地形的落差修建，落差非常大，有十几米高。寨墙内已经没有传统建筑留存，但完整的寨墙勾勒出了历史上村落的形态（图 7-18）。

（2）自然边界

除了人为建立起来的寨墙、环壕边界之外，村落也会寻找有力的地形作为村落的边界来强化村落的内外关系。这样不但可以省去建设的材料也可以找到非常有利的屏障，这个屏障往往是不可逾越，安全系数非常高的河流和山体，村落会借助这些屏障形成自己的边界。如西寨村、李渡口村两个村落都是以蓝河为边界，而西寨村则有效的利用了蓝河作为屏障，整体村落呈现椭圆状，正是利用蓝河的转弯形成了环抱状，将村落的北、东两侧包裹起来，这样就形成了村落非常有效的边界，村落的发展也止步于此，另外两侧则引蓝河水设立了环壕。

处于山谷中的村落，则有效的利用了山体作为屏障来隔离与外界的联系，山中本

---

❶　左满常，白宪臣 . 河南民居 [M]. 北京：中国建筑工业出版社，2007：109.

❷　（民国）刘瑞璘修，周秉彝纂：民国《郑县志》卷之三《建置 · 营堡》，民国二十年（1931 年）刻本 .

图 7-18　郑州西郊的保吉寨

资料来源：笔者整理或自摄，底图来源 Google earth 地图

来的空间就非常局促紧张，村落往往就建设在一些台地上，这个台地的周边边界已经非常清楚的由周边的山体界定出来了，如山顶村三面皆是陡峭的山崖，村落的领域则是止步于这些断崖处，山体作为屏障非常有效的界定出了村落的边界，村落有了这些自然的山体，也无需要再修建人工的寨墙。

7.2.4　村落整体形态分类

1. 平原团状村落

豫中地区为数不少的村落都位于平原地带，自然而然团状是大多数村落展现出来的形态，在平坦地带紧凑发展，节约土地，利用有效的空间最大化的营建村落，裴城村、临沣寨、张店村、西寨村、渣园村、马街村等都属于这种类型的村落（图 7-19）。

团状形态的村落主要有以下的构成特征：第一，团状村落一般都分布在平原地带，由于平原地带的村落受到外界环境的影响因素非常小，村落紧凑发展是导致村落形成团状最主要的原因；第二，团状村落形态特征都非常清晰，豫中地区团状的村落往往都被限定在一个由环壕和寨墙围合的固定形态之中，一般多呈现近似圆形、椭圆形的形态，民间常说的"龟背形"也就是这种团状村落形象的描述。《说苑·辨物》中这样记载："灵龟文五色，似玉似金，背阴向阳，上隆象天，下平法地，槃衍象山，四趾转运应四时，文著象二十八宿，蛇头龙颈，千岁之化，下气上通，能知凶吉存亡之道"，"龟是中国古代四灵之一，龟外壳可以抵御攻击，故龟形又为设防的城和建筑所模仿，产生心理上的安全感"；❶第三，团状村落空间结构特征非常明显，常常

---

❶　吴庆洲. 建筑哲理、意匠与文化 [M]. 北京：中国建筑工业出版社，2005：413.

（a）裴城村的整体形态　　　　　　　　　　　（b）马街村的整体形态

图 7-19　团状村落形态

资料来源：笔者整理，底图来源 Google earth 地图

以横平竖直的街巷空间划分村落，形成村落的外部空间体系，村落中所承载的空间类型也比较多样，点状、线状、面状的空间类型都比较丰富，是空间集大成的一种村落类型；第四，团状的村落类型往往中心感非常强，村落中都有明显的中心，由于区域文化多元化，各个地区文化交流融合的情况比较多见，有的规模较大的村落还有多重中心。

2. 带状村落

带状村落一般依托于某种线性要素而产生的村落类型，整个村落宛如一条长带，村落往往是某个方向上的空间距离延续特别的长，而与之垂直的方向则相对较短，如大金店、半扎村、方顶村等都属于这种带状的村落（图 7-20）。

带状类型村落主要有以下的形态特征：第一，村落中的主巷担负着非常重要的联系功能，几乎所有的宅院都与之相联系，村落沿着一个轴线方向呈带状延展，有的甚至连绵一两公里以上，这条主巷担负着村落的交通、邻里交往等几乎所有的空间功能，主巷空间尺度围合好，有良好的界面和转折空间；第二，带状村落多是因为官道或者河流而生的村落，商业基础好，来往人流量大，公共类型的建筑特别多，如商业设施、庙宇、会馆等类型的建筑普遍存在；第三，宅院空间、公共建筑都会开向主巷，沿着主巷是村落的重要界面。

半扎村就是非常典型的带状村落，村落呈梭形带状延展，村中主巷为官道的一部分，人流量大，来往客商密集，百姓都乐于沿着官道进行建设。同时，村落处在两河相夹的狭长地带中，村落自然而然形成了带状。半扎村中有一条与主巷相平行的支巷，但从实际的使用状况来看，支巷要比主巷冷清的多，大多宅院都开了前后两个门，正门朝向主巷，后门朝向支巷，主巷串联起来了东、西、南三个寨门，紧邻万泉河，与其平行而置。方顶村同样是一个带状的村落，村中主巷根据地形高差形成了一个回转的拐弯儿，宅院紧凑的布置在主巷的南北两侧，许多宅院为了面向主巷则牺牲了向南的朝向。

图 7-20　半扎村的带状形态　　　　图 7-21　苏坟村的环状形态

资料来源：笔者整理，底图来源 Google earth 地图

3. 环状村落

豫中地区中，环状村落并不多见，村落往往环绕着某种特定的元素进行环状布局，郏县的苏坟村属于这种类型（图 7-21）。苏坟村由于三苏坟而得名，这里是北宋著名文学家苏轼、苏辙兄弟的埋葬地以及苏洵的衣冠冢，陵园内矗立一座建于清道光四年（1824 年）的红石牌坊，坊高约两丈，宽丈余，左右坊柱上刻有苏轼"是处青山可埋骨，他年夜雨独伤神"诗句。村落环绕在苏坟园的周边，以园子为中心，村子围绕三苏坟呈环状布局，村中四条传统街巷都由高向低向三苏坟汇聚，行走在街巷其中，有明显的高差变化，三苏坟园成为了村落的最低点，也成为了村落明显的中心。

7.3　传统村落空间特征

7.3.1　豫中传统村落空间要素构成

豫中大部分的村落都处在平原地带和浅山区，毫无屏障可依的村落中，以防御为核心的理念深入人心。在村落的外部空间体系中，同样贯彻着防御的观念，从外到内，从环壕、寨墙、寨门、内部的街巷空间中，无一例外的能够看出以防御为核心的理念。

1.点状空间

点状的空间是村落中人流容易汇聚的点，也是村落中邻里交往的重要承载之地。点状空间的特征是能够聚集起来人气，百姓在这里能够非常愉悦的活动以及交往，这种空间可大可小，村落中也并非固定一处。豫中地区的村落中，传统村落绝大部分分布在平原地带，村落中的用地相对宽松，虽然不能像山区村落那种与地形随机结合而产生有趣的空间，但豫中村落中的点状空间往往是有意识的保留下来空旷场地，也有紧密结合着建筑物或者构筑物产生的点状空间，总之这些空间都有非常典型的特征，如人流量大，百姓汇聚之地，在百姓心中达成广泛共识的区域等。如临沣寨，村落中的点状空间集中在关帝庙前、村口、朱氏兄弟宅院前等这些区域。这些空间往往有着视野开阔且尺度良好等特征，但仔细比对之后又会发现，这三个点状空间又有差异性区别，关帝庙是村落百姓精神需求的空间代表。关帝庙共有三间房围合而成，分别供奉着关帝、火神爷、送子观音等，发财、安全、传宗接代等祈求都寄情于其中（图7-22）。

（a）村口　　　　　　　　（b）朱氏兄弟宅院前空间　　　　　　　（c）关帝庙

图7-22　临沣寨中的点状空间

资料来源：笔者自摄

村口是功能空间的代表，三个门是村口对外联系的必经之地，尤其是溥滨门，是村落对外联系的主要通道，也是村落中最开阔的区域，同时还贯穿着村落的主要街巷，在调研过程中，就发现百姓非常喜欢到村口转悠，也是百姓最易碰见熟人的区域。而朱氏兄弟宅院门口则又是一处村落中典型的点状空间，朱氏兄弟宅院是村落中最大的一处宅院，也是历史上村中最显赫的人物，宅院入口处密布的拴马石见证着朱家曾经的辉煌，时至今日，朱氏兄弟的宅院前依旧是村落的焦点，一般来说多以古代的交通工具马车来衡量，主要宅院的前面就要宽一些，如临沣寨朱紫峰宅院钱街道的宽度有9m，街道设置的宽度就是根据九匹马车并行的宽度。

临沣寨朱家祠堂，随着现代生活的介入，祠堂失去了其应有的中心作用，利用祠堂原有的建筑基址、加以改造和重建，这里成为了村中唯一的小学。位置、院落格局基本上还保持着不变，但在村落中发挥的作用却大相径庭，殊不知，在历史上宗祠在村落仪式、重大事件的决策中，都发挥着重要作用（图7-23）。

登封卢店镇的刘村，点状空间依附于古井而存在，在线状街巷两侧整齐的宅院形成的界面中，宅院之间会留有一个小的空间，里面设置了一口古井，异常隐蔽，不是村落中的百姓很难发现这里藏匿着一口古井，然而对百姓来说，这里却是一个津津乐道的焦点之地，百姓常常会聚集坐在这里聊天攀谈，时至今日，这个点状空间的活力依然存在，这里依然是百姓最喜欢去的地方。

又如荥阳峡窝镇的方顶村，由于地形高差的存在，整个村落分布在高低错落的两处台地上，方氏宗祠就在整个村落的最高的村口处。宗祠前有着相当开敞的空间，相比较宗祠一墙之隔的另一处宅院院落空间尺度只有不到 2m，宗祠的院落空间显得格外宽敞，虽然村落的百姓被强制性的迁出村落作为旅游开发，但是宗祠正门楼"洪洞迁来数百年，子孙繁衍万代传"的红对联，依然醒目。有些中心点是村落中的制高点，在村落中自然而然成为一种财力或者至高无上的权利的体现。

如荥阳城关乡北周村，远远望去，村落中的碉楼显得非常突兀，碉楼作为大户人家宅院最后一进

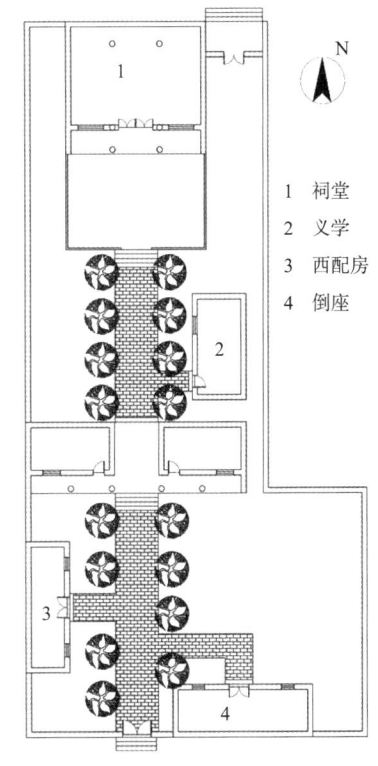

图 7-23 朱家祠堂推断平面

资料来源：笔者根据村中朱光北、朱文波老人描述绘制

1　祠堂
2　义学
3　西配房
4　倒座

院落的收尾，主要作用为御敌瞭望，同时碉楼的高低和装饰的奢华程度也成为了身份的象征，具有一定的标志性。荥阳广武镇的西苏楼村的戏楼，戏楼一角的碑文清楚的记载着"大清国河南直隶荥州河阴县东南相距五里西苏楼修盖戏楼记"及落款"皇清雍正九年"等字迹，"出将"、"入相"两门还矗立在，这里的戏楼也曾经是一处十里八乡都闻名的露天娱乐中心，戏台的娱乐功能一直沿袭至今，重要的节日都会邀请著名的戏团来演出（图 7-24）。

（a）方顶村方氏宗祠　　　　　（b）北周村碉楼　　　　　（c）西苏楼戏楼

图 7-24 村落中心

资料来源：笔者自摄

2. 线状空间

线状空间在豫中村落中是最发达的，也是最多样化的一种空间形式。豫中村落绝大部分分布在平原地区，平坦的地势形成了横平竖直的街巷空间，村落各个宅院之间的联系也是主要依靠这些街巷空间，村落中的线状空间承载着村落中绝大部分的邻里交往活动和百姓的公共性活动（图 7-25）。

图 7-25　临沣寨中的街巷
资料来源：笔者自摄

豫中村落的街巷空间层次和尺度非常丰富。街巷会经常根据不同的功能来限制其空间的通达性和节点，街巷内部往往是畅通性和防御性相结合，增加了许多节点性的空间，增加村落外部空间的复杂性和转折性。从使用功能上来看，豫中平原的许多村落中往往有两种类型的外部线状空间：类型一，强化街巷的通达性，如"十"、"井"字形主巷骨架系统中运行流畅，空间转换的节点少，街巷的通达性是首要的；类型二，强化街巷的防御性，主要体现在街坊内部的巷道系统中有许多单向支巷和窄巷，有的窄巷仅容一人侧身通过，空间的转换节点也非常的多，从空间尺度分析和空间感受上来分析判断，都是相对消极的空间。通过剖析村落营建时期所处的社会背景，我们不难看出，村落在对外防御以及内部系统防御中可谓是深入到了村落外部空间的方方面面。

以郏县堂街镇的临沣寨为例，这里除了"井"字型的主巷之外，主巷非常宽敞，视线一览无余，一旦深入到街坊内部，其中存在着许多有视线遮挡的断头巷子，巷子并非笔直，经过几道弯之后，到了巷子的尽头，尽头宅院的墙体上留有射击的孔洞，巷子的尺度异常局促，有的仅容一人穿过。

另一种有特色的线状空间是豫中村落内部水系沿线的空间体系。从安全角度来说，豫中村落大多处在平原地带，平原地区村落易遭受水患之苦，许多村落在营建之初并不敢将河流引入到村落内部，多数只是利用村周环壕与水系相接，水系一般止步于村落的环壕，一旦村落内部引入水的系统，就能够形成非常好的线状空间（图 7-26）。

图 7-26　裴城村的沿水空间

资料来源：笔者自摄

裴城村的老洄河沿线就是非常丰富的线状空间体系，像裴城村这种既有环壕又有内部水网的村落并不多见。从古文字中我们不难看出历史上裴城村中水系发达，呈网状分布，在《郾城县志》中有记载："不得撰者姓名碑在裴城镇西阁门称，裴城镇旧名洄曲环，皆水镇中东南石桥，一偏北石桥，镇之东南复有石桥，灵泉寺前有钟楼，皆乾隆十七年重修，即于是年立石谓裴城旧名洄曲环，是以沿张简之说也"。❶ 通过这段文字传达的信息是裴城村内水资源丰富，当时被称为"水镇"，村中有多处石桥。同时老洄河上现存着一系列的历史遗迹，如宋代单孔石拱桥响水桥，在桥西南的雁翅上刻有"政和三年（公元 1113 年）三月道者王守坚"的题记，春秋时期的裴城遗址等。老洄河串联着村落中的南大坑、北大坑等大小不一的坑塘，蜿蜒贯穿村落南北，也是百姓喜闻乐见的地方，近些年来，由于坑塘逐年污染，才渐渐的成为村落中非常不利的一个环境要素。

7.3.2　豫中传统村落空间结构

1. 网状型

网状型的村落空间结构类型是豫中平原传统村落最常见的一种。由于豫中地区地势平坦，村落中的外部空间非常易于组织，村落不必考虑地形高低错落的情况，所以往往采用最高效、最便捷的网格式空间系统来组织村落的内部空间体系，常见的组合方式是以"井"字形或者网格形的主巷体系均匀的划分整个村落，会形成大小相对均等的街坊块，然后会在街坊块内部组织次巷、支巷以及转折空间，一直到宅院。临沣寨、油坊村、渣园村、苏坟村等都属于这种网状型的村落空间结构（图 7-27）。

这种类型的村落主要有以下空间结构特征：第一，网状村落的空间层次是非常丰富的，从主巷—次巷—支巷—宅院内部巷道—宅院等空间递进模式，空间上从开放—半开放—半私密—私密这样的层次递进。行走在村落中我们很容易感受到村落巷道的宽窄收分有度，转折空间多，有的空间会明显的延伸到宅院内部，如临沣寨中朱氏兄弟的宅院则是共用院门，进入院门之后有一个小的缓冲空间，然后一分为二，分为东

❶　（民国）杨心芳修，陈金台纂：民国《郾城县志》卷二《建置志·重修石桥钟楼序》，民国二十三年（1934 年）刊本．

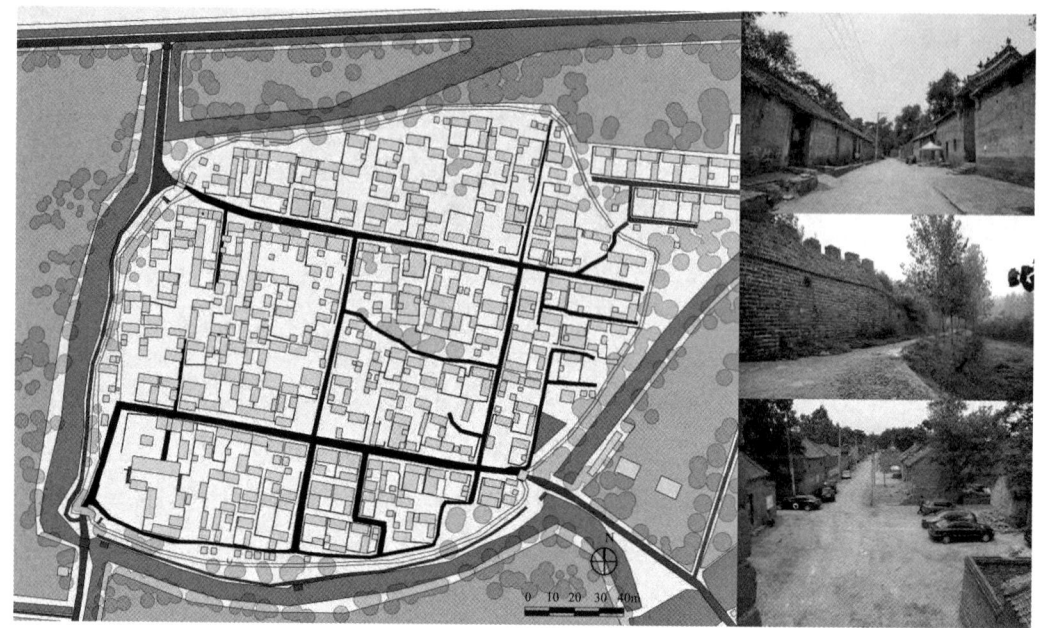

图 7-27　临沣寨的网状空间结构
资料来源：笔者整理或自摄，底图由郑东军提供

路院和西路院，中间为一条窄窄的巷道，增加了一个空间的层次。

第二，网状村落中主次巷的尺度根据车行和人行来区分，主巷是根据能并排走几架马车来定道路的宽度，主巷宽度较宽，D/H一般都大于 2，主街空间特征为交通便捷，转折少，有些关键的节点如寨门、大户宅院前，有意识的增大主街的空间尺度，强调主人的身份和地位，宅院大门开向主街道的都是一些大户和村落中的重要公共建筑，如临沣寨的朱氏兄弟宅院、朱家祠堂、关帝庙，裴城的彭家大院、火神庙，油坊村的秦家大院、秦家祠堂等。支巷与主巷形成了强烈的反差，支巷主要以行人为主，尺度普遍较小，D/H一般都小于 1，有的支巷仅仅一两米宽，尺度非常局促。

2. 十字型

十字型空间结构的村落也是平原地区多采用的一种类型。在这种格局之下的村落反映出了非常固定的外部空间体系，相互垂直且十字交叉的东西大街和南北大街都成为村落主要外部空间系统的骨架，主街的尽头为寨门，同时也是主街的结束点，裴城村、高皇庙、程庄村、大营村等都属于这种类型的村落（图 7-28）。

村落主要有以下特征：第一，村落的中心感非常强。十字街的十字交叉点不但是村落地理上的中心，还是村落外部空间的核心点，也是人流汇聚的焦点，这里往往集中着村落中为数不多的商业设施、卫生所等服务设施。从空间距离上来看，十字街的中心是距离各个方向都最近的一个点，根据就近的原则，这里自然而然会成为村落的地理中心。第二，十字街的十字交叉点往往也是村落百姓心理上的中心，村落中心在百姓心中非常好定位，"村十字街儿"这是百姓对中心点的一个亲切称呼。第三，十字街

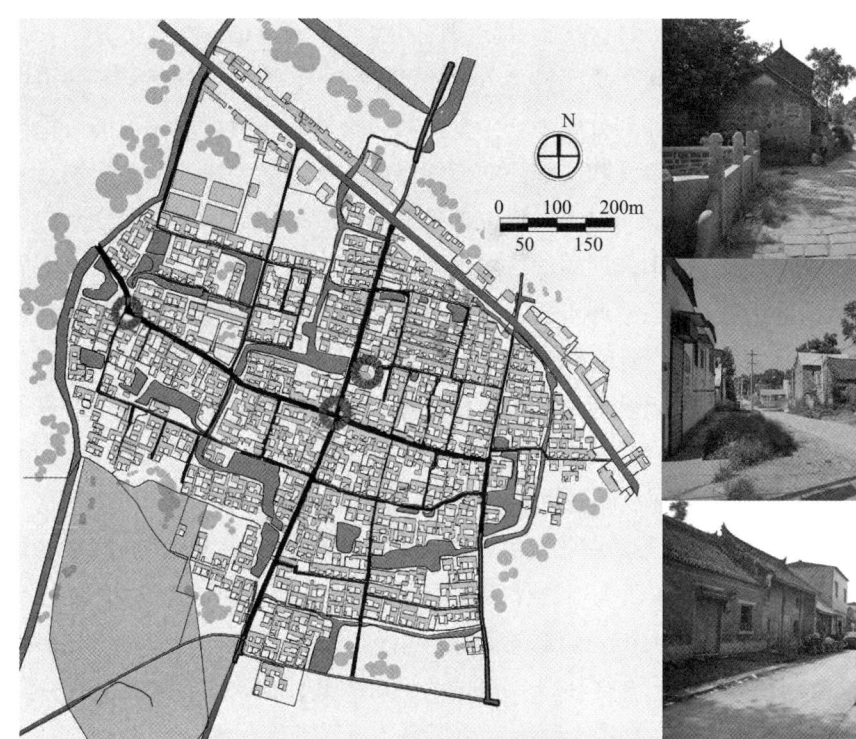

图 7-28　裴城村空间结构

资料来源：笔者自绘或自摄

的中心往往是村落中的至高点，平原村落为避水患，会刻意选择地势较高的地带营建村落，而制高点又会作为村落的中心向四周辐射来营建村落。

　　最典型的是漯河的裴城村，相互垂直的东西大街和南北大街构成了一个丅字形的主要道路骨架，在四个方向上联系了四个寨门，形成与外界联系的窗口。两条大街也是村落的主要公共空间，东西大街是以前官道的一部分，沿线主要是商业设施，商业店面等。南北大街是从营造村落精神空间的角度出发，在南北大街的南半段一共有两处牌坊，分别为节孝坊、忠义坊，虽然"文化大革命"期间被拆除，但是地面依旧留有牌坊的石头基址，在百姓家中还存有牌坊上的石刻匾额，上面的"皇恩"、"圣旨"的字样清晰可见。这两道牌坊都与当时村中的首户彭家大院有着丰富的历史渊源，为了表彰彭王氏的贞节，朝廷为其修建了节孝坊。节孝坊两侧有对联曰："万代垂铭教，千载抚纲常"。村中共出土两块墓志铭《明故显考彭公张氏合葬墓志铭》和《明故散官裴城彭君墓志铭》，铭文都以裴城大户彭家教育后世子孙，清正廉洁，世代耕读，不忘祖先遗训，《明故显考彭公张氏合葬墓志铭》中有这样的描述"吾母之贞烈勤苦者，呜呼痛哉，儒之先世出自江西之庐陵，曾祖福温始移家于郾，祖妣张氏生四子，次志聪者，儒之祖父也，性严毅英达少年，平生事剩有清风，及子孙及后世多传诵……"。❶ 南大街上是"忠"、"义"、"孝"

---

❶ 《明故散官裴城彭君墓志铭》，该碑立于南大街南寨门旁。

的礼制传统的重要体现，时至今日，村中一直秉承着讲忠义、守孝道的优良传统。

村落内部的"十字形"空间系统将村落分成了四个片区，次一级的街道、巷道以及河道、寨墙等分割要素将片区划分成了一个个街坊，街坊是带有群组特征的传统村落单元，街坊以"实"的居住单元和"虚"的街巷空间构成，居住单元包含着民居建筑和院落空间。十字型的村落空间层次一般也都遵循着主巷—次巷—支巷—宅院的层次递进，由于十字街的覆盖面不像网状的村落那么大，但村落中的次巷和支巷之间界定的并不十分清晰，单凭尺度关系并不能完全区分开次巷和支巷。街坊内部的空间体系也非常发达，几乎四通八达。裴城村中街坊尺度一般由居住单元的南北长度来限定。裴城村中彭家大院和贺家大院组合而成的街坊最典型，彭家大院其中一组前后共有七进院落，南北长达110多米，直接限定了街坊的南北尺度，街坊东西方向的界定则灵活得多，一组组的院落之间以窄窄的马道隔开。

街巷空间尺度关系非常宜人，主巷宽度较宽，D/H 一般都大于1，支巷的尺度普遍较小，D/H 一般都小于1，东西大街还保持着原有古官道的空间尺度关系，界面也错落有致，核心街坊靠近东西大街一侧的界面保留相对完整，以每户为单元占据沿街界面，水平方向上与道路关系形成了一条严谨的线性关系，任何人不会轻易突破乡规民约，去侵占传统街巷空间，在高度上限制就小得多，高低错落有致。

3.一字鱼骨型

一字鱼骨型的村落空间类型大多出现在豫中古官道、沿河等周边线性要素非常强的村落，马街村、半扎村、大金店老街、李渡口村、方顶村、西寨村、小张庄等都属于这种空间类型的村落。有一条贯穿村落始终的主巷作为村落的主要空间体系，然后会有支巷或者次一级的街巷与之相联系（图7-29）。

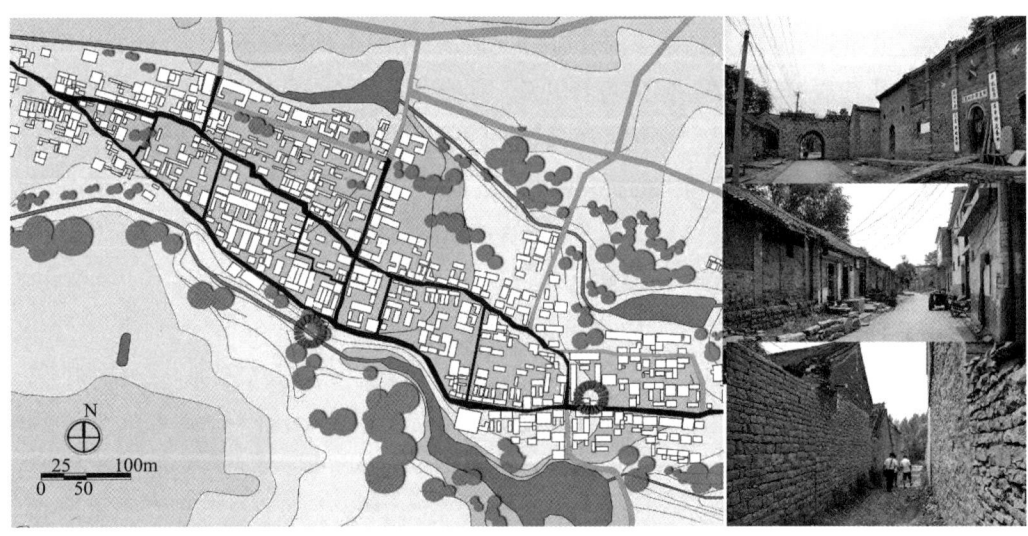

图7-29　半扎村空间结构

资料来源：笔者整理或自摄

豫中地区的一字鱼骨型村落规模一般都很大，主要有以下特征：第一，村落空间的起点和终点都非常清晰，大多会有关键性的要素作为村落空间结构的划分标志点，如半扎村，村落整个由一条主街联系起来，前后两个寨门清楚的界定出了村落空间结构的标志点。如马街村，据传汉光武帝刘秀和王莽军大战，在马街应水河遇困，艺人张公设计救驾解围。光武帝登基后，为嘉奖艺人救驾之举，钦赐地名"马渡店"。元代马街"商贾云集、物产积散、多在于斯"，街道呈"川"字布局，取"川流不息"之兆。逐渐成了宛（南阳）洛（洛阳）来往的商道，过往客商越来越多，河边就相应出现了供商客食宿、饭铺、旅店等，相连成街，又叫马渡街。清嘉庆至光绪年间宝丰马渡街人，宫选洧川县训导，继升任南阳府教谕，致仕，酷爱曲艺，被乡里推举为"十三马街书会"会首。公任会首间，善举措，兴书会礼让，主导开戏煞戏，将马街之集市移至书会会场。同治三年，司公巧用"投钱入斗法"计算出当年到会艺人共两千七百人。马街村的主巷为一条南北的大道，串联着书会会场、马南石桥、豫陕鄂五地委办公地旧址、火神庙旧址等，主巷两侧串联着支巷，形成了典型的一字鱼骨型的空间类型（图 7-30）。

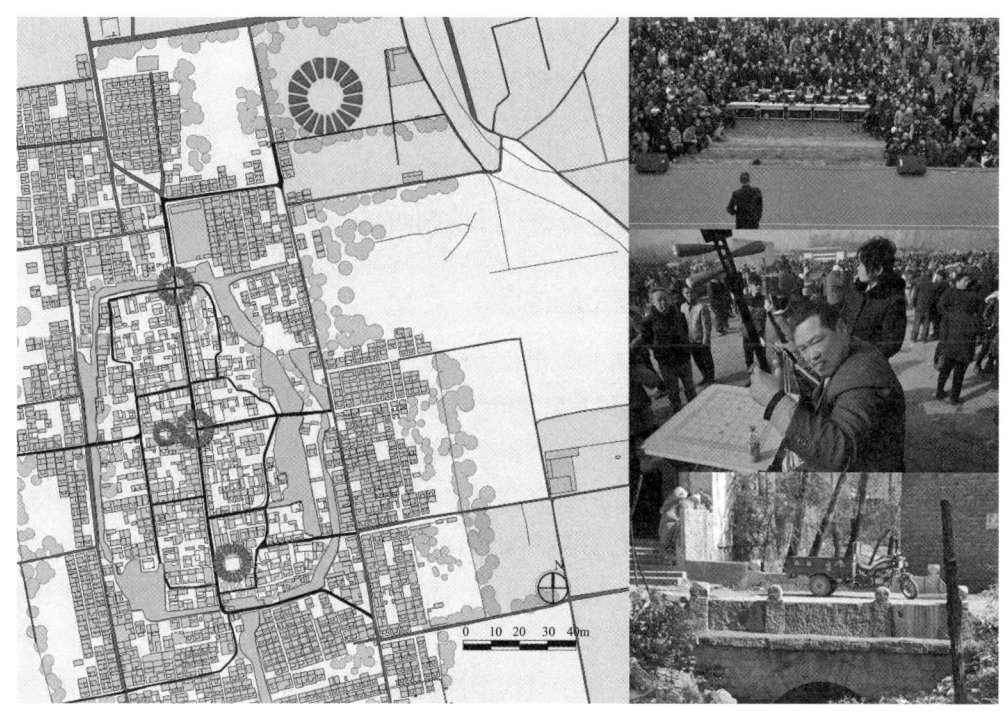

图 7-30　马街村的一字鱼骨型空间结构

资料来源：笔者自绘或自摄，底图来源于《马街村保护规划》

　　第二，在这条主巷上，空间层次会非常丰富，重要的建筑、构筑物等都会沿着这条线来分布，如小张庄，虽然有一"十"字街，但这个村落依旧可列为一字鱼骨型的空间类型，村落中东西大街的重要性、层次性都非常凸显，从紧邻村东的陡沟河上开始，从东到西依次分布着的红石牌坊遗址、状元桥、古驿道、阅兵台、练兵场、张布朗宅院入口等历史元素和历史建筑都集中在东西大街的沿线，而且在张布朗宅院门口形成了以阅兵台为中心的村落中心。

主巷的空间尺度相对开阔，D/H 值一般都在 1～2 之间，整个主巷空间一般很流畅，在与之相联系的支巷交叉点上，常常会汇聚较多人流，是邻里交往的重要发生地。空间层次比较单一，多数是从主巷—宅院直接过渡，比较而言，豫中地区这种村落的安全性相对薄弱，村落应对防御的方式主要有以下两种：如依靠寨墙和寨门来建立内外分割的屏障，如大金店、半扎都还有部分寨墙，半扎村的三个寨门有两处还保存完好；依险而居，利用河流等阻隔，对村落形成了保护作用，修建桥梁，减少村落对外的出入口，扼守咽喉要道，一定程度上就保证了村落的安全。

7.4 豫中传统村落地域特征

豫中地区传统村落分布区域非常清晰，主要集中在环嵩山地域带中。环嵩山地域带中，地形地貌起伏变化不大，有很多冲积平原，与地域条件结合，产生了村落生长的良好土壤。豫中地域分区中，平原地带的村落非常多，在这种毫无屏障可依的环境条件下，豫中地区村落防御体系的建立在村落各个方面都体现的淋漓尽致，由于村落无法从选址等方面着手，村落主要从建立人工边界以及在村落空间体系中建立防御体系入手，主要体现在街巷空间的防御处理、门式空间的处理。

7.4.1 以防御为主导思想的村落空间体系

豫中地区村落中街巷空间层次非常丰富，除了街巷本身所担负的交通、交往的空间需求外，还要应对动荡的社会环境条件下，防御的思想深入到了村落空间体系的方方面面。如豫中地区村落街巷空间层级丰富、转折点多这是其他地域分区的村落无法相比的，在大的街巷体系限定下，产生了许多多样化的街巷空间样式。从一般的传统来看，山地村落中的地形变化多样，容易产生多样化的小空间，而平原地区则变化较少，但豫中地区的村落大部分在平原地区，由于融入了防御的思想，空间尺度的层次性和节点的转换被人为的复杂化、多样化了。

多层次的街巷空间主要体现在豫中村落中的街巷尺度差别上，平面尺度来看，从宽十几米的主街到不足一米的窄巷，都能够在豫中村落中找到实际的案例，从 D/H 来看，跨度也是很大，这些尺度的多样化，更加说明了村落百姓能够因地制宜，灵活多样的结合地形地貌、安全、房屋营建等多角度的空间处理方式。多节点，指的是街巷空间中有诸多的转折空间，如十字道路交叉口、空间结构转换点、街巷的转折点等，这些转折空间大多数是从安全角度来设置的，尤其是一些支巷空间，也有一些是由于地形或者水系的原因形成的。增加了街巷空间的层次和节点之后，人行可达性不受影响，而视线的可达性则大大减弱，村落空间体系的安全性也随之增加（图 7-31）。

以郏县斋堂镇的临沣寨为例，村落的空间体系就是紧紧围绕着防御来展开的，村落中以"井"字形的街巷格局将整个村落形态划分为了九宫格等九个片区，村落的营建者朱氏兄弟的宅院位于中部偏西的位置，村落的第一级防御体系是

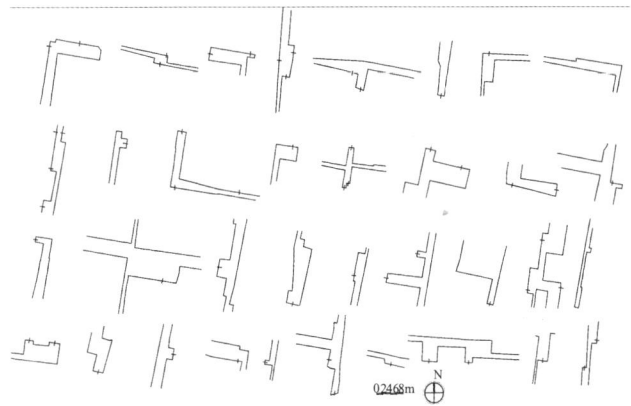

图 7-31　临沣寨支巷与宅院入户门之间的关系
资料来源：笔者整理

基于划分内外空间层次寨墙，寨墙外的环壕作为公共区域，临沣、溥滨、来曛三个寨门，通过寨门角度的扭转造成了从外向内视线的阻断。第二级的防御体系是街巷空间，街巷属于村落内部的公共空间，街巷空间又出现了大小不一的空间尺度和转折点多的支巷，袋型支巷尽头的转折处理等都体现出了防御的功能；第三级的防御体系为宅院内部空间体系，以朱紫峰宅院为例，入口一个公共庭院联系着东路院和西路院，东路院作为主人招待客人，西路院作为主人及家眷居住的场所，入口庭院正对的是两个院落所夹的狭长巷道，仅容一人勉强通过，入口庭院和巷道对于朱紫峰宅院来说又属于公共空间。东、西路院都是四周房子围合成的院落，这一层级又在宅院内部组成了入口公共院落和巷道，巷道窄且深，仅容单个人穿过。除了沿着井字形的主巷有宅院大门形成相对正式、宏伟、遵循礼制的布局，更多支巷中有许多宅院的侧门则显得非常灵活，通过支巷空间中灵活转折，形成了许多灵活的门前空间。不难看出村落各个层级的空间体系都在围绕着防御体系来展开，这点与其他地域分区的村落有着显著的不同。

7.4.2　豫中村落门式空间的强化与延伸

门式空间在豫中村落中有着非常显著的体现，也是村落防御体系各环之间的转换点，层级之间的转换节点则是层级之间联系的纽带，这些转换的节点主要指的是寨门、院门和房门，门是一个系统内外联系的一个节点、气口，豫中的村落对门空间的精致考虑与设置是其他地域分区中无法比拟的。

一般来说院门的重要性不言而喻，阳宅三要素"门、主、灶"，门列为首位，可见门的重要性。门体现了宅院家族地位，是一种身份的象征，从传统意义来看，门所蕴含的价值早已超出了其物质形态本身，《阳宅十书》有这样的记载："大门吉，则全宅皆吉矣，房门吉，则满房皆吉矣"，在宅院中，历来也重视门堂之制，以宅院大门为点的空间体系在豫中地域分区中体现的非常典型。村落的寨门则是一个更高层次的空间层次考虑，是将村落作为一个整体的单元来考虑，寨门担负着村落的兴旺、安全等责任，

在豫中地区，给寨门赋予了更多的功能，寨门多是集中防洪、防盗、防火、御敌等多重功能，多样化的功能（图 7-32）。

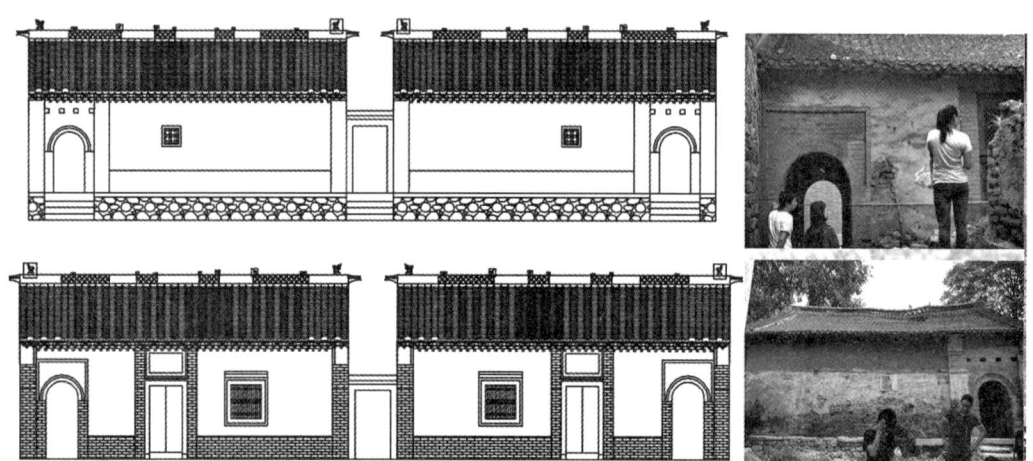

图 7-32　大金店老街的宅院门与街巷门之间的关系

资料来源：笔者指导华北水利水电大学建筑学院 2010 级学生测绘

以大金店老街的前店后院的宅院为例，不惜牺牲临街的商业空间来组织宅院大门的空间，大门的位置也多按照八卦方位来布置，巽（东南）、离（正南）两种位置，而且宅院大门从立面效果来看，屋顶一定要高出两边的商业店面或者后退留出门前空间，刻意强化门的作用，而且门头高低也会根据辈分、家族势力等来判断。

寨门往往包含着多重功能，临沣寨的三座寨门临沣、溥滨、来熏，甚至从村外围就开始进行了铺垫，如从寨门外石桥，结合着桥的另一端一左一右的两棵大树，宛如两座门神驻守于此，虽然近在咫尺，村落却还隐匿在绿色丛中，虽然无法直视村落，却已经能够感受到村落的气息，这里就已经成为村落街巷空间的起点。

来熏门为最为重要（图 7-33），来熏门是以防卫为主的一座寨门，外来匪患进攻都是以这个门为主❶，来熏门也是唯一顶部设有二层炮楼的寨门；同时寨门刻意的扭转了一个角度，寨门与内部的主要巷道形成了一个交角，形成了从外向内视线的阻隔；结构都为红石砌筑的拱券结构，坚固异常。三座门前都专门砌筑了台子，设置了水门，开凿有凹槽，洪水来袭时，可以在凹槽中嵌入木板，内侧再用泥土来堵塞，可以完全将水患拒之于村落之外，临沣寨寨墙和寨门正是有了防水的功能设置，才使得新中国成立后在广泛拆除寨墙的运动中完整的保留下来。

又如汝州半扎村的东寨门前形成了典型的门式空间，东寨门建于清同治四年

❶　李合章，刘书芳. 古村落在寨墙营建中体现的传统营城理念——以临沣寨为例 [J]. 安徽农业科学，2010（23）：12411.

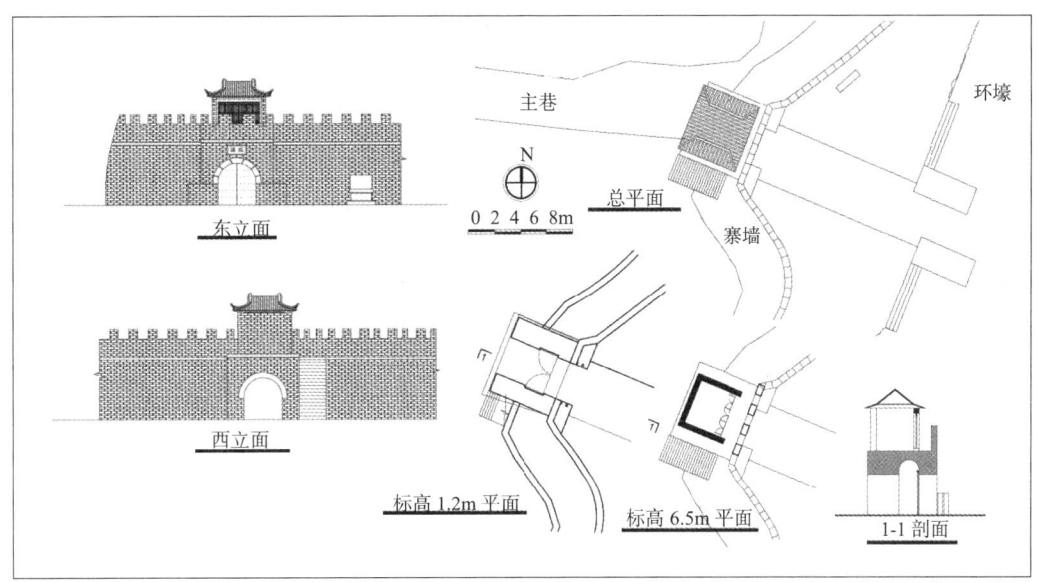

图 7-33　临沣寨来曛门

资料来源：笔者指导华北水利水电大学建筑学院 2008 级学生测绘

（1865 年）。石砌门洞，宽阔高大。上面平台上建有三间门楼，现门楼已经不复存在，只留有柱基，内置土炮用于防盗防匪。寨门敦厚，约七寸，门里用圆木穿杆，横顶两门，坚无一失。寨门上方的石匾上，内外分别刻有醒目的"迎风"、"鳞绣"的字样。宛洛官道，路经半扎，当时东来西往的骆驼商队，经常从东寨门进出。而从空间上来看，由寨门、关帝庙组合而成将寨门空间进行了非常明确的延伸和拓展，进入关帝庙的大门是一个非常开阔的院落，入口门楼的二层是一座戏台，院落尺度很大，尽端是庙的正殿，村落公共的空间处在东寨门之外，形成了村落中最热闹的空间场景，通过一些当地艺术家的绘画作品，我们可以还原昔日东寨门前热闹的景象（图 7-34）。

（a）北寨门　　　　　　　　　　　　　　（b）南寨门

图 7-34　艺术家笔下的半扎村寨门（一）

资料来源：汝州建设局提供，樊创权绘制

（c）西寨门　　　　　　　　　　　　　（d）东寨门

图 7-34　艺术家笔下的半扎村寨门（二）

资料来源：汝州建设局提供，樊创权绘制

登封王堂村的寨门则是将庙宇等空间与寨门相结合，寨门做工精细，左右对联"风薰贤颂阜财诗，离明远煦祥光至"，横批"华祝三多"。通过这段文字，我们不难看出王堂村百姓依靠寨门表达祈福、平安之意，寨门为二层高，顶层为炮楼，对外瞭望、射击之用，而紧邻着二层炮楼则为一处低矮的房子，房子被布置成了一个简单的小庙，将庙宇与炮楼并列而置并不多见，根据当地百姓介绍，利用庙宇中的神来强化防御的力量，将村落的防御寄托于神的力量之上（图 7-35）。

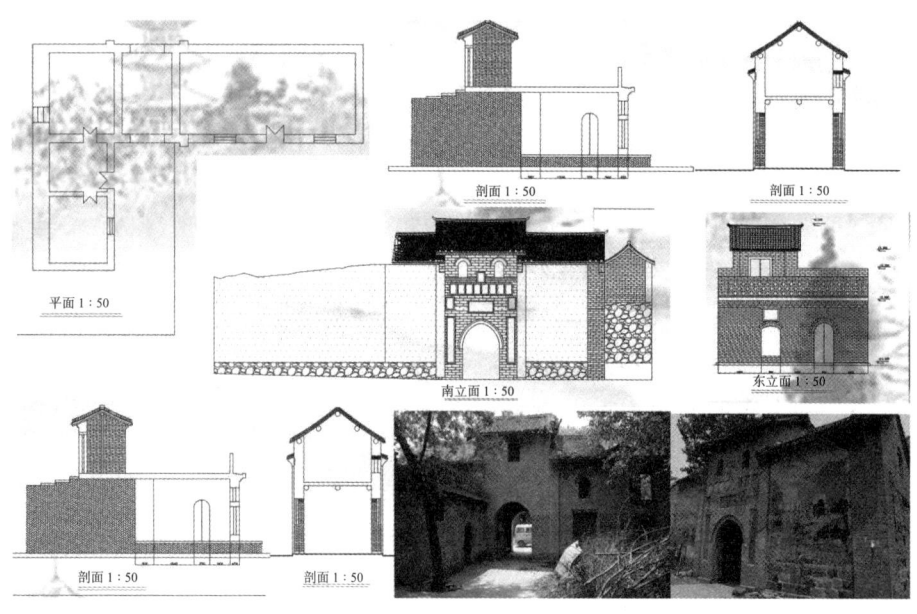

图 7-35　王堂村入口

资料来源：笔者指导华北水利水电大学建筑学院 2011 级学生测绘

7.5　宅院分类

7.5.1　宅院特征

豫中地区的村落宅院特征一，豫中地区有了许多以家族为主导的宅院类型，几组宅院结合就形成了规模宏大的村落，如康百万庄园、刘振华庄园，庄园规模大、宅院精美，能够结合地域条件又能通过宅院体现地位差别。这些宅院在营建的时候，受到礼制约束的同时又有所突破，譬如说建筑风格有自由灵活之处，刘振华庄园出现了一个西式拱券结构院落，与地域条件结合紧密，如康百万庄园宅院还是处理成窑房院，最后一进院落都以窑洞作为结束。

特征二，宅院受到礼制的约束普遍还是很明显的，中轴对称，重装饰，宅院中的各种功能房间模式固定。

特征三，多进院落，由于豫中地区多平原地带，多进宅院非常常见，有的甚至能够达到五六进至多，形成了非常多的院落空间格局，有的宅院甚至贯穿整个街坊。

7.5.2　宅院分类

1. 前店后院

前店后院是豫中地区一种以商业为主导类型的宅院模式。其他地域分区中也有不少前店后院的商业类型的宅院，如豫西南地区荆紫关的商业四合院、豫南信阳地区的商业类型的四合院以及豫北官道上的四合院，虽然都以经营为主导，但空间组合以及功能组织上却有本质上的差别（图 7-36）。

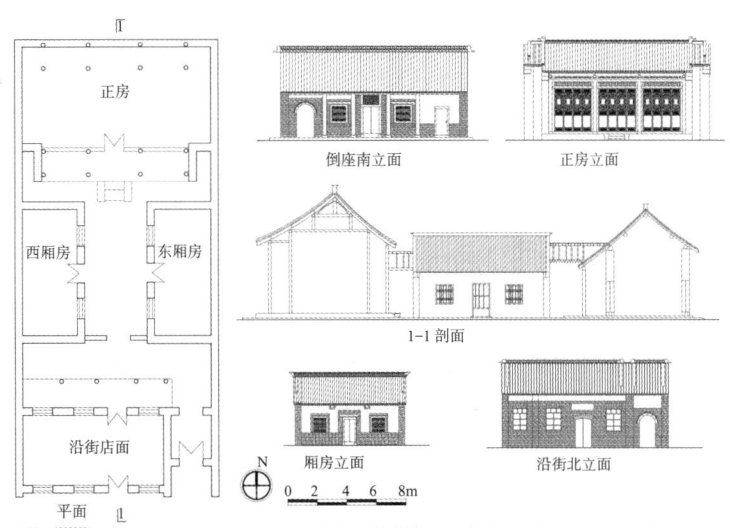

图 7-36　前店后院类型大金店老街王华贵宅院

资料来源：笔者指导华北水利水电大学建筑学院 2011 级学生测绘

从功能使用的角度来看，大金店的前店后院的宅院类型与豫西南区的前店后院的空间类型非常类似，区别在于宅院的入口处与临街的店面。大金店的老街中，几乎所有的院落都要留有显著的位置作为宅院的入口，有时候在屋顶上还刻意的提高门头的高度，强化宅院大门的重要性，这样就挤压了不少的商业空间界面，临街商业的被挤压占用，商业店面门窗都开向主巷，因此第一进院落都会非常狭窄局促。同时通过向高度发展来寻找空间，为数不少的沿街商业都是两层高度，入口的位置往往是首要确定的，有时候不惜牺牲商业空间的使用，将大门设置在正中间或者一侧，如大金店老街中的王华贵宅院，宅院空间所占据的沿街尺度本身不大，但是依旧在沿街面形成了门房和沿街店面两种功能性的主体。

2. 家族式大宅院

这种类型在黄河、洛河交叉口的巩义一带比较常见，最典型的是康百万庄园和刘振华庄园。康百万庄园由花楼重辉院、绣芝亭院等五处院落围绕着并列布局，与前面五处院落坐南朝北不同，最后一处院落南院则为东西走向，几组院落围合成了一个公共的宅前空间，康百万庄园中的空间层次要丰富得多，从外部空间公共空间—半开放院落—封闭院落，半开放的院落这个层级的空间是最为丰富的，六处院落都是通过半开放的院落进行串联。康百万庄园中的功能分区也很明确，宅院、花园、宅前广场、交通坡道等组织的非常有序（图7-37）。

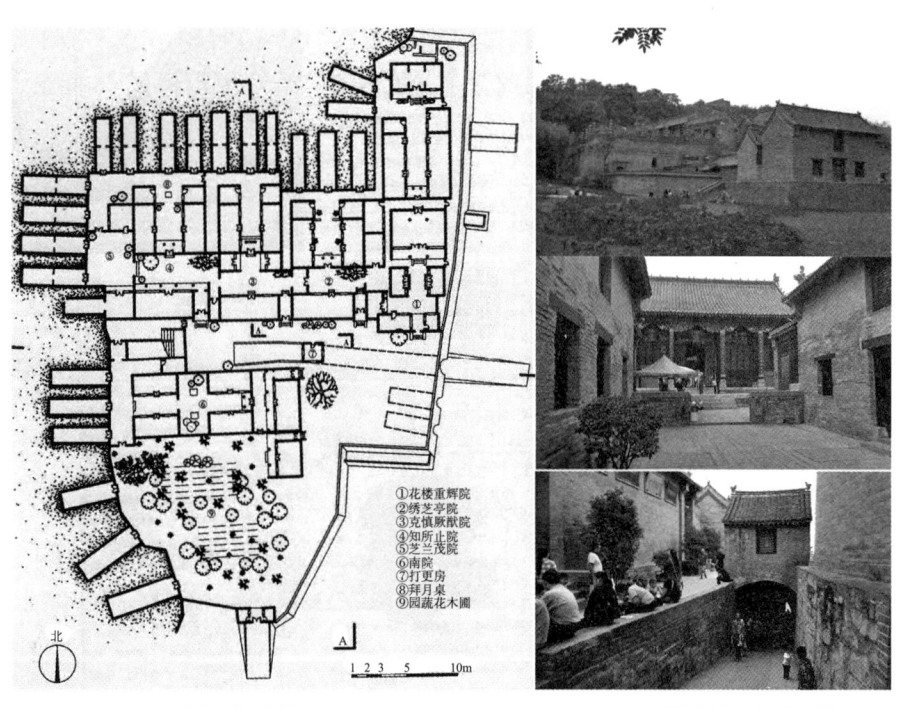

①花楼重辉院
②绣芝亭院
③克慎厥猷院
④知所止院
⑤芝兰茂院
⑥南院
⑦打更房
⑧拜月桌
⑨园蔬花木圃

（a）平面格局　　　　　　　　（b）整体风貌、院落及巷道

图 7-37　康百万庄园

资料来源：a 来自左满常，白宪臣. 河南民居 [M]. 北京：中国建筑工业出版社，2007：60. b 笔者自摄

刘振华庄园与康百万庄园有着类似的空间体系与功能，顺着宅院旁的一条小道拾阶而上，能够一直登到庄园的靠崖窑洞的顶部，整个宅院一览无余，宅院由高低两层台地组成，在低处台地上又并排设置了一大一小的两个宅院，高处的台地上是一块开阔的平台，平台四周开挖了上下两层的靠崖窑洞，洞口前砖砌拱券的回廊空间，拱券上有显著的线脚，西式风格显著（图 7-38）。

图 7-38 刘振华庄园

资料来源：笔者自摄

大金店老街中的王家宅院是村中最大的一处宅院，也是功能组织最为复杂的一组宅院（图 7-39）。

图 7-39 王家大院

资料来源：笔者指导华北水利水电大学建筑学院 2009 级学生测绘

王家大院位于大金店老街东段，主要为明清时期建筑，目前所保留的建筑面积近2000m²。王家大院坐南向北，前后三进，东西跨院。大门楼为双层，镶砌砖雕图案，门上木雕花样种类繁多，沿街为商业店面，东、西两角各有一处炮楼，炮楼为当时村中的制高点，老街从东到西，尽收眼底。第一进院落正房为客厅，明三间暗五间，屋内2根明柱，中间会客，东西暖房各一间，专为接待官员和贵客使用，东西厢房均为出前檐，先是透雕棂子窗，后为透花玻璃窗，居住护院家丁和佣人。第二进院落为主人及其家人居住的宅院，东西厢房住内眷，西跨院有水井、花卉、名木等。第三进院子为杂院，有磨坊、碾台、畜舍、牲口、农具等。后跨院住家丁和勤杂人等。三进院落均有角门相通，第三进院有后门。

3. 一般四合院

豫中地区大部分都是居住类型的四合院，这种才是最多见，最贴近百姓，承载百姓日常活动的载体。根据自身财力的不同，四合院进数、跨数也会有不同，普通百姓多为单进院落，富商大户一般都会多进院落，有的还会向东西方向发展，院落之间利用马道相隔，规模大的情况下，一户会占满一个街坊。豫中地区四合院的格局也是非常清晰，一般宅院的入口会设置在整座宅院的东南角，利用东厢房的山墙面做一个小型的照壁，照壁上往往是砖雕也有小型的佛龛，供奉着土地神，也有个别宅院将宅院入户门设置在正中间，这样的话会对着入户门设置一个大型的影壁墙，目的是院落中要聚"气"或者常说的聚财，从使用的角度来说，院落是私密空间，遮挡视线。如果只是单进院落，便只是正房、东西厢房和倒座共同围合成了一个院落空间，在围合下的院落中的四个界面各不相同，正房和倒座前则多有廊子，三开间居多，有时候正房也有明三暗五的格局，屋顶多为硬山屋顶，也有卷棚屋顶。东西厢房围合的界面则要简单得多，一般是以门、窗、墙体等元素形成的界面，也有墙体后退，形成"凹"字形的界面，在门楣、墀头之处饰以简单的装饰。院落地面多数是以青砖或者青石板墁地，整齐划一，在靠近正房的一角会种树以提气。如果是二进院落或者多进院落，布局则又有所不同，这种类型的院落，第一进院落的空间则小得多，往往是堆放杂物或者牲畜过夜的空间，后面的院落空间则都是类似的单进院落的复制。院落前后的联系一般是正房东西两侧的狭长过道进行前后院的联系，东西方向的联系则是依靠院落之间的马道进行空间上的联系。如裴城村的彭家大院，前后共七进院落，东西方向三组，相互之间就是通过狭长的马道进行联系。在荥阳、上街一带村落的宅院，许多宅院的最后以碉楼作为结束，如柏庙和北周村，碉楼林立，碉楼非常高，多数在四层左右，东西厢房也随之以多层出现，然而平面尺度没有丝毫的变化，院落空间就显得非常局促，这是宅院空间的一种特例（图7-40）。

从空间尺度上来看，根据地域不同，院落的尺度感给人的感觉也不尽相同，如靠近西边的荥阳、上街、巩义一带，院落的空间尺度都比较狭长，类似豫西的风格，

图 7-40 裴城村典型宅院
资料来源：笔者整理或自摄
其中测绘图为笔者指导华北水利水电大学建筑学院 2010 级学生测绘

$D/H<1$，有的甚至更小，前文实例中的荥阳的碉楼，D/H 的比值更是小的惊人。环嵩山地域带的南侧平顶山、宝丰、漯河一带传统村落中的宅院院落空间尺度一般都比较合适，尺度 D/H 接近于 1。而从平面方位角来看，除了豫中西部的区域外大多数的方位角还是以 30° ~ 60° 为标准来衡量院落的平面尺度。

豫中地域中环嵩山带南北之间略有差异，形成这样的尺度关系剖析起来，与地域环境和文化背景有着密切的关系。西部沿黄河一带的靠近豫西的洛阳伊河洛河一带，受到豫西、晋文化圈层的影响，用地相对平原地区较为紧张，采用窄长的院落也就不难理解，同时结合高耸的碉楼式来观察、瞭望、射击也是抵御匪患非常有效的手段。而到了中部、南部的中原腹地，地域开阔，受到地域条件的约束较少，反而礼制的约束和传统文化的束缚则在空间、平面上异常凸现。

4. 宅院的更新

豫中地区的村落在应对外界环境变化过程中是最灵活的，在宅院及街坊层面体现的最为显著。究其原因，豫中地区地势平坦，与外界交流便捷，城市化进程较其他地区都快速得多。在其他地区发展停滞的状况下，豫中地区的村落则率先应对着外界的环境，实现村落的自我更新。如裴城村就是其中一个案例，新中国成立前裴城村核心街坊主要由彭家大院、贺家大院组成，空间层次非常清晰，主要形成了公共—半公共—私密，以街、巷道、院落等不同的空间层次。村中以十字街为主骨架，与多条南北方向巷道连接，巷道再与院落连接。彭家、贺家都为多进式院落格局，院落只是进行内部南北联系，两组多进院落之间由窄窄的马道分割，马道直接联系着巷子或者街道。新中国成立后，整体性格局由于院落产权的再分配被打破。多进式院落格局被打破，原有空间层次也随之消失，一户一院，每个院落单元均想办法打通通道，直接与外界联系，与主街道相连，缺少了空间过渡。笔者在对裴城村核心街坊有机更新过程中，努力从流线再组织、功能复合方面做出一些更新思路的探讨（图7-41）。

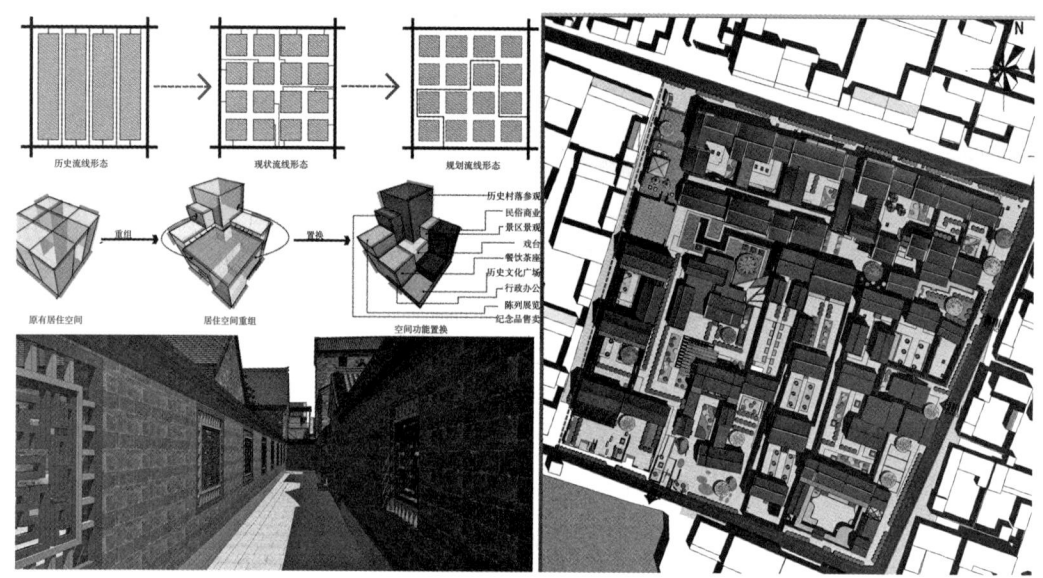

（a）左上图　流线的再组织　（b）左中图　功能复合　（c）左下图　更新后的马道示意　（d）右图　更新后总平面

图 7-41　裴城村核心街坊的有机更新

资料来源：笔者整理

　　基于现状，主要从两个方面展开更新。其一，打破原有的流线方式，利用主次流线将整个街坊进行串联，形成了开放、半开放和封闭的空间，在主流线上增设了入口引导空间、舞台空间、商业空间等开放性的空间。其二，功能复合化。在不改变产权或部分改变产权的情况下，从弥补村落功能缺失、完善村落整体功能的角度出发，将核心街坊块单一的居住功能转变为复合型的街坊，即将文化娱乐、展览、旅游服务、商业等功能融入到裴城村核心街坊中去，由百姓边生活边经营。

　　豫中地区也有一批具有近代历史烙印的村落，如在郏县的广阔天地乡，在1955年为响应毛主席"农村是一个广阔的天地，在那里大有可为"的倡议与号召，"文革"期间知青下乡，自己动手，丰衣足食，形成了一批具有文革气息的农村，形成了较为特殊的时代印记，是一个时代的缩影与见证（图7-42）。

图 7-42　郏县的广阔天地乡的村落

资料来源：笔者自摄

7.6　本章小结

　　豫中嵩岳文化区位于河南的中部，以嵩山为中心，是传统村落数量最多的一个区域，是传统礼制文化影响深远的区域。传统村落的分布呈现明显的规律性，主要围绕着环嵩山地域带展开，集中在环嵩山带的浅山区和山前平坦的冲积平原上，受到地形地貌限制的因素较少，村落一般用地规模大，人口数量大，村落呈现出近似圆形的团状。

　　豫中地区大型的宅院较多，多进多跨的宅院是较为普遍的形式，宅院强调门空间的处理，宅院是身份和地位的象征，环嵩山地域带的西部和北部，院落尺度狭长，与豫西风格接近，也有窑房院和碉楼院的类型，环嵩山带的南部一带主要是平原类型的宅院，受到地域因素束缚小，一般根据宅院主人的财力和地位对自己的宅院进行建设。豫中村落的空间形态是在基于建立防御体系的影响下而产生的，主要表现在空间层次丰富，转折点多，尤其是在街巷空间、门式空间的处理上，独具匠心，与其他区域有着显著的不同。

第8章 中原地区传统村落地域间的共性与个性

从以上各个不同的地域分区来看，村落是人地关系平衡的综合体现，不但能与自然和谐对话，还高效的承载着百姓的各种类型的活动。传统村落在应对不同的社会环境和自然环境的时候，普遍会从地域的角度出发，村落作为桥梁，以形成完整和谐的人地关系为终极目标。村落处在聚落金字塔的最底层，生产力极其低下，村中百姓却塑造出了丰富多彩的村落空间形态。在中原地区，多元的文化，多样的地理环境塑造出了非常典型的传统村落，村落生在地域中，长在地域中，传承着历史，传承着文化。通过前面各个章节对中原地区各个不同的地域分区村落样本的剖析，传统村落可以说是地域环境与文化圈层精彩结合的典范。

8.1 传统村落地域特色调查总结

针对每个分区内的传统村落都进行了问卷调查，通过现场感受或者老百姓口口相传的趣闻典故要比文献资料中的表述生动得多，甚至有时候会有截然不同的结果。此小节将针对各个地域分区中村落调查结果横向比较分析。

8.1.1 传统村落的特色集中体现

传统村落中有着独特的特质，最典型的应该是"认同感"，这是一种"一个有意义的整体环境，在居住的整体中展示许多事件共同的价值"❶，或者是 C.Noberg-Schulz 所阐述的聚落中包含着"共同生活的场所特征"具备着"集体无意识"的特征，这种"集体无意识"是百姓的共同价值判断，传统特色集中体现之处，也是调查的重点所在。传统村落的特色集中体现在哪里？居住在村落中的百姓是如何认识传统村落中的特色的？带着这些问题，笔者对传统村落中的百姓进行了深入的调查。通过总结调查从村落使用者的角度去发现村落中最具特色的亮点。

1. 传统建筑

（1）传统建筑是传统村落特色的集中体现（表8-1）

首先，最能引起村落百姓共鸣的是传统村落中各式各样的传统建筑，传统建筑也

---

❶ http://www.mohurd.gov.cn/zcfg/jsbwj_0/jsbwjczghyjs/200901/t20090115_184958.html

是最直接呈现出来的村落的物质形态，主要包括民居、庙宇、祠堂、戏楼等。但是各地域中关注的点有所差异，如豫南、豫西南则看重民居在村落中发挥的作用，民居建筑是一个最具地域特色的产物，一方面的原因是传统民居建筑与老百姓的关系最直接，百姓的衣食住行几乎都发生在这里；其次是传统民居建筑往往是自然环境和人文环境汇聚的一个综合体现。而豫中、豫北等地区中更加看重庙宇对村落的庇护作用。

关于传统建筑调查结果			表 8-1
地域分区	认为传统建筑是村落最具传统特色的比例（%）	认为庙宇是传统建筑中最具特色的比例（%）	认为民居是传统建筑中最具特色的比例（%）
豫中地区	37.5%	42.2%	36.7%
豫南地区	30.8%	20.8%	40.6%
豫西地区	33.6%	38.6%	32.8%
豫西南地区	32.9%	40.3%	36.6%
豫北地区	42.6%	40.5%	38.9%

资料来源：笔者整理

（2）民居、庙宇是传统建筑中的重心（图 8-1）

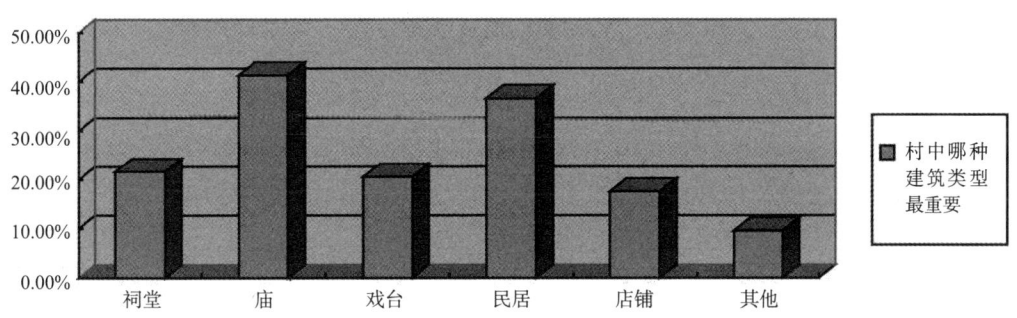

图 8-1　豫西建筑特色调查
资料来源：笔者整理

庙是百姓日常生活中一种重要的建筑类型，在百姓心中占据着非常重要的地位。许多村落受访村民都表示村中庙的地位非常重要，普遍认为通过祈求庙供奉关公、观音等塑像，能给自己带来财富、子嗣兴旺等好运气。庙里的香火旺盛，百姓朴素的神灵保佑观念没有改变，每逢重大节日，这些地方都人满为患，百姓都把希望寄托在这些鬼神，期许获得保佑平安，诸事顺利。民居也是村中最具特色类型之一，是数量最多、运用最广泛一种建筑类型，民居大多通过营建材料、空间尺度与界面、细节等体现出来，同时民居也是百姓地位、财力的一个集中体现，村落的大宅院是非常有代表性的。

（3）公共建筑功能的变迁见证了村落文化传承的衰败（表8-2）

关于村落祠堂的调查		表8-2
地域分区	认为祠堂是村落最重要文化设施的比例（%）	认为祭祖是重要传统的比例（%）
豫中地区	15.4%	5.6%
豫南地区	45.7%	25.4%
豫西地区	29.0%	6.4%
豫西南地区	21.7%	8.2%
豫北地区	5.7%	5.2%

资料来源：笔者整理

公共建筑的变迁从侧面印证了传统村落的衰败。以村落宗祠为例，传统社会中有重要地位的祠堂，如今已经失去其相应祭祖、宗族议事的功能，在村落中也逐渐失去了其应有的作用。许多宗祠虽然还矗立在村中关键的位置上，但是早已失去了历史上发挥的功能，临沣寨的朱氏祠堂早已变成了乡村小学，毛铺村的彭家祠堂杂草丛生，荒废很久。通过表格中统计数据可以看出，祠堂的功能已经大不如以前，祭祖的这项传统文化早已被现代的婚丧嫁娶所取代。由于文化的沿袭，豫南地区某些村落还保持着拜祖祭祖的传统，宗祠建筑保留下来的不但数量多，建筑造型也非常灵活（图8-2）。

图8-2　豫南祠堂

资料来源：笔者自摄

2. 村落选址

村落选址也是传统村落特色的集中体现之一。村落选址也是村落与周边环境互动的结果，问卷调查是通过百姓对周边环境、边界、标志物等情况来判断村落的选址特色。从数据统计来看，相当比例的村落百姓，尤其是山水环境较好的豫南、豫西地区认为村落周边的环境很有特色，而豫中平原地区村落则优势并不明显，这种"特色"虽然在百姓口中只能用"与众不同"、"独到"等简单语汇描述出来，却也可以看出百姓对周边环境的深厚感情。许多村落中"寨墙"、"环壕"都不复存在，但在多数的百姓都认为自己所居住的传统村落中都有着明显的边界，尤其是豫中、豫北的平原地区，百姓心理上都有一种强烈的领域感，村周边山、庙、塔等也往往会作为村落区别其他的标志物（表 8-3）。

关于村落选址特色调查 表 8-3

地域分区	认为周边环境具有一定特色的比例（%）	认为村落中有明显边界的比例（%）	认为村落中有明显的标志物的比例（%）
豫中地区	20.5%	65.0%	62.6%
豫南地区	30.6%	72.0%	64.0%
豫西地区	25.5%	45.5%	55.5%
豫西南地区	23.8%	64.3%	60.8%
豫北地区	22.6%	62.5%	52.5%

资料来源：笔者整理

3. 营建技艺

营建技艺是汇聚百姓智慧，融汇地域并集中在传统村落中体现的重要方面。走在传统村落之中，我们切切实实的能够感受到营建技艺的存在，不经意间展现出来精彩，总能在房屋建设的时候看到无穷的智慧。"我国大部分的传统民居都以木构承重为主要方式，因为木构架的取材、加工、运输都非常容易，并且它的构筑方式可以根据基地特点进行灵活调节，具有很强的适应性"。❶河南传统村落中的民居建筑也多采用木构架承重为主，而围护材料则非常的广泛多样，如石头、木材、土、瓦、砖，百姓在使用地方材料方面积累了丰富的经验。笔者专门对传统材料和营建技艺做了调查，以豫西为例，豫西黄土的直立性非常好，38.4% 的受访者认为土能够就地取材，是豫西乡村最有特色的材料，而对传统材料造成巨大冲击的钢筋混凝土，几乎所有受访百姓都认为它不具备任何传统特色（图 8-3）。

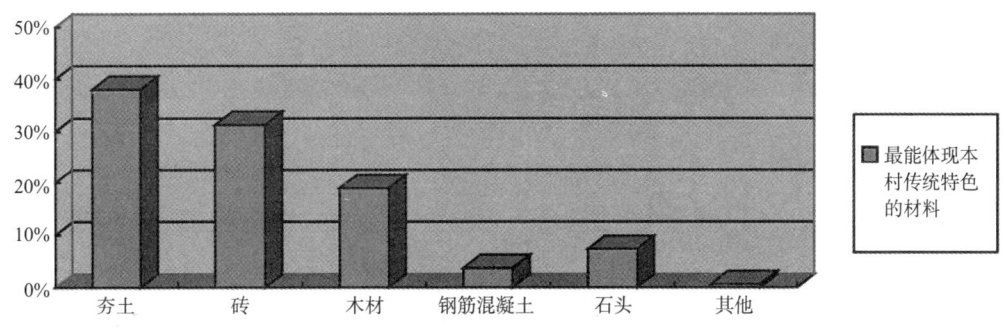

图 8-3 豫西传统材料调查
资料来源：笔者整理

❶ 王文卿，周立军．中国传统民居构筑形态的自然区划 [J]．建筑学报，1992（4）：12-16．

在新的建设活动中，百姓却有截然相反的观点，更倾向于现代材料的运用，尤其在豫西、豫北山区村落已经形成了普遍的观点：现代材料是领先的体现，更是一种体面的象征，百姓以能否住上现代材料的房子作为衡量贫富的标准。我们能够清晰的意识到传统的价值，但是调查结果令我们对传统营建技艺的产生担忧。陕县下原村71岁严老先生的经历，说明了目前传统木工工艺的尴尬境遇，年轻的时候他是方圆几十里有名的木匠，最近二十多年来，再也没有机会展示其精湛的手艺，向我们展示的是锈迹斑斑的工具，传统的木工技艺已经被现代材料和技术全面取代（图8-4）。

图 8-4　老者向学生讲述传统木工工具的使用

资料来源：笔者自摄

8.1.2　传统村落百姓生活空间调查

当代百姓的生产方式和生活方式都发生了显著的变化。虽然一些百姓还在使用这些传统的老院落，却能感受到明显的抵触情绪，有些人不愿意接受访谈是因为他还住在老宅子中，羞愧难当，是村中没有搬出老宅子的几户之一。村落中讲究的是体面和从众的心理，学者明恩溥对传统中国百姓心理的描写非常到位，"于两三人前，滔滔辩论，无异在众人之前，常大声疾呼，巧于此等事者，则谓之有体面"❶，现代生活介入之后，百姓无论是观念上还是对空间的实际需要上，都在发生着悄声无息的变化。

1. 院落空间（表8-4）

	关于院落特色调查		表 8-4
地域分区	认为狭长单进院落具有传统特色的比例（%）	认为多进院落具有传统特色的比例（%）	认为方方正正的大院子最适宜现代人居住的比例（%）
豫中地区	24.3%	32.7%	55.3%
豫南地区	22.6%	29.3%	65.3%
豫西地区	20.2%	26.6%	65.0%
豫西南地区	28.3%	26.4%	65.7%
豫北地区	24.4%	27.5%	55.3%

资料来源：笔者整理

❶　明恩溥.中国人的气质 [M].北京：中华书局，2008：2.

院落是传统村落重要的宅院形式,也是百姓最喜欢居住的一种类型,常常有三合院、四合院、地坑院等。在院落调查中,百姓对传统院落的认识也相当统一,豫西、豫中、豫西南等地百姓普遍认为传统院落形态特征多为狭长院落和多进院,但就适宜现代生活方式的院落来说,百姓大都认为方方正正的独立大院子最适宜居住。而传统传承下来的明清院落,多为狭长的、单进或者多进的,有厢房或者倒座被拆除的现象,传统院落尺度空间显然无法适应当代百姓的日常生活,院落中堆满了农业器械、农产品。如豫西地坑院,地域特色鲜明,但无法满足农用器械上下甚至连非常普遍的电动车的充电都非常困难,所以不难理解豫西地坑院不断的被搁置荒废的原因了(图8-5)。

(a)坍塌的地坑院　　　　　　　(b)修缮地坑院　　　　　　　(c)地坑院旁电动车充电

图 8-5 与现代生活冲突的地坑院落

资料来源:笔者自摄

2. 邻里交往空间(表8-5)

关于邻里交往地点调查			表8-5
地域分区	家门口是邻里交往空间高发地比例(%)	街巷是邻里交往空间高发地比例(%)	院落是邻里交往空间高发地比例(%)
豫中地区	40.9%	37.6%	14.4%
豫南地区	46.7%	35.8%	11.4%
豫西地区	55.5%	51.8%	17.3%
豫西南地区	68.5%	55.2%	10.4%
豫北地区	34.6%	27.3%	18.4%

资料来源:笔者整理

街巷空间也是反映传统村落空间特色的一个典型。街巷逐渐变成了一个交往的空间,在调查村落的过程中,茶余饭后可以看到三三两两的百姓在街头偶遇,进行攀谈交流,聊收成、聊国家大事、聊趣闻,往往一个点就能引起大家的围观讨论,活动发生的场所在街巷空间中,街巷空间在传统村落的邻里交往中,发挥着重要的作用(图8-6)。

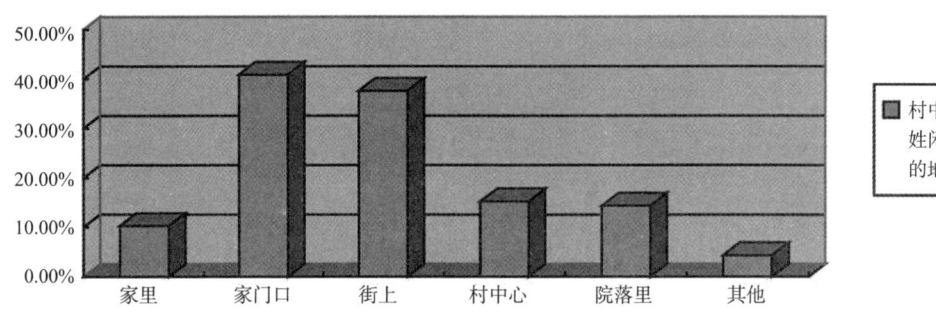

图 8-6 豫中邻里交往空间调查

资料来源：笔者整理

宅院出入口与街巷的交叉点又往往是各种邻里交往的高发生地，这些空间距离各家门口近，以豫中地区的传统村落为例，多数人选择了街巷（37.6%）与自家宅院门口（40.9%）这两处为邻里关系的高发地，而相对比较私密的自家院落中（14.4%）和房间内部（10.3%），则较少发生邻里交往。一些取代传统祭祖现代的仪式，如婚丧嫁娶等大型活动也大都会集中在宅院门口进行。在娱乐活动都非常匮乏的村落中，邻里活动是非常重要的一种交往形式，这些交往空间为百姓的邻里交往活动提供了丰富的空间平台。

村落中的公共活动空间都非常匮乏，百姓异常渴望有一个集体的活动空间，包括小型广场、小型公园、体育活动场所等，这些空间往往是非常有生气的，也是传统村落中主要的活动场所，在陕县焦南镇的南上村，新建的公共长廊和古亭虽然风貌难以与传统融合，但是这里却成了主要汇聚的场所，经常可见熙熙攘攘、人头攒动的场面，老少皆围在一起打扑克、聊天，非常热闹，这里成为老百姓业余活动的一个主要场所（图 8-7）。

图 8-7 南上村新建的公共空间

资料来源：笔者自摄

3. 其他服务空间

调查中还发现，缺少容纳现代人的生活服务空间成为传统村落被不断摒弃的原因。

村中普遍缺少配套服务的空间如医疗卫生、商业服务、基础教育等设施，尤其是幼儿园、小学等村落基础教育设施，导致村落百姓不断的流失。不少百姓都想方设法的搬迁到条件更好、有利于教育的镇上或者县城，相对偏远的传统村落中都面临着人去房空，村中只剩寥寥几人，如登封徐庄镇的柏石崖村，孩子上学需要步行山路到几公里之外，所以陆陆续续的都搬迁到了十几公里外镇政府周边。

8.1.3 传统村落特色空间感知

老百姓对长久生活的传统村落空间有一种特殊的感情，有习以为常的村落特色，也有津津乐道的村落家常。村落特色空间需要亲身感受，同时还需要长期生活在村落中的百姓向你来叙述其中的来龙去脉。通过不断的实地走访，与当地百姓的碰撞交流，逐步地感受到了村落百姓对空间的感知，结合我们外部视角的观察，总结起来说，河南传统村落的空间感知主要体现在以下几个方面（表 8-6）。

1. 村落的系统性

村落的系统性主要体现在村落有机的空间结构。村落的空间结构是村落形态构成的内部逻辑结构，是潜在的控制村落生长发展的无形力量，是一种无形的力量组织着村落的生长法则，引导着村落整体的形态类型和发展。

漫步在村落中，我们很难用整体宏观的视角来察觉出村落的整体形态到底是什么样，有种"不识庐山真面目，只缘身在此山中"的感觉，然而这个问题却难不倒村落中的百姓，抛开那些专业的术语，你若是问"你们村子整体什么样子？村子整体来看有什么与众不同的地方"，村中稍微上了一点年纪的人，都能用简练的语言向你描述出村落的整体形态和结构。如漯河郾城的裴城村，村里的百姓都知道村落的整体空间结构为"龟背八卦形"；又如豫北的小店河村，百姓称村落的形态为"神龟探水"；豫中的海上桥村的村落格局被称为"太师椅"。

不同地域传统村落调查比较 表 8-6

		传统地域特色	百姓生活	空间感知
个性	豫中地区	●庙、民居为村落中主要类型建筑 ●河流、周边地域环境成为村落选址的主要因素 ●街巷界面、地域特征明显 ●砖、木为村落营建材料的主体	●庙会是百姓生活的一种重要类型 ●百姓业余生活单一 ●能意识到传统民居的历史价值，但倾向居住在现代房屋中	●村落整体结构性强 ●空间层次多 ●村落规模大
	豫南地区	●宗祠为村落中重要的建筑类型 ●砖、土为主要营建材料，石头为辅助材料 ●村落关注水，村中、村前多设置水塘 ●村落选址注重周边山水格局 ●院落的格局尺度、联系方式与地域结合紧密	●业余生活丰富 ●祭祖习俗传承良好 ●邻里交往空间类型多样	●村落与环境相融合 ●院落与街巷边界模糊，相互融合

续表

		传统地域特色	百姓生活	空间感知
个 性	豫西地区	●以窑洞地坑院为村落特色 ●夯土、砖构是村落营建主要材料 ●狭长多进院落最具传统特色 ●庙为主要类型的公共建筑	●百姓业余生活单一 ●街巷、宅院口是邻里交往活动的多发地 ●意识不到传统的价值，喜欢居住在现代房屋中	●地坑院类型的村落形态较为松散
	豫西南地区	●石头为主要营建材料 ●村落基础构成的多元化，不仅仅局限于农业 ●前店后院的商业类型院落	●百姓业余生活单一 ●街巷、宅院门口是邻里交往活动的多发地	●村落营建地域材料运用广泛 ●以商业的宅院空间丰富
	豫北地区	●大型宅院是村落的中心 ●石头为主要营建材料 ●庙为主要类型的公共建筑 ●屋顶平坡结合屋顶平台利用充分 ●村落选址受到外界交通、地域环境的影响明显	●百姓业余生活相对单一 ●街巷、宅院门口是邻里交往活动的多发地 ●院落生活丰富，竖向层次多样	●村落整体结构性受到地域因素影响较大 ●村落规模一般较小 ●空间层次丰富
共 性		●地域材料在民居建设中是首要的选择 ●村落选址注重环境、交通、材料获得等要素 ●一些公共建筑如庙在村落中依然有着很高的地位	●当代的婚丧嫁娶全面取代了百姓传统的祭祖等习俗 ●居住位置选择注重环境而非位置 ●院落生活是主要的生活方式	●村落中心感强 ●村落的边缘性在不断减弱 ●院落空间私密性强 ●街巷空间开放性强

资料来源：笔者整理

2. 中心感与边缘性

在调查过程中，我们针对老百姓的真实感受进行了调查，有相当高比例的百姓都认为村落的中心性和边界非常明显，如豫西传统村落受访百姓中约有55.5%的都认为村落中都有明显的中心，而对于边界的认同来说也高达45.5%；在南阳盆地中两组调查数据的统计分别为60.8%和64.3%。其他地域区域都有着类似的调查结果。中心和边界是传统村落形态构成的两个重要因素，百姓从心理上也高度认可村落的中心感和边界。

翻开河南村落发展历史，我们不难找出村落中易形成中心和边界的原因。村落作为弱势群体，很容易受到天灾人祸的侵扰，村落百姓会形成一种寻求庇护的心理，十分渴望找到真正的庇护所。中心具备这样一种功能，百姓在这些中心心灵能够得到释放，找到一种归宿感，或者说有了这个中心就有了心理上的依靠。在调查哪些是村落中心的时候，得到的答案也是五花八门，可能是地理上的中心，也可能是百姓心理的中心，中心的类型中有祠堂、庙宇，也可能是百年古树、古井、凉亭等。这些中心往往承载着双重、多重的意义，能给百姓心中带来慰藉或者归宿的空间场所。反之，远离村落中心，愈向外围，村落的这些地带安全性愈差，因为这些区域是最先受到外围势力骚扰的地区，在村落边缘居住的往往是异性人家或者外来户，最外围一定是村落的防护措施，一般来说多为寨墙和环壕，几乎所有的传统村落中都可以找到寨墙的遗址和遗迹。

时至今日，百姓对居住地的选择有了较大的转变，对"中心"与"边缘"的概念逐步淡化，人口的增长村落朝外无序蔓延，对村落的整体形态造成了不小的破坏。我们在调查中发现，对"理想居住地点"的选择，选择"靠近村落中心"的比例非常低，而选择"独立幽静的地方"、"临街而建"则占据了前两位，在安全不是问题的时候，追求良好的居住环境和临街经营生意来增加家庭收入可能是更加重要的事情。

3. 开放与封闭

通过实地的调查，对村落空间的开放性与封闭性印象深刻。街巷空间是传统村落中的公共空间，也是村落百姓交往的空间载体，百姓普遍认为交往活动大多发生在街巷中，宅院门口的交汇点又是邻里交往活动高发地点。村中百姓的谈论话题的承载空间往往都是相对随意的空间，任何的公共空间中都很容易产生碰撞，即使有院落的也都把饭桌搬到院落门口来，邻居之间远远的相互攀谈，茶余饭后四处闲逛，在街头巷尾闲聊（图 8-8）。

图 8-8　街巷中的交往空间

资料来源：笔者自摄

街巷空间内部组织丰富，街巷错落有致，易形成趣味性的小空间，有了这种抑扬顿挫的空间就容易产生一些聚集起来人气。而村落中的院落空间又是非常封闭的。进入了院落空间则进入了完全私密性的空间世界，四周封闭，仅有门与街巷空间进行联络，院落空间的活动主体也是有血缘关系的家人，在调查过程中，在院落中的邻里交往活动发生率普遍较低，这从侧面说明院落是私人的领域，院落的形态、尺度、规模又与宅院主人的地位、财力、信仰等息息相关。院落空间与外部的邻里交往空间无论从空间感受还是形态尺度上都形成巨大的反差。

8.2 传统村落地域分区之间的共性表现

8.2.1 尊重自然，因势利导的村落选址

河南各个地域分区中遵循着类似的原则，百姓在村落营建过程中始终秉承着一种尊重自然，无为而治的哲学思想。对于生产力低下的村落来说，尤其体现在村落的选址上，顺应自然，因势利导是百姓应对自然等未知世界非常有效的手段。

1. 村落选址的理想格局

村落在选址过程中以理想的格局为终极目标，以寻山找水为主要手段。我们的祖先就有很浓重的山水情怀，并对环境有着深刻的理解，《国语·周语下第三》有描述："夫山，土之聚也。薮，物之归也。川，气之导也。泽，水之钟也。疏为川谷，以导其气。陂塘污庳，以钟其美。气不沉滞，而亦不散越。是以民生有财用，而死有所葬"，百姓从山川自然中攫取财富，形成了原始的山川崇拜。基于这种朴素的山水情怀，村落形成了"左青龙，右白虎，前朱雀，后玄武"的理想选址格局特征（图8-9）。

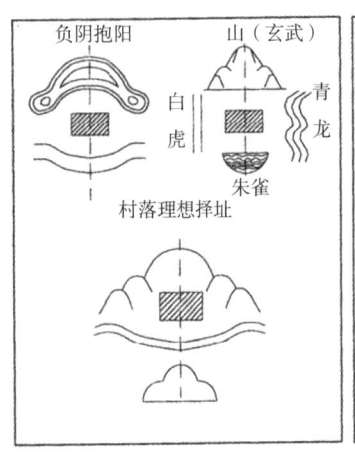
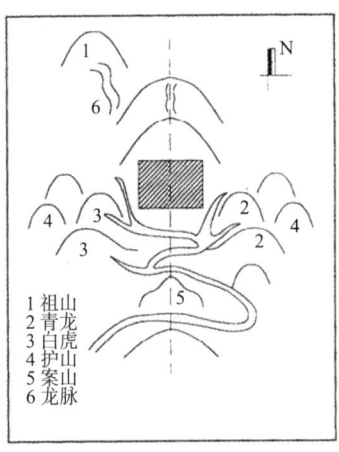
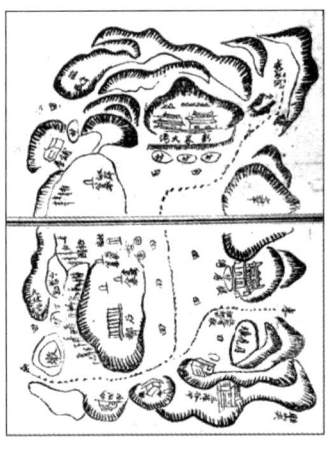

（a）村的理想选址　　　　（b）城的理想选址　　　　（c）家谱中记载的选址

图8-9　村落的理想选址

资料来源：（a）、（b）网络资源，（c）信阳新县毛铺村彭氏族谱

在《阳宅十书·宅外形第一》有这样的描述："凡宅左有流水谓之青龙，右有长道谓之白虎，前有污池谓之朱雀，后有丘陵谓之玄武，最为贵地"❶，《葬书·内篇》中选址应该在山脉或者龙脊的终止之处，"草上露华偏在尾，花中香味总居心"，其形宛如露水结于弯下的草尖。流传于河南民间的《阳宅八卦》、《阴宅八卦》中❷，详细地记录

---

❶　佚名：《阳宅八卦》卷三《宅外形第一》，清乾隆十四年（1749年）刊本．
❷　书中观点主要在豫中登封一带盛行。

了村落和民居择址的原则，如"八卦取象论，乾为首，人之首取象于乾，凡宅乾方有坑坎井池，破碎伤损其凶，主应于首或出秃或出瘑，如此地整齐方正，亦主寿高名扬"。❶而阴宅选址则有"头有所枕，脚有所蹬"、"远看是坡，近看是窝"、"穿地宜狭而深，狭则不崩损，深则盗难入"的说法。❷真实的环境并不会与理想的格局完全契合，村落会在营建村落的过程中不断的修正、补充，使村落最终呈现出来的格局接近理想的模式。"熟悉的地方包括长时间的人和土的混合。祖先们的经验也必然是子孙们所得到的经验，从每个人可能得到的经验说，却是同一种方式反复的重演"❸，百姓在对村落的选址和建设过程中不断地积累经验，而且一代一代地传承下去，在宗族的家谱中总会记录着村落的堪舆图，清晰的描绘村落如何选址，如何与周边环境的关系相契合。

2. 村落选址原则

河南村落的选址都会在用地、河流、防卫、格局以及交通等这几个方面进行综合权衡，"在不同的时期，不同的地域范围，各种经验模式有着极大的同构性"❹，这种"同构性"的提炼和剖析，能够从村落选址角度探寻村落中蕴含人地之间的丰富关系。这些原则有意识的将村落与周边地域环境结合起来，寻找一种最利于生存发展的模式，也是村落百姓对未来蓝图憧憬的第一步（表 8-7）。

河南传统村落选址的一般原则 表 8-7

选址侧重点		原则描述
1	用地	有足够的可建设用地、生产用地以承载村落未来人口发展的备用地
2	近水	择水而居，在河道沿线分布，靠近水源，如水井、泉水等
3	防卫	选择能够轻易的建立起防御体系，以御外患的区域
4	格局	有良好的格局如负阴抱阳，依山就势，背山面水，前低后高等，规避自然灾害也要具备优良的小环境，趋吉避凶，如避寒风、防潮气、旱涝等，又有可利用的有利环境因素，如向阳、利于排水、高地等
5	交通	选择交通便捷的古驿道沿线，易形成商业和农业并存模式的村落

资料来源：笔者整理

3. 村落选址类型

每个地域分区中都有着类似的选址类型，每一种类型都有着共同之处，都在与周边的环境进行对话和呼应，总结河南不同地域分区村落不同选址类型的共性特征（表 8-8）。

---

❶ 佚名：《阳宅八卦》卷三，清乾隆十四年（1749 年）刊本．
❷ 司马光：《司马氏书仪》卷 7《丧仪三·穿圹》，《丛书集成初编》第 1040 册．中华书局，1985：78-79．
❸ 费孝通．乡土中国 [M]．上海：上海世纪出版集团，2005：21．
❹ 刘沛林．古村落：和谐的人聚空间 [M]．上海：上海三联书店，1997：96．

河南传统村落的选址类型

表 8-8

序号	类型	主要所处的地理位置	村落形态	优势	劣势
1	背山环水的浅山地带	黄河以北的太行山、西部秦岭余脉、南部的大别山等靠近平原的浅山区	沿着山势团状或带状展开	山水资源利于生活生产易建立起防御	村落建设用地和耕地不足
2	沿河岸地带	河岸的两侧或者单侧	带状	村落有商业活力经济模式多元化有效利用水资源	百姓之间联系薄弱防御条件差
3	山谷中的阶梯地带	深山中的谷地	紧凑的团状或分散	防御条件好可有效利用山的资源	耕地和建设用地严重不足
4	黄土塬上阶梯台地	豫西的黄土塬上	团状或分散	可有效利用塬形成窑洞空间	建设用地不足防御条件差
5	山口的平原	盆地地区以及山体与平原交汇处	团状	耕地肥沃充足建设用地充足	村落防御弱易遭水患
6	平原的高地	平原地区较高地势处	团状	耕地肥沃充足建设用地充足	防御条件差
7	官道、驿道沿线	太行八陉、商南官道等以及古代重要的官道沿线	带状	村落有商业活力建筑类型多样	防御条件差

资料来源：笔者整理

（1）背山环水的浅山地带

在中原地区，这种村落选址类型是最接近"理想村落模式"的一种，格局表现出来的特点主要为负阴抱阳，背靠山前面水，沿着山势团状或带状展开，与山体有机的契合在了一起，山前有河对村落呈环抱状。《阳宅十书》有这样的论述："人之居处宜以大地山河为主，其来脉气势最大，关系人祸福最为切要，若大形不善，总内形得法终不全吉"❶，背山环水型的村落选址正是结合山水融合的特点将村落布局于此。

背山环水的村落优势特别明显。首先，利于生活生产，利用浅山地前的平坦地可以轻易的开垦出田地，靠山吃山，靠水吃水，山上的果树、经济作物、河流的鱼虾等能够作为村落有力的食物补充,村前溪流上游可以作为饮用水,下游又可以洗衣洗菜等；其次，能够建立起防御，攻守兼备，安全且能够轻易的建立起防御，山体和河流是天然的屏障，能够轻易的阻挡外来力量的侵扰，具备平原村落所不具备的优势。

（2）沿河岸地带

沿河地带选址类型村落多沿着河流的一侧或者两侧岸线发展起来，借助于河流通航的商业价值和天然防御屏障优势，进行村落的建设，顺应河道的走向呈带状或者靠近河流呈现团状，村落中还会有码头、龙王庙等公共设施，河流水系在村落的选址、形态、空间、宅院类型等方面起到了关键性的作用。

避害趋利是百姓在选址过程中对河流的态度,水带来优势的同时也充满着隐患,《读

❶ 佚名:《阳宅八卦》卷三《宅外形第一》，清乾隆十四年（1749 年）刊本．

史方舆纪要》中这样描述水患："河南境内之川莫大于河，而境内之险亦莫重于河，境内之患亦莫甚于河"。❶据河涉险，利用河流做出防御，保障村落百姓和财产的安全，是非常好的一个选择，引水入壕是简易又行之有效的防御体系。同时，利用河流的通航给沿岸村落百姓带来了潜在的商业价值，古代水运是重要的交通手段，河流彻底改变了村落百姓单一依靠农业经济的生存方式。

（3）山谷中的阶梯地带

这种选址类型的村落布局表现为选址在两山夹一沟或者靠着一侧山坡的地形上，利用山地上的小块平坦的地带布置村落，谷底的河流是天然的泄洪通道和优质水源。

村落选址在山谷，首要考虑的就是村落安全。在战乱不断的年代，把家族隐匿在山谷之中，享受世外桃源平静生活，丝毫不用担心村落安全问题，也可以轻易的将村落百姓转移至就近的深山密林中；其次是有利于生产生活，规避自然灾害，村落周边一般都有相对开阔且肥沃的土地以便耕作，山谷阶梯地稍加引导便可利用高差排涝，及时疏解水患，旱灾又可以利用山上流下来的泉水补充村里水源不足。

（4）黄土塬上阶梯台地

这种选址类型的传统村落布局表现出来的特点是利用黄土塬的阶梯台地进行村落布局。黄土塬是豫西黄土高原上一种特殊的地形地貌，由于长期风化腐蚀，有些河谷谷深达百米以上，形成了一个个的顶面平坦，层层而上，四周直立如切割的黄土平台。豫西三门峡、洛阳一带，很多村落就生长在这些黄土塬上，这类村落阶梯层次性非常清晰，塬上塬下都会有村落的存在。

这种类型村落选址的优势在于塬上地形平坦利于村落的建设，塬上四周落差大，能够建立起完善的防御体系，同时能够利用黄土的直立性开挖窑洞空间并有机的融合到宅院中。这种选址的劣势也很明显，有限的村落建设用地使得村落不能满足村落未来发展的要求，当村落无法容纳日益增长的人口，只能择址另建新村。

（5）山口的冲积平原过渡地带

这种选址类型的传统村落表现出来的特点是浅山区前利用河流形成的冲积平原上进行的村落布局，一般会近水而建，但又与沿河村落浓厚的商业氛围不同，河流仅作防御，还是以农耕为主。河南多山，山前有大量的冲积平原，这些地带非常适合村落的生长，如环嵩山地域带中有大量此种类型的村落。

这种村落选址的优势非常明显，土地平坦、肥沃、充足，经常的还有河流从村落旁穿过，灌溉、水产等都很便利；村落营建可以从附近山上采石；同时也容易寻找庇护之所，自古以来就有"小乱居城，大乱居山"的避乱模式，除可以自己营建的寨墙防御之外，还可以轻易退守到附近的山区，这些都是传统村落生存得天独厚的条件。

---

❶　（清）顾祖禹：《读史方舆纪要》卷四十一《河南一》，四库全书本．

（6）重要官道、驿道沿线

这种选址类型的村落主要依附于古代官道而生，有的村落就是从驿站发展而来，村落形态与功能有别于普通的村落。官道成为村落发展的限定要素，村落多沿着官道呈带状发展，官道也成为村落空间结构联系的主体。

在古代，交通方式和工具与现代交通的概念有着本质的不同，古代一些著名的官道、驿道等到了近代反而成为了偏远的地区，因此官道沿线传统村落得以保留，如太行山就有着著名的太行八陉是中原联系山西、陕西的大动脉❶，其中的三条轵关陉、太行陉、白陉的起点都在河南境内，豫南地区有潢川官道等，依附着便捷的交通会产生大量的村落。《周礼·地官》中所记载"田野之道，十里有庐，庐有饮食，三十里有宿，宿有路室，路室有委"，可以充分利用官道来往客流经商，同时可以融合不同地域文化脉络，形成了文化融合和多元包容的村落物质载体和空间特色。

（7）平原地带的高地

在平原地区往往散落着不计其数的村落，平原上的较高地势是村落的一个重要的选择，这种类型的村落主要考虑两方面：农耕和防患，患主要包括水患和匪患。

虽然平原地带地形变化小，但村落在选址的时候也会仔细的甄别一番，专家学者对河南新郑裴李岗的遗址考古发现，村落虽然"地处平原，但绝大部分的遗址都处在平原地带的高岗上，这些遗址迄今仍高出地面一两米，可设想当时的地势会更高"❷，虽地处高地，却也经常因无险可守而失去安全的保障，造成了自然灾害或者人为灾害。

平原地带的村落往往会选择较高的地势，通过建立壕沟结合寨墙的模式进行防御，壕沟和外部水网联系，及时疏解村落中水涝，实现了"贼近则更番守御，贼远则出入耕作"❸，较高的地势也很容易抵御平原地区水患。

平原地带的村落选址利和弊同时存在，可以充分利用平原开阔肥沃的土地，但也要规避水患、匪患的侵扰，扬长避短，利用平原地带较高的区域建立防御系统是常常采用的手段。在平原环境中，村落择址的过程就是察穴的过程，一个重要的原则就是在凸突之地寻找凹陷之穴，在凹陷之处确定凸突之穴，堪舆家将地形的微妙起伏视为山。

唐代杨筠松在《撼龙经》中这样描述："高水一寸即是山，低水一寸水回环。"平原地带择址共有三种模式：模式一，平坦的地上有凸起的地方，其上又有凹陷，如鸡窠状；模式二，平坦的地上有像马蹄印一样的地形，即凹中有凸；模式三，像落在地上的梅花，有多层微地形的起伏，层层围合穴场，如花瓣簇拥❹（图8-10）。

---

❶《述征记》曰："太行山首始河内，自河内北至幽州，凡百岭，连亘十二州之界。有八陉：第一日轵关陉。今属河南府济源县，在县理西十一里；第二太行陉、第三白陉，此两陉在河内；第四釜口陉对邻西；第五井陉；第六飞狐陉，一名望都关；第七蒲阴陉。此三陉在中山；第八军都陉，在幽州。"

❷ 赵春青. 郑洛地区新石器时代聚落的演变 [M]. 北京：北京大学出版社，2001：23.

❸ 德楞泰：《筹令民筑堡御贼疏》，贺长龄编：《皇朝经世文编》卷89，《兵政二十·剿匪》，光绪十四年（1888年）上海广百宋斋排印本.

❹ 张杰. 中国古代空间文化溯源 [M]. 北京：清华大学出版社，2012：337.

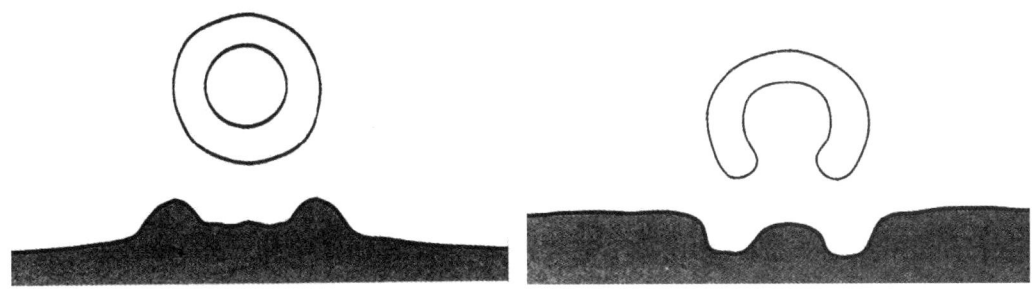

（a）鸡窠状剖面　　　　　　　　　　　　　（b）马蹄印穴剖面

图 8-10　平原村落选址类型

资料来源：张杰．中国古代空间文化溯源 [M]．北京：清华大学出版社，2012：337.

4. 平原地区村落风水补基

河南平原地区的村落，缺少山水的依托，往往会进行引水、植树的风水补基、兴建魁星楼等措施来弥补村落的先天不足（图 8-11）。

（a）裴城村中引水聚财　　　　　（b）太后庙村魁星楼　　　　　（c）临洰寨村口植树补基

图 8-11　河南平原地区村落格局的弥补

资料来源：笔者自摄

　　一是百姓常说的"引水聚财"，视水作财运，将水引入到村落的内部，《水龙经》这样描述："水积如山脉之住，水环流则气脉凝聚，后有河兜，荣华之宅，前逢池沼，富贵之家，左右环抱，堆金积玉"，除引水入村之外也会在村前或祠堂前开挖池塘。二是以树仿山，以树提气。树是灵气和生命的象征，平原的村落多以树木的种植和组织来弥补平原风水格局的缺陷，会在村落的北面植树作为靠山，大量的树木成林，起到了挡风聚气的效果，使得村落形态上显得完整；也会在水口等关键点上种上大树。三是利用建筑"压邪兴运"，在一些重要的"犯冲"、"镇邪"关键点上布局建筑，普通的民宅难以压制住邪气，需要请神来震慑，请神就要给神安家建庙，村落中会有土地庙、观音庙、关帝庙、龙王庙等多种类型。又如兴建魁星楼兴文运，也是对村落格局的一种补充，"凡都省府州县乡村，文人不利，不发科甲者，可于甲、巽、丙、丁四字方位上，择其吉地，立一文笔尖峰，只要高过别山，即发科甲，或与山上立文笔，或于平地建高塔，皆为文笔峰"。❶ 受到儒家思想的影响，村落中也重视文运，重视教育，在村落风水布局会通过兴建魁星楼等有意识的强调出来。中原地区典型的传统村落选址列表如下（表8-9）。

中原地区典型的传统村落选址类型 ❷

表8-9

序号	选址类型	村落
1	背山环水地带	丁李湾、小店河村、东岭后村、白石坡、苏坟村、李老庄村、四楼湾、四方洼、九渡村、赵沟村、王家站、纣王店、张泗沟村、徐楼弯村、龚冲村、向楼村、钱大湾、大湾村（新县周河乡）、刘咀村、韩山村、何老湾、大湾村（新县莆田乡）
2	沿河地带	何家冲（罗山）、杜康村、卫坡村、北张庄村、大营村、东街村、李渡口村、小张庄村、北街村、朱阳村、大王庙村
3	山谷中的阶梯地带	吴垭村、石场村、寺坡山村、双庙村、平顶爻、朝阳村、漏子头村、赵坡头村、何家冲（商城）、石崖村、东山底村、火神庙村、山顶村、山头赵村、草庙村、梨园坪村、南湾村、温坡村、郭亮村、长岭村、转角石村、土地岭村、前庄村、余老湾
4	黄土塬上阶梯台地	庙上村、乔庄村、石碑凹、城村、杨公寨、草庙岭村、南沟村、肥泉村、苏羊村、刘寺村、丁管营村
5	山口的冲积平原	临沣寨、张店村、渣园村、西寨村、马街村、杏山村、丈庄村、程庄村、齐村、赵村、陈家沟
6	平原上高地	裴城村、单拐村、高皇庙村、竹沟村、北朱村、大胡村
7	重要官道、驿道沿线	东岳村、上戈村、一斗水村、渔洋村、任村村、毛铺村、老城村、杜店村、石佛村、西街村、大金店老街、半扎村、杨帆村、白沙关

资料来源：笔者整理

8.2.2 形式灵活，结构稳定的村落空间

河南传统村落向我们展示了千姿百态、丰富多彩的形式，步入其中感受各不相同，但是仔细深究起来，在这些形式的背后，都是村落的空间结构在起作用，无论是哪个地域分区，同一种村落空间结构都有着类似的内涵特征，外在表现形式却异常多样化。村落空间所承载的内容十分简单，就是乡土社会中百姓的种种交往活动。"乡土社会的一个特点就是人是在熟人圈里长大的，他们生活上互相合作，都是天天见面的"❸，空间使用主体有着相同的经历，彼此交流语言也非常简单，"在相似的环境中接触和使用同一象征，在象征上附着了同一意义"❹，村落百姓也会根据实际的使用状况对村落的空间进行调整，村落空间简单、直接、约定俗成，这就是村落空间的意义所在。下面对中原地区传统村落空间结构的共性特征进行归纳（表8-10）。

❶ （清）高见南：《相宅经纂》卷二《文笔高塔方位》，清光绪二十四年（1898年）刻本．
❷ 村落主要包括河南入选中国传统村落名录的99个村落以及其他一些未入选但符合传统村落标准的村落．
❸ 费孝通．乡土中国 [M]．上海：上海世纪出版集团，2005：16．
❹ 费孝通．乡土中国 [M]．上海：上海世纪出版集团，2005：20．

中原地区典型的传统村落空间结构类型 ● 　　　　　　表 8-10

空间结构类型			村落
集 中 类 型	1	一字带型	毛铺村、新店村、卫坡村、赵坡头村、南街村、中街村、北街村（淅川）、一斗水村、古孤泉村、岗顶村、杜康村、东岳村、寺坡山村、草庙岭、北街村（郏县）、漏子头村、肥泉村、纣王殿村、九渡村、四方洼、竹沟村、朱阳村、石佛村、柏石崖、东山底、西街村、抱犊寨、山顶村、陈家沟、杨帆村、白沙关、三过尧、盆剑村、董老塆、梅河村朱畈组
	2	一字鱼骨型	四楼湾、丁李湾、乔庄村、上戈村、杨公寨、隔堤寺村、朝阳村、苇池凹村、香椿圪、王家屲村、半扎村、大金店老街、方顶村、西寨村、马街村、西寨村、小店河村、白石坡、李老庄、东街村、东岭后、平顶爻、大王庙、草庙村、梨园坪、南湾村、郭亮村、张泗沟、长岭村、前庄村、苏羊村、龚冲村、西河村、四渡村、小张湾、马家店、宋家店、下塬村
	3	十字型	大胡村、裴城村、高皇庙、程庄村、大营村、张店村、小张庄、李渡口村
	4	网状型	石场村、吴垭村、城村、土地岭村、前庄村、寨卜昌、临洋寨、油坊村、渣园村、苏坟村、单拐村、丈庄村、北张庄村、渔洋村、任村、北朱村、双庙村、冢王南村、齐村、山头赵、温坡村、大湾村、太和庙、垌头村、上园村、台陈村、桃园村、圣王台村、南上村、人和寨、霹雳店
	5	片状紧凑型	董大畈、何家冲（商城）、石碑凹村、康百万庄、四楼湾、何家冲村（罗山）徐楼村、向楼村、刘咀村、何老湾、余老湾、槐术塆、张英窝
分散类型			庙上村、刘寺村、邢沟村、寺沟村、郭坟村、镇南沟村、丁管营村、转角石村、西王村、曲村、寺院村

资料来源：笔者整理

1. 集中型村落空间结构特征归纳

（1）一字带型（图 8-12）

村落以一条主巷进行村落的内部联系，村落主要沿着单方向发展，形成了"一"字带状的结构模式，主巷将整个村落贯穿，宅院分布主巷两侧，街巷转折点处易形成村落的公共交往空间，有些宅院空间为了能够面向这条主巷，会牺牲南向朝向。

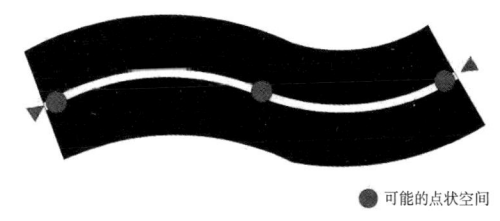

● 可能的点状空间

图 8-12　一字带型

资料来源：笔者整理

　　一字带型为主导的空间结构多存在于官道沿线或者沿河的村落，沿着主巷单向发展，村落都会有明显的标志点如起点、转折点、结束点等，入口处往往是牌坊、寨门等，重要的建筑前会形成节点空间，结束点往往会是寨门或者其他标志物，主巷也自然把村落分成了村头、村中、村尾等几个部分。一字带型村落具备以下特征：

　　第一，村落沿主巷的内向性很强，宅院大门会开向主巷；

　　第二，宅院沿着线性要素的界面非常严整；

　　第三，沿着主巷的某些宅院入口处或者一些拐点处易形成非常显著的中心点；

● 村落主要包括河南入选中国传统村落名录的 99 个村落以及其他一些未入选但符合传统村落标准的村落.

第四，村落空间层级关系一般为"主巷—宅院"，直接从开放向私密过渡，中间缺少过渡环节。

（2）一字鱼骨型（图8-13）

村落沿着主巷单向生长的同时，会向主街两侧以次要支巷等空间类型蔓延，支巷的生命力是非常有限的，往往深入不了多少就会结束，形成了以一条主巷为主导空间，支巷向两侧渗透的格局。主巷贯穿整个村落，垂直于村落主巷的支巷引导着村落向外拓展，形成了类似鱼骨状的村落空间体系。一字鱼骨型的村落具备以下典型特征：

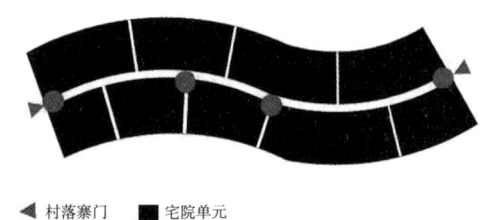

◀ 村落寨门　■ 宅院单元

图8-13　一字鱼骨型
资料来源：笔者整理

第一，主、支巷是村落的主要空间组织构架，空间层级清晰，主支巷联系紧密，主巷的界面严整，支巷则灵活得多，街巷能够清晰的反映村落脉络关系；

第二，村落中的关键节点空间易产生于主支巷空间的交叉点等位置，这里也是邻里关系的高发区域；

第三，村落层级一般为"主巷—支巷—宅院"，"开放—半开放—私密"等空间层次。

（3）十字型（图8-14）

十字型多存在于平原地带，规模较大的村落中，十字交叉的主巷是村落的主要空间结构。靠近十字街中心往往会是大户宅院集中的区域，因为这里最繁华、最安全、出行也最便捷。村落中以"十"字型的街巷来组织整个村落的空间结构，十字交叉的中心是村落地理位置的中心，十字街向着四个方向延伸至寨门处作为结束点，十字主巷形成了村落的主要骨架和空间结构，十字型的街巷很自然的将整个村落分成了四个片区，片区内部通过细小的支巷与主要道路相连。十字型的村落具备以下典型特征：

第一，十字交叉的主巷将村落分为了四个片区，每个片区中还可能会有次一级的公共中心；

第二，十字交叉点往往是村落地理上的中心，也是百姓心理上的中心，村落中的活动、集市等一般都围绕这里来展开；

第三，空间层次一般围绕着"村落门户空间—主街巷—次要街巷—宅院"，"开放—半开放—半私密—私密"等层级过渡。

（4）网状型（图8-15）

网状型的村落往往用地规模、人口规模都比较大。村落内部街巷空间联系更加顺畅和便捷。网状体系的空间结构将村落均匀分割成了数个空间单元，在每个单元里可能是血缘关系更加亲近的家族在这里居住生活，公共服务设施如祠堂、庙宇等也都会一并安排在某个街坊内部，没有哪个街坊会显得很突出或者很庞大，这种网格化的分割方式，单凭街巷关系来说，很难分辨出村落的中心在哪里。村落中的主要街巷呈"井"字网状形，街巷相对均匀的覆盖到村落中的各个街坊。网状的村落具备如下特征：

第一，街巷组成了村落主要的外部空间，主要街巷呈网状覆盖着整个村落，形态一般多为"回"、"井"字形等，尺度均等，形成了交通、交往非常完善的空间体系；

第二，主巷占有绝对主导的地位，将村落相对均匀的划分成了几个片区，片区内部也会有细小的支巷联系宅院大门；

第三，形成了主巷—支巷—宅院，"开放—半开放—半私密—私密"等层级过渡。

（5）片状紧凑型（图 8-16）

片状紧凑型的村落以家族背景和动荡的社会背景为依托而产生的，宅院内部联系得更加紧密，形成了内部的街巷、空间，外部的街巷空间则要弱得多。村落宅院位置凸显，街巷的外部空间较弱，有时候整个村落就是一处宅院。传统村落就是一处大宅院一样，宅院内部相互交错联系，进了宅院的大门就等于进入了整个村落。片状紧凑类型的村落具备以下特征：

第一，村落规模一般都不大，一般都是以血缘宗族为纽带进行联系的，整个村落就是一个巨大的社会交往网络；

第二，村落防御体系格局都相对完整，内外界线分明；

第三，宅院与宅院之间的横向联系更加紧密，相互之间有开放的通道联系，通过外界街巷空间的联系较少。

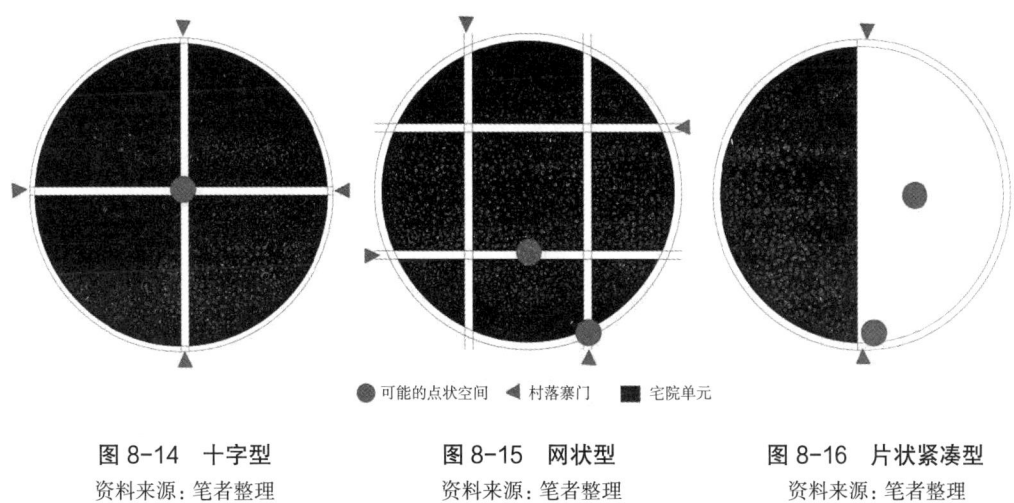

●可能的点状空间　◀村落寨门　■宅院单元

图 8-14　十字型	图 8-15　网状型	图 8-16　片状紧凑型
资料来源：笔者整理	资料来源：笔者整理	资料来源：笔者整理

2. 分散型村落空间结构特征

分散式布局的村落空间结构较为松散，一般处在黄土塬的冲沟内或者黄土塬上的地坑院村落。总结起来看，分散类型的村落具备以下特征。对于分散型的村落来说，空间结构不像集中类型的那么清晰，因为分散类型的往往由于地形的限制，村域范围跨度有的能够延绵几公里以上，分散类型的村落往往会依附于一个外界的载体，而将村落进行延展拉伸（图 8-17）。

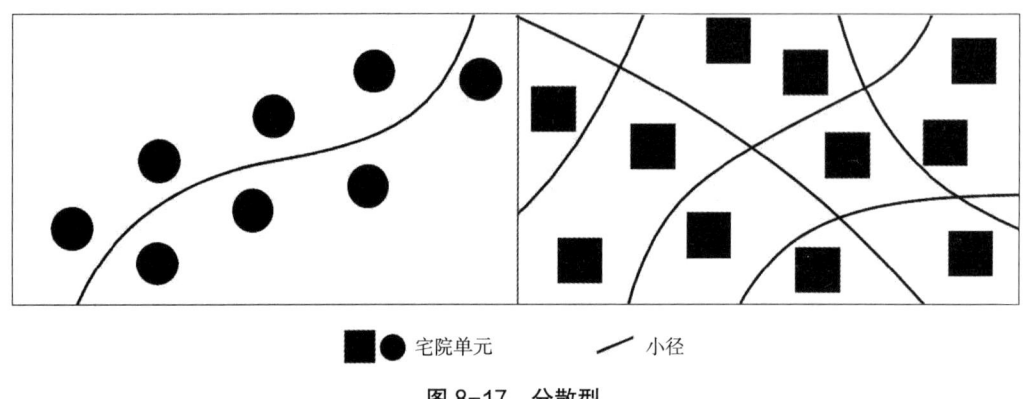

■● 宅院单元　　　╱ 小径

图 8-17　分散型
资料来源：笔者整理

第一，呈带型延展布局，但不同于集中类型的一字带型布局模式，这里界面并不严整，经常由于地形地貌的原因而轻易的打破沿街界面的完整性；

第二，缺少明显的中心，村落缺少显著的中心，可能某处貌不惊人的拐点处就是这个村落的精神中心，这些中心往往需要在当地人的指引下才能做出判断；

第三，必须依附于某种外在的媒介而生存，否则村落会随着这样的媒介的消失而消亡，这些媒介可能是河流、官道、沟壑等，村落就依附这些诞生、兴旺和衰变。

8.2.3　应对环境，追根溯本的村落功能

河南村落的分类标准都与村落固有的性质有关，如功能性的分类、形态上的分类都是村落本身性质固有的体现。

1. 职能类型（表 8-11）

中原地区的传统村落按照职能分类可以分为农业功能、商业功能、军事防御功能、手工业功能等四种村落的类型。在传统村落形成的肇始，就会以某种主要的目的而存在，中原地区以农业为根基,农业类型的村落占有主导地位,百姓的营生手段都是以农为本,靠天靠地吃饭,以种地为生,大多数传统村落中,直接取资于土地,一代一代的积累传承,逐渐形成村落,形成了一个"生于斯，死于斯"的乡土社会。❶

---

❶　费孝通. 乡土中国 [M]. 上海：上海世纪出版集团，2005：90.

按照职能分类的河南传统村落　　　　　　　　　　　　　　表 8-11

序号	村落类型	特征
1	以农业功能为主导	● "避害趋利"的村落选址观念 ● "血缘纽带"的社会网络联系 ● 庙宇等公共建筑盛行
2	以商业功能为主导	● 商业类型的村落选址往往是借助于码头、古官道驿站 ● 村落邻里交往少，以商业利益为首 ● 综合性功能公共建筑盛行
3	以军事防御功能为主导	● "遏制咽喉"的选址特征 ● 生活型和避乱型的军事村落并存
4	以手工业功能为主导	● 多元化的收入方式 ● 以作坊、手工坊为中心 ● 村落相对开放，与周边村落交流融合广泛

资料来源：笔者整理

（1）以农业功能为主导的村落

农业类型的传统村落，是河南最普遍的一种村落类型，农业类型的村落重点在于村落本体与耕地之间的关系。以农为本，靠天吃饭，过着自给自足的生活方式，村落耕地是非常珍贵的，村落往往呈紧凑的团状，宅院的建设则尽量压缩，少占耕地，耕地一般都围绕着村庄周边方圆几公里之内，农耕对百姓定居的形成，起着至关重要的作用，《随书·食货志》中有这样的描述："百姓立堡，营田积谷"，这八个字已经把村落与田地相互之间的关系描述的一清二楚。农业类型的村落主要有以下特征：

第一，"避害趋利"的村落选址观念，避免地质灾害、水患等不利因素，选择土地肥沃、生活安全等生存条件良好的区域，有利于村落百姓安居乐业。

第二，"血缘纽带"的社会网络联系，村落多为宗族、家族式的网络关系，单一姓氏为主导。家谱中都记载着，从某地举家迁移于此，开始扎根，共同开垦，几代之后，就成为了同姓村落。

第三，庙宇等公共建筑盛行，百姓对未知世界充满恐惧，寄希望于一些神怪解决自己的期许或困惑。庙宇等公共性建筑一般会出现在丁字路口、风水增补处，借此来改善村落的风水格局，有时同一个庙中供奉着数个神仙，如汝阳县圣王台村的观音寺，里面不同的大殿中分别供奉了圣母、关帝爷、玉皇大帝、汤王、土地神等。

（2）以商业功能为主导的村落

这类村落主要依附于水运码头、驿站而存在，对土地的依赖大大的减少。百姓耕地的同时经营着各种商业类型，如特色饮食、手工业制品、农产品等基本的商业产品，依靠来往的客商对物品的购买来获取收入，也通过其他的商品买卖来贴补家用，以商业为主导的村落非常有活力，形成了较为特殊的村落形态，主要有以下特征：

第一，"巧于因借"的选址，村落选址借助于码头、古官道驿站等有利因素的前提下而产生，自身不会有商业价值，必须依附于这些外界因素而产生。

第二，"视同陌路"的社会关系，这种类型的村落内部人际的交往少了很多，这种类型的村落大家是以商业利益为首位的，虽然村落中也有较大的姓氏家族，但是与外界交往的频繁，商会等组织比宗族的更有势力。

第三，综合性的公共建筑，村中公共建筑一般是综合性，集祈福平安、社会交往活动、娱乐活动、住宿等于一体的公共场所。

（3）以军事防护功能为主导的村落

村落都具备防御功能，但在河南也存在以军事防御为主导功能的村落，以圩寨类型的村落为代表。为了抗击匪患，咸同年间，许多村落建起了寨堡类型的村落。寨堡式村落分布广，"河南修建圩寨的地域范围很广，东起夏邑、永城，西至卢氏，北及安阳、内黄、南乐，南到信阳，几乎遍及全境"；❶其次，类型多样，依托自然村修建、联村修建、聚族而建、凭险而建、借助集市修建、大寨内修小寨；最后，圩寨式村落清晰的勾勒出了河南地区圩寨式村落内部社会组织结构、生活状况、风俗习惯等诸多信息。圩寨式村落是河南传统村落大家族中一个重要脉络，也能揭示整体或局部地区社会变迁和治安状况。❷总结军事类型的村落有如下功能特征：

第一，"遏制咽喉"的选址特征，军事类型村落在选址上往往会选择在一些制高点或者咽喉要道建寨，易守难攻。

第二，生活型和避乱型的军事村落并存。生活型村落，百姓的日常生活都会在这里发生，与普通村落显著不同的是村落的边界异常清楚，往往会是寨墙、壕沟为边界将村落内外区分开来，寨墙坚固，有哨楼和射击孔等。避乱型村落，脱离村落存在，设置在山顶等险要的制高点，易守难攻，许多都是为了短暂的避乱而建的堡垒，内部功能相对简单，只是有简单的交通、存储、防御等功能。

（4）其他类型的村落（图8-18）

图8-18　东岳村的采石场—石沸荡
资料来源：笔者自摄

河南也有其他类型的村落，如手工业为主导的村落，在禹州一带的浅井村、拔村

---

❶　顾建娣. 咸同年间河南的圩寨 [J]. 近代史研究，2004年第一期：111.
❷　郑东军. 中原文化与河南地域建筑研究 [D]. 天津大学博士论文，2008：61.

烧制瓷器为主导，东岳村的石沸荡从明代开始就是一个巨型采石场，周边百姓主要依靠石头开采为生，向周围方圆几十里的村落出售石碾、石磨盘等，时至今日，百姓依旧在开采石头。中原地区传统村落功能类型分类如下表（表 8-12）。

中原地区典型的传统村落功能类型
表 8-12

序号	村落类型	村落
1	农业	大胡村、裴城村、高皇庙、程庄村、大营村、张店村等 ❶
2	商业	南街村、中街村、北街村、一斗水村、古孤泉村、九渡村、半扎村、大金店老街、李渡口村、方顶村、四渡村、康百万庄
3	军事防御	白沙关、人和寨、龙头寨、宝吉寨、四方洼、临沣寨、陶城村、袁寨
4	手工业	杜康村、东岳村、马街村、石场村、寨卜昌、渔洋村、拔村、浅井村

资料来源：笔者整理

2. 形态类型

中原地区传统村落的整体形态主要分为两种，聚集类型和分散类型。聚集类型的村落形态概括起来有着如下的特征。村落聚集而居，紧凑布局。这种类型在河南的传统村落形态中最为常见，基于安全、节约土地的角度考虑，团聚在一起，便于相互协助，外围修筑寨墙和环壕，形成防卫以抵御匪患。

在河南浅山区、平原地带的村落绝大多数为团状，相互能够借势，能够相互合作，能够最大程度发挥村落的集中优势。聚集类型的村落一般有以下的共性特征：

第一，村落内部的居住单元之间相互联系紧密，结构紧凑；聚集类型村落中有一种内在的秩序，往往通过街、巷、院落单元相互搭配组合，村落的物质整体形态与村落空间关系非常明晰；

第二，村落的范围与周边环境之间的边界非常清晰，能够轻易的判断出其边界和村落的范围来；

第三，村落的中心感非常强，一般呈现出了内向性的结构，村落的中心一般都有明确的可识别性，"以凝聚的形式建造聚落，强调求心性"。❷ 有的村落虽然空间分布上较为松散，但是有着明确的中心点，这些依然可以作为聚集类型的村落。聚集类型的村落可以进一步细分为团状、带状、环状等具体形态。

第一，团状（图 8-19），村落的总体平面呈圆形或者近似圆形。村落的东西轴和南北轴大致接近，形成了较为紧凑的团状形体。

第二，带状（图 8-20），村落呈现一种带型或者线性的形态布局。整个村落沿着一个方向一字排开布局，多见于一些商业类型的村落，或者靠近官道、河流水系等线性环境要素的村落。

❶ 河南绝大多数村落都以农业为主导功能，这里就不再一一列出。
❷ （日）藤井明. 聚落探访 [M]. 宁晶译. 北京：中国建筑工业出版社，2003.

第三，环状（图 8-21），这种村落往往多见于浅山区，村落一般会环绕着山体或者水塘等中心展开布局，村落形成狭长的带状。

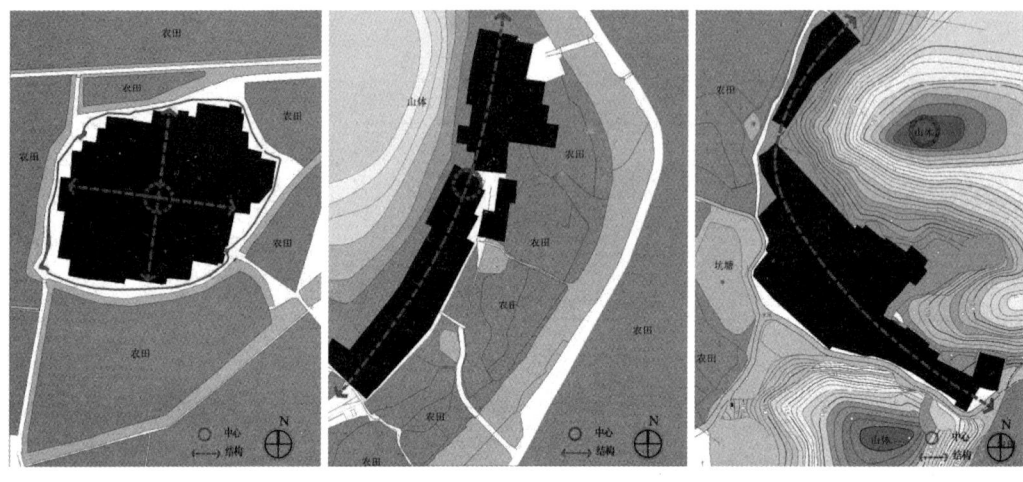

图 8-19　团状村落　　　　图 8-20　带状村落　　　　图 8-21　环状村落

资料来源：笔者整理

分散类型的村落主要是指存在于地表以上的建筑物和构筑物的相对分散，形态上不集中，体现了村落与地理环境之间的关联性，与地域环境结合的异常紧密，体现了"周围广大区域内多种地理实体的空间关系"。❶村落也没有明确的边界，宅院之间的联系也非常松散，只是共同来分享着这块土地。地坑院类型的村落就属于典型的分散类型，一个个的地坑院宛如散落的点组成了村落，没有明确的联系道路系统，可以任意自由的穿梭在整个村落中。分散类型的村落主要有以下形态特征：

第一，分散类型的村落整体形态一般受限于周边的环境，散落其间，村落的组成单元与村落的边界关系并不是很明晰；

第二，村落的中心感不强，缺少明确的地理中心，虽然有不少的散落型的村落也有庙宇和祠堂等公共性的建筑，无法判断村落的中心在哪里；

第三，村落整体的结构联系不紧密，道路等级区分不大，往往是一条小径串联整个宅院单元，宅院之间联系较少。

8.3　传统村落地域分区之间的个性体现

8.3.1　村落形态：人地关系的体现

村落是百姓利用自然，改造自然的成果，也是村落营造过程中人地关系的展现，

❶　金其铭.农村聚落地理 [M].北京：科学出版社，1988：99.

受到地域环境和文化圈层的影响，又表现出了地域间的差异性。差异主要体现在整体形态、选址特征、宅院营造、村落营建材料的使用等方面（表 8-13）。

中原地区村落形态典型性特征

表 8-13

序号	地域分区	选址特征	形态特征	宅院特征
1	豫南天中文化区	选址多与山水关系紧密；官道沿线多村落分布	沿着山前有限的地形团状、环状展开；沿官道多带状形态	院落街巷化，宅院体内向性特征，宅院之间相互串联
2	豫北河内文化区	村落集中在太行山中官道、台地中；豫北平原地区	官道呈带状分散布局；平原地区多团状寨堡式村落	平原宅院以大户为主，空间层次丰富；山区宅院空间立体化特征显著
3	豫中嵩岳文化区	环嵩山带为主，多选址在浅山区和山前平原	村落团状形态为主	多进宅院，街坊式宅院
4	豫西南楚文化区	在盆地的四周，山体和平原的衔接地带	村落带形态为主	前店后院，跨院居多
5	豫西河洛文化区	利用黄土塬的特性，选址分布在塬上	村落团状、带状分布	宅院以地坑院落，窑房院为主

资料来源：笔者整理

1. 村落形态的地域差异

从村落整体形态的角度来看，村落有效而紧凑的利用周边的地形地貌来进行营建，各个地域分区中，村落形态与地域环境的呼应有着显著不同。

豫北地域分区中，村落主要分布在太行山区和平原地区，太行山大多险峻，山势陡峭，村落多依山而建，村落形态会呈现一种层层叠叠的团状，紧凑的布局在一起，会分布在不同的高差层面上，利用地形的高差屋顶空间也使用的非常高效。也有村落分布在太行山中的官道沿线，见缝插针式的营建导致了村落呈现分散状；而豫北的平原地区土地肥沃，百姓富足，为了抗击匪患营建圩寨自保，往往会集合各方面的财力形成较大规模的村落，团状的寨堡式村落是最为普遍的一种。

豫南地域分区中，虽然村落主要藏匿在山中，但与豫北险峻的太行山不同，这里的山体相对平缓破碎，村落多利用山前小块平坦的地带进行村落的营建，村落布局也多会与水结合，村前有河或者池塘。在山水的夹击下，村落的整体形态受到山前地形特征影响较大，随着不断的发展村落也与环境形成了犬牙交错状、环状、带状、团状等都很普遍。另外，豫南处在河南的边陲地区，与湖北交界地带的山区历史上多官道、关隘，沿线分布着很多村落，也形成了相对典型的带状形态的村落。

豫西村落的整体形态与黄土塬紧密联系在了一起，百姓在充分利用塬的特性来营建村落，塬上多为分散状的地坑院村落，塬中则形成了以窑房院为基本单元的村落类型，塬底则为良田、道路等。村落由塬而生，与地域环境结合紧密。

豫西南南阳盆地地区，传统村落多布局在盆地的四周边缘地带，浅山区与豫南地

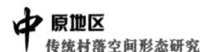

理环境条件下非常相似，村落营建能够就地取材和借助山势建立防御体系，村落多根据环境条件形成集中的团状。豫西南商贾之风盛行，村落多沿着河流、官道等带状展开。

豫中地区，从古到今，村落主要环绕着嵩山地域带分布，主要集中在山前平原上结合水系来布置，为了节约土地，村落多为集中的团状形态，村落的形态受到地形的影响较小，更多的是功能和防御的需要，多近似圆形和椭圆形状。

2. 村落选址地域差异

深入到河南的传统村落来探究选址，以主导性的因素来判断村落的选址类型。从村落选址的特征来看，各个地域又有明显的差异。以村落在选址过程中对水的运用为例，就能看出各个地域分区中选址显而易见的差别。

豫南地区多雨水，但却对水情有独钟，在选址的过程中，村旁有水是最有利的条件，村落往往会形成背山面水的理想格局，有的时候还会在村前、村旁开辟水塘，作为日常生活取水、用水的一个重要点，村前池塘的岸线也是百姓交往的重要空间，在豫南村落中到处可见大大小小的水塘。另外，水塘也是村落内部排水的终点，有了水塘，多雨的季节水就能及时的排出村落，防止内涝。

畏水则是豫北山区村落对水的另外一种态度，村落一般来说会靠近水系，但又保持一定的距离，因为雨水对山体的冲刷很容易带来山体的垮塌，给村落造成破坏，村落选址在较高山中地带，避免村落受到水患的侵扰。村中、村旁会有泄洪通道来疏解山上冲下来的洪水，村落中没有办法存水，村中取水用水多通过井、泉来解决，如一斗水村村名就来源于村中一口井中有源源不断的泉水涌出，解决了全村百姓饮水问题。

豫西南地区河流资源丰富，村落若能选址在靠近河道码头，利用河流水运便利的条件，就会形成商业类型的村落，给村落百姓带来翻天覆地的变化。

豫中地区选址过程中对水则是敬的态度，平原地带本身比较缺水，会想办法利用水系，有的甚至将水系引导到村落内部，如漯河的裴城村，老涧河蜿蜒穿过村落内部，南面承接大沙河，北面汇到澧河。对于豫中百姓来说，水又是把双刃剑，以水建壕、引水入村能改善村落环境，增强村落防御，同时水又有潜在的水患可能，豫中村落中能够见到不少龙王庙，希望通过敬神来祈求平安，少水患。

豫西地区天气干燥少雨，地面渗透强，百姓对水非常珍惜，村落中多能见到大大小小的水窖来收集雨水，地域材料建造起来的水窖成为村落独特的一景（表8-14）。

河南传统村落选址中对水的态度　　　　　　　　　　　　　　表8-14

序号	地域分区	对水的态度	水在村落中的体现
1	豫南天中文化区	亲水	水是村落选址过程中不可或缺的考虑因素，多形成面水靠山的理想格局
2	豫北河内文化区	畏水	避免水患的侵扰，村旁或村中有泄洪沟以便及时将山上冲下来的水疏导出去

序号	地域分区	对水的态度	水在村落中的体现
3	豫中嵩岳文化区	敬水	以水建壕、引水入村能改善村落环境，增强村落防御，同时水又有潜在的水患可能，豫中村落中能够见到不少龙王庙，希望通过敬神来祈求平安
4	豫西南楚文化区	用水	村落多选址在靠近河道码头，利用河流水运便利的条件，就会形成商业类型的村落
5	豫西河洛文化区	惜水	豫西少雨缺水，黄土塬渗水性强，村落以大大小小的水窖来收集雨水

资料来源：笔者整理

3. 宅院的地域差异

宅院是百姓与大自然经过长期互动，并不断修正的经验成果。学者左满常认为河南的民居院落空间由于气候、地形地貌和文化交融等因素形成了院落空间的多样化，"地形地貌复杂，从而使联系单体建筑的院落布局也具有多变性。与周边文化互通互融，使得院落布局又呈现多元化的特点"。[1] 宅院与自然环境会产生互动关系，会考虑自然环境如日照、通风、雨水等的关系，体现出明显的自然环境的烙印，在不知不觉中适应着自然环境的条件。同时，宅院也是村落百姓通过总结适合家庭生活、符合族规，能够体现家族礼仪的空间。宅院也是一种适应性的工具，适应百姓传统农业耕作的生活方式，不断的传承家族礼仪，房屋也会随着经济条件的改变而发生变化。因此，宅院就是百姓不断适应自然环境和社会环境的体现，类型的考察也要基于这个认识来考虑。

四合院是河南地区宅院最多采用的一种形式，通过比较我们不难发现，河南各个地域分区中宅院类型有着明显的差异性。

豫南地域分区中主要以天井院为主，天井尺度深且窄长，利于通风，明显是与豫南多雨的地域环境特征相结合，天井院落的位置灵活，并不会刻意追求轴线对称，多设置在入口、正房前、空间的转换处；同时院落之间相互贯通，不用通过外部的街巷就能把村落中整个宅院串联起来，这是应对社会环境动荡不安的一种举措。

豫西地区的地坑院和窑房院非常有地域特色，都是紧紧围绕黄土塬来展开，一种是在黄土塬的顶面向下开挖方形的院落，然后在四面的侧壁上水平开挖窑洞空间，形成地坑院落；另一种是在黄土塬的沟壑中的侧壁上开挖窑洞，然后再按照四合院的格局修建房屋，形成窑房院。由于豫西特殊的地貌特征，院落中也出现了中心前置的特征，不同的院落空间承载着不同的活动内容。

豫北山区利用山势造宅院，院落竖向空间丰富，行走在院落空间中不知不觉就走

❶ 左满常. 中原传统民居平面形态研究 [J]. 华中建筑, 2009（07）: 117.

进了另一户的屋顶空间，整体的院落空间层层叠叠，院落空间延伸至了屋顶，屋顶也成为宅院空间重要的一部分。平原地区多为大户宅院，院落规模大且层次多。

豫西南的前店后院是非常典型的合院类型，前店后院是商业活动的重要载体，沿街的店面成为了村落中最为主要的房子，院落出入口也从店面的房子中进入，宅院完全以商业服务为中心，这点与豫中地带的商业古街有着显著的不同，与豫中地区类似的前店后院的宅院不同，豫中地区更加凸显院落的入口空间，往往会牺牲重要的沿街商业界面作为入口空间。

豫中地区如大金店金西村、金东村、金中村与荆紫关北街村、中街村、南街村的村落空间结构非常相似，但是从宅院布局的差别上就能看出一些端倪。豫中地区无论多么重要的商业界面，一定是要留出宅院的入户大门而且修建的非常醒目高大，豫西南则无一例外的没有宅院入户大门的空间，而是通过穿过店面而进入内部的院落，联系各个功能房间。这与豫西南历来重商但礼制影响较小，豫南商业类型的村落形成了一个大家庭单元的操作模式，整个家庭都为沿街的店面服务，沿街店面也可能是整个家庭的经济支撑，反观礼制约束在宅院、用材等方面表现的都非常薄弱，这些更多体现的是自由灵活、因地制宜、就地取材（表 8-15）。

中原地区传统村落宅院地域差异　　　　　　　表 8-15

序号	地域分区	宅院类型	院落地域特征
1	豫南天中文化区	天井院	院落深且窄，通风除湿功能；宅院之间相互贯通，以御外患
2	豫北河内文化区	立体院落大户宅院	利用山势造宅院，院落竖向空间丰富，院落与屋顶空间融合贯通，平原大户宅院规模大、层次丰富
3	豫中嵩岳文化区	四合院、窑房院	四合院空间层次丰富，格局明确严谨，礼制约束明显
4	豫西南楚文化区	前店后院、跨院	商业类型村落多采用前店后院的模式，家庭式作坊将院落的重心放在了沿街店面；跨院窄且狭长作为主院的辅助空间
5	豫西河洛文化区	地坑院、窑房院	利用黄土塬特点向地平面以下开挖院落形成地坑院，对塬的侧壁开挖窑洞形成窑房院

资料来源：笔者整理

4. 村落营造材料的地域差异

村落营建材料的使用在凸显河南地域差异性方面有非常重要的作用。河南传统村落的营建过程中，地方材料的使用过程充满了智慧，基本上原材料都取自自然，金木土石，"五材并举，百堵皆兴"❶（表 8-16）。

---

❶ 李诚. 营造法式 [M]. 北京：商务图书馆，1934：15.

中原地区传统村落营建材料使用的地域差异　　　　　　　　　　　　表 8-16

序号	地域分区	主要材料	使用部位
1	豫南天中文化区	砖、石、土、木	房屋承重体系为木和石，房屋墙体为砖和夯土，寨墙多为石头
2	豫北河内文化区	石、木	房屋承重体系为木，房屋墙体为砖和石，寨墙多为石头
3	豫中嵩岳文化区	砖、木、石	房屋承重体系为木，房屋墙体为砖和夯土，墙基、寨墙多为石头
4	豫西南楚文化区	砖、石、木	房屋承重体系为木，房屋墙体为砖和石，墙基、寨墙多为石头
5	豫西河洛文化区	土、砖、木	房屋承重体系多为木，房屋墙体、寨墙为夯土、砖

资料来源：笔者整理

　　在长期传统村落的营建过程中，砖、石、土和木一直是主要材料，是河南传统民居的主要构成材料，黄河中下游流域盛产木材，各种木材都呈现出来不同的地域特色，民间建筑多就地取材，房屋承重体系以木构为主，石构为辅，顾荆乐堂中整体结构全部由石材构成。而维护材料则丰富得多，除了民居中的土和木等地方材料的使用外，还有石头、竹条、芦苇、草，甚至一些生产构件都被用于宅院和村落建设中。

　　尤其是石头，在河南传统村落的营建过程中也有着非常的广泛应用，豫西北有太行山、豫南有大别山、桐柏山等，靠近山石材是取之不竭的原材料，加上石头的耐久、坚固性都非常好，百姓非常乐于就地取材，常用于自家宅院的墙基、院墙、台阶等，村落中的路面、寨墙也有广泛运用。豫北太行山中的村落，房屋建设都以石头为主，石墙、石片瓦等，对石头运用相当的娴熟，整个村落显示出巧夺天工之美。即使同样是在运用石头来建设传统民居，河南各个地域分区中也表现出了迥然不同，如林州石板岩镇一带的村子，石头一般为页岩，能够很轻易的切割成大块的片状，所以形成了风格独特的石板屋顶；而南阳的吴垭石头村，石头都呈破碎状，小块的石头相互咬合，形成独特的墙面效果；焦作云台山深处的一斗水村，则盛产块石，大块的石头形成了整齐的墙面。这些地方材料建设出来的传统民居，其中蕴含了丰富的营造技艺，呈现出来了形态各异的效果（图 8-22）。

　　又如豫西的石场村，这里被称为"石头部落"。村落营建之初就坐落在山间石头中，石头也成为了村落建造技术的主要用材，取材用材都十分的方便，从内到外，全部都采用石头，利用石头来砌筑墙体、储存的石窖、甚至延伸到了内部陈设，石桌、石凳、石床等方面，也就形成了相对独特的街巷、院落的空间特色；同时，我们可以看到村落百姓对于石头的运用达到了炉火纯青的地步，当地百姓也对石头有着特殊的感情，从最初的村落选址对石头是否有利于建设的甄别，逐步演化到对石头驾轻就熟，精雕细刻，一直延续到了今天，村落的更新和建设还在运用石头作为主要的材料，村落中的石匠都在熟练的对石头加工和精细处理，古今唯一不同的是，多了现代化的加工和雕刻工具。

（a）豫北地区石头民居　　　（b）豫中地区石头民居　　　（c）豫西南地区石头民居

（d）豫南地区砖民居　　　　（e）豫中地区砖民居　　　　（f）豫西地区砖土民居

图 8-22　不同地区村落营建材料

资料来源：笔者自摄

8.3.2　村落空间：人地关系互动的载体

村落的空间是百姓使用村落的主要场所，空间的形态和使用状况也是体现村落社会性的一个重要方面。村落空间具有很强的识别性，是建立在不同社会结构方式、生产方式的基础之上，村落外部空间形式多样，如街巷、中心广场、宅院入口空间等，这些空间的尺度、规模、形态都是建立在地域现状的限定条件之下，其中充满着丰富的智慧。一定程度上来说，村落的外部空间是体现物质性和社会性的双重属性，以此为基础，每个地域的村落总有着自己的独特空间表达方式，都是当地百姓在特定的社会环境下，长期与周边环境互动的结果。

1. 村落空间类型的地域差异性

根据每个地域分区的村落形态以及结合村落的地域环境和社会环境特征，可以剖析出不同的地域分区存在着不同的空间类型的差异（表 8-17）。

村落空间类型的差异性　　　　　　　　　表 8-17

序号	地域分区	村落主导空间	特征体现
1	豫南天中文化区	点状空间	点状空间主要集中在村落的入口处和祠堂周边，担负着村落中重大活动，如祭祀、晾晒农产品等
2	豫北河内文化区	线状空间	平原地区线状空间担负着交通、邻里交往等诸多的功能，线状空间是邻里活动高发区域；山区同样是因地制宜的线状空间为主导
3	豫中嵩岳文化区	线状、点状空间	线状空间为主导担负着交通、邻里交往等功能，在寨门处、庙前、十字街等地会形成点状的空间

序号	地域分区	村落主导空间	特征体现
4	豫西南楚文化区	线状空间	带状村落中线状空间很典型，串联整个村落宅院和功能空间，担负全部的邻里交往和交通功能
5	豫西河洛文化区	线状、面状空间	地坑院村落空间以自由灵活的面状为主，其他类型的村落以线状为主，主次街巷的空间层次分明

资料来源：笔者整理

　　豫南地区整个村落就是一个大的"家园"，在"家园"的入口往往会有一个较大的点状空间作为村落的主要集散空间，村落内部的紧凑也使得这个点状空间担负了较多的院落空间的功能，如晾晒粮食、农用机械的存放等。同时豫南的祠堂建筑形成的祠堂空间也是点状空间的一种类型，也属于村落中较为重要的一种空间类型；而内部的街巷空间则非常局促，只是为了宅院外部的联系，有的仅容一个人穿过。

　　豫中和豫北平原地区线状空间在村落整体的空间体系中发挥着较为突出的作用，线状的街巷空间不但担负着主要的交通功能，许多邻里交往活动也在这里发生，街巷和宅院的交叉点又是邻里交往的重要节点，而点状空间则弱化了很多。豫中地区寨堡式寨门处、庙前、十字街等地会形成点状空间，是村落中集中的点状空间。

　　豫西地区中，地坑院村落中的外部环境没有明显的中心，相对匀质化，外部空间都可以自由穿梭其中，是典型的面状空间；其他类型的村落中主要是以街巷空间为主，主次线状空间主要担负着交通功能。

　　2. 村落空间结构的地域差异性

　　以百姓的主要活动轨迹和村落的空间结构联系村落各个功能要素的纽带，将村落各个要素有机地串联起来。从各个地域分区来看，每个分区都有类似的空间结构关系，但每个分区中往往会有相对主要的一种空间结构类型，这种空间结构类型在这个地域分区中较为普遍，也最能体现村落的形态关系和地域之间的关系（表 8-18）。

村落主导空间结构的差异性　　　　　　　　　　　　　　表 8-18

序号	地域分区	村落空间结构	特征体现
1	豫南天中文化区	一字带状、一字鱼骨型	村落多沿着山体、官道、河流等线性要素展开，村落的空间结构主要由一个长主街巷串联村落的整体功能单元，次要支巷与之相连
2	豫北河内文化区	网状结构、一字鱼骨型	平原地区村落规模较大，网状的空间结构能有效地覆盖村落；山区多为一条平行于山体等高线主巷对村落进行串联
3	豫中嵩岳文化区	网状结构、十字结构	村落规模较大，网状结构或者十字结构能够相对均匀地覆盖村落整体，有效地串联村落的组成部分
4	豫西南楚文化区	一字带状	村落多为沿着官道、河流发展的村落，多以一主街巷串联村落，沿着街巷两侧形成完整的界面
5	豫西河洛文化区	分散状、一字鱼骨型	村落围绕黄土塬来展开，形成了分散状的地坑院村落；同时利用塬的沟壑中的平坦地带，形成了一字带状空间结构的狭长村落

资料来源：笔者整理

豫中地区最为普遍的是网状结构或十字结构，村落的用地规模和人口规模都较大，多为团状形态的村落，网状或者十字型相对均匀的将村落划分成了几个部分，主街巷空间也能够有效地覆盖到村落的整体范围之内，必然产生这种类型的空间结构。

豫南地区则多为一字带状或者一字鱼骨型，豫南村落多处在山中、官道沿线、河流沿线等，沿着这些限定性的要素形成了带状等形态，村落内部的空间也主要是由一个相对较长的主街巷串联村落的整体功能单元，同时一些次要支巷与之相连，形成了主次分明的空间结构关系。

豫北地区山区和平原呈现出了迥然不同的空间结构关系，平原地区与豫中有类似之处，多为网状的空间结构，而在山区村落中，多为一字鱼骨型的空间结构，村落主要街巷平行于山体，形成了主巷，这里担负着百姓的主要活动空间和交通空间。

豫西南地区凸显地域特色的为一字带状和一字鱼骨型的空间结构，村落多为沿着官道、河流发展的村落，多以一主巷串联村落，沿着街巷两侧形成完整的界面。

豫西地区村落较为特殊，如地坑院村落，则呈现出分散状，村落外部空间结构关系并不明晰，呈现出了散落的状态；集中形态的村落则布局在塬上或者靠近塬，根据地形地貌的走势，大多形成了一字鱼骨型的村落空间结构关系。

8.4 本章小结

本章节上升到区域的层面对不同地域分区的传统村落进行一个横向的比较，比较各个地域分区中传统村落形态、选址、宅院、营造材料、空间类型和空间结构等方面的地域差异性。

传统村落根植于地域环境中，村落始终与周围环境保持高度的融合。村落整体形态的产生是取决于周边环境的状况，无论是地处平原地区，还是山地、丘陵、黄土塬，在与环境不断的磨合之后产生了村落整体形态。河南的几个地域分区中都有着截然不同的地域环境，村落形态在应对地域环境也就产生了不同的结果，重点体现在村落的整体形态、村落选址规律、宅院类型、地域材料这些方面。

深入到村落的内部，百姓对村落空间的使用和塑造，又能对村落的空间形态进行修正，各个地域分区中有着不同的文化背景和生活习惯，在对村落空间营造和使用上也会产生不同的模式。

对不同地域分区的传统村落进行横向比较，更加清晰的勾勒不同地域之间村落形态和空间的差异性，也能更加清楚的剖析不同地域分区中村落的地域特征。

结论

1.本书得出的结论主要有以下几点：

（1）中原地区传统村落的地域分区的客观存在

中原地区传统村落地域性的差异是客观存在的，豫东、豫南、豫西、豫西南、豫北、豫中地区村落的主导性形态特征、空间等都有着显著的不同，形成了风格特征迥异的传统村落。在每个地域分区中，有着不同的地理环境特征和人文特征，传统村落作为聚落金字塔的最底层，在只具备极低的改造自然界的能力下，往往能够灵活的结合地域特征，顺其自然的营建村落。同时村落又能结合不同的地域分区的人文风俗因素，从村落内部修正村落的空间形态。人、村、地三者之间是一个有机融合的整体，在自然因素、社会因素和经济因素的综合影响下，将河南分成六大区和八个亚区，从地域分区的角度来认识传统村落，能够更加清晰的从宏观上把握中原地区传统村落的分布状况、地域特征以及村落空间形态的特征与差异。

（2）中原地区传统村落空间形态的生成及主要影响因素

河南跨二三阶梯式的地理特征和山、河、塬、丘陵、平原等多样化地貌类型是影响传统村落空间形态的出发点，自然因素始终是影响河南传统村落形态构成和变迁的前提因素。对村落空间布局产生重大影响的土地、人口、文化习俗等都是以自然因素为基础而展开的，并最终形成以地域为主导的村落空间布局。百姓在获得土地和资源过程中，村落的宗族文化和生活风俗文化在不断的推动着村落空间布局的聚和变。总而言之，中原地区传统村落空间形态特征可归纳为：自然地理因素，如山、水、平原等限定下的村落原始整体形态；社会因素，如宗族、礼制、地方习俗的进一步的细化修正的空间形态。

（3）中原地区传统村落地域性总体特点

1）村落空间形态地域性的本源特征

中原地区的传统村落之间都存在着共性和个性，共性是指人、村、地三者总能和谐共处，个性是每个村落都有独特之处，有很强的识别性。

村落的共性表现为："融"，选址布局与大自然和谐统一，充分融合；"亲"，务实的村落街巷布局，村落的空间尺度、空间联系方式都是以人为本的；"聚"，强有力的村落中心，能够汇聚百姓的空间中心；"联"，村落内在的结构和空间层次将村落内部各

个功能单元有机地组织在一起。

2）传统村落空间形态的构成

中原地区传统村落空间形态注重实效，具体表现在选址、空间布局、宅院空间、空间结构和空间层次等方面。传统村落总能因地制宜，灵活适应，区域间总能表现出不同的形态构成方式，彰显独特的地域个性。

3）传统村落分布的地域性

中原地区传统村落空间形态地域性主要遵循着两条线索：一是自然因素限定下的村落空间形态分布与拓展，奠定了中原地区传统村落宏观的、整体性分布格局；由此也形成了村落形态初步的地域差异，表现在平原地区和山地、丘陵地带村落形态与空间的差异。豫北、豫西、豫南山区多，村落分布分散，规模小，因地制宜；豫中、豫西南地区平原为主，村落类型单一，规模较大，村落空间层次丰富，沿河、地势平坦的区域村落分布的数量、规模要明显大于丘陵、山区地带。另一种是地域文化，社会风俗在此格局下的空间修正，是在对村落整体形态与空间格局的细化。在历史上，交通发达，区域文化活跃，资源禀赋高的区域，沿线往往呈现出了村落数量大，类型丰富、空间层次丰富等特征。

（4）中原地区传统村落区域特征

河南形成了独特的中原地域文化，在地理单元上也是非常独立的一块区域，长期以来，中原地区传统村落在中国传统村落大家庭中缺乏应有的地位，除了河南的地坑院和窑洞外，学术界鲜有提及。从宏观上看，河南虽然西与陕晋文化，北与京畿文化，南与楚汉文化渊源深厚，但中原地区传统村落无论是从空间形态上还是地域文化基础上都有着自己的独特性，体现在了村落空间和形态布局、宅院、营建材料等方方面面。

1）豫南天中文化区多山水，处在中国南北的过渡地带，村落的选址多围绕着山、水、官道形成靠山面水的格局，豫南村落格局非常接近理想格局，村落形态受限于地形地貌，村落形态在山水要素的挤压下，多基于片状地块形成了环状或者带状的村落形态。豫南村落多是以家族为单位而成，宗族观念浓厚，宗族祠堂在村落中的位置和地位都非常凸现。村落内部空间呈现街巷与院落之间相互杂糅穿插，院落之间也有内部的横向联系，整个村落宛如一个大的家园，空间院落街巷化和村落家园化为村落展现出来的空间特征。

2）豫西河洛文化区的村落以黄土塬的地形地貌展开，并以此为基础形成了形态独特的豫西传统村落。顶部平坦的黄土塬形成了分散状的地坑院村落，村落缺少明显的中心；向东延伸，许多村落利用黄土塬的沟壑形成了前后两进的窑房院，窑房院最后一进利用黄土塬的侧壁开挖窑洞，院落的重心前移。豫西以河洛文化为主，深受陕晋文化圈层的影响，村落格局受礼制等影响深刻，主次街巷，空间层级明确。

3）豫北河内文化区中地形地貌主要以太行山和河内平原为主，而且两者的分界线非常清楚，形成了两个亚区。山区村落利用大的落差，宅院层层叠叠，形成了丰富的村落立体空间。平原地区，在特殊的历史背景下，乡绅在村落的营建中发挥着巨大的作用，村落中的大户宅院或者家族式的宅院在村落中发挥着重要的中心作用。

4）豫中嵩岳文化区中，传统村落主要沿着环嵩山一带分布，山前的平原地带成为大量村落的栖息地，豫中地带，文化多元相互交织，形成了浓厚的地域文化，豫中地区村落的防御体系是非常完备的，防御体系中的关键节点如门空间的处理很具有地域特色。由于村落规模较大，村落空间结构多是网状，街巷体系，街巷空间层次比其他地域都要丰富得多。

5）豫西南楚文化区中深受楚文化的影响，楚文化崇尚自然重商贾，许多传统村落中体现出来的多是灵活的取材，因地制宜的村落空间，商业类型村落中重视商业空间的塑造，沿街店面地位要明显高于宅院的其他空间。

（5）中原地区传统村落地域差异性

河南各个地域分区之间的传统村落存在着"共性"中的"个性"。从整体上来看，中原地区传统村落体现了顺应自然而为之，真实淳朴的地域性格，经过长时间的积淀，中原地区的传统村落虽然封闭且发展缓慢，传统村落的形态与空间中却保留了丰富的历史原真信息和地域信息。

传统村落根植于地域环境中，村落始终与周围环境保持高度的融合。村落整体形态的产生取决于周边环境的状况，在与环境不断的互动之后产生了村落整体形态。深入到村落的内部，百姓对村落空间的使用和塑造，又能对村落的空间形态进行修正，各个地域分区中有着不同的文化背景和生活习惯，在对村落空间营造和使用上也会产生不同的模式。

对不同地域分区的传统村落进行横向比较，更加清晰的勾勒不同地域之间村落形态和空间的差异性，也能更加清楚的剖析不同地域分区中村落的地域特征。

2. 本书的主要创新点

从研究对象来看，多数学者在围绕河南的乡土和传统民居展开调查研究，村落的研究尚属空白。村落的研究为民居建筑研究的延伸，多作为民居建筑生长环境和社会环境等方面的拓展，对村落的研究也多停留在个体的描述，尚未有学者对中原地区的传统村落进行系统性的研究，从研究对象的角度来说，这就属于一个创新。

以河南省现存的传统村落形态为研究对象，课题的研究通过村落地域分布视角，阐述河南传统村落形成地域特征与自然生态、地域文化、人文事件背后的关联性，并借鉴地理学、社会学等相关领域的成果与理论。本书创新点主要有以下几点：

（1）划分了中原地区传统村落的地域分区

本书界定出了以传统村落为研究对象的河南地域分区，打破传统意义上以河南为中心的地域划分方式，结合影响传统村落空间形态的地理因素、文化因素、经济因素将河南划分成了豫西河洛文化区、豫南天中文化区、豫西南楚文化区、豫北河内文化区、豫中嵩岳文化区、豫东南黄淮文化区六大片区八个亚区。分地域的来研究传统村落，打破了传统意义上以点、以类型来研究村落的模式，紧紧抓住了传统村落人地关系的有机互动这条脉络。地域分区的研究视角是研究人居环境的重要内容，是对村落生长发展的地域特征系统化的阐述，将具有社会性的单个村落纳入到一个地域体系之中，同时从地域分区的角度来研究村落，也能更加容易的揭示村落形态形成背后的地域、文化脉络、自然等之间的因果关系。

（2）构建人—村—地整体性的中原地区传统村落研究框架

借助于地理学、社会学的研究方法，融入到村落的研究中，形成了中原地区传统村落空间形态的研究框架。明确了对河南传统村落为对象的调查方法，以及构建了村落中的形态与空间的构成要素、空间结构的研究方法与探讨。研究框架的展开是基于对村落形态与空间为研究对象，从不同层面，由宏观的形态一直深入到村落的空间细节，选取其中影响村落构成的关键性因素，如村落的边界类型、形态特征、空间类型、空间尺度、空间结构、宅院空间等，同时建立对这些关键性因素的定性和定量分析。建立了基本的研究框架为进一步的各个地域分区的样本研究提供了共同的平台，同时也可以作为研究其他类型村落空间形态的一个方法借鉴。

（3）分区域研究中原地区传统村落空间形态的地域性表现

系统性的研究中原地区各个地域分区传统村落空间形态地域性表现。以传统村落的空间形态为切入点，为研究传统村落的人地关系和社会空间的适应性提供了现实意义。本书深入浅出的研究了各个地域分区中传统村落的选址、空间的构成、要素、结构以及宅院类型等，揭示了村落空间形态与地域性之间的联系。宏观层面，紧扣村落整体形态的构成与村落地域环境之间的人地关系；微观层面，深入到村落的空间类型、界面、尺度、宅院的构成与尺度等细节，详细探讨了村落空间与百姓文化、风俗礼仪之间的联系，深层次地剖析各地域分区中总体的空间形态特征、村落运行机制与地域特征的关联性。

（4）通过对地域分区之间的横向比较，探讨中原地区传统村落区域间的共性与个性

传统村落的形成经过了长期的时间沉淀，从其村落空间形态来看充满了丰富的地域特征和文化圈层的影响。横向比较中原地区各地域分区中传统村落的整体形态、功能定位、空间结构、村落选址、宅院类型以及营建材料等方面的共性与个性，梳理出了中原地域文化如百姓生活方式、社会结构、文化风俗和自然环境如地形地貌、气候、水文等在传统村落空间形态中反映出的地域差异性。传统村落作为理想的人居环境单元类型之一，成果可为研究人居环境提供基础性的工作。

3. 不足与展望

村落是一个基本的社会单元，以村落为对象的研究不乏经典之作，如费孝通的《江村经济》、梁漱溟的《乡村建设理论》等，对村落的研究跨度非常广泛，如建筑学、城乡规划、人文地理、生态学、社会学等多领域多学科，多学科、多视角的对村落展开

研究是未来的发展趋势。在一个开放的研究体系中，需要将研究村落的理论和方法进一步的更新，与时俱进，尤其是一些新的技术、新的研究成果在村落中的运用。

本书在河南传统村落形态和空间结构的研究中，从河南传统村落地域形态和空间特征中，获得了一些基本研究内容。但由于村落中相关历史资料的匮乏，口口相传的历史需要细细的还原调查，这些细碎的工作需要耗费大量的精力去梳理，本书多是对河南传统村落进行了定性的研究，进一步的需要对其进行定量的研究，尤其是对河南传统村落形态演化机理的探究以及传统村落群体空间形态的技术性的研究尚待深入和完善。

还需要指出的是，豫东区域历史上遭受了长期的水患洗礼，已经找不到完整的传统村落案例，但在历史上，这片区域有丰富璀璨的聚落文明，也是中国城市发展史上的巅峰时期之一，从流传下来的绘画作品中，可以寻找到一些村落的印记。也有一些专家学者通过这些遗存片段进行拼接研究，形成了某些专题性的研究，对豫东片区村落"物质空白区"来说，应当建立一套与其他区域不同的研究方法来进行深入的研究，由于时间和精力上的限制，只是将这片区域单独划分出来，本书并没有做出相应的论述。

参考文献

中文著作

[1] 左满常，白宪臣. 河南民居 [M]. 北京：中国建筑工业出版社. 2007.

[2] 彭一刚. 传统村镇聚落景观分析 [M]. 北京：中国建筑工业出版社，1992.

[3] 郭肇立. 传统聚落空间研究方法 [A]. 郭肇立. 聚落与社会 [C]. 田园城市文化事业有限公司，1998：7-25.

[4] 陈正祥. 中国文化地理 [M]. 北京：生活读书新知三联书店. 1983.

[5] 金其铭. 农村聚落地理 [M]. 北京：科学出版社，1998.

[6] 司徒尚纪. 广东文化地理 [M]. 广州：广东人民出版社，2001.

[7] 曾昭璇，曾宪纬，谢港基. 人类地理学概论 [M]. 北京：科学出版社，1999.

[8] 周振鹤. 中国历史政治地理十六讲 [M]. 北京：中华书局，2013.

[9] 蔡云龙，Bill Wyckoff. 地理学思想经典解读 [M]. 北京：商务印书馆，2011.

[10] 张修桂. 中国历史地貌与古地图研究 [M]. 上海：社会科学文献出版社，2005.

[11] 周一星. 城市地理学 [M]. 北京：商务印书馆，1995.

[12] 胡振洲. 聚落地理学 [M]. 台北：三民书局，1977.

[13] 李孝聪. 中国区域历史地理 [M]. 北京：北京大学出版社，2004.

[14] 周振鹤. 中国历代行政区划的变迁 [M]. 北京：商务印书馆，1998.

[15] 胡兆量，陈宗兴，张乐育. 地理环境概述 [M]. 北京：科学出版社，1994.

[16] 王会昌. 中国文化地理 [M]. 武汉：华中师范大学出版社，1992.

[17] 李立. 乡村聚落：形态、类型与演变——以江南地区为例 [M]. 南京：东南大学出版社，2007.

[18] 李晓峰. 乡土建筑——跨学科研究理论与方法 [M]. 北京：中国建筑工业出版社，2005.

[19] 费孝通. 乡土中国 [M]. 上海：上海世纪出版集团，2005.

[20] 陈其澎. 台湾传统聚落文化的表征 [M]. 台湾：田园城市文化事业有限公司，1998.

[21] 吴庆洲. 中国军事建筑艺术（下）[M]. 武汉：湖北教育出版社，2006.

[22] 吴庆洲. 建筑哲理、意匠与文化 [M]. 北京：中国建筑工业出版社，2005.

[23] 王昀. 传统聚落结构中的空间概念 [M]. 北京：中国建筑工业出版社，2009.

[24] 刘沛林. 古村落：和谐的人聚空间 [M]. 上海：上海三联书店，1997.

[25] 张杰. 中国古代空间文化溯源 [M]. 北京：清华大学出版社，2012.

[26] 李晓峰，李纯 . 峡江民居——三峡传统聚落及民居历史与保护 [M]. 北京：科学出版社，2010.

[27] 郭谦 . 湘赣民系民居建筑与文化研究 [M]. 北京：中国建筑工业出版社，2005.

[28] 胡兆量 . 地理环境与建筑 [M]. 北京：高等教育出版社，2012.

[29] 赵春青 . 郑洛地区新石器时代聚落的演变 [M]. 北京：北京大学出版社，2001.

[30] 刘沛林 . 古村落：和谐的人聚空间 [M]. 北京：生活 . 读书 . 新知三联书店，2007.

[31] 谭刚毅 . 两宋时期的中国民居与居住形态 [M]. 南京：东南大学出版社，2008.

[32] 张光直 . 考古学专题六讲 [M]. 北京：文物出版社，1986.

[33] 郭瑞民主编 . 豫南民居 [M]. 南京：东南大学出版社，2011.

[34] 李晓峰 . 乡土建筑——跨学科研究理论与方法 [M]. 北京：中国建筑工业出版社，2005.

[35] 程建军 . 中国古代建筑与周易哲学 [M]. 吉林：吉林教育出版社，1991.

[36] 尚达翔，张正武 . 风水与民宅 [M]. 太原：山西人民出版社，1992.

[37] 龙炳颐 . 中国传统民居建筑 [M]. 香港：香港区域市政局，1991.

[38] 陆元鼎 . 中国民居建筑年鉴（1988—2008）[M]. 北京：中国建筑工业出版社，2008.

[39] 陆元鼎，杨谷生 . 中国民居建筑（上、中、下卷）[M]. 广州：华南理工大学出版社，2002.

[40] 陆元鼎 . 中国民居建筑丛书 [M]. 北京：中国建筑工业出版社，2008.

[41] 陈志华撰文，李秋香主编 . 村落——乡土瑰宝系列 [M]. 北京：生活•读书•新知三联书店，2008.

[42] 李秋香，陈志华 . 乡土瑰宝系列——住宅（上、下）[M]. 北京：生活 . 读书 . 新知三联书店，2007.

[43] 荆其敏，张丽安 . 中外传统民居 [M]. 天津：百花文艺出版社，2004.

[44] 刘敦桢 . 中国住宅概说 [M]. 天津：百花文艺出版社，2004.

[45] 张宏 . 中国古代住居与住居文化 [M]. 武汉：湖北教育出版社，2005.

[46] 罗德胤 . 南北两瓷村三卿口 . 招贤 [M]. 北京：清华大学出版社，2008.

[47] 赵新良 . 诗意栖居——中国传统民居的文化解读（卷一、卷二、卷三）[M]. 北京：中国建筑工业出版社，2009.

[48] 孙大章 . 中国民居研究 [M]. 北京：中国建筑工业出版社，2004.

[49] 王妙发 . 黄河流域聚落论稿 / 从史前聚落到早期城市 [M]. 北京：知识出版社，1999.

[50] 赵春青 . 郑洛地区新石器时代聚落的演变 [M]. 北京：北京大学出版社，2001.

[51] 史念海 . 河山集 [M]. 北京：三联书店，1963.

[52] 严耕望撰 . 中央研究院历史语言研究所专刊之八十三 [C]. 唐代交通图考 . 第四卷 . 山剑滇黔区 [A].1986.

[53] 李秋香 . 中国村居 [M] . 天津：百花文艺出版社，2002.

[54] 张松林，等 . 嵩山文化圈在中国古代文明进程中的地位和作用 [A]. 中国古都研究（第二十一辑）[C]，2004.

[55] 康百万庄园文史编纂委员会编 . 康百万庄园 [M]. 香港：香港国际出版社，2002.

[56] 任崇岳 . 中原地区历史上的民族融合 [M]. 呼和浩特：内蒙古人民出版社，2004.

[57] 明恩溥 . 中国人的气质 [M]. 北京：中华书局，2008.

[58] 田银生.走向开放的城市——宋代东京街市研究 [M].北京：生活·读书·新知三联书店，2011.

[59] 田银生，唐晔，等著.传统村落的形式和意义 [M].广州：华南理工大学出版社，2011.

[60] 余英.中国东南系建筑区系类型研究 [M].北京：中国建筑工业出版社，2001.

[61] 刘致平.中国建筑类型及结构 [M].北京：中国建筑工业出版社，1987.

[62] 丁俊清，杨新平.浙江民居 [M].北京：中国建筑工业出版社，2009.

[63] 陈志华.楠溪江中游古村落 [M].北京：生活·读书·新知三联书店，1999.

[64] 金其铭，董听，张小林.乡村地理学 [M].南京：江苏教育出版社，1990.

[65] 王鲁民，乔迅翔.营造的智慧——深圳大鹏半岛滨海传统村落研究 [M].南京：东南大学出版社，
     2008.

[66] 刘邵权.农村聚落生态研究——理论与实践 [M].北京：中国环境科学出版社，2006.

[67] 王其亨主编.风水理论研究 [M].天津：天津大学出版社，1992.

[68] 夏铸九编译.空间的文化形式与社会理论读本 [M].台北：明文书局，1988.

[69] 李国新.南水北调中线渠首：淅川历史文化巡礼 [M].哈尔滨：哈尔滨地图出版社，2007.

[70] 杨国安.明清两湖地区基层组织与乡村社会研究 [M].武汉：武汉大学出版社，2004.

[71] 何重义.古村探源——中国聚落文化与环境艺术 [M].北京：中国建筑工业出版社，2011.

[72] 王鲁民.中国古典建筑文化探源 [M].上海：同济大学出版社，1997.

[73] 梁漱溟.乡村建设理论（《梁漱溟全集》第二卷）[M].济南：山东人民出版，1990.

[74] 费孝通.乡土中国·生育制度 [M].北京：北京大学出版社，1998.

[75] 林耀华.义序的宗族研究 [M].北京：生活·读书·新知三联书店，2000.

[76] 冯尔康.中国古代的宗族与祠堂 [M].北京：商务印书馆，1996.

[77] 刘锡诚.象征：对一种民间文化模式的考察 [M].北京：学苑出版社，2002.

[78] 王铭铭.走在乡土上：历史人类学札记 [M].北京：中国人民大学出版社，2003.

[79] 陈朝云.商代聚落体系及其社会功能研究 [M].北京：科学出版社，2006.

[80] 段进，等.世界文化遗产西递古村落空间解析 [M].南京：东南大学出版社，2006.

[81] 段进，揭明浩.世界文化遗产宏村古村落空间解析 [M].南京：东南大学出版社，2009.

[82] 刘致平，王其亨.中国居住建筑简史——城市、住宅、园林 [M].北京：中国建筑工业出版社，
     2000.

[83] 王金平，徐强，韩卫城.山西民居 [M].北京：中国建筑工业出版社，2009.

[84] 朱光亚.中国古代建筑区划与谱系研究初探 [A].陆元鼎，潘安.中国传统民居营造与技术 [C].广
     州：华南理工大学出版社，2002.

[85] 陈从周，潘洪萱，路秉杰.中国民居 [M].香港：三联书店（香港）出版有限公司，1993.

中文译著及外文资料

[1]（法）J．白吕纳.人地学原理 [M].任美锷，李旭旦译.南京：钟山书局，1935.

[2]（美）阿摩斯·拉普卜特 . 宅形与文化 [M]. 常青，徐倩，李颖春，张昕译 . 北京：中国建筑工业出版社，2007.

[3]（德）沃尔特·克里斯塔勒 . 德国南部中心地原理 [M]. 常正文，王兴中译 . 北京：商务印书馆，2010.

[4]（法）阿·德芒戎 . 人文地理学问题 [M]. 葛以德译 . 北京：商务印书馆，1999.

[5]（日）原广司 . 世界聚落的教示 100[M]. 于天玮，等译 . 北京：中国建筑工业出版社，2003.

[6]（日）富田芳郎 . 台湾聚落的研究 [M]. 台湾：清水书局，1936.

[7]（挪威）诺伯格·舒尔兹 . 存在·空间·建筑 [M]. 尹培桐译 . 北京：中国建筑工业出版社，1990.

[8]（日）藤井明 . 聚落探访 [M]. 宁晶译 . 北京：中国建筑工业出版社，2003.

[9]（日）芦原义信 . 外部空间设计 [M]. 尹培桐译 . 北京：中国建筑工业出版社，1985.

[10]（法）阿·德芒戎 . 人文地理学问题 [M]. 葛以德译 . 北京：商务印书馆，1999.

[11]（美）路易斯·H·摩尔根 . 印第安人的房屋建筑与家室生活 [M]. 秦学圣，等译 . 北京：文物出版社，1992.

[12]（日）布野修司 . 世界住居 [M]. 胡慧琴译 . 北京：中国建筑工业出版社，2011.

[13]（日）和辻哲郎 . 风土 [M]. 陈力卫译 . 北京：商务印书馆，2006.

[14]（美）罗伯特 . 迪金森 . 近代地理学创建人 [M]. 葛以德，等译 . 北京：商务印书馆，2007.

[15]（美）阿摩斯·拉普卜特 . 宅形与文化 [M]. 常青，等译 . 北京：中国建筑工业出版社，2007.

[16]（法）勒·柯布西耶 . 人类三大聚居地规划 [M]. 刘佳燕译 . 北京：中国建筑工业出版社，2009.

[17]（美）施坚雅 . 中国农村的市场和社会结构 [M]. 史建云，徐秀丽译 . 北京：中国社会科学出版社，1998.

[18]（美）施坚雅 . 中华帝国晚期的城市 [M]. 叶光庭，等译 . 北京：中华书局，2000.

[19]（美）Philip A Kuhn. 中华帝国晚期的叛乱及其敌人 [M]. 谢亮生，等译 . 北京：中国社会科学出版社，2002.

[20]（美）路易斯·亨利·摩尔根 . 古代社会 [M]. 杨东莼，马雍，马巨译 . 北京：商务印书馆，1997.

[21]（美）黄宗智主编 . 中国乡村研究（第一辑）[M]. 北京：商务印书馆，2004.

[22]（美）黄宗智主编 . 中国乡村研究（第四辑）[M]. 北京：社会科学文献出版社，2006.

[23]（美）黄宗智主编 . 中国乡村研究（第五辑）[M]. 福州：福建教育出版社，2007.

[24]（美）H·J·德伯里 . 人文地理文化社会与空间 [M]. 王民，等译 . 北京：北京师范大学，1982.

[25]（美）明恩溥 . 中国乡村生活 [M]. 陈午晴，唐军译 . 北京：中华书局，2006.

[26]（美）杜赞奇 . 文化、权力与国家：1900—1942 年的华北农村 [M]. 王福明译 . 南京：江苏人民出版社，1996.

[27]（法）莫里斯·哈布瓦赫 . 论集体记忆 [M]. 毕然，郭金华译 . 上海：上海人民出版社，2002.

[28]（丹麦）扬·盖尔 . 交往与空间 [M]. 何人可译 . 北京：中国建筑工业出版社，2002.

[29]（美）刘易斯·芒福德 . 城市发展史：起源、演变和前景 [M]. 宋俊岭、倪文彦译 . 北京：中国建筑工业出版社，2005.

[30]（日）井上彻.中国的宗族与国家礼制：从宗法主义角度所作的分析 [M]. 钱杭译. 上海：上海书店
出版社，2008.

[31]（美）李怀印. 华北村治——晚清和民国时期的国家与乡村 [M]. 岁有生，王士皓译. 北京：中华书局，
2008.

[32] Golany G.S. Urban Design Ethics in Ancient China[M].Canada：The Edwin Mellen Press，2001.

[33] Kant I.Kritik Der Reinen Vernunft[M].Felix Meiner Verlag，1998.

[34] Skinner G.W. Marketing and Social Structure in Rural China：Part I[J]. The Journal of Asian Studies，
1964，24（1）: 3-43.

[35] Soja E.W. The Socio-Spatial Dialectic[J]. annals Of the association of american geographers，1980，
（june）: 207-225.

[36] Vidler A.The Third Typology（1976），Nesbit K. ed.，Theorizing a New Agenda for Architecture：an
Anthology of Architectural Theory（1965—1995）[M].New York：Princeton Architectural Press，1996.

[37] Rouse，I. Settlement Pattern in Archaeology. In：Ucko，P.J.，Tringham，R. andDimbleby，G. W.（eds）.
Man，Settlement and Urbanism[M].Cambridge，London，Duckworth，1972.

[38] Myron L. Cohen. Kinship，Contract，Community，and State：Anthropological Perspectives on
China[M]. Stanford：Stanford University Press，2005.

[39] Myron L Cohen. House United，House Divided：The Chinese Family in Taiwan[M]. New York：
Columbia University Press，1976.

[40] Knapp，Ronald G.. China's Living Houses：Folk Beliefs，Symbols，and Household Ornamentation[M].
Honolulu：University of Hawaii Press，1999.

[41] Knapp，Ronald G.. China's Old Dwellings[M].Honolulu：University of Hawaii Press，2000.

[42] Ahern，Emily（Martin）. The Cult of the Dead in a Chinese Village[M]. Standford：Standford
University Press，1973.

[43] Cohen，Myron. Lineage Organization in North China[J].Journal of Asian Studies，1990.49（3）: 509-534.

[44] George A. Hillery. Definitions of community：Areas of agreement[J].Rural Sociology，1955（55）.6:
111-123.

学位论文

[1] 张玉坤. 聚落·住宅——居住空间论 [D]. 天津大学博士学位论文，1996.

[2] 王飒. 中国传统聚落空间层次结构解析 [D]. 天津大学博士学位论文，2012.

[3] 郁枫. 空间重构与社会转型 [D]. 清华大学博士学位论文，2006.

[4] 张楠. 作为社会结构表征的中国传统聚落形态研究 [D]. 天津大学博士学位论文，2010.

[5] 杨定海. 海南岛传统聚落与建筑空间形态研究 [D]. 华南理工大学博士学位论文，2013.

[6] 郑东军. 中原文化与河南地域建筑研究 [D]. 天津大学博士学位论文，2008.

[7] 李贺楠 . 中国古代农村聚落区域分布与形态变迁规律性研究 . 天津大学博士学 位论文，2006.

[8] 赵冶 . 广西壮族传统聚落及民居研究 [D]. 华南理工大学博士学位论文，2012.

[9] 朱炜 . 基于地理学视角的浙北乡村聚落空间研究 [D]. 浙江大学博士学位论文，2009.

[10] 吕红医 . 中国村落形态的可持续性模式及实验性规划研究 [D]. 西安建筑科技大学博士学位论文，2005.

[11] 朱炜 . 基于地理学视角的浙北乡村聚落空间研究 [D]. 浙江大学博士学位论文 2009.

[12] 宋海瑜 . 中国传统城市的时空分类——基于地域环境及其历史变迁对城市影响的研究 [D]. 华南理工大学硕士学位论文，2005.

[13] 赵天改 . 明代以来河南历史文化地理研究（1368—1949）[D]. 复旦大学博士学位论文，2007.

[14] 熊伟 . 广西传统乡土建筑文化研究 [D]. 华南理工大学博士学位论文，2012.

[15] 李炎 . 清南阳梅花城研究 [D]. 华南理工大学博士学位论文，2005.

[16] 宋永志 . 流动的水：明代以来沁河下游的水利开发与社会变迁 [D]. 中山大学博士学位论文，2009.

[17] 张建涛 . 基于系统和谐的当代地域建筑设计研究 [D]. 华南理工大学博士学位论文，2008.

[18] 雷振东 . 整合与重构——关中聚落形态转型研究 [D]. 西安建筑科技大学博士学位论文，2005.

[19] 魏泽崧 . 人类居住空间中的人体象征性研究 [D]. 天津大学博士学位论文，2006.

[20] 谭立峰 . 河北传统堡寨聚落演进机制研究 [D]. 天津大学博士学位论文，2007.

[21] 李芗 . 中国东南传统聚落生态历史经验研究 [D]. 华南理工大学博士学位论文，2004.

[22] 熊凤水 . 流变的乡土性：移植·消解·重构 [D]. 华中师范大学博士学位论文，2011.

[23] 张以红 . 潭江流域城乡聚落发展及其形态研究 [D]. 华南理工大学博士学位论文，2011.

[24] 丁宏 . 春秋战国中原与楚文化区科技思想比较研究 [D]. 山西大学博士学位论文，2012.

[25] 尹亮 . 河南乡土建筑类型及区划研究 [D]. 郑州大学硕士学位论文，2011.

[26] 党君和 . 豫西南盆地民居区划与营造技术研究 [D]. 郑州大学硕士学位论文，2012.

[27] 华欣 . 豫西南山地传统民居聚落及营造技术研究 [D]. 郑州大学硕士学位论文，2014.

[28] 宋爱平 . 郑州地区史前至商周时期聚落形态分析 [D]. 山东大学硕士学位论文，2005.

[29] 汪丽君 . 广义建筑类型学研究 [D]. 天津大学博士学位论文，2003.

[30] 张萍 . 豫北山地民居的人文区划与类型研究 [D]. 郑州大学硕士学位论文，2012.

学术期刊

[1] 田银生，吴晨 . 中国传统城市的"人居环境"思想与建设实践 [J]. 城市规划，2002（07）.

[2] 张光直，胡鸿保，周燕 . 考古学中的聚落形态 [J]. 华夏考古，2002（01）.

[3] 曹迎春，张玉坤 . "中国传统村落"评选及分布探析 [J]. 建筑学报 . 2013（12）.

[4] 黄忠怀 . 20 世纪中国村落研究综述 [J]. 华东师范大学学报（哲学社会科学版）. 2005（02）.

[5] 罗德胤 . 中国传统村落谱系建立刍议 [J]. 世界建筑 . 2014（06）.

[6] 陈紫兰 . 传统聚落形态研究 [J]. 规划师，1997（4）.

[7] 巩启明，严文明.从姜寨早期村落布局探讨其居民的社会组织结构 [J].考古与文物，1981（1）.

[8] 顾建娣.咸同年间河南的圩寨 [J].近代史研究，2004（01）.

[9] 张献梅，左满常.河南民居院落平面布局特征 [J].安徽农业科学，2008（35）.

[10] 左满常.中原传统民居平面形态研究 [J].华中建筑，2009（07）.

[11] 陆元鼎.中国民居研究五十年 [J].建筑学报，2007（11）.

[12] 张新斌.河洛文化若干问题的讨论与思考 [J].中州学刊，2004（05）.

[13] 业祖润.传统聚落环境空间结构探析 [J].建筑学报，2001（12）.

[14] 葛全胜，赵名茶，郑景云，等.中国陆地表层系统分区初探 [J].地理学报，第 57 卷第 5 期，2002.

[15] 黄秉维.论地球系统科学与可持续发展战略科学基础 [J].地理学报，第 51 卷第 4 期，1996.

[16] 吴忠勇.国家级环境区划理论与方法初探 [J].农村生态环境（学报），1995（3）.

[17] 黄秉维.中国综合自然区划的初步草案 [J].地理学报，第 24 卷第 4 期，1958.

[18] 任美锷，杨纫章.中国自然区划问题 [J].地理学报，第 27 卷，1961.

[19] 全石磬，李克煌.河南综合自然区划问题的探讨 [J].开封师范学院学报，第 1 期，1964.

[20] 张教平，朱友文，杨延哲.省级农村经济区划研究——以河南省为例 [J].地域研究与开发，第 18 卷第 4 期，1999.

[21] 薛瑞泽.中原地区概念的形成 [J].寻根，2005（5）.

[22] 张新斌.河洛文化若干问题的讨论与思考.中州学刊，2004（5）.

[23] 朱绍候.河洛文化与河洛文化圈 [J].寻根，2004.

[24] 王健.试论晋南通道的形成及其意义（一）[J].南京师范专科学校学报，1999 第 15 卷第 2 期.

[25] 郑东军.河南地区传统聚落和寨堡建筑 [J].建筑师，2005（6）第 115 期.

[26] 赵锐.晚清南阳县乡村地理研究 [J].西安文理学院学报（社会科学版），2010（05）.

[27] 方智果，宋昆，叶青.芦原义信街道宽高比理论之再思考——基于"近人尺度"视角的街道空间研究 [J].新建筑，2014（05）.

[28] 王尚义.刍议太行八陉及其历史变迁 [J].地理学报，第 16 卷 1 期，1997.

[29] 王成.太行山区河谷内居民点的特征及其分布格局的研究 [J].地理科学，2001.21（2）.

[30] 鲁鹏，田燕，杨瑞霞.环嵩山地区 9000 aB.P—3000 aB.P.聚落规模等级 [J].地理学报，2012（10）.

[31] 郭黛姮."天地之中"的嵩山历史建筑群 [J].中国文化遗产，2009（03）.

[32] 周昆叔，等.论嵩山文化圈 [J].中原文物，2005（01）.

[33] 李合章，刘书芳.古村落在寨墙营建中体现的传统营城理念——以临沣寨为例 [J].安徽农业科学，2010（23）.

[34] 袁媛，肖大威，黄家平.传统村落边界空间保护初探 [J].南方建筑，2014（06）.

[35] 左满常.中原传统民居平面形态研究 [J].华中建筑，2009（07）.

[36] 左满常，董志华.试析康百万庄园建筑的文化内涵 [J].河南大学学报（社会科学版），2006（03）.

[37] 薛林平，吕灏冉，李加丽.北京门头沟区千军台传统村落研究 [J].华中建筑，2015（6）.

[38] 杨定海，肖大威. 力的重构——传统村落的嬗变与新农村建设 [J]. 华中建筑，2012（11）.

[39] 张东，田银生. 基于保护发展的豫西传统乡村聚落调查 [J]. 南方建筑，2014（12）.

[40] 张东，拜盖宇. 传统村落的历史文化价值研究——以国家级传统村落裴城为例 [J]. 古建园林技术，2005（2）.

[41] 张东，马运超. 基于保护和发展思路的传统村落街坊更新研究 [J]. 华中建筑，2015（4）.

[42] 林志豪，关瑞明. 中国传统庭院空间的心理原型探析 [J]. 建筑师，2006（06）：83-87.

[43] 王鲁民，韦峰. 从中国的聚落形态演进看里坊的产生 [J]. 城市规划汇刊，2002.02.

[44] 刘晓星. 中国传统聚落形态的有机演进途径及其启示 [J]. 城市规划学刊，2007.03.

[45] 王鲁民，张帆. 中国传统聚落极域研究 [J]. 华中建筑，2003.04.

[46] 单军，王新征. 传统乡土的当代解读：以阿尔贝罗贝洛的锥里聚落为例 [J]. 世界建筑，2004.12.

[47] 王铭铭，刘铁梁. 村落研究二人谈 [J]. 民俗研究，2003.01.

[48] 李东，许铁钺. 空间、制度、文化与历史叙述——新人文视野下传统聚落与民居建筑研究 [J]. 建筑师，115 期，2005.06.

[49] 张伟然，周鹏. 唐代的南北地理分界线及相关问题 [J]. 中国地理历史论丛，第 20 卷第 2 辑，2005（4）.

[50]（美）高登.R. 威利（Gordon R.Willey）. 维鲁河谷课题与聚落考 [J].（澳）贾伟明译. 华夏考古，2004（01）.

[51] 黄忠怀. 20 世纪中国村落研究综述 [J]. 华东师范大学学报（哲学社会科学版），2005（02）.

[52] 张杰，吴淞楠. 中国传统村落形态的量化研究 [J]. 世界建筑，2010（01）.

古籍文献

[1]（清）顾祖禹：《读史方舆纪要》，四库全书本.

[2]（清）龚崧林修，（清）汪坚纂：乾隆《洛阳县志》，清乾隆十年（1745 年）刊本.

[3] 阙名修纂：民国《河南通志》卷三《水系》，民国三十一年（1942 年）排印本.

[4]（民国）林传甲总纂，林传涛分纂：民国《大中华河南地理志》第十四章《黄河正流》，民国九年（1920）刊本.

[5]（清）林牧：《阳宅会心集》卷上，《宗祠说》，清嘉庆十六年刻本.

[6]（民国）方廷汉修，陈善同，等纂：《重修信阳县志》，民国二十五年（1936 年）排印本.

[7]（清）龚崧林纂修：乾隆《重修直隶陕州志》，乾隆二十一年（1756 年）刻本.

[8]（民国）黄觉修，韩嘉会纂：民国《新修阌乡县志》，民国二十一年（1932）排印本.

[9]（民国）欧阳珍修，韩嘉会纂：民国《陕州志》，民国二十五年（1936）排印本.

[10]（清）张钺修，（清）万侯等纂：《重印信阳州志》，民国十四年（1935）排印本.

[11]（民国）徐世昌编纂：《大中华河南省地理志》，民国九年（1920 年）铅印版.

[12]（清）武开吉纂修：《商城县志》卷二《地理志下·风俗》，清嘉庆（1803 年）刻本.

[13]（清）邱天英修，（清）李根茂，等纂：康熙《汝阳县志》，清康熙二十九年（1690）刊本.

[14]（民国）林传甲总纂，林传涛分纂：民国《大中华河南地理志》，民国九年（1920）刊本．

[15]（民国）欧阳珍修，韩嘉会纂：民国《陕州志》卷四《建置》，民国二十五年（1936）排印本．

[16]（民国）贾毓鹗修，王凤翔纂：民国《洛宁县志》卷三《职官》，民国六年（1917）排印本．

[17]（宋）李格非撰：《洛阳名园记》，绍圣二年（公元1095年）排印本．

[18]（清）潘守廉修，（清）张嘉谋，等纂：光绪《南阳县志》卷一《地理志》，清光绪三十年（1904年）刊本．

[19]（清）蒋光祖修，（清）姚之琅纂：乾隆《邓州志》卷一《地理志》，清乾隆二十年（1755年）刊本．

[20]（清）陈之煟修，（清）曹哲，等纂：乾隆《南召县志》卷一《舆图》，清乾隆十一年修民国二十八年重印本．

[21]（清）钱绳祖纂修：崇祯《淅川直隶厅乡土志》卷七《道路》，清光绪三十一年（1905年）抄本．

[22]（清）宝鼎望修，（清）高佑釲纂：康熙《内乡县志》卷五《风俗志》，清康熙三十二年（1693年）刊本．

[23]阙名修纂：民国《河南通志》卷三《水系》，本民国三十一年（1942年）排印本．

[24]（民国）赵尔巽，等撰：《清史稿》·《河渠志》北京：中华书局，1976.

[25]（民国）史延寿修，王士杰纂：民国《续武陟县志》，民国二十年（1931年）刊本．

[26]（民国）王泽溥，等修，李芳阶纂：民国《林县志》，民国二十一年（1932年）石印本．

[27]（民国）萧国桢，等修，芜封桐，等纂：民国《修武县志》，民国二十年（1931年）排印本．

[28]（清）林荔修，姚学甲，等纂：乾隆《凤台县志》，清乾隆四十九年（1784年）刻本．

[29]（民国）韩邦孚，等修，田芸生，等纂：民国《新乡县续志》，民国十二年（1923年）刊本．

[30]（清）朱廷献修，（清）刘日焌纂：康熙《新郑县志》，清康熙三十三年（1694年）刊本．

[31]（民国）刘海芳，等修，卢以洽纂：民国《续荥阳县志》，民国十三年（1924年）排印本．

[32]（民国）刘瑞璘修，周秉彝纂：民国《郑县志》，民国二十年（1931年）刻本．

[33]（民国）杨心芳修，陈金台纂：民国《郾城县志》，民国二十三年（1934年）刊本．

[34]（清）徐松：《河南志》，北京：中华书局，1994.

[35]（清）朱学勤，等：《钦定剿平捻匪方略》，清同治十一年年（1872）铅印本．

[36]（民国）张嘉谋校注：《明嘉靖南阳府志校注》，民国三十一年（1942）铅印本．

[37]（清）田文镜纂修：雍正《河南通志》，四库全书本．

致谢

本书是在我的博士论文的基础上修改完成的，再续博士论文，深深的意识到其中诸多的不足之处，这也激励着我以此为基础，进一步的深入研究。

对传统村落进行调查研究是一件苦差事，路途艰辛，资料获取困难，但却能乐在其中，面对新村落总能发现惊喜，村落的那种朴实、韧劲与我的性格很像，因此刚开始接触村落，就结下了不解之缘。从2006年进入高校任教开始，我的第一个教学任务就是带领学生深入豫西乡村进行古建筑测绘，从此拉开了近十年的测绘历程，在博士研究方向确定后，更是加大了对村落调查的力度，前前后后共调查走访了近200个村落，足迹几乎遍及了河南的各个县市，只要听说哪里有好的村落，就一定会亲身实地地考察一番。

在攻读博士的五年多的时间里，特别感谢导师田银生老师，首先感谢田老师的知遇之恩，能在竞争激烈的博士门槛考试中收下我，才使我有了进一步深造的机会；田老师对我严格要求，博士考试复试结束后的一番谆谆教导，至今历历在目，也促使我一开学就确定了研究方向，早早地展开研究；田老师治学严谨，"不怕慢就怕站"的教诲始终铭记，鞭策我激励我，五年多的时间里，自己从未敢有一丝懈怠；田老师总能高屋建瓴地指出研究中出现的问题以及对我研究方法上的调整。此书能够出版，得益于田老的鼓励和国家自然科学基金支持，并将该书列为城市形态研究丛书的第一本，在此表示由衷的感谢。

感谢何镜堂院士、吴硕贤院士、吴庆洲教授在论文选题阶段提出的中肯意见；感谢预答辩过程中肖大威教授、陆琦教授提出的宝贵意见；感谢最终答辩过程中，刘玉亭教授、陆琦教授、唐孝祥教授、蔡云楠教授提出的宝贵意见。

同时也特别感谢郑州大学建筑学院的张建涛老师，几次论文的碰撞讨论，提供了新的思路，每次都有豁然开朗般的收获，获益匪浅。感谢郑东军老师、许继清老师提供了宝贵的资料。也要感谢经常一起外出调研的村落保护志愿者彭保红老师、董云岚老先生。

感谢河南省建设厅村镇处的马耀辉处长、李桂亭副处长、马运超，河南省信豫公司的高磊主任、黄明亮、秦世川、张红超，村镇协会的辛明浩、曹磊磊等提供的帮助。感谢在村落保护与调查过程中结下深厚友谊的朋友崔兴超、胡德民、刘青朋、张要杰等。

感谢我的领导及同事张新中、李虎、李红光、卢玫珺、拜盖宇、刘利轩、宋亚亭提供的帮助，感谢学生郑灵灵、李志勤、刘洋等参与的绘图整理工作以及历届参与古建筑测绘工作的学生。

感谢清华大学的刘健老师、党安荣老师提出宝贵的修改意见，并为下一步村落的定量分析研究提供了平台和帮助。

感谢博士同窗张小星、吴运江、产斯友、屈寒飞、李小云、谢少亮、郭焕宇、刘锦、刘垚、陈锦棠学术上的交流和帮助，也特别感谢同乡好友李炎、贺大东、朱文亮生活上、学业上的帮助。

特别感谢家人的帮助，尤其是大姐张凯在生活上的照顾，大哥张钦、三姐张芸对本书书写过程中不懈的帮助，一并表示感谢。

最后感谢我的父母，无论什么时候在您们的面前我永远是长不大的孩子，总要扶持我一把，无论我做什么事情您们都是我坚强的后盾。还要感谢我的妻子胡伟芳，不但对我照顾有加，还要独自照顾孩子们，使我免去了后顾之忧。特别感谢我的大家庭，回到家就能被孩子的笑声、嬉闹所包围，疲惫、困顿都会一扫而光。

郑州
2017.6